5वाँ संस्करण

निबंध मंजूषा

सिविल सेवा/राज्य सेवा की मुख्य परीक्षा हेतु

लेखक के विषय में

समीरात्मज मिश्र ने इलाहाबाद विश्वविद्यालय से हिन्दी साहित्य में एम.ए. और दिल्ली विश्वविद्यालय से एम.फिल की उपाधि प्राप्त की है। पेशे से पत्रकार श्री मिश्र के विभिन्न विषयों पर लेख प्रतिष्ठित पत्र-पत्रिकाओं में नियमित रूप से प्रकाशित होते रहते हैं। इसके अतिरिक्त आकाशवाणी दिल्ली से उनकी कई वार्ताएं प्रसारित हो चुकी हैं और वे विभिन्न समसामयिक विषयों पर होने वाली परिचर्चाओं का संचालन भी कर चुके हैं। वे भारत सरकार के **परिवहन एवं राजमार्ग मंत्रालय की हिन्दी सलाहकार समिति के सदस्य हैं**। संप्रति श्री मिश्र बी.बी.सी. लंदन की हिन्दी सेवा से जुड़े हैं।

5वाँ संस्करण

निबंध मंजूषा

सिविल सेवा/राज्य सेवा की मुख्य परीक्षा हेतु

समीरात्मज मिश्र

McGraw Hill Education (India) Private Limited

Published by McGraw Hill Education (India) Private Limited,
444/1, Sri Ekambara Naicker Industrial Estate,
Alapakkam, Porur, Chennai -600 116, Tamil Nadu, India

Nibandh Manjusha, 5e

1 2 3 4 5 6 7 8 9 7085462 23 22 19 20 19

Printed and bound in India

ISBN (13) : 978-93-87886-17-9
ISBN (10) : 93-87886-17-4

Typeset at Srikrishna Graphics, New Delhi-110092 and printed at A.P.Offset Pvt.Ltd., 25/487, Zulfe Bengal, Dilshad Garden, New Delhi-110095

Cover Design: Symbolic Studio
Cover printed at: A.P.Offset Pvt.Ltd.

RQLACRCTRCRQB

Visit us at: www.mheducation.co.in

Write to us at: info.india@mheducation.com

CIN: U80302TN2010PTC111532

Toll Free Number: 18001035875

पांचवें संस्करण का प्राक्कथन

निबंध मंजूषा का पांचवां संस्करण संशोधित, संपादित और नए स्वरूप में पाठकों और छात्रों के समक्ष प्रस्तुत है। अब तक प्रकाशित सभी संस्करणों का कई बार पुनर्मुद्रित होना न सिर्फ पुस्तक की लोकप्रियता को दिखाता है बल्कि छात्रों के स्नेह, पुस्तक की उपयोगिता और पुस्तक के प्रति उनके विश्वास का भी प्रमाण देता है। स्पष्ट है, इन सबका सीधा प्रभाव लेखक और प्रकाशक के आत्मविश्वास पर पड़ता है और वे इसे निरंतर उपयोगी, अद्यतन और गुणवत्तापूर्ण बनाए रखने की चेष्टा करते रहते हैं।

सिविल सेवा परीक्षा की बात करें तो निबंध का महत्व निरंतर बढ़ रहा है, चाहे वह संघ लोक सेवा आयोग की परीक्षा की बात हो या फिर राज्य सेवा आयोगों की। इसे देखते हुए कोशिश यह रहती है कि पुस्तक को परीक्षाओं की अपेक्षा के अनुरूप अद्यतन रखा जाए। सिविल सेवा परीक्षा में अब दो निबंध (कुछ राज्यों में तीन निबंध भी) पूछे जाते हैं और इस वजह से उनकी शब्द सीमा भी कम हुई है। इसे देखते हुए ऐसे निबंधों को जो कि परंपरागत हैं और पुस्तक के पिछले संस्करणों में भी मौजूद थे, उन्हें न सिर्फ सम-सामयिक संदर्भों से जोड़कर अद्यतन बनाया गया है बल्कि उनके आकार को भी कम किया गया है, ताकि छात्रों को कम शब्द सीमा के भीतर भी निबंध लेखन के तरीके को समझने में आसानी हो और वे स्वयं भी इस तरह से लिख सकें। पुस्तक में पारंपरिक और सम-सामयिक विषयों से संबंधित ऐसे कई नए निबंध जोड़े गए हैं जिनके परीक्षाओं में पूछे जाने की संभावना है। इसके अलावा पिछले कुछ वर्षों के प्रारूप को देखते हुए ऐसे कुछ निबंधों को हटा भी दिया गया है, जिनके पूछे जाने की संभावना अब न्यून है। मुझे यह बताने में बेहद गर्व की अनुभूति हो रही है कि पुस्तक को संपादित करके उसे नए कलेवर में प्रस्तुत करने से पहले स्वयं के शोध के अलावा तमाम सुधी पाठकों और छात्रों के बहुमूल्य सुझावों को भी ध्यान में रखा गया है। ये सुझाव हमें पत्र, ईमेल, फोन और व्यक्तिगत स्तर पर भी मिले हैं और जिन-जिन लोगों ने, विशेषकर छात्रों ने अपने सुझाव दिए हैं, मैं हृदय से उनका आभारी हूँ।

पुस्तक को समय से पाठकों तक पहुंचाने में मैक्ग्रॉ हिल प्रकाशन की पूरी टीम को मैं विशेष रूप से धन्यवाद देता हूँ जिन्होंने मेरे जैसे आलसी और लापरवाह व्यक्ति से भी बेहद शालीनता के साथ, बार-बार याद दिलाकर पूर्ण कराया और फिर पूरी संपादकीय टीम ने पूरी तन्मयता से उसे अंतिम रूप दिया। इस पूरी प्रक्रिया में सभी का एकमात्र उद्देश्य यही रहता है कि पुस्तक छात्रों का अधिकाधिक हित साधन कर सके और उनके लिए उपयोगी बन सके। कई प्रतिक्रियाएं इस तरह की भी आई हैं कि निबंध मंजूषा सिविल सेवा परीक्षाओं के अलावा विश्वविद्यालयों और दूसरी

परीक्षाओं के साथ-साथ सम-सामयिक विषयों की गहन जानकारी और लेखन कला को विकसित करने में भी काफी उपयोगी साबित हुई है। ऐसे पाठकों को भी विशेष तौर पर धन्यवाद और आशा है कि पाठकों की प्रतिक्रियाएं और उनके सुझाव हमें आगे भी मिलते रहेंगे जिससे कि पुस्तक को संशोधित, नवीन और निरंतर गुणवत्तापूर्ण बनाए रखने में मदद मिल सके।

–समीरात्मज मिश्र

प्रथम संस्करण का प्राक्कथन

संघ लोक सेवा आयोग तथा विभिन्न राज्यों की सिविल सेवा परीक्षाओं के निबंध पाठ्यक्रम को ध्यान में रखकर प्रस्तुत ग्रंथ 'निबंध मंजूषा' की रचना की गई है। इन परीक्षाओं के अलावा यह पुस्तक विभिन्न विश्वविद्यालयों के हिन्दी साहित्य के उन छात्रों के लिए भी समान रूप से उपयोगी है जहां निबंध का एक प्रश्न-पत्र होता है।

निबंध का अभिप्राय है–भली-भांति बांधी गई रचना। निबंध को गद्य की कसौटी कहा गया है। निबंध में भावात्मकता एवं वैचारिकता का समन्वय रहता है और इसमें लेखक के स्वच्छंद भाव चिंतन की सीमाओं में आबद्ध रहते हैं। सम्प्रति परिवेश और धरातलों के रूप विस्तार के कारण निबंधों के विषयों में भी विविधता एवं अभिनवता का समावेश है। प्रस्तुत पुस्तक में राजनीतिक, सामाजिक, आर्थिक, साहित्यिक एवं विज्ञान सहित विविध विषयों से संबंधित निबंधों का समावेश है। निबंधों की भाषागत सर्वग्राह्यता, स्तरानुकूल प्रभावोत्पादकता एवं तर्कसम्मत विवेचन पर मेरी दृष्टि विशेष रूप से केंद्रित रही है। विद्यार्थियों, विशेष रूप से प्रतियोगी परीक्षार्थियों के हित के प्रति सजग रहकर मैं उनके समक्ष विश्वविख्यात ग्रंथ वाल्मीकि रामायण के उस श्लोक को प्रस्तुत करना समीचीन समझता हूँ जो समस्त प्रतियोगियों के लिए युग-युग तक अखंड ऊर्जा एवं प्रेरणा का अक्षय स्रोत रहेगा :

''यस्य त्वेतानि चत्वारि
वानरेंद्र यथा तव
धृतिर्दृष्टिर्मतिर्दाक्ष्यं
सः कर्मसु न सीदति।''

अंत में मैं मैक्ग्रॉ हिल प्रकाशन संस्थान के श्री तन्मोय राय चौधरी एवं धर्मेन्द्र शर्मा को भी धन्यवाद देता हूँ, जिनकी सद्-इच्छा के परिणामस्वरूप यह कृति अपने इस कलेवर में यथासमय सुधी पाठकों के हाथों में सुलभ हो रही है।

–समीरात्मज मिश्र

निबंध के विषय में

वस्तुत: 'निबंध' का शाब्दिक अर्थ है–भली-भाँति बाँधना–'नि+बंध'। अत: गद्य की एक विद्या के रूप में जब हम निबंध को परिभाषित करते हैं तो उसके अर्थ को इसी रूप में लेते हैं अर्थात् भावों और विचारों को समुचित तरीके से जोड़कर उसे सुगठित रूप में प्रस्तुत करने को ही निबंध कहते हैं। हालांकि हिन्दी में 'निबंध' शब्द अंग्रेजी के 'Essay' शब्द के पर्याय के रूप में प्रयुक्त होता है, लेकिन दोनों शब्दों के व्युत्पत्तिगत अर्थों में काफी अंतर है। जहां हिन्दी में निबंध शब्द भावों और विचारों के समुचित तरीके के अभिव्यक्ति के अर्थ में प्रयुक्त होता है, वहीं Essay शब्द का व्युत्पत्तिगत अर्थ है–परीक्षण करना अथवा प्रयत्न करना। जहां तक हिन्दी निबंध लेखन का प्रश्न है तो आज प्रबंध और निबंध दोनों ही शब्द अपने मूल अर्थों से भिन्न अर्थों में प्रयुक्त हो रहे हैं। निबंध में व्यक्तिगत अधिक, व्यवस्थित तरीके से परिलक्षित होता है, जबकि प्रबंध में विस्तार, वस्तुनिष्ठता, गांभीर्य और विषय की प्रधानता अधिक होती है। इस दृष्टि से देखें तो आज निबंध अपने शाब्दिक अर्थ से अलग 'Essay' शब्द के पर्याय के ही रूप में प्रयुक्त हो रहा है। हालांकि आचार्य रामचंद्र शुक्ल ने निबंध और प्रबंध दोनों को एक ही अर्थ में प्रयुक्त किया है। अत: निष्कर्ष रूप में हम कह सकते हैं कि निबंध गद्य लेखन की वह विद्या है जिसमें किसी विषय पर व्यक्तिगत भावों, विचारों और अनुभवों को सीमित आकार और विशिष्ट भाषा-शैली में व्यक्त किया जाता है।

जहाँ तक संघ लोक सेवा आयोग और अन्य राज्यों के लोक सेवा आयोगों की मुख्य परीक्षा में पूछे जाने वाले विविध विषयों के निबंधों का प्रश्न है तो उपर्युक्त परिभाषा की सीमा के भीतर रहकर निबंध लिखना बेहद उपयोगी होगा। संघ लोक सेवा आयोग की मुख्य परीक्षा के निबंध-पत्र के संदर्भ में स्पष्ट लिखा गया है कि उम्मीदवारों से यह अपेक्षा की जाएगी कि वे अपने विचारों को क्रमबद्ध करते हुए निबंध के विषय में निकटता बनाए रखें और अपनी बात संक्षेप में लिखें। साथ ही प्रभावशाली और सटीक अभिव्यक्तियों के लिए श्रेय दिए जाने की भी बात कही गई है अर्थात् इन परीक्षाओं में भी निबंध के उसी स्वरूप को वरीयता दी गई है जिसमें भावों और विचारों को विशिष्ट भाषा शैली में अभिव्यक्त किया जाता है। अत: निबंध लेखन के क्रम में इस बात पर विशेष रूप से ध्यान देना है कि विषय से संबंधित अधिकाधिक तथ्यात्मक जानकारी एकत्र की जाए और फिर इन तथ्यों के आधार पर विषय का विश्लेषण किया जाए। इस संदर्भ में एक बात महत्वपूर्ण है कि विषय की रूपरेखा और उससे संबंधित विभिन्न तथ्यों को एक जगह कहीं लिख लिया जाये ताकि विषय का विवेचन एक सुसंगत और क्रमबद्ध तरीके से हो तथा इसके साथ ही भाषा में प्रवाह बना रहे।

प्रतियोगी परीक्षाओं में राजनीति, समाज, अर्थव्यवस्था, संस्कृति, विज्ञान, साहित्य, दर्शन आदि विभिन्न क्षेत्रों से निबंध पूछे जाते हैं। ऐसे में विद्यार्थियों के पास कई विकल्प रहते हैं और उन्हें अपने मनोनुकूल विषय के चयन की सुविधा रहती है। ये पूर्वाग्रह कदापि नहीं पालने चाहिए कि अमुक विषय पर लिखने से अधिक अंक मिलते हैं और अमुक विषय पर लिखने पर कम अंक मिलते हैं। बल्कि अपनी रुचि का ही विषय चुनना चाहिए और साथ में इस बात को ध्यान में रखना चाहिए कि किस विषय के बारे में आप को तथ्यात्मक जानकारी अधिक है, क्योंकि निबंध को वैचारिक आयाम तभी दिया जा सकता है जब तथ्यों का समग्र संकलन सुलभ हो।

निबंध लेखन में विचार, भाव और विश्लेषण की अभिव्यक्ति तब तक मूर्त रूप नहीं ले सकती है, जब तक कि उसके लिए उत्कृष्ट भाषा शैली का प्रयोग न किया जाए। यहाँ उत्कृष्ट भाषा शैली का यह अर्थ कतई नहीं लगाया जाना चाहिए कि वह तत्समपूर्ण शब्दावली में हो बल्कि यह आवश्यक है कि निबंध की भाषा सरल, सुबोध, सुरुचिपूर्ण और प्रवाहमयी हो, अर्थात् पूरे निबंध के दौरान भाषा ऐसी हो जिससे पाठक को प्रतीत हो कि उसके साथ संवाद किया जा रहा है। चूँकि निबंध में लेखक का व्यक्तित्व, निबंध की भाषा शैली में भी प्रतिबिंबित होता है ऐसे में रचनाकार के सर्जनात्मक व्यक्तित्व की विशिष्टता निबंध के पूरे अस्तित्व को अद्वितीय बना देती है। इस प्रकार उद्देश्य और अर्थगत् विशेषता के आधार पर भी निबंध में भाषागत भेद होता है। अत: उसी के अनुसार परिवर्तन भी अपेक्षित होता है। उदाहरण के लिए, यदि निबंध व्यक्ति प्रधान है और उद्देश्य पाठक से आत्मीय संबंध स्थापित करते हुए उसका प्रबोधन करता है तो भाषा शैली घरेलू बातचीत के लहजे में सरल और आडंबररहित होनी चाहिए। विचार-प्रधान निबंधों में एक विशिष्ट भाषाई अनुशासन अपेक्षित होता है जिसके तहत विचारों को सटीक, सुसम्बद्ध और तर्कपूर्ण रूप में प्रस्तुत किया जाता है। कुल मिलाकर निबंध में भाषा का सुबोध, सरल एवं प्रभावशाली होना आवश्यक है। बजाय इसके कि अलंकृत एवं तत्समपूर्ण शब्दावली के अतिशय प्रयोग से उसे दुर्बोध बनाया जाए। इस बात के प्रति आग्रही नहीं होना चाहिए कि उसमें प्रयुक्त शब्द किस भाषा का है। वास्तव में हिन्दी भाषा तभी सुबोध और प्रवाहमयी प्रतीत होती है जब उचित स्थान पर विभिन्न भाषाओं के शब्द उसमें प्रयुक्त होते हैं। तत्समपूर्ण शब्दावली भाषा को बोझिल बना देती है और प्रवाह को अवरुद्ध करती है, जबकि देशज शब्दों और मुहावरों के प्रयोग से भाषा अधिक स्वाभाविक एवं सजीव बन जाती है। सारांश यह कि लेखक का भाषा पर जितना सहज अधिकार होता है विषय को वह उतनी ही विशिष्ट शैली में अभिव्यक्त कर सकता है।

निबंध लेखन में उद्धरणों (Quotations) को लेकर विद्यार्थियों में काफी अनिश्चितता रहती है। कई बार विद्यार्थी अधिकाधिक उद्धरणों को समाविष्ट करने की कोशिश करते हैं। यहाँ, यह बात काफी महत्वपूर्ण है कि उद्धरणों का अतिशय प्रयोग आपके निबंध को गंभीरता और प्रभावोत्पादकता नहीं प्रदान करता है। उद्धरणों का प्रयोग विषयानुकूल ही उचित होता है और विशेषकर उन्हीं जगहों पर प्रयुक्त होने चाहिए जहाँ वे आपके विचारों को पुष्ट करते हों, चूंकि निबंध में आपके अपने विचारों की सुव्यवस्थित, अभिव्यक्ति की अपेक्षा होती है, न कि विभिन्न विचारों के संकलन की। अत: अधिक उद्धरणों के माध्यम से दूसरों के विचारों के उपयोग से बचना चाहिए। कहने का तात्पर्य यह है कि दूसरों के विचारों को उद्धरणों के माध्यम से सीमित मात्रा में अवश्य लें, लेकिन उद्धरणों के अतिरिक्त दूसरों के विचारों को अपने विचारों पर हावी न होने दें। परीक्षक आपके विचारों की परीक्षा करता है, दूसरों के विचारों के माध्यम से आपकी स्मरण शक्ति की नहीं।

अंत में बात निबंध के अंत अथवा उपसंहार की। जिस प्रकार निबंध लेखन में पहली पंक्ति और पहले अनुच्छेद का महत्व होता है उसका अंत उससे कम महत्वपूर्ण नहीं होता। निबंध का अंत हमेशा क्रमिक एवं स्वाभाविक होना चाहिए, एकाएक नहीं। क्रमिक एवं स्वाभाविक अंत से यह प्रतिबिंबित होता है कि परीक्षार्थी विषय से भली-भांति परिचित है और वह अपने गंतव्य को सुसंयोजित करने की कला भी जानता है।

'निबंध मंजूषा' में विविध विषयों पर लिखे गए निबंधों में प्रस्तुत जानकारी और तथ्य इतने पर्याप्त हैं कि उनसे जुड़े अन्य विषयों पर भी निबंध तैयार किए गए जा सकते हैं। इसके अलावा निबंध के आरंभ में दी गई रूपरेखा जहां विद्यार्थियों को विषय के क्रमबद्ध विवेचन में मदद करेगी वहीं उन्हें अपनी वैचारिक अभिव्यक्ति के लिए भी अवकाश प्रदान करेगी। आशा है यह पुस्तक विद्यार्थियों के लिए न सिर्फ निबंध के लिए बल्कि विभिन्न ऐच्छिक विषयों के अंतर्गत पूछे गए प्रश्नों के उत्तर-लेखन में भी सहायक होगी।

–समीरात्मज मिश्र

विषय-सूची

पांचवें संस्करण का प्राक्कथन *v*

प्रथम संस्करण का प्राक्कथन *vii*

निबंध के विषय में *ix*

भाग–1 राजनीतिक क्षेत्र 1.1 – 1.60

1. छोटे राज्य : विकास बनाम राजनीति 1.3
2. राजनीति का अपराधीकरण 1.8
3. न्यायिक सक्रियता : कार्यपालिका में हस्तक्षेप

   अथवा

   चेतावनी 1.12
4. लोकतांत्रिक प्रणाली का भारत के निर्माण में योगदान 1.17
5. आठवीं अनुसूची को बढ़ाना कहाँ तक उचित है? 1.21
6. लोकतंत्र में मीडिया की भूमिका 1.26
7. सूचना का अधिकार : कानून के दस वर्ष 1.31
8. भारत में उभरता क्षेत्रवाद और राष्ट्रीयता का भविष्य 1.35
9. नौवीं अनुसूची बनाम मूल ढाँचे का विमर्श 1.39
10. पंचायतीराज व्यवस्था 1.43
11. धर्म और राजनीति 1.47
12. क्या अनुच्छेद 356 भारत की संघीय व्यवस्था को धूमिल कर रहा है? 1.52
13. सुरक्षित सीमाएँ अच्छे पड़ोसी की गारंटी हैं

    अथवा

    सीमाओं पर चहारदीवारी की ऊँचाई क्या पड़ोसी देशों के संबंधों को तय करती है

    अथवा

    अच्छी सीमाएँ अच्छे पड़ोसी बनाती हैं 1.57

भाग-2 आर्थिक क्षेत्र 2.1 – 2.46

1. भारत के संदर्भ में निजीकरण की उपयोगिता

अथवा

निजीकरण : उद्‌देश्य एवं परिणाम 2.3

2. भूमंडलीकरण एवं कल्याणकारी राज्य 2.7

3. उदारीकरण का घरेलू उद्योगों पर प्रभाव 2.12

4. भूमंडलीकरण: नियंत्रण तंत्र के समक्ष चुनौतियाँ 2.18

5. खाद्य संकट: चुनौतियां और संभावनाएँ 2.24

6. भूमंडलीकरण और बाजारवाद से जूझती भारतीय भाषाएँ 2.29

7. क्या हरित क्रांति ने देश की परंपरागत कृषि को तबाह कर दिया? 2.34

8. कितनी कारगर होगी दुनिया की सबसे बड़ी स्वास्थ्य योजना? 2.38

9. मनरेगा के दस साल 2.42

भाग-3 सामाजिक एवं सांस्कृतिक क्षेत्र 3.1 – 3.80

1. भारतीय समाज में सांस्कृतिक परिवर्तन 3.3

2. कन्या भ्रूण हत्या: एक अभिशाप 3.7

3. बाल श्रम भारत के विकसित देश होने की राह में अवरोध है 3.11

4. महिला सशक्तिकरण: दशा और दिशा अथवा महिला सशक्तिकरण: उपलब्धियाँ एवं चुनौतियाँ

अथवा

क्या शक्ति और अधिकार ही नारी मुक्ति में सक्षम हैं? 3.17

5. गरीबी अभिशाप है 3.22

6. आधुनिकीकरण और भारत

अथवा

भारत में आधुनिकीकरण अथवा आधुनिकता बनाम परंपरा 3.26

7. नक्सलवाद: आंतरिक प्रशासन को गंभीर चुनौती

अथवा

समस्या एवं समाधान 3.31

8. भारत में सामाजिक परिवर्तन : दशा और दिशा 3.37

9. आरक्षण: भारतीय समाज की मझधार 3.43

10. क्या मृत्युदंड समाप्त कर देना चाहिए? 3.47

11. युवा असंतोष अथवा आज की युवा पीढ़ी

अथवा

आज की युवा जीवन शैली अथवा दिग्भ्रमित युवा पीढ़ी 3.52

12. आतंकवाद : समस्या एवं समाधान 3.57

13. भारतीय समाज और बुद्धिजीवी 3.62

14. आंतरिक सुरक्षा के समक्ष चुनौतियाँ 3.67

15. आधुनिक समाज में नारी की स्थिति 3.72

16. सोशल मीडिया और आज का युवा 3.76

भाग-4 साहित्यिक क्षेत्र 4.1 – 4.30

1. भक्ति काव्य में लोक धर्म 4.3

2. भक्ति काव्य का सामाजिक एवं सांस्कृतिक प्रदेय/योगदान/भूमिका 4.9

3. कबीर का समाज दर्शन 4.13

4. हिन्दी साहित्य में प्रगतिवाद 4.19

5. उदारीकरण, कृषि संकट और प्रेमचंद 4.26

भाग-5 विविध एवं समसामयिक क्षेत्र 5.1 – 5.50

1. आपदा और तकनीक 5.3

2. नदी जोड़ो योजना: कितनी उपयोगी, कितनी खतरनाक 5.9

3. धर्म और विज्ञान: पूरक अथवा विरोधी 5.14

4. विकास का नया आयाम: भूमिगत जल प्रबंधन 5.18

5. गाँधीवादी मूल्य और आज का भारत 5.22

6. मूल्यहीनता: 'युग धर्म' या नए मूल्यों की खोज की चुनौती 5.27

7. पर्यावरण असंतुलन: उभरती चुनौती

अथवा

पर्यावरण असंतुलन: मानव अस्तित्व को खतरा 5.32

8. जलवायु परिवर्तन को रोकने में भारत की भूमिका 5.37

9. आवश्यकता लोभ की जननी है और लोभ का आधिक्य नस्लें बर्बाद कर देता है 5.41

10. शब्द दोधारी तलवार से अधिक तीक्ष्ण होते हैं 5.44

11. नदी जल विवादों के स्थाई समाधान संभव हैं? 5.47

भाग 1

राजनीतिक क्षेत्र

1.	छोटे राज्य : विकास बनाम राजनीति	1.3
2.	राजनीति का अपराधीकरण	1.8
3.	न्यायिक सक्रियता : कार्यपालिका में हस्तक्षेप *अथवा* चेतावनी	1.12
4.	लोकतांत्रिक प्रणाली का भारत के निर्माण में योगदान	1.17
5.	आठवीं अनुसूची को बढ़ाना कहाँ तक उचित है?	1.21
6.	लोकतंत्र में मीडिया की भूमिका	1.26
7.	सूचना का अधिकार : कानून के दस वर्ष	1.31
8.	भारत में उभरता क्षेत्रवाद और राष्ट्रीयता का भविष्य	1.35
9.	नौंवी अनुसूची बनाम मूल ढाँचे का विमर्श	1.39
10.	पंचायतीराज व्यवस्था	1.43
11.	धर्म और राजनीति	1.47
12.	क्या अनुच्छेद 356 भारत की संघीय व्यवस्था को धूमिल कर रहा है?	1.52
13.	सुरक्षित सीमाएँ अच्छे पड़ोसी की गारंटी हैं *अथवा* सीमाओं पर चहारदीवारी की ऊँचाई क्या पड़ोसी देशों के संबंधों को तय करती है *अथवा* अच्छी सीमाएँ अच्छे पड़ोसी बनाती हैं	1.57

अध्याय

1

छोटे राज्य : विकास बनाम राजनीति

रूपरेखा

- समसामयिक संदर्भों के साथ निबंध की शुरूआत करें। साथ में राष्ट्र और राज्य को भी थोड़ा व्याख्यायित करें। कैसे इनकी उत्पत्ति हुई और क्यों उनकी जरूरत पड़ी, इसका संक्षेप में उल्लेख।
- छोटे राज्यों के पक्ष में तमाम कारणों को विस्तार से विवेचन-प्रशासनिक विकेंद्रीकरण विकास की अधिक संभावनाएं, संसाधनों का समुचित दोहन इत्यादि
- विपक्ष में जो तर्क दिए जाते हैं, उनका युक्तियुक्त विवेचन। जैसे-सीमाविवाद, वित्तीय समस्या, राजस्व व ऋण का बँटवारा, प्रशासनिक असुविधा इत्यादि।
- यह बताएँ कि इनकी माँग के पीछे विकास का मुद्दा अहम है या राजनीतिक निहितार्थ। इसी संदर्भ में नए बने छोटे राज्यों का उदाहरण भी दें। अभी और कहाँ माँग हो रही हैं। जैसे – हरियाणा, पंजाब, छत्तीसगढ़, झारखंड, उत्तराखंड, तेलंगाना।
- राज्यों के विभाजन के कानूनी पहलुओं की भी चर्चा अपेक्षित है।
- तेलंगाना को नए राज्य के रूप में मान्यता मिल जाने के बाद देश के अन्य भागों से भी पृथक् छोटे राज्यों की मांग एक बार फिर मुखर हो उठी है। कई जगह तो इसके लिए आंदोलन भी तेज हो पड़े हैं और कुछ जगह कुछ काम आक्रामकता के साथ मांगें उठ रही हैं। दरअसल देश भर में करीब बाईस ऐसे अंचल हैं, जहां पृथक राज्य की मांग हो रही है। वैसे यह संख्या कहीं ज्यादा भी हो सकती है। लेकिन सवाल उठता है कि ऐसे कितने राज्य होने चाहिए, क्या छोटे राज्य ही विकास पैमाना है या फिर क्या छोटे राज्य तमाम समस्याओं के हल में सहायक हो सकते हैं?
- अंत में यह बताते हुए निष्कर्ष है कि यदि विकास की सदिच्छा से छोटे राज्य बनते हैं तो ठीक है, अन्यथा कोई लाभ नहीं।

वर्षों पहले जब मनुष्य का इस धरा पर आगमन हुआ तो उसमें अपने अथवा पराये की भावना नहीं थी। वह प्रकृति के नियन्त्रण में अपने समुदाय के साथ रहता था। प्रकृति प्रदत्त चीजों से ही संतुष्ट रहता था। प्रकृति के अनुकूल कार्यकलाप से उसके पूरे समुदाय और उसकी पूरी दिनचर्या एवं जीवनशैली नियन्त्रित थी।

लेकिन यह स्थिति अधिक दिनों तक नहीं टिक सकी। मस्तिष्क के विकास के साथ-साथ उसमें अपनत्व की भावना का भी विकास होने लगा। इससे वह अपने आस-पास के लोगों को अन्य लोगों से अलग समझने लगा। धीरे-धीरे मानव समुदाय कबीलों में विभाजित हो गया। प्रत्येक कबीले के अपने आचार-विचार एवं क्रिया कलाप होते थे। एक कबीले के लोग अपने को दूसरे कबीले से अलग समझते थे। अनेक कारणों से बार-बार उनके बीच संघर्ष हो जाया करता था। प्रत्येक कबीले एक दूसरे को शत्रुता की भावना से देखते थे एवं उन पर अधिकार करने को तत्पर रहते थे। यद्यपि उनके बीच कभी-कभी मित्रता भी हो जाती थी जो अपवाद मात्र थे।

सभ्यता ज्ञान, अर्थव्यवस्था आदि के प्रसार व विकास के कारण इन कबीलों का संयोजन जनपदों महाजनपदों आदि से होते हुए वर्तमान में देश के रूप में हो गया है। एक देश के क्षेत्रफल को प्रशासनिक एवं अन्य कारणों से सुविधा के लिए बड़े प्रदेशों में विभाजित कर दिया गया है। लेकिन वर्तमान में इन प्रदेशों को और छोटे भागों में बाँटे जाने की माँग जनसमुदाय में मुखरित हो रही है। इसके कारण भी बताये जा रहे हैं। छोटे राज्य बनाये जाने के विभिन्न लाभ हैं ऐसा छोटे राज्यों के समर्थन में कहा जा रहा है। लेकिन इस बात से भी मुँह नहीं मोड़ा जा सकता कि इसकी अनेकों हानियाँ भी हैं। इन लाभ एवं हानियों का सूक्ष्म अवलोकन करते हुए ही किसी सुझाव या निष्कर्ष पर पहुँचा जा सकता है।

भारत में छोटे राज्यों की माँग नई नहीं है। आजादी के पहले से ही लोगों द्वारा छोटे राज्यों की माँग की जा रही थी। काँग्रेस ने इस बात का समर्थन भी किया था। लेकिन आजादी के पूर्व होने वाली यह माँग भाषायी आधार पर थी। आजादी के बाद धीरे-धीरे यह माँग तीव्र होने लगी। 1948 में जे. बी. पी. समिति का गठन राज्य पुनर्गठन के निरीक्षण हेतु किया गया। जिसकी रिपोर्ट में कहा गया कि भाषायी आधार पर राज्यों का गठन उचित नहीं है। लेकिन व्यापक माँग को देखते हुए ऐसा कर देना चाहिए। इस निष्कर्ष को लेकर आंदोलन तीव्र हो गया। 1952 में पोट्टों श्री रामलुलु का 56 दिन के आमरण अनशन के बाद देहान्त हो गया। इस बात ने आंदोलन को और हवा दे दी। जिससे 1953 में आंध्र प्रदेश का गठन कर दिया। इस प्रकार आंध्र प्रदेश भाषायी आधार पर गठित पहला राज्य बना।

आगे भी और अधिक माँग को देखते हुए 1953 में ही फजल अली की अध्यक्षता में राज्य पुनर्गठन आयोग का गठन किया गया। इस आयोग की सिफारिश पर 14 राज्यों एवं 5 केन्द्रशासित प्रदेशों का गठन किया। इसके बाद के समय में पांडिचेरी, दमन एवं दीव, गुजरात, नागालैण्ड, छत्तीसगढ़, उत्तराखंड, झारखंड राज्यों का गठन करने के बाद अब कुल 28 राज्य एवं 7 केन्द्रशासित प्रदेश हैं। लेकिन अभी भी राज्यों के पुनर्गठन की माँग बराबर बनी हुयी हैं। क्षेत्रीय लोगों द्वारा की जा रही माँग के निहित तक हैं लेकिन सभी में एक तर्क प्रमुख यह है कि यहाँ विकास हेतु ध्यान नही दिया जा रहा है। वर्तमान में भारत में राज्य पुनर्गठन के कई

कारण है। कुछ जगह यह विकास में पिछड़ेपन को लेकर है तो कुछ जगह भाषा को लेकर, कुछ जगहों पर जातीय भेदभाव की शिकायतें मिलती हैं तो कुछ जगह भौगोलिक असमानता। ज्ञातव्य है कि भारत विविधताओं का देश है। यहाँ ये बातें स्वाभाविक हैं। अगर इन बातों को लेकर राज्यों का गठन किया जाता रहे तो भारत में अनगिनत राज्य बन सकते हैं जो कि अपने आप में और भी जटिल समस्या बन सकती है। अतः इस बारे में कुछ निष्कर्ष निकालने से पहले हमें छोटे राज्यों के सकारात्मक एवं नकारात्मक पक्षों पर गहनता से विचार करना होगा।

प्रायः ऐसा देखा गया है कि छोटे राज्यों में विकास की सम्भावनाएँ अधिक होती है। इसके पीछे अनेकों प्रकार के कारक उत्तरदायी होते हैं। राज्यों के छोटे होने पर प्रशासनिक विकेन्द्रीकरण अधिक सुगमतापूर्ण तरीके से तथा विस्तृत रूप में होता है। इससे व्यक्ति की समस्या को अधिक करीब से समझने में मदद मिलती है। प्रशासन में अधिक पारदर्शिता आती है। भ्रष्टाचार भी कम होने की सम्भावना रहती है।

छोटे राज्यों में प्रायः भौगोलिक आपदा पायी जाती है। जिससे वहाँ समान प्रकार के कार्यकलापों का विकास किया जा सकता है। इससे आर्थिक विकास को गति देने में भी सहायता मिलेगी। राज्य का क्षेत्रफल कम होने पर यहाँ पर पायी जाने वाली सामाजिक विविधता भी कम होने की संभावना रहेगी। जिससे लोग एक दूसरे के अधिक करीब रह सकेंगे। जातीय हिंसा की समस्याएँ भी कम हो सकती हैं। राजनीतिक रूप से भी अधिक कुशलता लायी जा सकती है।

प्रायः ऐसा भी माना गया है कि शिक्षा यदि मातृभाषा में दी जाय तो उससे व्यक्ति में अधिक कुशलता लायी जा सकती है। छोटे राज्यों के होने पर इस बात की संभावना काफी हद तक बढ़ जाती है कि राज्य के लोगों को एक भाषा में शिक्षा प्रदान की जाए। इससे शिक्षा में गुणवत्ता आने की संभावना भी अधिक आ जाती है। छोटे राज्यों द्वारा उनके यहाँ पाये जाने वाले प्रत्येक संसाधन (भौतिक एवं जैविक) का दोहन अधिक कुशलतापूर्वक किये जाने की संभावना भी अधिक होती है। इसका मुख्य कारण यह कि संसाधन के दोहन के लिए वहाँ अनुकूल परिस्थिति (भौतिक तथा मानवीय) मिलने की अधिक संभावना होती है।

विस्तृत रूप से देखा जाय तो छोटे राज्यों के कई प्रकार के लाभ हैं। इन लाभों का कुशलतापूर्वक दोहन करते हुए देश के विकास को तीव्र किया जा सकता है। लेकिन इस बात से भी इनकार नहीं किया जा सकता कि छोटे राज्यों के अनेक समस्याएँ भी हैं। उनका भी यहाँ अवलोकन करना उचित होगा। वर्तमान में सीमा विवाद न केवल अन्तर्राष्ट्रीय वरन अन्तर्राज्यीय स्तर पर भी एक जटिल समस्या बन कर उभरी है। राज्य ही छोटे होंगे सीमाओं का निर्माण भी उतना ही अधिक होगा। इससे सीमा विवाद की समस्या अधिक जटिल होगी। ठीक इसी प्रकार जल विवाद भी अधिक बढ़ जाने की संभावनाएँ है। जहाँ छोटे राज्यों में प्रशासनिक विकेन्द्रीकरण की अधिक संभावनाएँ होती हैं वहीं राष्ट्रीय स्तर पर यह एक समस्या के रूप में भी उभर सकती है। इससे भी कई समस्याएँ उत्पन्न होंगी। वित्तीय विकेन्द्रीकरण, एवं कार्ययोजनाओं का संचालन करने में भी समस्याएँ उत्पन्न होंगी।

छोटे राज्यों में प्रशासनिक कार्य संचालन के लिए प्रशासनिक भवन, न्यायिक भवन आदि भी बनाने आवश्यक होंगे। इनमें काफी वित्तीय खर्च आ सकता है। साथ ही राज्य में पाए

जाने वाले ऐसे संसाधन जो स्वंय में पूर्ण नहीं होते, के कुशलतम दोहन में काफी समस्या का सामना करना पड़ सकता है।

विभिन्न राज्यों की अपनी समस्याएँ होती हैं। कई बार ऐसा भी होता है कि वही समस्याएँ या नई समस्याएँ (आपदा इत्यादि) इतनी अधिक हो जाएँ कि राज्य उनसे अकेले निपटने में सक्षम नहीं होता। राज्यों के छोटे होने पर इन समस्याओं का स्परूप और भी जटिल हो जायेगा। जिससे राज्य विकास करने के विपरीत कई वर्षों के पीछे जा सकता है। छोटे स्तर पर मातृभाषा में शिक्षा जहाँ अधिक कुशलता प्रदान करती है, वहीं राष्ट्रीय स्तर पर एकता बनाने में एक समस्या भी खड़ी करती है। कई बार यह हिंसा के रूप में भी मुखरित हो जाती है। वर्तमान में ऐसी समस्याएँ देखने को मिल रही हैं। राज्यों के अधिक होने पर राजनीति विखण्डनीयता भी अधिक होगी फलतः राष्ट्रीय स्तर पर इसका नकारात्मक परिणाम हो सकता है। कमजोर केन्द्र होने पर अनेकों किस्म की समस्याएँ उत्पन्न हो सकती है। आन्तरिक समस्याओं के साथ-साथ विदेशी सम्बन्धों पर भी प्रभाव पड़ सकता है।

छोटे राज्यों के पास ज्ञान पूँजी का अभाव हो सकता है इससे वैज्ञानिक विकास भी अधिक न होने की संभावना है। ऐसी दशा उसे दूसरों से सहयोग लेना पड़ेगा परियोजनाओं, प्रायः बड़ी परियोजनाओं को लागू करने में उसके सामने असमर्थता आ सकती है। ऐसी दशा में बहुराष्ट्रीय कम्पनियों जिनका मुख्य लक्ष्य अधिकाधिक लाभ प्राप्त करना होता हैं। वे इन राज्यों का अत्यधिक शोषण कर सकती हैं और वे राज्य के विकास को पीछे की तरफ मोड़ सकती है। एक बड़े राज्य को छोटे राज्यों में बाँटने पर भी कई प्रकार की समस्याएँ उत्पन्न हो सकती हैं। इनमें उनका राजस्व अनुपात एवं केन्द्र से मिले ऋण का बँटवारा प्रमुख समस्या बन सकता है। आय के स्रोतों का असमान होने पर यह समस्या और भी जटिल हो सकती है।

भारत विविधताओं का देश है। इन्ही में उसकी समस्याएँ भी विविध प्रकार की हैं और यह भी ज्ञातव्य है कि समस्याओं का हल भी हो सकता है। लेकिन समस्याओं का एक मात्र निराकरण का आधार छोटे राज्यों में ही नहीं है। यह सही है कि छोटे राज्य विकास में अधिक सहायक होते हैं। लेकिन दूसरी तरफ उनके साथ कई प्रकार की समस्याएँ भी खड़ी हो जाती है जिनका निराकरण स्वंय में फिर एक समस्या है।

अतः जहाँ तक सम्भव हो सके समस्याओं को निपटाने का प्रयास किया जाना चाहिए। इसमें केन्द्र की भूमिका होगी कि वह राजनीतिक स्वार्थों को दर किनार करते हुए आगे आये। वर्तमान भारत में वे क्षेत्र जहाँ छोटे राज्यों की माँग मुखरित हो रही है लगभग सभी जगहों की अपनी समस्याएँ हैं। जिनमें केन्द्र आगे आकर इन समस्याओं के निराकरण में सहायता कर सकता है। विशेष सहायता पैकेज, सामाजिक जागरूकता अभियान, विदेशी सम्बंधों में सुधार, प्रशासनिक विकेन्द्रीकरण आदि ऐसी अनेक कार्य योजनाएँ हो सकती हैं जो समस्याओं के समाधान में सहायक हो सकती हैं।

भारत अभी विकासशील देश है। यहाँ आर्थिक विषमता बड़े पैमाने पर है मूलतः यही नये राज्यों की माँग का मुख्य मुद्दा बन रहे हैं। लेकिन यह ज्ञातत्य है कि राज्यों को तोड़ मात्र देने से ये समस्याएँ हल नहीं हो सकती। वरन् ये आवश्यक है कि उन क्षेत्रों के लिए विशेष विकास योजनाएँ चलाती जाएँ। उन्हे भी विकास का पूरा अवसर उपलब्ध कराया जाए। वहाँ

पर उपलब्ध संसाधनों का या उसके मूल्य का अधिकतम भाग उस क्षेत्र के विकास के लिए उपयोग किया जाए। विभिन्न राज्यों के बीच आपसी सहयोग एवं तालमेल के लिए प्रयास किये जाएँ। जातीय हिंसा या अन्य इस प्रकार की समस्याओं से निपटने के लिए जन-जागरुकता अभियान चलाने के साथ-साथ प्रशासन को भी मजबूत किया जाए। विदेशों से मधुर सम्बंध भी इस दिशा एक अहम कदम हो सकता है। प्रायः ऐसी गुप्त सूचना मिलती है कि विदेशी (मूलतः पड़ोसी देश) राज्य भी विखंडन की आग को हवा देते हैं।

निष्कर्ष रूप में यह कहा जा सकता है कि राज्य का विभाजन करना ही एक मात्र ऐसा उपकरण नहीं है जो समस्याओं का निदान कर सके। अन्य उपायों पर पहले पूरी तरह कोशिश कर ली जानी चाहिए। इसके बाद भी यदि समस्या का निराकरण नहीं हो पाता तो अन्य बातों पर विचार करते हुए विभाजन को स्वीकृति दे देना उचित होगा। चूंकि जब वहाँ विकास के अवसर होंगे तभी वहाँ विकास होगा। तभी लोगों में सुखशांति स्थापित होगी। और यही भारत को विकसित बनने के लिए आवश्यक होगा।

अध्याय

2

राजनीति का अपराधीकरण

रूपरेखा

- राजनीति में अपराधी तत्वों के प्रवेश के कारण राजनीति के गिरते स्तर पर चिंता के साथ शुरूआत।
- देश में राजनीति के अपराधीकरण की भयावह स्थिति का विवरण (संक्षेप में), किस तरह से संसद और राज्यों की विधायिकाओं तक का स्तर गिरा है।
- अपराधियों को प्रवेश देने की राजनीतिक दलों की विवशता और उनकी स्वार्थ लिप्सा। इसके अलावा अन्य कारणों पर भी चर्चा करें।
- किस तरह से राजनीति के अपराधीकरण और अपराध के राजनीतिकरण पर अंकुश लगाया जाए, इसकी विस्तृत विवेचना।

पिछले कुछ वर्षों में भारतीय राजनीति को जिस वजह से सबसे ज्यादा नकारात्मकता का शिकार होना पड़ा है, वह है राजनीति का अपराधीकरण। भारतीय राजनीतिक परिदृश्य में राजनीति और अपराध परस्पर इतने घुलमिल गए हैं कि इनके बीच स्पष्ट विभाजक रेखा खींचना बहुत कठिन हो गया है। स्थिति यह हो गई है कि आज बहुत से लोग राजनीति में प्रवेश करने से हिचकिचा रहे हैं। चुनाव आयोग की तमाम सख्ती और सूचना के अधिकार कानून से मिल रही जानकारी के बावजूद इस दिशा में लगाम लगाना मुश्किल हो रहा है। हालांकि अपराधिक मामलों में दोषी ठहराए जाने के बाद चुनाव लड़ने की पाबंदी के चलते राजनीति में अपराधी तत्वों के प्रवेश में कमी की उम्मीद की जा रही है लेकिन सवाल यही है कि जितना मुश्किल राजनीति से अपराध को दूर रखना है, किसी व्यक्ति को किसी अपराध में दोषी ठहराना उससे कम मुश्किल नहीं है।

स्वतन्त्रता-प्राप्ति के बाद प्रथम तीन आम चुनावों तक तो ऐसा प्रतीत होता था कि भारत में स्वस्थ लोकतन्त्र की स्थापना हो गई है और वह इस देश में गहरी जड़ें पकड़ता जा रहा है, परन्तु सन् 1967 के बाद के निर्वाचनों में उक्त धारणा का खंडन ही नहीं हुआ है, बल्कि भारतीय राजनीति में नैतिक एवं चारित्रिक पतन जड़ें पकड़ता जा रहा था। इस प्रक्रिया का आरम्भ तब हुआ, जब श्रीमती इन्दिरा गाँधी ने अपनी स्थिति सुरक्षित रखने के लिए गाँधी और नेहरू की पार्टी, अखिल भारतीय काँग्रेस के भविष्य को दाँव पर लगा दिया। पहले उन्होंने मेरारजी देसाई, निजलिंगप्पा सदृश पुराने कर्मठ स्वतन्त्रता सेनानियों को काँग्रेस छोड़ने पर विवश किया और उसके बाद राष्ट्रपति के चुनाव में जिन लोगों ने श्री संजीव रेड्डी के नाम का प्रस्ताव किया, मतदान के समय उन्हीं के विरुद्ध वोट दिया और अन्य लोगों से वोट दिलवाए। नैतिक, राजनीतिक एवं चारित्रिक पतन के इस अभूतपूर्व उदाहरण ने राजनीति को इस कदर गंदा कर दिया, जिसकी सफाई करना आज असम्भवप्राय बन गया है।

उसके बाद श्रीमती गाँधी ने सन् 1975 में आपातकाल की घोषणा करके भारत के अशिक्षित एवं निरीह देशवासियों को प्रकारान्तर से यह बता दिया कि लोकतन्त्र का यह भी एक रूप हो सकता है। उनकी अकाल मृत्यु के बाद वंशवाद की राजनीति के समर्थकों ने उनके पुत्र, श्री राजीव गाँधी को नेतृत्व प्रदान कर दिया। राजीव गाँधी के प्रधानमंत्रित्व में राजनीतिक शून्यता का वातावरण बन गया। आपातकालीन स्थिति की समाप्ति के बाद होने वाले चुनावों में श्रीमती इन्दिरा गाँधी पराजित हो गई थीं। दोबारा शक्ति में आने के लिए अपने बेटे संजय गाँधी की सहायता से उन्होंने कतिपय असामाजिक तत्वों को एकत्र किया और चुनावों के समय उन्हें राजनीति में उतार दिया। उनमें कई व्यक्ति चुनावों में विजयी हुए। इस प्रकार अपराधियों के राजनीति में सक्रिय होने की अस्वस्थ परम्परा चल पड़ी। राजनीति में अपराधियों के आगमन की यही पृष्ठभूमि है। अपराधीकरण के सहायक के रूप में आर्थिक घोटालों की परम्परा चल पड़ी, जिनसे भारत का बच्चा-बच्चा अवगत है। स्थिति यह बन गई है कि देश से बड़ा दल है और दल से बड़ा व्यक्ति का घर है, जिसको सब प्रकार भरा-पूरा करना हमारे राजनेताओं का प्रथम कर्त्तव्य एवं जीवन की प्राथमिकता बन गई है। येन केन प्रकारेण धनोपार्जन के लिए व्यक्ति जो कुछ भी कार्य कर सकता है वे सब हमारे देश की राजनीति के अंग बन गए हैं।

दूसरी ओर मतदाता भी यह देखता है कि मैं अपना मत उस व्यक्ति को दूँ, जो मेरे काम का व्यक्ति हो अथवा कुर्सी पर बैठने के बाद हमारे जा-बेजा काम कर सके। कहने का तात्पर्य यह है कि भारतीय जनता भी भ्रष्टाचार एवं अपराध के प्रति प्रतिबद्ध होने लगी है। भारतीय राजनीति की पूर्व पीढ़ी का अध्येता यह भली प्रकार देख सकता है कि परतंत्र भारत में ब्रिटिश साम्राज्य को समाप्त करने के लिए जहाँ सिद्धान्तों, अनुशासन, सत्याग्रह, सविनय अवज्ञा, बहिष्कार, स्वदेशी एवं अहिंसा जैसे पवित्र अस्त्रों का सहारा लिया गया था, वहीं स्वतन्त्र भारत के निर्माण की राजनीति में आज हिंसक, असामाजिक एवं संदिग्ध चरित्र वाले, स्वार्थी एवं सत्ता-लोलुप व्यक्तियों का निर्बाध प्रवेश एवं बोलबाल हो रहा है।

यदि हम राजनीति में बढ़ते अपराधीकरण के कारणों पर गौर करें तो इसका प्रमुख कारण है–चुनावों में धन का महत्व बढ़ जाना। इसी के साथ जनशक्ति का भी महत्व बढ़ गया है। हमारे देश के चुनाव इतने अधिक व्ययसाध्य हो गये हैं कि इनके लिए पर्याप्त साधन जुटाने

के लिए भाँति-भाँति के गठबंधन एवं वायदे करने होते हैं और फिर उसे चुकाने के लिए कुछ भी करते हुए संकोच का प्रश्न ही नहीं उठता है। फलतः राजनीतिज्ञ क्रमशः धनशक्ति, बाहुबल एवं शक्ति प्रदर्शन हेतु अपराधियों के समर्थन एवं सहयोग पर आश्रित होते गये हैं। इस प्रक्रिया में व्यक्तियों का एक ऐसा वर्ग विकसित हो गया है, जिसे हम नवधनाढ्य वर्ग कह सकते हैं और जो आज अचानक वैभव और ऐश का जीवन जीने लगा है अथवा उपभोक्ता संस्कृति का लाभ उठाने में प्रयत्नशील है। प्रगति और विकास के साथ देश में यदि समानता भी आई होती, और सामान्य जन की मूलभूत आवश्यकताओं पर ध्यान दिया गया होता, तो स्थिति इतनी बुरी न होती। स्कूटर पर बैठकर राहजनी, लूटपाट आदि करने वाले अधिकांश युवक निम्न मध्यवर्ग से सम्बन्धित होते हैं जो उपभोक्ता संस्कृति के शिकार होने के कारण ऐश का जीवन जीने के लिए सब कुछ कर गुजरने को तैयार रहते हैं। दूसरा कारण है-राजनीति का एक व्यवसाय बन जाना। लोग राजनीति में धन कमाने के लिए प्रवेश करते हैं। इस कारण राजनीति का सम्पूर्ण परिवेश सिद्धांतहीन हो गया है और सम्पूर्ण राजनीति का एकसूत्रीय कार्यक्रम धन-संचय बन गया है।

हास्यास्पद स्थिति यह है कि प्रत्येक दल गाँधीवादी होने का दावा करता है, परन्तु गाँधीवादी सिद्धान्तों के सर्वथा विपरीत आचरण करता है। फलतः हमारा राजनीतिक जगत् दोमुंहे जन्तुओं से पट गया है और वहाँ धर्म-ईमान की चर्चा गुनाह मानी जाती है। यही कारण है कि हमारे समाज में तस्कर, लुटेरे, घूसखोर आदि प्रतिष्ठा के पात्र बन गये हैं। आज समाज ने यह सोचना बंद कर दिया है कि धन कैसे आया है? समाज में किस प्रकार के व्यक्तियों का प्रभुत्व है, इसका प्रमाण हमारे सांसद एवं विधायक लोकसभा एवं विधानसभा के सदनों में देते हैं। गाली-गलौज करना, जूते-चप्पल फेंकना आदि लक्षण अपराधियों के माने गये हैं। हमारे शासकों की समस्त नीतियाँ घूम-फिर कर 'भ्रष्ट करो और राज्य करो' के प्रति उन्मुख हो गई हैं।

आवश्यकता और योग्यता के प्रति शासन के उत्तरदायी न होने के कारण भी अपराध वृत्ति को प्रोत्साहन मिलता है। पहले असंतोष प्रकट होता है, फिर विद्रोह। विद्रोह की सीमा जघन्य अपराध है ही। राजनीति के अत्यधिक प्रभाव ने प्रशासन को भी भ्रष्ट कर दिया है। इस प्रकार भ्रष्ट प्रशासन के माध्यम से राजनीति अपराधवृत्ति को प्रोत्साहन प्रदान करती है। इस दुष्प्रवृत्ति की चरम सीमा यह है कि इससे न्यायपालिका भी अछूती नहीं रही है।

राजनीतिक गठजोड़ों ने भी अपने स्तर पर अपराधीकरण में वृद्धि की है। गठजोड़ों की राजनीति में समस्त सिद्धान्तों को तिलांजलि दे दी गई है। परस्पर विरोधी सिद्धान्तों वाले दलों तथा एक-दूसरे के जानी-दुश्मनों को एक साथ चलाने वाली पटरी केवल अपराधवृत्ति ही हो सकती है। भ्रष्टाचार रूपी सीमेण्ट इन्हें एक साथ चिपकाए रखता है। गठजोड़ की राजनीति में क्षेत्रीय एवं साम्प्रदायिक शक्तियों का ध्रुवीकरण तो हुआ ही है, साथ ही लोकतांत्रिक मूल्यों एवं राष्ट्रीय भावना का क्षरण भी हुआ है। इसने समस्त मानवमूल्यों एवं मानवाधिकारों को धता बता दिया है। क्षेत्रीयता, साम्प्रदायिकता, जातीयता, स्वार्थपरता आदि की आधारभूमि पर अपराधी तत्त्वों का वर्चस्व स्वाभाविक है। राजनीतिज्ञ-अपराधी गठजोड़ पर वोहरा रिपोर्ट के निष्कर्षों का सार यह है कि देश के अपराधियों के गिरोहों, हथियारबंद सेनाओं, तस्करों के गिरोहों, नशीली दवाओं के व्यापारियों और आर्थिक लाबियों का काफी विस्तार हो चुका है और इन्होंने

अफसरशाही, सरकारी संस्थाओं, राजनीतिज्ञों, मीडिया के लोगों और महत्वपूर्ण व्यक्तियों के साथ सम्पर्क का व्यापक जाल बना लिया है। इनमें से कुछ गिरोहों का विदेशी खुफिया एजेंसियों से भी सम्बन्ध है। रिपोर्ट में स्पष्ट कहा गया है कि चुनाव लड़ने में व्यय किया जाने वाला खर्च राजनीतिज्ञों को इन तत्वों की शरण में ले जाता है और इस तरह अपराधों की जाँच के काम में भी कोताही आ जाती है।

परंतु ऐसा नहीं है कि पतित हो चुकी इस व्यवस्था में अब सुधार की गुंजाइश ही नहीं रही। सुधार के प्रयास तो हो ही सकते हैं और यदि दृढ़ इच्छा शक्ति के साथ ये प्रयास होंगे तो सफलता भी अवश्य मिलेगी। सर्वप्रथम मतदाताओं को वास्तविकता के प्रति जागरूक होना चाहिए। तदुपरान्त बहुत सोच-समझकर अपने मताधिकार का प्रयोग करना चाहिए। वे तटस्थ भाव से अपने मत का प्रयोग तभी कर सकेंगे जब वे किसी प्रकार के व्यक्तिगत लाभ, लोभ, लालच के वशीभूत नहीं होंगे। भ्रष्ट व्यक्तियों को चुनने वाले भी भ्रष्ट होने चाहिए। हमारी चुनाव-प्रणाली में इस प्रकार के सुधार किये जाएँ कि वह इतनी व्यवसाध्य न रह जाए। यदि ऐसा हो जाए तो चारों ओर की जन समस्याओं को राष्ट्रीय समस्याओं का रूप देना चाहिए तथा राजनीतिक समस्याओं को भी इन पर आधारित किया जाना चाहिए। प्रत्येक राजनीतिक दल को सोच लेना चाहिए कि बस, जब तक स्वच्छ छवि वाले व्यक्ति राजनीति में नहीं जाएँगे, तब तक उद्धार असम्भव है।

इसके साथ ही अपराधी पृष्ठभूमि वाले राजनीतिज्ञों को बहिष्कृत करने के प्रयत्न किए जाने चाहिए। सत्ता से जुड़े हुए अधिकारों तथा सुख-सुविधाओं में कमी की जानी चाहिए। इस संदर्भ में गाँधी की शिक्षाओं को अधिक-से-अधिक व्यवहार में लाया जाना चाहिए। पूर्व मुख्य चुनाव आयुक्त श्री शेषन ने इस दिशा में जो प्रयत्न किये थे, उन्हें पूरी निष्ठा के साथ आगे बढ़ाया जाना चाहिए तथा इस संदर्भ से जुड़े अन्य प्रयत्न भी किए जाने चाहिए। राजनीति, नौकरशाही और माफिया के त्रिभुज-ने देश को जकड़ रखा है और उसे उजाड़ दिया है—विशेषकर उसके नैतिक जगत को। इस त्रिभुज के बल पर देश में समानान्तर सरकार, विशेषकर अर्थव्यवस्था चलाई जा रही है। देश की खुफिया और कानून की देखभाल करने वाली व्यवस्था के मध्य तालमेल स्थापित करना परम आवश्यक है।

यह भी आवश्यक है कि समस्त राजनीतिक दल अपने लिए एक समान आचार संहिता बना लें और तदनुसार आचरण करें। बुद्धिजीवी वर्ग जनता को सम्यक् मताधिकार प्रयोग के प्रति शिक्षित करें। चुप और तटस्थ रहने वाला बुद्धिजीवी कर्त्तव्यच्युत एवं उत्तरदायित्व विमुख माना जाता है। भावी सन्तान इसके लिए उसे कदापि क्षमा नहीं करेगी। राजनीति का अपराधीकरण जितना भयंकर रूप धारण कर चुका है, उसके निराकरण के लिए उतने ही दृढ़संकल्प एवं इच्छाशक्ति की आवश्यकता है।

अध्याय 3

न्यायिक सक्रियता : कार्यपालिका में हस्तक्षेप अथवा चेतावनी

हमारे देश में लिखित संविधान की व्याख्या, केन्द्र और राज्यों के बीच समन्वय तथा मौलिक अधिकारों की रक्षा के निमित्त एक स्वतंत्र न्यायपालिका का गठन किया गया है। जाहिर है उस दृष्टि से न्यायपालिका की भूमिका भारत में न्याय करने से लेकर मूल अधिकारों की रक्षा और सरकार के विभिन्न अंगों को अपने निर्धारित कार्यक्षेत्र में रहने के लिये निर्देशित करने तक विस्तृत है। अर्थात् भारत में उच्चतम न्यायालय न सिर्फ संविधान की रक्षा करता है बल्कि किसी भी सरकार अथवा शक्ति द्वारा उसका उल्लंघन किए जाने से भी बचाता है।

भारतीय संविधान का एक महत्वपूर्ण लक्षण यह है कि उसने विधायिका, कार्यपालिका और न्यायपालिका के बीच शक्तियों के विभाजन की व्यवस्था दी है। शक्तियों का यह विभाजन स्पष्ट कर देता है कि संविधान का उद्देश्य किसी को भी असीमित अधिकार और शक्ति प्रदान करना नहीं है। चूंकि शक्तियों की सीमाबद्धता का निर्धारण ये संस्थाएँ स्वयँ नहीं कर सकतीं, इसलिए शासन की प्रक्रिया में इन शक्तियों के टकराव के फलस्वरूप उठने वाले विवादों के हल के लिए एक निष्पक्ष संस्था की भूमिका महत्वपूर्ण है। संसद, राज्यों की विधानसभाएँ या केन्द्र और राज्यों की कार्यपालिका यह काम करने में तब असमर्थ हो जाती हैं जब उन्हीं की कार्यप्रणाली पर प्रश्न खड़ा किया जाता है। अतः न्यायपालिका को संविधान की व्याख्या का दायित्व सौंपा गया है और इस प्रकार से वह संविधान की रखवाली करती है।

लेकिन पिछले कुछ समय से बदलती राजनीतिक, सामाजिक परिस्थितियों के मद्देनज़र देश की न्याय व्यवस्था के स्वरूप में क्रांतिकारी परिवर्तन आया है। आज न्यायपालिका सिर्फ न्याय प्रदान करने का कार्य नहीं कर रही बल्कि एक प्रशासक, सुधारक और नीति-निर्धारक की भूमिका भी अदा कर रही है। दरअसल आज की परिस्थिति में न्यायपालिका को ऐसे कार्य भी करने पड़ रहे हैं, जो मूल रूप से कार्यपालिका के कार्य क्षेत्र में आते हैं। इसी स्थिति में, जबकि न्यायपालिका द्वारा कार्यपालिका की शक्तियों का प्रयोग किया जाता है, न्यायिक सक्रियता उस संवैधानिक व्यवस्था को पुनर्जीवित करने का प्रयास है जिसे कार्यपालिका ने तोड़-मरोड़ दिया है।

यहाँ प्रश्न उठता है ऐसी कौन-सी परिस्थिति आ खड़ी होती है जिसमें अदालत को इतनी सक्रियता दिखानी पड़ जाती है। अक्सर अदालतों को यह कदम आमजन की सुरक्षा के लिये ही उठाना पड़ता है। कार्यपालिका की बढ़ती हुई उदासीनता, स्वेच्छाचारिता, अनुशासनहीनता और निष्क्रियता ने ही न्यायिक सक्रियता को जन्म दिया है। जेलों में वर्षों से सुनवाई की प्रतीक्षा में बन्द कैदी, स्त्रियों, बच्चों और श्रमिकों का शोषण, जेल और महिला संरक्षण गृहों की अमानवीय दशा, पुलिस अत्याचार, न्याय में देरी जैसी समस्याओं के निराकरण में कार्यपालिका की शिथिलता, न्यायालय को उसके अधिकार क्षेत्र में हस्तक्षेप करने का मौका देती है। न्यायिक सक्रियता को संवैधानिक आधार प्रदान करने वाले उच्चतम न्यायालय के पूर्व मुख्य न्यायाधीश पी.एन.भगवती के अनुसार - "सरकार के प्रत्येक अंग को अपनी शक्तियों की सीमाओं में रहकर कार्य करना चाहिये तथा कानून अथवा संविधान द्वारा उनपर आरोपित दायित्वों को पूरा करना चाहिये।" लेकिन आरम्भ में समस्या यह थी कि न्यायालय किस तरह कार्यपालिका के क्षेत्र में प्रवेश करके समाज में हो रहे अन्याय तथा शोषण को रोक सकती है और उन दशाओं को उत्पन्न कर सकती है जो व्यक्ति और समाज के विकास के लिये आवश्यक हैं।

इन समस्याओं में जो सबसे अहम समस्या, न्यायालय के सामने थी, वह यह कि न्यायालय में केवल वही व्यक्ति मुकद्मा कर सकता जिसके वैधानिक अधिकारों का उल्लंघन हुआ हो और दूसरा यह कि न्यायालय किसी भी अवैधानिकता के खिलाफ तब तक संज्ञान नहीं लेगा, जब तक कि वह मामला औपचारिक रूप से उसके सामने न आये। लेकिन जब कार्यपालिका की उदासीनता और स्वेच्छाचारिता अपनी पराकाष्ठा पर पहुँच गई तो न्यायपालिका ने भी अपने पारम्परिक प्रतिबंधों को शिथिल करके कार्यपालिका के कार्यक्षेत्र में दखल दिया, जिसके परिणामस्वरूप न्यायिक सक्रियता की अवधारणा का जन्म हुआ।

ऐसा नहीं है कि न्यायपालिका द्वारा कार्यकारिणी की शक्तियों का हस्तगन स्वेच्छाचारी ढग से किया गया है। बल्कि न्यायिक सक्रियता का आधार संवैधानिक है। न्यायपालिका ने संविधान के विभिन्न अनुच्छेदों के माध्यम से संबंध स्थापित करके न्यायालय को कार्यकारिणी के क्षेत्राधिकार में प्रवेश करने का अवसर प्रदान किया है। न्यायालय ने इस दृष्टिकोण का प्रतिपादन किया कि यदि कार्यपालिका संविधान के अनुच्छेद 14, 19, 21, 32 तथा 34(अ) द्वारा तय किये गये अधिकारों और सिद्धान्तों को कार्यान्वित नहीं करती है तो संविधान का संरक्षक होने के नाते, न्यायपालिका का यह दायित्व और अधिकार है कि वह कार्यकारिणी को आवश्यक निर्देश दें। 1980 से पहले भारत में न्यायपालिका इन अर्थों में अनुदार तथा निष्क्रिय थी कि वह परम्परागत सीमाओं का आदर करते हुए जनहित के विषय में खुद से कोई पहल नहीं करती थी। वह केवल उन मामलों पर ही विचार करती थी जो प्रभावित पक्ष के द्वारा उसके सामने लाये जाते थे। बाद में सर्वोच्च न्यायालय ने महसूस किया कि सार्वजनिक हित की अनेक समस्याओं, जिनसे गरीब और अशिक्षित तबके का हित जुड़ा है, के खिलाफ आवाज उठाने वाला कोई नहीं है। इसलिये ऐसे लोगों के साथ हो रहे अत्याचार और अन्याय के निराकरण के लिये न्यायपालिका ने जनहित के वादों को मान्यता देकर सामाजिक न्याय स्थापित करने में सक्रिय भूमिका अदा की है।

न्यायिक सक्रियता के तहत जनहित से जुड़े मामलों का क्षेत्र, प्रक्रिया, लक्ष्य आदि व्यक्तिगत हित विवादों से बिल्कुल भिन्न हैं। यह सामाजिक न्याय को स्थापित करने और कल्याणकारी राज्य की अवधारणा को साकार रूप देने का एक प्रभावी उपाय है। ऐसे तमाम मामलों में न्यायालय ने संज्ञान लिया और पीड़ित पक्ष को उसका हक दिलाया जो समाज के दबे-कुचले वर्ग से जुड़े थे। इनमें 1982 में एशियाड वर्कर्स का मामला, 1982 का बंधुआ मुक्ति मोर्चा केस, जैसे कई विवादों में उच्चतम न्यायालय ने कार्यवाही करते हुए प्रभावित लोगों को आवश्यक राहतें देने का प्रयास किया है।

न्यायिक सक्रियता को उत्प्रेरित करने में न्यायालय द्वारा 'जीवन' के अधिकार की व्याख्या संबंधी फैसले ने भी महत्वपूर्ण भूमिका निभाई। उच्चतम न्यायालय ने एक फैसले में संविधान के अनुच्छेद 21 की व्याख्या करते हुए कहा कि 'प्राण एवं दैहिक स्वतंत्रता' में जीविकोपार्जन का अधिकार भी शामिल है। 'जीवन' का तात्पर्य सिर्फ भौतिक अस्तित्व नहीं, बल्कि एक सम्मानपूर्ण जीवन के साथ आधार-भूत जरूरतों पर अधिकार भी शामिल है। न्यायालय के इस फैसले से चिकित्सा सहायता और स्वास्थ्य अधिकार को मौलिक अधिकार के रूप में मान्यता मिली। साथ ही उच्चतम न्यायालय ने यह भी घोषित किया कि अनुच्छेद 21 के तहत मिले जीवन के अधिकार में संक्रमणमुक्त जल और वायु भी शामिल है, ताकि व्यक्ति जीवन का पूरा सुख उठा सके। न्यायालय ने इस संबंध में समय-समय पर ऐसे कई आदेश दिए जिससे प्रदूषण फैलाने वाले कारखानों को या तो बंद करना पड़ा या उन्होंने इसे रोकने के लिए कोई व्यवस्था की।

न्यायपालिका द्वारा कार्यपालिका के क्षेत्र के अतिक्रमण की आलोचना भी अक्सर हुई है। आलोचकों का कहना है कि न्यायिक सक्रियता के नाम पर न्यायपालिका, कार्यपालिका की शक्तियों को हड़प रही है। इस तरह का हस्तक्षेप शासन के तीनों अंगों के बीच संतुलन को समाप्त कर देगा, जिससे उनमें पारस्परिक सहयोग के स्थान पर निरंतर टकराव और विरोध की स्थिति उत्पन्न हो जायेगी। खासतौर पर आलोचकों को सबसे ज्यादा आपत्ति न्यायपालिका द्वारा विधान मण्डल के कार्यों में हस्तक्षेप से है। इनके अनुसार विधान मण्डल, जो जन साधारण का प्रतिनिधित्व करता है, की अपेक्षा न्यायालय के कुछ एक सदस्य जनहित को ज्यादा अच्छी तरह से नहीं समझ सकते हैं। "जनहित विवादों के नाम पर न्यायपालिका का हस्तक्षेप दैनिक प्रशासन में निरन्तर बढ़ता जा रहा है और स्थिति यह होती जा रही है कि इस तरह के मामले उपाहासास्पद बन कर रह गये हैं। हाल के दिनों में ऐसे कई उदाहरण देखने को मिले जिनमें न्यायालय की प्रतिष्ठा को धक्का लगा। चाहे वह न्यायालय द्वारा पार्किंग स्थल के बारे में सरकार को निर्देश जारी करना हो या फिर किसी मरीज की निःशुल्क चिकित्सा की व्यवस्था करनी हो। ये मामले ऐसे नहीं हो सकते, जिनमें न्यायालय रोज-रोज हस्तक्षेप करे। हाल के दिनों में जिस प्रकार न्यायालय विधानमंडलों की कार्यप्रणाली में हस्तक्षेप कर रहा है, वह भी न्यायिक सक्रियता के ऋणात्मक पक्ष को ही दर्शाता है। यहाँ तक कि झारखंड विधानसभा में सुप्रीम कोर्ट द्वारा सरकार को बहुमत साबित करने की 'डेडलाइन' जारी करने पर तो लोकसभाध्यक्ष, सोमनाथ चटर्जी ने भी खुलकर आलोचना की और इसे विधायिका के कार्य में अनावश्यक हस्तक्षेप बताया।

कार्यपालिका और न्यायपालिका के बीच तनाव का एक और प्रसंग तब सामने आया, जब दिल्ली में बिजली संकट के मुद्दे पर सुप्रीम कोर्ट में अतिरिक्त सॉलिसिटर जनरल ने कहा कि 'अदालत सुपर प्लानिंग कमीशन की तरह काम नहीं कर सकती।' इसके पहले वन विभाग की विशेषज्ञ समिति के सदस्य नियुक्त करने के अधिकार को लेकर भी लोकतंत्र के इन दोनों स्तंभों के बीच टकराव दिखाई दिया था। इसके अलावा लगातार विधायिका में भी अदालतों की अतिसक्रियता को लेकर असहमति दिखाई दे रही है। लोकसभा अध्यक्ष, सोमनाथ चटर्जी और प्रधानमंत्री, डॉ. मनमोहन सिंह भी न्यायपालिका की भूमिका पर नाराजगी व्यक्त कर चुके हैं। यह दिख रहा है कि पिछले लंबे वक्त से अदालतें उन क्षेत्रों में दखल दे रही है, जो आमतौर पर कार्यपालिका के अधिकार क्षेत्र माने जाते हैं। संविधान की नवीं अनुसूची और पिछड़ों के आरक्षण के मुद्दे पर अदालत के रवैए से विधायिका नाखुश है। लगता यही है कि लोकतंत्र के इन स्तंभों के बीच यह टकराव पूरी तरह खत्म नहीं होगा। ऐसे में सवाल यही उठता है कि आखिरकार इस समस्या का अंत क्या है?

हमारे संविधान में तीनों स्तंभों के काम स्पष्टतया रेखांकित किए गए हैं, फिर भी व्यावहारिक धरातल पर कहीं-न-कहीं कुछ धुँधले इलाके तो हमेशा ही बने रहेंगे, जिनकी व्याख्या अलग-अलग ढंग से की जाएगी। धीरे-धीरे नई परिस्थितियों के संदर्भ में कुछ चीजें ज्यादा साफ होंगी। फिर भी पूरी तरह यांत्रिक ढंग से कार्य विभाजन शायद कभी संभव नहीं होगा। ऐसे में दो बातें महत्वपूर्ण हैं - एक, इस टकराव का रचनात्मक पक्ष देखा जाए और इससे एक ज्यादा बेहतर लोकतंत्र के बनने के रास्ते ढूँढ़े जाएँ। अगर यह टकराव सीमा में रहे तो निश्चय ही सबके लिए ज्यादा कार्यकुशल और चुस्त बने रहने की गुंजाइश बनाता है। दूसरी बात यह है, कि हमारे लोकतंत्र के सभी स्तंभ कहीं-न-कहीं जनता की जरूरतों और आकांक्षाओं पर खरे नहीं उतर रहे हैं। ऐसे में अक्सर जनता दूसरे स्तंभ की शरण लेती है। जैसे कार्यपालिका से असंतुष्ट होकर लोग जनप्रतिनिधियों के पास भी जाते हैं और अदालतों के पास भी। ऐसे में सिर्फ न्यायपालिका ही नहीं विधायिका के लोग भी वे काम करते हैं, जो मूलतः कार्यपालिका के काम हैं। अगर संसद सदस्यों को यह शिकायत है कि न्यायपालिका उनके और कार्यपालिका के अधिकार क्षेत्र का हनन कर रही है, तो वे खुद देखे कि वे कितने ऐसे काम करते हैं, जो कार्यपालिका के अधिकार क्षेत्र में हैं। इस समस्या का हल बहुत पुराना है। अगर लोकतंत्र के सभी स्तंभ अपने अधिकार क्षेत्र की सीमा विवाद छोड़कर अपने कर्त्तव्यों पर ध्यान दें, तो कोई समस्या नहीं बचेगी। अधिकार क्षेत्र का सीमा विवाद किनारे रखकर ही वह सार्थक संवाद भी हो पाएगा, जो लोकतंत्र को बेहतर बनाता है।

बावजूद इसके, कुछेक विवादास्पद मुद्दों को यदि छोड़ दिया जाए तो यह सही प्रतीत होता है कि न्यायपालिका की सक्रियता ने सामाजिक न्याय को स्थापित करने की दिशा में महत्वपूर्ण भूमिका अदा की है। निस्संदेह इस दृष्टि से न्यायिक सक्रियता स्वागत योग्य है। लेकिन यह भी उतना ही सही है कि अतिसक्रियता के भी खतरनाक परिणाम हो सकते हैं। अतः न्यायपालिका को भी संतुलित दृष्टिकोण अपनाना चाहिये। दूसरी ओर, यदि कार्यपालिका निष्पक्षता से अपना कार्य करे तो न्यायालय को उतना सक्रिय नहीं होना पड़ेगा, जितना कि वह आज है। वास्तविकता तो यही है कि कार्यपालिका की अक्षमता के कारण ही न्यायपालिका को सक्रिय होना पड़ता

है। यह सही है कि आज का समाज अधिक सजग और जागरूक हो गया है, और वह यह भलीभाँति जानने लगा है कि कहाँ न्यायपालिका सही है और कहाँ कार्यपालिका? उसे इस बात का आभास हो चुका है कि जब भी किसी मामले में कार्यपालिका से चूक होती है, तो शीघ्र ही न्यायपालिका सक्रिय हो जाती है, और सच तो यही है कि समाज के लिये भी यह एक अच्छा संकेत है, क्योंकि इसकी तह में आम आदमी की सुरक्षा ही सर्वोपरि होती है। आखिर अदालतों की सक्रियता से आम आदमी को राहत तो मिलती ही है। न्यायपालिका पर सवाल उठाने से पहले उसके फैसलों को सही नीयत से देखने की कोशिश करनी होगी। साथ ही, यदि कार्यपालिका निष्पक्षता से अपने कार्यों को अंजाम दे तो न्यायपालिका पर न अनावश्यक बोझ बढ़ेगा और न ही इस तरह के विवाद ही सामने आएंगे।

अध्याय 4

लोकतांत्रिक प्रणाली का भारत के निर्माण में योगदान

रूपरेखा

- संक्षेप में लोकतंत्र के बारे में चर्चा करते हुए इसकी विशेषताओं का उल्लेख करें।
- भारत में इसके विकास पर संक्षिप्त चर्चा।
- मुख्य विशेषताएँ और उनकी वजह से राष्ट्र के निर्माण-प्रक्रिया को किस प्रकार मजबूती मिली उसका विस्तृत विवेचन। लोकतंत्र के चारों स्तंभों पर गहन चर्चा।
- समय के साथ समस्त विशेषताओं के साथ लोकतंत्र में किस तरह की खामियाँ आती गईं और कभी-कभी ऐसी स्थिति भी आई कि लोगों का लोकतंत्र से विश्वास तक उठने लगा, इन बिंदुओं पर विस्तृत चर्चा।
- लोकतांत्रिक प्रणाली में आई गिरावट के प्रमुख कारणों पर व्यापक चर्चा।
- गिरावटों के बावजूद लोकतंत्र के विभिन्न घटकों के बीच अंतर्सम्बंधों की वजह से किस तरह भारत में यह व्यवस्था बरकरार है, विश्लेषण करें।
- वर्तमान परिदृश्य में और भविष्य में भी यह व्यवस्था कितनी लाभकारी होगी अंत में इसी बिंदु पर चर्चा करें।

लोकतंत्र केवल राजनीतिक-सामाजिक परिस्थिति ही नहीं, बल्कि शासन और जीवन की लोकजयी धारणा भी है। लोकतंत्रात्मक व्यवस्था, व्यष्टिवाद से समष्टिवाद की ओर अग्रसर होती है, इसलिए लोकतंत्र में व्यक्ति का महत्व सर्वोपरि है। एक लोकतांत्रिक राष्ट्र को आरोही-क्रम में इस प्रकार देखा जा सकता है–व्यक्ति, परिवार, समाज, प्रदेश और अंततः राष्ट्र। वह एकमात्र

शासन चलाने की व्यवस्था ही नहीं है, वह तो एक विकासशील दर्शन है और जीने की एक गतिशील पद्धति भी। लोकतंत्र जनता द्वारा जनता का शासन है। अर्थात् जिस व्यवस्था की चर्चा हो रही है, उसमें जीने वाले व्यक्ति स्वयं पर शासन चलाते हैं। चूँकि शासन को सामूहिक रूप देना होता है। अत: जनता अपनी पसन्द के प्रतिनिधि को चुनती है और एक निश्चित अवधि के लिए उसे शासक बना देती है।

लोकतंत्र मूलत: एक नैतिक व्यवस्था है जिसमें निर्णय का खुलापन है। वह जनता को बिना किसी रक्तपात के शासक वर्ग को सत्ताच्युत व सत्तासीन करने का अधिकार देता है। हमारे लोकतंत्र का भविष्य बहुत हद तक जनता और नेता की महत्वाकांक्षा के साथ जुड़ा है। लोकतंत्र बहुत अच्छी व्यवस्था हो सकती है, वहाँ–जहाँ के पूरे लोग शिक्षित हों, वहाँ–जहाँ यह चीज बन्दरों के हाथ में न हो, वहाँ–जहाँ निहित स्वार्थ के लिए लोग राजनीति को अपना पेशा नहीं समझते हों। लोकतांत्रिक व्यवस्था ठीक माचिस की तरह है, जिससे हम रोशनी करते हैं, लेकिन यदि उससे हम गरीबों की झोपड़ी जलाने लगें तो वह चीज बुरी भी हो सकती है।

जिस अखंड भारत का निर्माण ब्रिटिश सत्ता ने किया था उसे जब हमें सौंपने का मन बनाया तो इस देश में राष्ट्र से ऊपर धर्म हो गया। धर्म के ही नाम पर देश का विभाजन हो गया और अखंड भारत खंडित रूप में ही हमें मिला। लोकतान्त्रिक व्यवस्था ने धर्मनिरपेक्ष भारत की संकल्पना को स्वीकार किया जिससे धर्म के ऊपर राष्ट्र हो गया। इससे यहाँ के निवासी राष्ट्र की एकता के सम्बन्ध में सोचने लगे। सन् 1962 में हुए चीनी आक्रमण तथा 1965 एवं 1971 में हुए भारत–पाकिस्तान युद्ध में भारतीय जनता ने राष्ट्रीय एकता का सशक्त परिचय दिया। हर धर्म के लोग राष्ट्र की रक्षा के लिए आगे आये। पिछले पचास से अधिक वर्षों में कुछ अलगाववादी आन्दोलन चले, पंजाब और कश्मीर में उग्रवाद पनपा, किन्तु जन–मानस में घर कर गयी राष्ट्रीय एकता की बलवती इच्छा के आगे अलगाववादियों को पराजय का मुँह देखना पड़ा। सोवियत संघ के विघटन और पाकिस्तान से अलग होकर बने बंगलादेश से ही यह निष्कर्ष निकाला जा सकता है कि लोकतान्त्रित व्यवस्था में प्राप्त मौलिक अधिकार और हर क्षेत्र की जनता के प्रतिनिधित्व के कारण ही अलगाववाद को अधिक समय तक जन–समर्थन नहीं मिल पाता। यह भारतीय लोकतन्त्र की शक्ति ही है जो अलगाववादी नेताओं को चुनकर संसद में लाती है और वहाँ पारस्परिक संवाद के जरिए उनका मन बदल देती है।

लोकतान्त्रिक व्यवस्था से ही हमने स्वतन्त्रता के महत्व को सीखा है। जब देश स्वतन्त्र हुआ था तो असामाजिक तत्व निर्भय हो गये थे और प्रारम्भिक अराजकता को देखकर अशिक्षित जनता कहती थी कि इससे अच्छा अँग्रेजों का शासन था। किन्तु आज तुलना अँग्रेजों के शासन से न होकर राजनीतिक दलों अथवा गठबन्धन की सरकारों से होती है। साक्षर–निरक्षर सभी को राजनीतिक स्वतन्त्रता का अर्थ समझ में आ गया है। जिनके अन्तर्गत व्यक्ति को मतदान देने, निर्वाचित होने, उचित योग्यता होने पर सार्वजनिक पद प्राप्त करने और सरकार के कार्यों की आलोचना करने जैसे अधिकार प्राप्त होते हैं। स्वतन्त्रता प्राप्ति के शुरुआती वर्षों के अन्दर ही जनता ने राजनीतिक स्वतन्त्रता का अर्थ समझ लिया। काँग्रेसी एकाधिकार समाप्त हुआ और 1967 में कई संविदा सरकारें बनीं। आपातकाल से त्रस्त जनता ने 1977 में इन्दिरा गाँधी को अपदस्थ कर दिया, किन्तु जब पाया कि जनता पार्टी में वैचारिक एकता का अभाव है तो उसके टूटने पर फिर श्रीमती गाँधी को पदारूढ़ कर दिया। सन् 2004 में तो सारी भविष्यवाणियों एवं

चुनाव सर्वेक्षणों को नकारते हुए जनता ने अटल बिहारी वाजपेयी के नेतृत्व वाले राजग को सत्ता से बाहर कर दिया और काँग्रेस के नेतृत्व वाले यू.पी.ए. को सरकार बनाने का अवसर प्रदान किया। फूलनदेवी जैसी निरक्षर महिला एवं गरीबी में पले-बढ़े दलित और पिछड़े वर्ग के लोगों के संसद और विधानमण्डलों के सदस्यों के रूप में चुने जाने से यह स्पष्ट है कि जनता राजनीतिक स्वतन्त्रता के अर्थ को काफी हद तक समझ चुकी है। लेकिन यहाँ यह भी उल्लेखनीय है कि अब हर वर्ग के प्रतिनिधित्व के नाम पर सांसद ऐसे हैं जिनके विरुद्ध आपराधिक मामले चल रहे हैं। इसी प्रकार सरकार की आलोचना करने के अधिकार का भी दुरुपयोग हो रहा है। सरकार की नीति अच्छी हो या खराब, प्रतिपक्षी का मूलमन्त्र विरोध के लिए विरोध करना है। संसद की कार्यवाही न चलने देने को एक प्रथा का रूप दिया जा रहा है जिससे अनेक महत्वपूर्ण विधेयक बिना बहस के ही पारित हो जाते हैं। संसद सदस्य बिना काम के दैनिक भत्ता ले लेते हैं। राजनीतिक संस्कृति को विकसित होने नहीं दिया जा रहा है। मर्यादा और परम्परा की धज्जियाँ उड़ायी जाती हैं।

लोकतान्त्रिक व्यवस्था ने शोषण और सामाजिक असमानता के विरुद्ध लड़ना सिखाया। स्वतन्त्रता प्राप्ति के समय देश में जमींदारी और सामन्ती प्रथा विद्यमान थी। जमींदारी उन्मूलन के बाद भी बेगार और ग्रामीण मजदूरों का शोषण जारी था। राजनीतिक दलों ने जनता में जागरूकता पैदा की और निर्धन और कमजोर वर्ग को भी अपने हक के लिए लड़ना सिखाया। अल्पविकसित समाज में व्याप्त आरोपित मूल्य के कारण राजा साहब, बाबू साहब, साहूकार जी, पुरोहित महाराज आदि को जो सम्मान मिल रहा था, उसमें कमी आयी। उनका स्थान जनता के चुने हुए प्रतिनिधियों ने ले लिया। अस्पृश्यता को समाप्त किये जाने और इसे अपराध घोषित करने से दलितों को भी आत्म सम्मान का बोध हुआ। लेकिन इसके साथ ही नये शोषक वर्ग का उदय हुआ है। राजनीतिक पहुँच वाले व्यक्ति कोई भी अपराध करके साफ बच निकल रहे हैं और प्रशासन को डरा-धमकाकर तथा जनता में भय उत्पन्न करके चुनाव जीते जा रहे हैं।

लोकतन्त्र में सरकार का निर्माण और पतन, लोकमत पर ही निर्भर करता है। सन् 1885 में भारतीय राष्ट्रीय काँग्रेस की स्थापना के समय से भारत में लोकमत का बनना शुरू हो गया था। किन्तु स्वतन्त्रता की प्राप्ति और स्वतन्त्रता, समानता एवं भ्रातृत्व पर आधारित नवीन संविधान को अपनाये जाने के बाद लोकमत के निर्माण और उसकी अभिव्यक्ति के साधन शक्तिशाली हुए। प्रारम्भ में स्वस्थ लोकमत के निर्माण में निरक्षरता, जनता की भाग्यवादी प्रवृत्ति, जातिवादी और सम्प्रदायवादी सोच तथा भीषण निर्धनता और तीव्र आर्थिक असमानता बाधाएँ बनकर खड़ी रहीं। फिर भी परतन्त्रता के दुष्प्रभावों को हमने एक बड़ी सीमा तक समाप्त कर दिया है। निरक्षरता और निर्धनता पर विजय मिलते ही भारत की जनता पश्चिमी देशों के समान जागरूक हो जायेगी।

कई प्रदेशों की जनता जाति और क्षेत्रीय भावना से ऊपर उठकर राष्ट्रीय दलों को ही महत्व दे रही है। सन् 2004 के चुनाव में पहली बार सम्पूर्ण राष्ट्र की जनता ने इलेक्ट्रॉनिक वोटिंग मशीन का प्रयोग कर मतदान किया। अभी कई विकसित देशों में भी यह प्रणाली नहीं अपनायी गयी है। इन देशों के पत्रकारों एवं शोधकर्ताओं ने कौतूहलपूर्वक भारतीय जनता की जागरूकता को देखा। जम्मू-कश्मीर के चुनाव में विदेशी प्रेक्षकों ने आकर भारत की निष्पक्ष चुनाव प्रणाली को देखा। यह भारतीय जनता की लोकतन्त्र में बढ़ती रुचि और समझ को

प्रतिबिम्बित करती है। फिर भी यह खेद व्यक्त करने वाली बात है कि चुनावों में जनता की सहभागिता अपेक्षा के अनुरूप नहीं रहती। पढ़े-लिखे व्यक्ति भी मतदान में भाग लेने में अरुचि का प्रदर्शन करते हैं।

लोकतांत्रिक प्रणाली ने जहां वर्तमान भारत के निर्माण में अपना योगदान दिया वहीं इसकी कुछ सीमाएँ भी नजर आती हैं। अक्सर ऐसी बातें भी होती हैं हमने जो कुछ इस व्यवस्था से सीखा वो महज किताबी बातें हैं, दरअसल सच्चाई इससे इतर है। ऐसे विचारों के पीछे निश्चित तौर पर कुछेक ऐसी कमियाँ हैं जो कि इन्हें बल देती हैं। चुनाव जीतने के बाद सरकारें अक्सर ये भूल बैठती हैं कि उन्हें सरकार तक पहुँचाने का आधार क्या है? सवाल उठता है कि स्वतंत्रता के नाम पर क्या हमने स्वच्छंदता और उद्दंडता भी नहीं सीखी है? भारत दुनिया का सबसे बड़ा लोकतांत्रिक देश है तो शासन प्रणाली में उतनी उलझने भी हैं। यही नहीं, कुछ हद तक सांप्रदायिकता, जातिवाद, भाषावाद, क्षेत्रीयता जैसी विभाजनकारी वैचारिक स्थितियों के लिए भी यह व्यवस्था कुछ हद तक जिम्मेदार है, इससे इंकार नहीं किया जा सकता। जाति और संप्रदाय के आधार पर जब मतों का निर्धारण होगा और उसी आधार पर चुनी हुई सरकारें बनेंगी तो इनसे दूर जा पाना किसी के लिए संभव नहीं होगा।

हमारी लोकतांत्रिक व्यवस्था में कई कमियाँ और कुछ संस्थानात्मक विकृतियाँ हैं जिनका सम्बन्ध प्राय: देश में उत्पन्न होने वाले विभिन्न आर्थिक-राजनीतिक संकटों से जोड़ा जाता रहा है, किन्तु कतिपय संकटों के निवारण की कसौटी लोकतांत्रिक व्यवस्था न होकर हमारा नेतृत्व वर्ग ही है। नेतृत्व-वर्ग की सफलताओं और विफलताओं को लोकतांत्रिक व्यवस्था के मत्थे नहीं मढ़ा जा सकता। राजनीतिक अस्थिरता लोकतंत्र की एक प्रबल कमी कही जा सकती है। खण्डित जनादेश के बूते कभी भी स्थिरता की कल्पना बेमानी है। गठबन्धन की सरकारों की सारी ऊर्जा अपनी सरकार बचाने के लिए, सहयोगियों को खुश करने में ही व्यय हो जाती है और देश विकास के बदले विनाश की ओर खिसकता चला जाता है। मनुवादी व्यवस्था की प्रबल विरोधी पार्टियाँ जब उसी के समर्थकों से हाथ मिलाकर सत्ता पर काबिज होती हैं तो लोकतंत्र का मूल उद्देश्य भी शक के घेरे में आ जाता है।

अपनी तमाम खामियों के बावजूद यह लोकतान्त्रिक व्यवस्था का ही परिणाम है कि हमारे देश में सत्ता-परिवर्तन बिना किसी खून-खराबे के हो जाता है। सत्ता पक्ष और विरोध पक्ष में सहनशीलता की भावना पल्लवित हो रही है। अधिकांश राजनीतिक दल आर्थिक विकास और सामाजिक न्याय को अपने घोषणापत्र में शामिल कर रहे हैं। मोटे तौर पर विदेश नीति के मामले में भी आम सहमति बनती दिख रही है। पहले लोकतन्त्र की अध्यक्षीय प्रणाली की बात कुछ राजनीतिक दल करते थे, किन्तु अब संसदीय लोकतन्त्र पर ही मतैक्य हैं। जनता अपनी शक्ति को पहचानने लगी है तथा चुनावों के समय बिजली, सड़क, पेयजल, रोजगार आदि के प्रश्न पर खुलकर चर्चा करती है। राष्ट्र निर्माण और विकास की बात करने के लिए राजनीतिक दल विवश किये जा रहे हैं। अत: स्पष्ट तौर पर कहा जा सकता है कि लोकतांत्रिक व्यवस्था ने भारत में न सिर्फ एक शासन प्रणाली को जन्म दिया है, बल्कि एक नए समाज और संस्कृति के निर्माण में भी महत्वपूर्ण भूमिका अदा की है।

अध्याय 5

आठवीं अनुसूची को बढ़ाना कहाँ तक उचित है?

रूपरेखा

- आठवीं अनुसूची की अधुनातन स्थिति का उल्लेख करते हुए शुरु करना है।
- संविधान निर्माताओं के समक्ष भाषा चयन को लेकर क्या समस्या थी। देश में सैकड़ों की संख्या में उपस्थित भाषाओं में किन्हें स्थान दिया जाए, इसका विस्तृत विवरण।
- आठवीं अनुसूची में किसी भाषा को स्थान मिलने से उसके संरक्षण और विकास को किस हद तक लाभ पहुँचता है? विशद विवेचन।
- क्या वास्तव में इन भाषाओं को वह सब कुछ वास्तव में मिल सका है, जिसकी अपेक्षा इन्हें आठवीं अनुसूची में शामिल करने के बाद की जाती है।
- आठवीं अनुसूची के आकार में वृद्धि के औचित्य पर सवाल उठाते हुए भारतीय भाषाओं की वास्तविक स्थिति पर विस्तारपूर्वक विचार करना अपेक्षित है।
- अंत में भाषाओं के संरक्षण एवं विकास के लिए कुछ महत्वपूर्ण सुझावों के साथ उपसंहार लिखा जाए।

संसद द्वारा मार्च 2004 में चार भाषाओं को संविधान की आठवीं अनुसूची में शामिल करने के साथ ही इस अनुसूची में अब कुल बाईस भाषाएँ हो गयी हैं। जोड़ी गयी चार नयी भाषाएँ हैं–बोडो, संथाली, डोगरी और मैथिली। सरकार द्वारा इन चार भाषाओं को यह सम्मान देने के साथ ही कुछ अन्य भारतीय भाषाओं को भी आठवीं अनुसूची में शामिल करने की मांग

जोर पकड़ने लगी है। उक्त चारों भाषाओं को संविधान के 100वें संशोधन के द्वारा आठवीं अनुसूची में जोड़ा गया है। इस प्रकार अब इन चारों भाषाओं को भी संरक्षण प्रदान करने की जिम्मेदारी सरकार को उठानी होगी और इन भाषाओं और इनके साहित्य के विकास के लिए कदम उठाने होंगे।

दरअसल, भारतीय भाषाओं के संरक्षण के लिए बनायी गयी संविधान की आठवीं अनुसूची का आकार समय-समय पर बढ़ाये जाने की नीति केंद्र सरकारों ने अपनायी है। 1950 में संविधान लागू होने के समय आठवीं अनुसूची में 14 भाषाएँ थीं। सन् 1967 में इस अनुसूची में इक्कीसवें संविधान संशोधन के द्वारा सिंधी भाषा भी जोड़ दी गयी। सन् 1992 में कोंकणी, मणिपुरी और नेपाली भाषाओं को आठवीं अनुसूची में शामिल करने की संसद ने अनुमति दे दी। इस प्रकार 1992 तक कुल 18 भाषाएँ इस अनुसूची में शामिल थीं, जिनकी संख्या बढ़कर अब 22 हो गयी है। इसके अलावा अभी 30 से ज्यादा भाषाओं को इसमें शामिल करने की मांग हो रही है। उम्मीद है देर-सबेर, वर्तमान राजनीतिक परिस्थितियों के मद्देनजर, इन भाषाओं को भी इसमें जगह मिल जाएगी। परंतु जरूरत है इन भाषाओं के आठवीं अनुसूची में शामिल करने के औचित्य और उद्देश्य पर विचार करने की।

आजादी के समय देश में 1600 से भी ज्यादा भाषाएँ बोली जाती थीं, जिससे संविधान निर्माताओं के सामने इनमें से कुछ भाषाओं को शासकीय पत्राचार का माध्यम चुनने की समस्या थी। इसलिए 14 ऐसी भाषाओं को चुनकर उन्हें आठवीं अनुसूची में शामिल किया गया, जिन्हें 91 प्रतिशत लोग आम बोल-चाल की भाषा के रूप में प्रयोग करते थे। इस प्रकार आठवीं अनुसूची में शामिल होने के साथ ही सरकार द्वारा इन भाषाओं को संरक्षण प्रदान किया जाता है। मुख्य बात यह है कि इन भाषाओं को संघ लोक सेवा आयेग द्वारा आयोजित परीक्षाओं में एक माध्यम के रूप में चुना जा सकता है। दूसरे, आठवीं अनुसूची में उल्लिखित भाषाओं और उनके साहित्य के विकास के लिए सरकारी स्तर पर प्रयास किये जाते हैं। परंतु सरकार द्वारा भाषाओं के संबंध में अपनायी जाने वाली इस नीति से कई प्रश्न भी सामने आते हैं। सबसे अहम बात यह है कि आठवीं अनुसूची में शामिल करने के लिए सरकार ने क्या मानदंड बना रखा है? भाषाओं को रह-रहकर इस अनुसूची में क्यों शामिल किया जा रहा है? क्या इसके द्वारा सरकार सचमुच भारतीय भाषाओं के विकास और उनके प्रयोग को बढ़ावा देने के लिए कृत संकल्प है?

यदि प्रथम प्रश्न पर विचार किया जाये तो ज्ञात होता है कि भाषाओं को आठवीं अनुसूची में शामिल करने के लिए सरकार ने किसी प्रकार का कोई मानदंड नहीं बना रखा है। जिस भाषा के लिए लोगों ने दबाव बनाया और सरकार को अपना लाभ दिखा, उसे शामिल कर लिया गया। हालांकि हाल ही में जोड़ी गयी 'मैथिली' भाषा के पक्ष में तर्क यह दिया जाता है कि इसे बोलने वालों की संख्या 4 करोड़ से ज्यादा है और मैथिली साहित्य की एक विकसित परंपरा रही है। परंतु, यदि इस तर्क पर गंभीरता से विचार किया जाये तो कई ऐसी भारतीय भाषाएँ अभी भी आठवीं अनुसूची से बाहर हैं, जिन्हें बोलने वालों की संख्या करोड़ों में है, और जिनके उत्कृष्ट साहित्य भी हैं। इस संदर्भ में भोजपुरी, राजस्थानी, अवधी आदि भाषाओं का उल्लेख किया जा सकता है। भोजपुरी भाषी लोगों की संख्या तो दस करोड़ से

भी ऊपर है और यह एक विस्तृत भू-भाग में बोली और समझी जाती है। रही बात समृद्ध साहित्यिक परंपरा की, तो अवधी, ब्रज, राजस्थानी साहित्य से भला कौन नहीं परिचित है। फिर भी ये भाषाएँ (अथवा बोलियाँ) आठवीं अनुसूची में अपनी जगह नहीं बना पायी हैं। जाहिर है, इसी वजह से ये राज्याश्रय से भी वंचित हैं। क्योंकि, यदि आठवीं अनुसूची का अर्थ राज्य द्वारा संरक्षण प्रदान करना है तो भारत की सभी बोलियों को इस संरक्षण की जरूरत है। ऐसे में कुछ को संरक्षण देकर और शेष को उनके भाग्य पर छोड़ देने को कतई न्यायसंगत नहीं ठहराया जा सकता।

इन भाषाओं को धीरे-धीरे करके आठवीं अनुसूची में शामिल किया जा रहा है। जबकि इसमें जगह बनाने के लिए 39 भाषाएँ लाइन में लगी हों, इनमें से 4 भाषाओं को चुनकर संरक्षण देना भी उचित नहीं है। ऐसे में सरकार को एक स्पष्ट भाषा-नीति बनाकर इस विषय पर गंभीरतापूर्वक विचार करने की जरूरत है। परंतु सरकार के पास इस संबंध में कोई स्पष्ट नीति शायद नहीं है। हाल ही में शामिल चार भाषाओं के संदर्भ में देखा जाए तो सरकार मुख्य रूप से बोडो भाषा को इस अनुसूची में शामिल करने जा रही थी। हालांकि इस संबंध में सरकार पर यह आरोप भी मढ़ा गया कि बोडो आतंकवादियों के साथ हुए त्रिपक्षीय समझौते की वजह से यह प्रस्ताव लाया गया है। फिर भी, यदि यह सही है तो निश्चित रूप से यह एक गलत परंपरा कायम हुई है। इससे आने वाले समय में किसी भी समुदाय को अपनी भाषा को सम्मान दिलाने के लिए उग्र आंदोलन करने की गलत प्रेरणा मिलेगी। इतना ही नहीं, आठवीं अनुसूची में प्रतीक्षारत कई अन्य भाषाओं के अलावा कुछेक दक्षिण भारतीय भाषाओं की अपेक्षाएँ भी अब बढ़ने लगी हैं। विधेयक को सदन में रखे जाने के वक्त कुछेक सदस्यों ने तेलुगु को राष्ट्रीय राजभाषा बनाने की माँग रखते हुए संविधान की धारा 351 में भी संशोधन करने की माँग रख दी। क्योंकि आठवीं अनुसूची में तो तेलुगु पहले से ही शामिल है। ऐसी ही माँग तमिल के संदर्भ में की गयी। तमिल को राष्ट्रीग राजभाषा और शास्त्रीय भाषा घोषित करने की माँग हुई। यदि ऐसा हो गया, तो आज जितनी भाषाएँ आठवीं अनुसूची में हैं वे सब राजभाषाएँ हो जायेंगी और आठवीं अनुसूची को तो पुस्तकाकार रूप देना पड़ जायेगा। यह एक अव्यावहारिक बात तो होगी ही, वर्तमान राजभाषा हिंदी का अस्तित्व भी खतरे में पड़ सकता है। कारण स्पष्ट है। मैथिली, जिसे भाषा-वैज्ञानिक दृष्टि से हिंदी भाषा की ही एक बोली के रूप में जाना जाता है, इस अनुसूची में शामिल कर ली गयी है। बहुत संभव है, आने वाले दिनों में राजस्थानी, भोजपुरी, मगही, अवधी, ब्रज, बुंदेली, बघेली आदि भाषाएँ भी आठवीं अनुसूची में जगह बनाने में कामयाब हो जाएँ। ऐसा होने पर स्पष्टत: हिंदी का आधार घट जाएगा। हालांकि केन्द्र सरकार ने भाषा विशेषज्ञों से परामर्श के बाद भाषाओं के मुद्दे पर एक व्यापक विधेयक लाने का आश्वासन दिया है, फिर भी आनन-फानन में चार भाषाओं पर मेहरबानी से संदेह जरूर पैदा हुआ है।

भाषाओं को आठवीं अनुसूची में शामिल करवाने के लिए जो इतनी कवायद होती है, उसका वास्तविक लाभ क्या है? यह तो ठीक है कि भाषाओं को सरकारी संरक्षण और केंद्रीय परीक्षाओं में उन भाषाओं को माध्यम के रूप में चुनने की छूट मिल जाती है। परंतु वास्तविकता इससे कहीं अलग है। आठवीं अनुसूची में उल्लिखित भाषाएँ तो दूर; राजभाषा तक की देश

में क्या स्थिति है, यह बताने की जरूरत नहीं। संविधान के अनुच्छेद 343 से 351 तक, में राजभाषा के संरक्षण और विकास की बातें की गयी हैं, परंतु उसमें एक ऐसी भाषा के प्रयोग के लिए पूरी छूट दी गयी है, जिसका उल्लेख न तो आठवीं अनुसूची में है और न ही वह इस देश की भाषा है। सरकारी कामकाज के लिए अँग्रेजी के प्रयोग की समय सीमा बार-बार बढ़ायीं गयी है। इसका परिणाम यह हुआ कि आज देश की राजभाषा के रूप में प्रतिष्ठित हिंदी भाषा ही अपने अस्तित्व को बचाने के लिए संघर्ष करती दिख रही है। शासक वर्ग ने जानबूझकर अँग्रेजी को शासकीय कार्य के लिए बनाये रखने की नीति अपना रखी है। यही नहीं, न्यायालयों में तो स्पष्ट रूप से अँग्रेजी में ही काम करने की बात कही गयी है। ऐसे में चाहे जितनी भाषाएँ आठवीं अनुसूची में शामिल कर ली जाएँ, कोई फायदा नहीं होने वाला। जब तक शासकीय भाषा के रूप में राजभाषा हिंदी और क्षेत्रीय भाषाओं या आठवीं अनुसूची की भाषाओं का प्रयोग नहीं होता, उनका भला नहीं होगा। यह सरकार का कर्तव्य है कि वह क्षेत्रीय भाषाओं और बोलियों को संरक्षण प्रदान करे ताकि वे नष्ट न होने पायें। उल्लेखनीय तथ्य है कि संयुक्त राष्ट्र संघ के शिक्षा, विज्ञान और संस्कृति पर विचार करने वाले संगठन ने भी लगातार उन भाषाओं की वकालत की है जो विभिन्न कारणों से नष्ट होने के कगार पर हैं। वहां इस आशय के प्रस्ताव पारित किये गये हैं और भारत भी इन प्रस्तावों पर हस्ताक्षर करने वाले देशों में रहा है। 2 नवंबर, 2001 को यूनेस्को की महासभा में सांस्कृतिक विविधता के बारे में जो प्रस्ताव पारित किया गया उसमें भी भाषाई विविधता को संरक्षण देने की बात की गयी है। वैश्वीकरण की वजह से भारतीय ही नहीं, बल्कि यूरोप के कई विकसित देशों की भाषाओं पर भी खतरे के बादल मंडरा रहे हैं। इसी वजह से सांस्कृतिक विविधता पर विचार करते वक्त यह भी कहा गया है कि साइबरस्पेस में भी अनेक भाषाओं को बढ़ावा दिया जाना चाहिए। साथ ही कुछ ऐसी व्यवस्था भी होनी चाहिए, जिससे कि लोगों को विभिन्न भाषाओं में सूचनाएँ प्राप्त हो सकें। भारतीय भाषाओं के बारे में सरकार को भी ऐसी ही नीति अपनानी चाहिए, तभी उनका विकास हो सकता है।

भाषा-नीति के संबंध में एक अन्य महत्वपूर्ण बात यह है कि सरकार भारतीय भाषाओं के विकास के प्रति कितनी ईमानदार है। इस प्रश्न पर विचार करने पर उत्तर हमेशा नकारात्मक ही मिलेगा। कारण स्पष्ट है। सरकार ने भारतीय भाषाओं के बजाए अँग्रेजी भाषा को अधिक महत्व दिया है। यहाँ तक कि राजभाषा के रूप में प्रतिष्ठित हिंदी भाषा को भी उनका समुचित स्थान नहीं मिल सका है। इसकी शुरुआत संविधान लागू होने के समय से ही हो गयी, जब अँग्रेजी को हिंदी की जगह प्रयोग करने की छूट 15 वर्ष तक दे दी गई। यही नहीं, इस अवधि को आगे और भी बढ़ाया गया और आज स्थिति यह है कि अँग्रेजी सर्वोपरि हो गयी है। परंतु, यह बात हमेशा कचोटती है कि अँग्रेजी को 15 वर्ष तक के लिए अप्रत्यक्ष रूप से क्यों राजभाषा बनाया गया। लगता है नीति निर्धारकों में इच्छा-शक्ति की कमी थी या फिर जानबूझकर यह नीति अपनायी गयी। साम्राज्यवाद की समाप्ति के बाद सभी आजाद देशों ने अपनी-अपनी भाषाओं को राजभाषा बनाया, परंतु भारत में गुलामी के इस अवशेष को बचाये रखा गया। सन् 1815 में जर्मनी के आजाद होने पर बिस्मार्क ने सभी कर्मचारियों को एक वर्ष के भीतर जर्मन भाषा में कार्य करने के आदेश कड़ाई से दिये। एक वर्ष में ही जर्मन राजभाषा बन गई। 1917 में रूसी क्रांति के बाद रूस में जर्मन भाषा को हटाकर रूसी भाषा

को प्रतिष्ठित कर दिया गया। यही नहीं, इजराइल ने अपनी आजादी के बाद लगभग मृतप्राय अपनी भाषा हिब्रू को राजभाषा के रूप में प्रतिष्ठित किया। परंतु अफसोस है कि भारत में आज भी हिंदी राजभाषा नहीं बन पायी है। ऐसे में अन्य भारतीय भाषाओं की बात ही क्या? यह ठीक है कि आठवीं अनुसूची में शामिल करने के बाद सरकार द्वारा उन भाषाओं को संरक्षण मिलता है, लेकिन इससे क्या फायदा। आज के युग में, जबकि रोजगार एक जटिल समस्या है, युवाओं को सबसे पहले अपना भविष्य बनाने की चिंता रहती है। भाषा के प्रति लगाव एक गौण विषय हो जाता है। फिर जब उसे आगे चलकर अँग्रेजी पढ़कर ही भविष्य सुरक्षित दिखता है, तो वह क्षेत्रीय भाषाओं को पढ़ने में अपना समय क्यों बर्बाद करे। यहाँ तक कि उच्चस्तरीय परीक्षाओं में जानबूझकर अँग्रेजी भाषा को अन्य भारतीय भाषाओं पर वरीयता दी जाती है। इस स्थिति में भारतीय भाषाओं को एक-एक करके आठवीं अनुसूची में शामिल करके सिर्फ लोगों का भावनात्मक तुष्टीकरण ही हो सकता है, भाषा का कोई भला होने वाला नहीं।

आवश्यकता है एक समुचित भाषानीति बनाने की ताकि भारतीय भाषाओं को उचित और वास्तविक संरक्षण मिल सके और अपनी भाषा में कार्य करने में लोगों को गर्व की अनुभूति हो, कुंठा की नहीं। चुन-चुनकर भाषाओं को आठवीं अनुसूची में शामिल करने से भाषाई स्तर पर अनावश्यक विवाद खड़ा हो सकता है। इस विवाद से सभी भारतीय भाषाएँ पिछड़ जाएंगी और अंततः अंग्रेजी को एक षड्यंत्र के तहत एकमात्र भाषा के रूप में स्वीकार कर लिया जायेगा। इस षड्यंत्र का आभास इसी से मिलता है कि आठवीं अनुसूची में शामिल हुए बिना ही आज अँग्रेजी सर्वमान्य भाषा बनी हुई है। यहाँ तक कि राज्यों में भी शासकीय कार्यों में वहां की भाषा के उपर अँग्रेजी भाषा को प्राधिकृत करने की व्यवस्था की गयी है। इसलिए आठवीं अनुसूची में चाहे जितनी भाषाएँ जोड़ दी जाएँ, जब तक अँग्रेजी को अप्रत्यक्ष तरीके से बढ़ावा दिया जाता रहेगा, किसी भारतीय भाषा का हित नहीं हो सकता। अंततः देश में वही भाषा फूलती-फलती रहेगी, जिसका उल्लेख तक आठवीं अनुसूची में नहीं है। अन्य भाषाएँ संवैधानिक संरक्षण के बावजूद अँग्रेजी की पिछलग्गू ही बनी रहेंगी। इसलिए यदि भाषा को राजनीति से ऊपर उठाकर ईमानदारी के साथ कोई नीति बनाकर उसे कार्यान्वित किया जाए तो ठीक है, अन्यथा सिर्फ आठवीं अनुसूची में जोड़ देने भर से कोई लाभ नहीं होगा।

अध्याय

6

लोकतंत्र में मीडिया की भूमिका

रूपरेखा

- मीडिया के महत्व को रेखांकित करते हुए निबंध की शुरूआत।
- मीडिया के विभिन्न रूपों, क्रिया-कलापों, उत्तरदायित्वों इत्यादि का विशद वर्णन। समाचार-पत्र, रेडियो, टीवी, पत्रिकाएँ इत्यादि किस तरह समाज मे अपनी भूमिका अदा करते हैं और ये कितने प्रभावी होते हैं। इसका विस्तृत उल्लेख।
- राष्ट्र निर्माण के आरंभिक दौर में मीडिया ने किस ढंग से काम किया और फिर स्वाधीनता आंदोलन के दौरान पत्र-पत्रिकाओं का क्या योगदान रहा?
- आजादी के बाद पत्र-पत्रिकाओं के क्रियाकलाप। विशेष तौर पर उदारीकरण के बाद जब मीडिया के विभिन्न रूप सामने आए।
- पत्रकारिता के क्षेत्र में आई गिरावट और उनके कारणों की पड़ताल। लोकतंत्र में आई गिरावट के दौर और पत्रकारिता में आई गिरावट में अंतर्सम्बंधों पर चर्चा।
- तमाम विपरीत परिस्थितियों के बावजूद मीडिया को अपनी विश्वसनीयता बनाए रखना कितना जरूरी है और इसके लिए उसे किस तरह संयम बरतना चाहिए इन्हीं बिंदुओं के साथ समाधान।

मीडिया अथवा जनसंचार माध्यम किसी भी समाज या देश की वास्तविक स्थिति के प्रतिबिंब होते हैं। देश के सामाजिक, राजनीतिक, आर्थिक और सांस्कृतिक फलक पर क्या कुछ घटित हो रहा है, इससे आम जन मीडिया के द्वारा ही परिचित होते हैं। जनसंचार माध्यमों के विभिन्न

रूपों ने आज दुनिया के लगभग हर कोने तक अपनी पहुँच बना रखी है। मीडिया की शक्ति का आकलन उसकी व्यापक पहुँच के मद्देनजर किया जा सकता है। लेकिन इतनी शक्तियों और लगभग स्वतंत्र होने की वजह से मीडिया की देश और समाज के प्रति महत्वपूर्ण जिम्मेदारी भी है, इसीलिए लोकतंत्र में व्यवस्थापिका, कार्यपालिका और न्यायपालिका के बाद मीडिया को चौथा स्तंभ माना जाता है।

सामान्यतया लोकतंत्र की तीन विशेषताएँ होती हैं – जनता का प्रतिनिधित्व, जनता के हितों का रक्षण, जनता के प्रति उत्तरदायित्व। व्यवस्थापिका, जनता का प्रतिनिधित्व करती है। किन्तु जनता के जागरुक न रहने पर ऐसे व्यक्तियों का चुनाव कर सकती है जो ऊपर से जनता के हितों की बात करते हों किन्तु वास्तव में अपने लाभ के लिये चुनाव लड़ रहे हों। जनता आतंकित होकर भी किसी बाहुबली या अपराधी का चुनाव करने को विवश हो सकती है। जनता को अपने हितों को समझना भी जरूरी है। जटिल आर्थिक और सामाजिक संरचना में जनता को संकीर्ण जातिगत या क्षेत्रीय हितों के विरुद्ध राष्ट्रीय अथवा संपूर्ण समाज के विशाल हितों के बीच अंतर करना होता है और उसका कोई भी गलत निर्णय जटिल समस्याएँ खड़ी कर देता है। इस प्रकार स्वस्थ लोकमत का निर्माण आवश्यक हो जाता है। लोकमत के निर्माण में मीडिया की भूमिका सर्वाधिक सशक्त और महत्वपूर्ण होती है।

मीडिया से तात्पर्य जनसंचार के माध्यमों–समाचार पत्रों, पत्रिकाओं, रेडियो, टेलीविजन तथा चलचित्रों से है। समाचार पत्र विविध घटनाओं, समस्याओं एवं विचारों के संबंध में जनता को सूचना प्रदान करने का कार्य करते हैं और साधारणतया समाचारपत्रों में प्रकाशित सामाजिक, आर्थिक-राजनीतिक और अंतर्राष्ट्रीय सूचनाओं के आधार पर ही जनसाधारण सार्वजनिक क्षेत्र से संबंधित विभिन्न पहलुओं पर अपने विचार का निर्माण करता है। इसके अतिरिक्त, प्रत्येक समाचार पत्र के संपादकीय अंश द्वारा पाठकों के विचारों को प्रत्यक्ष रूप से प्रभावित करने का कार्य किया जाता है। समाचार पत्र जनता की बात को शासन तक और शासन संबंधी तथ्यों को जनता तक पहुँचाने का काम करते हैं। शिक्षा के प्रसार के साथ ही सार्वजनिक क्षेत्र की गतिविधियों पर जनता नजर रखना चाहती है और समाचार पत्र इसके लिए भरपूर सूचना सामग्री जनता तक पहुँचाते हैं। साप्ताहिक, पाक्षिक और मासिक पत्रिकाओं में राजनीतिक जीवन और सामाजिक-आर्थिक विषयों का विस्तृत विवेचन होता है जिसे पढ़कर जनता लोकतांत्रिक प्रक्रिया में अधिकाधिक भागदारी प्राप्त करती है।

जहाँ तक समाचार पत्रों का सवाल है, तो इन्होंने शुरू से ही मानव के दृष्टिकोण एवं विचारों को प्रभावित किया है। दुनिया के तमाम देशों में हुई सामाजिक एवं राजनीतिक क्रांतियों के अलावा भारत के स्वाधीनता संघर्ष में समाचार पत्रों ने अभूतपूर्व भूमिका निभाई। पुनर्जागरण के अग्रदूत और भारतीय पत्रकारिता के जनक, राजाराम मोहनराय समेत अन्य सुधारकों ने भी अपने सुधार कार्यक्रमों को विस्तार देने तथा जन-जन तक पहुँचाने के लिए समाचारपत्रों को माध्यम बनाया। इसके अलावा लोकमान्य बाल गंगाधर तिलक ने 'मराठा' एवं 'केसरी', सुरेंद्रनाथ बनर्जी ने 'बंगाली', भारतेंदु हरिश्चंद्र ने 'संवाद कौमुदी', लाला लाजपत राय ने 'न्यू इंडिया', अरविंद घोष ने 'वंदे मातरम्' तथा महात्मा गाँधी ने 'यंग इंडिया' एवं 'हरिजन' के माध्यम से तथा अन्य महान नेताओं ने विभिन्न भाषाई समाचार पत्रों के माध्यम से ब्रिटिश शासन की

शोषणकारी नीतियों एवं कार्यों को उजागर किया तथा उन्हें जनसामान्य तक पहुँचाया। इन समाचार पत्रों से ब्रिटिश शासन की शोषणकारी प्रवृत्ति का पर्दाफाश न सिर्फ भारत में बल्कि पूरी दुनिया में होता था। समाचार-पत्रों की इस बहुआयामी भूमिका के कारण ही ब्रिटिश शासन द्वारा प्रेस पर कठोर प्रतिबंध आरोपित किए गए तथा कई समाचार-पत्रों एवं उनके संचालकों को अराजक घोषित कर दिया। लेकिन प्रेस द्वारा पैदा की गई जन-जागरूकता ने स्वतंत्रता प्राप्ति के लक्ष्य को प्राप्त करने में अमूल्य योगदान दिया।

आजादी के बाद यह जरूरी था कि सरकारी नीतियों एवं विकास कार्यक्रम को आम आदमी तक पहुँचाया जाए और समाचार-पत्रों ने इस कार्य को बखूबी अंजाम दिया। वहीं सरकारी प्रयासों के फलस्वरूप साक्षरता के तथा आधुनिकीकरण की प्रक्रिया के साथ-साथ समाचार-पत्रों की संख्या और उनके प्रसार में भी तेजी से विस्तार हुआ और आज तो हम संचार क्रांति के युग में जी रहे हैं, जहाँ न सिर्फ संचार के अनेक माध्यम हैं, बल्कि सबसे पहले सूचना प्रसारित करने की होड़ मची है।

सूचना और विचारों के प्रचार-प्रसार के लिए रेडियो और टेलीविजन का महत्व बढ़ता जा रहा है। रेडियो का विशेष महत्व यह है कि निरक्षर व्यक्ति भी बिना किसी प्रकार की सहायता के सूचनाएँ प्राप्त कर सकता है। ग्रामीण अंचलों में जहाँ समाचार पत्र आसानी से नहीं पहुँचते वहाँ रेडियो से ही अधिकांश जानकारियाँ मिल जाती हैं। समाचार पत्र चौबीस घंटे में एक बार ही छपते हैं और इन्हें लोगों के घरों तक पहुँचाने के लिये हॉकरों की मदद लेनी पड़ती है। किन्तु रेडियो और दूरदर्शन से पल-पल का समाचार जनता तक पहुँचता है। केबल के माध्यम से टेलीविजन के पर्दे पर कई समाचार चैनलों द्वारा प्रसारित समाचार या घटनाक्रम को सजीव चित्रण के रूप में देखा जा सकता है। इन समाचार माध्यमों के महत्व को देखते हुए यह प्रश्न उठना स्वाभाविक है कि जनता की उनसे क्या अपेक्षाएँ हैं?

लोकतंत्र में समाचार माध्यमों को अभिव्यक्ति की स्वतंत्रता प्राप्त है। उनके द्वारा प्रकाशित अथवा प्रसारित और उस पर की गयी टीका-टिप्पणियों पर किसी प्रकार की रोक नहीं लगाई जाती। अत: समाचार-पत्रों से अपेक्षा की जाती है कि उन्हें मर्यादित आचरण करना चाहिए। उन्हें किसी प्रकार की अफवाह की तह तक जाना चाहिए जिससे सत्य को प्रकाश में लाया जा सके। भारत जैसे देश में अफवाहों के माध्यम से सांप्रदायिक दंगे तक फैला दिये जाते हैं, तोड़फोड़ की कार्यवाही कर सरकारी और निजी संपत्ति को क्षति पहुँचायी जाती है और कभी-कभी सत्ता परिवर्तन में भी सफलता प्राप्त की जाती है। उत्तेजनात्मक समाचारों से समाचार पत्र की बिक्री बढ़ती है किन्तु इसका कोई दीर्घकालिक लाभ नहीं मिलता। इससे जनता तुरंत तो भ्रमित होती है, किन्तु बाद में सत्य का प्रकटीकरण होने पर उस समाचार पत्र की साख भी प्रभावित होती है। प्राय: यह देखा जाता है कि दोषी कोई और होता है, किन्तु प्रारंभ में किसी निर्दोष को बलि का बकरा बना दिया जाता है। मीडिया द्वारा दिये गये समाचार के आधार पर क्रोधित जनता उस निर्दोष व्यक्ति के साथ ऐसा दुर्व्यवहार कर डालती है जिसकी क्षतिपूर्ति बाद में नहीं हो पाती। मीडिया को अपने महत्व का स्वयं आँकलन करना चाहिए तथा समाचार संप्रेषण में लगे कर्मियों को आत्मानुशासन के लिए प्रेरित करना चाहिए। समाचार को संपादन करने वाले स्टाफ को भी यथेष्ट सजगता का परिचय देना चाहिए।

मीडिया से यह अपेक्षा की जाती है कि समाचार-संप्रेषण में निष्पक्षता का परिचय दें। किन्तु प्रायः यह देखने को मिलता है कि वरिष्ठ पत्रकार किसी विशेष राजनीतिक दल के पक्ष में तथा उसके विरोधी दल के विपक्ष में अपना विचार प्रकट करते हैं। किसी भी प्रलोभन अथवा दबाव में आकर ऐसा करना, न तो पत्रकारिता के सिद्धांतों के अनुकूल है और न ही मानवता अथवा नैतिकता है। इनके पक्षपातपूर्ण लेखों और दुर्भावनापूर्ण समाचार संप्रेषणों से जनमानस भ्रमित और प्रदूषित होता है। सत्ता लोलुप एवं सुविधाभोगी पत्रकारिता से न तो स्वस्थ लोकमत का निर्माण होता है और न ही राष्ट्रीय हितों को कोई लाभ पहुँचता है। तहलका प्रकरण से ये आभास मिलता है कि खोजी और निष्पक्ष पत्रकारिता के मार्ग में अनेक बाधाएँ हैं और कई मामलों में पत्रकारों को अपने जीवन की सुरक्षा के लिए भी चिंतित होना पड़ सकता है। किन्तु जब संपादक अपने राजनीतिक रुझान को सम्पादकीय लेखों में साफ-साफ प्रकट करते हैं तो उनके लेख पाठकों की निगाह में हास्यास्पद बन जाते हैं। अतः मीडिया का यह दायित्व बनता है कि वह समाचार-विश्लेषण में मर्यादा, संयम और निष्पक्षता पर विशेष ध्यान दे। अभिव्यक्ति की स्वतंत्रता को अभिव्यक्ति की प्रतिबद्धता का रूप नहीं प्रदान करना चाहिए। समाचार पत्र लोगों को दिन प्रतिदिन की घटनाओं से अवगत कराते हैं। समाचार पत्रों के माध्यम से ही विभिन्न राजनीतिक, सामाजिक व आर्थिक समूह एक-दूसरे के दृष्टिकोण, मान्यताओं एवं अपेक्षाओं से परिचित होते हैं। इस प्रकार समाज में एक शांतिपूर्ण सामंजस्य की प्रक्रिया आरंभ हो जाती है, जिसमें आपसी विवादों एवं मतभेदों का निराकरण सहमतिपूर्ण ढंग से करना संभव होता है। समाचार पत्र सामाजिक व नैतिक मूल्यों के क्षरण को रोकने में सहायक होते हैं तथा प्राचीन परंपराओं एंव उदाहरणों के माध्यम से नैतिकता में जनमानस की आस्था को सुस्थिर रखने का प्रयास करते हैं। समाचार पत्रों द्वारा सांस्कृतिक गतिविधियों को सक्रिय रखने में भी गतिशील भूमिका निभायी जाती है।

समाचार पत्रों का सबसे महत्वपूर्ण कार्य जनमत का निर्माण करना है। समाचार पत्रों को भारतीय लोकतंत्र का चौथा स्तंभ माना जाता है। समाचार पत्र सरकार, सरकारी नीतियों व कार्यक्रमों तथा महत्वपूर्ण फैसलों के विषय में जनमत का निर्माण करते हैं। जनमत का प्रतिनिधित्व करने के कारण समाचार पत्रों की आवाज को सुनना तथा उस पर जरूरी निर्णय लेना लोकतांत्रिक सरकार के लिए लगभग बाध्यकारी होता है। समाचार पत्रों के विश्लेषण एवं लेखों से चुनावी परिणामों पर भी गहरा प्रभाव पड़ता है। बड़ी संख्या में मतदाता समाचार पत्रों की खबरों को आधार बनाकर अपना मतनिर्णय करते हैं। इस प्रकार समाचार पत्र किसी पार्टी या व्यक्ति के पक्ष में चुनावी लहर को जन्म देने वाले मुख्य अभिप्रेरक होते हैं।

स्वतंत्रता प्राप्ति के कुछ वर्षों बाद से ही समाचार पत्रों को हासिल शक्तियों का दुरुपयोग होना प्रारंभ हो गया। वर्तमान समय में स्वतंत्रता पूर्व युग की नैतिक पत्रकारिता अतीत की बात बनकर रह गयी है। पत्रकारिता के क्षेत्र में बढ़ती व्यावसायिकता ने समाचार पत्रों के सामाजिक उत्तरदायित्वों को किनारे रख दिया है। अभिव्यक्ति की स्वतंत्रता को 'अभिव्यक्ति की प्रतिबद्धता' का पर्याय मान लिया गया है। पत्रकारिता आज एक लाभदायक व्यवसाय बन चुकी है, जिसमें त्याग, समर्पण, सामाजिक जागरुकता की बजाए, सिफारिश एवं गुटबंदी की प्रधानता है। पत्रकारों द्वारा जनहित को समाचारों का लक्ष्य बनाने की बजाए दलाली एवं कमीशन-खोरी के आधार

पर समाचारों का विकृतिकरण किया जा रहा है। बढ़ती व्यावसायिकता ने जनहित की समस्याओं को पीछे धकेलकर विज्ञापन एवं चटपटी खबरों को समाचार पत्रों का मुख्य अंग बना दिया है। अधिकांश समाचार पत्रों द्वारा सामान्य जन की भाषा को तिरस्कृत करके, अभिजात्य वर्गीय संस्कृति को केंद्र में रख दिया गया है। उन्नति की दौड़ में शामिल सामान्य वर्ग भी इन अभिजात्यवर्गीय संस्कारों को आत्मसात करने के लिए तत्पर दिखाई देता है।

आज समाचार पत्र जनमत के निर्माण की नहीं, बल्कि जनमत के भटकाव की प्रक्रिया को गतिशील बनाने में सहयोगी बन रहे हैं। पत्रकारों, राजनीतिज्ञों, अफसरों. उद्योगपतियों की चौकड़ी द्वारा जनसामान्य के ध्यान को मूलभूत मुद्दों से हटाकर सतही समस्याओं पर केन्द्रित किया जा रहा है। समाचार पत्रों में जातीय एवं धार्मिक नेताओं के प्रभाववश सामाजिक एवं धार्मिक मतभेदों को उभारने वाली खबरें प्रकाशित होती हैं तथा वास्तविक सामाजिक कार्यकर्ताओं के कार्यों एवं अपीलों को उपेक्षित कर दिया जाता है। मीडिया को यह अधिकार है कि वह प्रशासन की विफलताओं तथा भ्रष्ट अधिकारियों अथवा कर्मचारियों के काले कारनामों का पर्दाफाश करे। किन्तु अफसरों से अनावश्यक विज्ञापन प्राप्त करने अथवा धन उगाही के लिए उनका भयादोहन करने का प्रयास निदंनीय है। यह बेहद दुर्भाग्यपूर्ण है कि स्वतंत्रता प्राप्ति के पश्चात् भारतीय संविधान में दी गयी अभिव्यक्ति की स्वतंत्रता का जितना दुरुपयोग मीडिया द्वारा किया गया है, उतना शायद किसी अन्य के द्वारा नहीं किया गया।

कुछ समय पूर्व तक दक्षिण भारत में हिन्दी भाषा का विरोध किया जाता था। हिन्दी सिनेमा और टीवी सीरियलों ने अपने प्रभाव से संपूर्ण भारत में हिन्दी समझने और बोलने वालों की संख्या बढ़ाने में सफलता पाई है। एक प्रकार से मीडिया ने भाषा समस्या का हल स्वयं निकाल दिया है। इसी प्रकार मीडिया को जनता में व्याप्त अंधविश्वास, जातीयता के संकीर्ण भाव, सांप्रदायिक विचार एवं क्षेत्रगत क्षुद्र स्वार्थों को हतोत्साहित एवं विखंडित करने का प्रयत्न करना चाहिए। मीडिया द्वारा अब स्वास्थ्य जैसे जनोपयोगी विषयों पर भी पर्याप्त जानकारी जनता को दी जा रही है जिससे लोगों के जीवन के हर क्षेत्र में जागरुकता बढ़ रही है। मीडिया का स्वस्थ विकास न सिर्फ भारतीय लोकतंत्र के लिये शुभ लक्षण है। बल्कि समाज, संस्कृति और सद्भाव के लिए भी बेहद आवश्यक है।

यह ठीक है कि मीडिया को व्यापक अधिकार और शक्तियाँ मिली हुई हैं, ताकि वह अभिव्यक्ति की स्वतंत्रता का पूरा उपयोग कर सके और स्वस्थ एवं परिपक्व लोकतंत्र के लिए यह अपरिहार्य भी है। लेकिन शक्तियों और अधिकारों के उपभोग के साथ मीडिया को अपनी जिम्मेदारियों एवं दायित्वों का निर्वहन भी अपने विवेक के अनुसार करना होगा। यह मीडिया की विश्वसनीयता और उसकी अबाध शक्तियों के लिए बड़ा आवश्यक है कि उस पर किसी भी प्रकार से उंगली न उठे। क्योंकि यदि ऐसा हुआ तो न सिर्फ वह जनता में अपना विश्वास खो देगा, बल्कि लोकतंत्र के साथ बहुत बड़ा विश्वासघात भी होगा।

अध्याय 7

सूचना का अधिकार : कानून के दस वर्ष

रूपरेखा

- सूचना कानून के एक दशक बीतने के उल्लेख के साथ निबंध शुरु कर दें।
- सूचना के अधिकार का कानून और इसके प्रमुख प्रावधान क्या हैं? साथ ही इसकी पूर्वपीठिका पर भी प्रकाश डालें।
- दुनिया के अन्य देशों में सूचना के अधिकार को कहाँ तक स्वीकृति मिली है, इसका भी संक्षिप्त विवरण।
- सूचना का अधिकार कानून में व्याप्त त्रुटियाँ, किस तरह से इसके दुरुपयोग की आशंका हो सकती है, उन बिंदुओं का उल्लेख करें।
- कानून लागू होने के बाद इसके कार्यान्वयन और कुछ लाभकारी घटनाओं का उल्लेख अपेक्षित है।
- अंत में देश के सम्यक् विकास के लिए एवं आवश्यक कदम के रूप में इस कानून की उपयोगिता का विवरण देते हुए समापन।

ज्ञान एवं सूचना ने मानव की प्रत्येक गतिविधि को अत्यधिक प्रभावित किया है। आज किसी भी कार्य अथवा गतिविधि को ज्ञान एवं सूचना के अभाव में समग्रता के साथ पूर्ण करना संभव नहीं है। भारत में सूचनाधिकार यानी आर.टी.आई. कानून को लागू हुए दस वर्ष हो गए। ज्यादातर राज्यों ने भी अपने यहाँ इस कानून को लागू कर दिया है। करदाताओं के पैसे से चलने वाली सरकार से विभिन्न तरह की सूचना लेना ये सभी का अधिकार है, ऐसी जागरुकता भी लोगों में काफी हद तक आई है। बावजूद इसके आज भी यह कानून बहुसंख्यक आबादी की समझ और उनकी जानकारी से दूर है। जो इसे जान भी रहे हैं, उन्हें सूचना के लिए कितने पापड़ बेलने पड़ते हैं, इस बारे में आए दिन जानकारी मिलती रहती हैं। दूसरी ओर सूचना कानून का

कुछ लोग विभिन्न तरीकों से दुरुपयोग भी कर रहे हैं। ऐसे में यह सवाल उठना लाजमी है कि मौजूदा समय में यह कानून कहाँ तक सार्थक है।

यदि हम सूचना के अधिकार को ऐतिहासिक आइने में देखें तो ज्ञात होता है कि सूचना के अधिकार की सर्वप्रथम परिभाषा संभवतः संयुक्त राष्ट्र महासभा द्वारा की गयी थी। 10 दिसंबर, 1948 को महासभा द्वारा जारी मानवाधिकारों की विश्व घोषणा में विभिन्न शीर्षकों के अंतर्गत लगभग एक सौ से अधिक मानवाधिकारों की सूची दी गयी है। इस सूची में राजनैतिक एवं नागरिक अधिकारों के तहत सूचना के अधिकार का उल्लेख किया गया है। इस अधिकार में भौगोलिक सीमाओं से परे मौखिक, लिखित, मुद्रित अथवा किसी भी अन्य माध्यम से सभी तरह की सूचनाओं और विचारों को जानने, प्राप्त करने या प्रदत्त करने का अधिकार शामिल है। इसका स्पष्ट आशय यह है कि सूचना का अधिकार वाक एवं अभिव्यक्ति की स्वतंत्रता का एक भाग है जो सभी सदस्य देशों द्वारा स्वीकार्य है।

भारत में सर्वप्रथम सर्वोच्च न्यायालय ने 1975 में उत्तर प्रदेश बनाम राजनारायण के वाद में अवधारित किया कि देश के नागरिक को प्रत्येक सार्वजनिक कार्य के संबंध में जानकारी प्राप्त करने का अधिकार है। इसके पूर्व हमदर्द दवाखाना बनाम भारत संघ (1960) के वाद में सर्वोच्च न्यायालय ने अवधारित किया था कि वाक् एवं अभिव्यक्ति की स्वतंत्रता में सामान्य हित के विचार और सूचनाएँ प्राप्त करना तथा उन्हें प्रदान करना शामिल है। इसी क्रम में लाइफ इंश्योरेंस कारपोरेशन ऑफ इंडिया बनाम मनुभाई डी. शाह 1992 के वाद में उच्चतम न्यायालय ने कहा कि निगम अनु. 12 के तहत एक 'राज्य' है और उसकी पत्रिका जनता के धन से पोषित होती है। अतः किसी की जिज्ञासा को प्रकाशित करने से इनकार करके निगम ने प्रश्नकर्ता के अनु. 19 (1) 'क' में प्रदत्त स्वतंत्रता के मौलिक अधिकार का हनन किया है, जिसमें जानने का अधिकार (सूचना का अधिकार) भी सम्मिलित है।

यदि हम सूचना के अधिकार के संदर्भ में विश्व परिदृश्य पर नजर डालें तो पाएंगे कि कई विकसित एवं विकासशील देशों ने अपने नागरिकों को यह अधिकार दिया है। जर्मनी के संविधान में अभिव्यक्ति की स्वतंत्रता के साथ-साथ नागरिकों को सूचना का अधिकार भी दिया गया है। जर्मनी के संविधान के अनुच्छेद-5 में स्पष्ट रूप से उल्लिखित है कि प्रत्येक नागरिक को उन सभी सूचनाओं और उनके स्रोतों की जानकारी प्राप्त करने का अधिकार है, जिसका संबंध उनके निजी हित अथवा किसी सार्वजनिक हित से है।

स्वीडन के संविधान में भी सूचना के अधिकार को स्वतंत्रता के अधिकार के अंतर्गत सम्मिलित किया गया है। इस अधिकार पर मात्र व्यक्ति की गोपनीयता के आधार पर प्रतिबंध लगाया गया है। यही स्थिति डेनमार्क तथा नार्वे की है। अमेरिका में 1964 में एक अधिनियम पारित कर सूचना के अधिकार को मान्यता दी गयी थी। इस अधिनियम के अनुसार, देश का प्रत्येक नागरिक अपनी इच्छानुसार किसी भी सरकारी कार्यालय से एक निश्चित रकम देकर किसी भी सरकारी दस्तावेज की प्रतिलिपि प्राप्त कर सकता है। संबंधित अधिकारी द्वारा दस्तावेज न उपलब्ध कराए जाने पर क्षुब्ध व्यक्ति अपील भी कर सकता है। कनाडा में लागू अधिनियम में की गयी व्यवस्था के अंतर्गत ऐसे मामलों की अपील की सुनवाई हेतु 'सूचना लोकपाल' नामक पदों का सृजन किया गया है।

जहाँ तक भारत का प्रश्न है, तो सर्वोच्च न्यालालय द्वारा समय-समय पर दिये गये निर्णयों में सूचना के अधिकार को मान्यता दिये जाने के कारण इस अधिकार की माँग देश में होने लगी। मानवाधिकारवादी संगठनों ने भी इसको मौलिक अधिकार में शामिल करने की माँग को समय-समय पर उठाया। केन्द्र सरकार द्वारा दिसंबर, 1989 में तत्कालीन विदेश मंत्री, इंद्र कुमार गुजराल की अध्यक्षता में एक समिति का गठन किया गया। इस समिति के अन्य सदस्य थे—मुफ्ती मोहम्मद सईद, के. पी. उन्नीकृष्णन, पी. उपेन्द्र तथा जार्ज फर्नांडिस। इस समिति ने नागरिकों के सूचना के अधिकार की वकालत करते हुए शासकीय गोपनीय अधिनियम, 1923 में आवश्यक संशोधन करने की सिफारिश की। समिति की संस्तुति के आधार पर विधेयक का प्रारूप तैयार किया गया किन्तु लोकसभा के विघटन के कारण इसे प्रस्तुत नहीं किया जा सका। 1998 में हुए मुख्यमंत्रियों के सम्मेलन में इस अधिकार का समर्थन किया गया। सम्मेलन में मुख्यमंत्रियों ने अपने राज्यों में सूचना के अधिकार को देने के लिए आवश्यक कदम उठाने पर सहमति व्यक्त की। बाद में केन्द्र सरकार द्वारा प्रेस परिषद् के अध्यक्ष न्यायमूर्ति पी. वी. सावंत की अध्यक्षता में एक समिति का गठन इस संबंध में विधेयक के प्रारूप के निर्माण के लिए किया गया। समिति द्वारा प्रारूप का निर्माण किया भी गया, किन्तु इस पर कोई ठोस कार्यवाही नहीं हो सकी।

देश के कई राज्यों में सूचना के अधिकार को मान्यता देने वाले अधिनियम पारित किये गये हैं। दिल्ली विधानसभा ने 9 अप्रैल, 2001 को सूचना के अधिकार का विधेयक पारित किया। राज्यपाल ने एक सप्ताह बाद उसे मंजूरी दे दी। 2 अक्टूबर से कानून लागू करने की घोषणा हुई। कानून के तहत 119 विभागों को सूचना के अधिकार के लिए छाँटा गया। हर विभाग में एक अफसर को प्रभारी बनाया गया जिससे सूचना ली जा सकती है। लेकिन इस घोषणा पर जो अमल शुरू हो जाना चाहिए था, वह नहीं हुआ। इसके पूर्व तमिलनाडु, गोवा, राजस्थान, महाराष्ट्र तथा कर्नाटक अपने नागरिकों को यह अधिकार दे चुके हैं। मध्य प्रदेश राज्य सरकार द्वारा इस संबंध में कोई अधिनियम पारित नहीं किया गया है किन्तु प्रशासनिक आदेशों द्वारा विभिन्न सरकारी विभागों को निर्देश जारी किये गये हैं। उत्तर प्रदेश सरकार द्वारा भी इस प्रकार की घोषणा की गयी है, लेकिन अमल से दूर हैं। वर्तमान समय में लगभग एक दर्जन से ऊपर राज्यों में सूचना का अधिकार प्रर्वतन में है।

जहाँ तक सूचना के अधिकार के विस्तार से दूरगामी प्रभावों का प्रश्न है, तो जहाँ भी किसी व्यक्ति को विकास कार्यों या सार्वजनिक कार्यों में गड़बड़ी की संभावना मालूम होगी, वह जिम्मेदार अफसर या कर्मचारी से इसकी सूचना पाने का अधिकारी होगा। गाँववासियों को थोड़े भी संदेह पर कि विकास कार्य ठीक से नहीं हुआ है या जितने लोगों को उचित कानूनी मजदूरी पर रोजगार मिलना चाहिये था, नहीं मिला, तो वे सीधे इससे संबंधित कागजातों, बिल, वाउचर, मस्टररोल आदि के निरीक्षण की माँग कर सकते हैं। पंचायत या ब्लाक के रिकार्ड में कागज देखे जा सकते हैं कि किसी नहर, सड़क या स्कूल के भवन निर्माण का कार्य कब किया गया, इसमें कितना काम हुआ, कितना सीमेंट-ईंट लगाया गया व मजदूरी सहित कुल कितना खर्च हुआ। फिर गाँव में सड़क, नहर या स्कूल आदि निर्माण स्थलों की मौके पर जाँच कर, आसपास के लोगों से बातचीत कर यह अच्छी तरह पता लगाया जा सकता है कि जो सरकारी रिकार्ड में दिखाया गया है वह फर्जी है या सही। इस प्रकार भ्रष्टाचार पर प्रमाणिक लगाम लगायी जा सकती है। गाँववासी आवश्यकता पड़ने पर इस विषय पर एक जन

सुनवाई का आयोजन भी कर सकते हैं। इस जन सुनवाई में गाँव के सभी लोगों को बुलाया जायेगा व विकास कार्यों संबंधी जो जानकारी सूचना के अधिकार के उपयोग व गाँववासियों की अपनी जाँच से प्राप्त हुई है, उसे सबके सामने रखा जायेगा तथा जन सुनवाई में उनको अपना पक्ष प्रस्तुत करने के लिए बुलाया जा सकता है।

इसमें कोई आश्चर्य नहीं कि आर.टी.आई. कानून बनने के दस साल बाद भी इसकी संकल्पना अपने प्रारंभिक चरण में ही है। राज्यों में हालात बदतर हैं। वहाँ, सरकारी कर्मचारी सूचना देने को अपना काम नहीं मानते। सूचनाधिकार कानून के तहत सूचना माँगने वाले आम आवेदकों को राज्य में परेशान किया जाता है। अक्सर दोषी अधिकारियों को सजा नहीं दी जाती। आर्थिक जुर्माना लगाया जाता है, पर उसका भी अनुपालन कम ही होता है। यही नहीं, राज्यों में सूचना आयुक्तों की नियुक्ति पूरी तरह से राजनीतिक तौर पर होती है, ऐसे में ज्यादातर सूचना आयुक्त इसे महज आय का एक जरिया भर मानते हैं और अपनी आगे की राजनीतिक महत्वाकाँक्षा को पूरी करने में लगे रहते हैं। बावजूद इसके इसमें कोई दो राय नहीं है कि सूचनाधिकार कानून ने सरकारी तंत्र की खामियों को उजागर करते हुए लाखों लोगों को न्याय दिलाया है। पर यह भी सच है कि हाल के वर्षों में आर.टी.आई. कानून के दुरुपयोग में भी जबर्दस्त इजाफा हुआ है। कई मामलों में इस कानून का गलत तरीके से इस्तेमाल किया जा रहा है। लोकहित के नाम पर लोग निरर्थक, बेमानी और निजी सूचनाओं की माँग कर रहे हैं, जिससे मानव संसाधन और सार्वजनिक धन का व्यय हो रहा है। साथ ही, इसके द्वारा निजता में दखलअंदाजी की जा रही है।

यदि इस कानून की दस साल की उपलब्धियों की बात करें तो आज आर.टी.आई. ने सरकारी मुलाजिमों और राजनेताओं के मन में खौफ पैदा कर दिया है। वहीं, प्रतिकार में आर.टी.आई. के तहत सूचना माँगने वालों को धमकी मिलना सामान्य बात हो गई है। अगर किसी सूचना से किसी बड़ी हस्ती को नुकसान होने की संभावना होती है, तो उस स्थिति में सूचना माँगने वाले की हत्या होना अस्वाभाविक नहीं है। कानून लागू होने से लेकर अब तक दर्जनों आर.टी.आई. कार्यकर्ताओं की हत्या हो चुकी है। फिर भी तमाम खामियों के बावजूद आर.टी.आई. कानून समाज के दबे-कुचले और वंचित लोगों के बीच उम्मीद की आखिरी किरण माना जा रहा है।

पूर्व मुख्य केंद्रीय सूचना आयुक्त वजाहत हबीबुल्लाह का भी मानना है कि आर.टी.आई. के माध्यम से समाज के वंचित तबके को उसका अधिकार मिल सकता है। इस कानून के जरिए आम आदमी शासन में अपनी सहभागिता सुनिश्चित कर सकता है और यही कानून शासन को आम जनता के प्रति जवाबदेही भी बनाता है। इसमें कोई संदेह नहीं कि लोकतंत्र की वास्तविक परिभाषा और गाँधीजी की ग्राम स्वशासन की अवधारणा सूचना के अधिकार कानून से और अधिक पल्लवित हुई है। सूचना का अधिकार कानून भारत की उस मानसिक स्थिति का द्योतक है कि यह देश सिर्फ़ आँकड़ों में विकास नहीं चाहता, बल्कि विकास के साथ वह अपने नागरिकों को अधिकारों के प्रति जागरुक भी करना चाहता है। देश का सम्यक् विकास भी इसी अवधारणा को ध्यान में रखकर हो सकता है, अन्यथा एकांगी विकास बेमानी होगा।।

अध्याय 4

भारत में उभरता क्षेत्रवाद और राष्ट्रीयता का भविष्य

रूपरेखा

- भारतीय विविधता और क्षेत्रीयता : एक अंत:संबंध
- क्षेत्रीयता के उभार का इतिहास
- क्षेत्रीयता की उभरती नवीन प्रवृत्तियाँ
- क्षेत्रवादी चेतना : समाधान के राजनैतिक प्रयत्न
- राष्ट्रीयता का भविष्य

भारत में राष्ट्र के लिए अखिल भारतीय चेतना के समक्ष इसकी विशाल संस्कृति के परस्पर कई खंडों में बँटी क्षेत्रीय संस्कृतियों की देश के रूप में व्याख्या करने की एक स्थापित परम्परा रही है। यहाँ के विविध भाषा-भाषी क्षेत्रों में संस्कृति के कई रंग इस बात की पुष्टि भी करते हैं। यहाँ तक कि साहित्य में मध्य देश, बंगदेश, कलिंग यह कार्य करते हैं। यह बात और है, कि लगभग सर्वस्वीकृत रूप में मध्ययुगीन इतिहास के पहले पाटलिपुत्र तथा कन्नौज एवं मध्य युग में 'दिल्ली' हिमालय से रामेश्वरम्पर्यंत भारत-भूमि की राजधानी मानी जाती रही है। यही भारत में राष्ट्रीय विविधता एवं क्षेत्रीयता के संतुलनकारी अंत:सम्बन्ध का नियामक रहा है।

भारत में क्षेत्रीयता के इतिहास पर दृष्टि डालें तो यह प्राक् मध्ययुगीन सामंतवादी शासन की विभाजित व्यवस्था तक चली जाती है। ब्रिटिश काल में बड़े ही सुनियोजित ढंग से इस क्षेत्रीयता को एकीकृत शासन में पृथकतावादी भावना से मजबूत बनाए रखा गया। वस्तुत: भारत में ही नहीं संसार के अनेक भागों में ऐसा ही हुआ है। यूरोपीय जातियाँ पंद्रहवीं, सोलहवीं और सत्रहवीं शती में जब संसार के विभिन्न भागों में पहुँचती तो उन्होंने अपने आधुनिक संसाधनों और कूटनीतिक दाँव-पेंचों के सहारे स्थानीय निवासियों को अपने अधीन कर लिया। तथापि, शासन की प्रणाली कुछ इस ढंग की रखी कि औपनिवेशिक शासितों को कभी एकजुट होने की कोई संभावना नहीं छोड़ी जाती थी। औपनिवेशिक भारत में अठ्ठारहवीं और उन्नीसवीं सदी

के विद्रोह स्थानीय एवं क्षेत्रीय ही बने रहे क्योंकि इनके पीछे स्थानीय मुद्दे और समस्याएँ ही कार्य कर रही थीं। ऐसा भी नहीं था। ऐसा भी नहीं है, कि राष्ट्रीय संघर्ष के दौरान क्षेत्रीयता की अपनी भावना, विशेषकर भाषा एवं संस्कृति को राष्ट्रवाद के पक्ष में पूरी तरह घुला देने की ही त्यागवृत्ति जाग गयी हो। स्वाधीनता की लड़ाई के दौरान ही यह प्रश्न उठने लगा था कि स्वतंत्र भारत में विभिन्न भाषा-भाषियों की स्थिति क्या होगी? क्या उन्हें अपनी क्षेत्रीय संस्कृति की अस्मिता की रक्षा करने दी जाएगी और उनकी अपनी पहचान सुरक्षित रह सकेगी? उसी समय काँग्रेस ने यह वायदा किया था कि, स्वाधीनता के बाद देश के सभी राज्यों का 'भाषा' के आधार पर गठन किया जायेगा। यही वह आधार था, जिसके तहत छठे दशक में 'राज्य पुनर्गठन आयोग' बनाया गया और उसकी सिफारिशों में कहीं-कहीं फेरबदल करके अधिसंख्य राज्यों का पुनर्गठन किया गया। यह कार्य किसी भी तरह से सरलतापूर्वक नहीं हुआ, बल्कि एक दशक तक चले इस पुनर्गठन-पुनर्निर्माण में कई संकटकारी दौर भी आए। विभाजन के पूर्व एक विभाजनकारी चेतना का संकट तो था, ही देश को उपराष्ट्रीयता और क्षेत्रीयता के तमाम सवालों से गुजरना पड़ा। भाषा, क्षेत्रीय वैशिष्ट्य और प्रशासनिक फेरबदल के प्रयत्न तो ऊपरी थे, महत्वपूर्ण था सिमटती राजनैतिक प्रतिबद्धता को रोकना। आन्ध्र प्रदेश और गुजरात जैसे राज्यों के गठन की बात छोड़ दें तो पूर्वोत्तर भारत के अनेक राज्य नागालैंड, अरुणाचल प्रदेश, मेघालय, मिजोरम आदि का अस्तित्व एक बड़ी राष्ट्रीय प्रसव वेदना का परिणाम था। अभी कुछ समय पूर्व बिहार से कटकर झारखण्ड, मध्य प्रदेश से कटकर छत्तीसगढ़ और उत्तर प्रदेश से कटकर उत्तरांचल के राज्य बने तथा अन्य अनेक राज्यों के बनने की चर्चा भी चल रही है। क्षेत्रीयता के सवाल से सभी ओर पहचान का संकट है। अनेक क्षेत्रीय, भाषाई, धार्मिक और नस्लीय वर्गों को यह भय सताता रहता है कि कुछ समुदाय जनसंख्या बल, आर्थिक शक्ति, राजनैतिक प्रभुता या अपनी पंथिक आक्रामकता से उनकी अलग पहचान को लुप्त कर देंगे।

भारत में क्षेत्रीयता की उभरती नवीन प्रवृत्ति, विशेष रूप से आठवें दशक के उत्तरार्द्ध एवं नवें दशक की राजनैतिक और आर्थिक प्रवृत्तियों की उपज है। स्थायित्व भरे राजनैतिक परिदृश्य में स्थानीय आवश्यकताओं की अनदेखी और तीन से पाँच प्रतिशत के बीच की विकास दर ने क्षेत्रीयता को और विसंगतिपूर्ण तथा और प्रासंगिक बना दिया। आर्थिक विसंगति ने ही पूरे देश में देशव्यापी आप्रवासन को बढ़ावा दिया। इससे आर्थिक रूप से सम्पन्न कुछ क्षेत्रों तथा संभावना वाले क्षेत्रों पर प्रवासी जनसंख्या का दबाव बढ़ता चला गया। इस नजरिए की पुष्टि इसी तथ्य से होती है कि भारत में अपनी पहचान के लिए सबसे बड़ा संकट असम के सम्मुख रहा है, शायद इतना किसी अन्य प्रदेश को नहीं रहा। लम्बे समय तक इस प्रदेश पर बंगाल का प्रभाव रहा। बड़ी मात्रा में बांग्ला-भाषी वहाँ गए। अस्सी और नब्बे के दशक में असम में बांग्लादेशियों की जितनी घुसपैठें हुई उतनी कहीं और नहीं देखी गईं। इसके बाद असम के चाय के बागानों, कोयला खदानों, रेलवे, प्लाईवुड बनाने वाली फैक्ट्रियों, तेल उद्योग, ईंट बनाने वाले भट्ठों तथा अन्य अनेक उद्योगों में काम करने वाले हिन्दी-भाषी मजदूर बड़ी संख्या में यहाँ आए। असमी भाषियों की यह शंका निर्मूल नहीं थी कि, वे कुछ समय बाद अपने ही राज्य में अल्पसंख्यक हो जाएंगे। इस संदर्भ में त्रिपुरा जैसे राज्य का उदाहरण सामने है। त्रिपुरावासियों की एक जायज शिकायत है कि बांग्लाभाषी

लोग इतनी बड़ी संख्या में यहाँ आकर बस गए हैं कि, अब त्रिपुरा एक तरह से बंगाल हो गया है। जनगणना और क्षेत्रीय असंतुलन से उत्पन्न ऐसी समस्याएँ देश के अन्य भागों में भी होती रही हैं। चार दशक पहले महाराष्ट्र, विशेष रूप से मुम्बई में जब बाल ठाकरे के नेतृत्व में 'शिवसेना' का उदय हुआ, तो उनके अभियान का निशाना मुम्बई में बसने वाले दक्षिण भारतीयों के विरुद्ध था। ठाकरे को यह लगने लगा था, कि मराठी अस्मिता और मराठी पहचान के लिए एक गहरा संकट उत्पन्न होने लगा है। उत्तर भारतीयों के प्रति भी उनका आक्रोश समय-समय पर इसी प्रकार उभर आता था। हाल ही में बाल ठाकरे ने अपने एक वक्तव्य में बड़ी आक्रामक भाषा में चेतावनी दी है कि महाराष्ट्र में रहना है तो अनिवार्यतः मराठी सीखनी और बोलनी पड़ेगी। पंजाब में भी एक सुगबुगाहट प्रायः सुनाई देती है, क्योंकि उत्तर प्रदेश और बिहार से पंजाब आने वालों की संख्या निरंतर बढ़ी है। वहाँ यह आशंका घर करने लगी है, कि यदि यही सिलसिला बना रहा तो पंजाब में जनसंख्या का संतुलन ही बिगड़ जायेगा और वह हिन्दी-भाषी प्रदेश बन जायेगा। दिल्ली जैसे अन्य बड़े शहरों में बिहार और उत्तर प्रदेश की एक बड़ी जनसंख्या के पलायन से यह बात लगभग साबित भी होने लगी है। अपनी भाषा और क्षेत्र की निजता स्थिर रखने और राज्य के बाहर के लोगों के प्रभुत्व से उसे बचाए रखने के लिए अनेक राज्यों ने कई प्रतिबंधात्मक उपाय तक कर रखे हैं। इसके मूल में काफी हद तक राजनैतिक लाभ की आकांक्षा ही झलकती है। जम्मू-कश्मीर में किसी अन्य प्रदेश के नागरिक को न तो नागरिकता मिल सकती है, न ही वहाँ कोई अचल सम्पत्ति ही खरीद सकता है। हिमाचल प्रदेश में भी कोई गैर-हिमाचली सम्पत्ति नहीं खरीद सकता। ऐसे ही कुछ प्रतिबंध नागालैंड, गोवा, पूर्वोत्तर क्षेत्र की जनजातियों के लिए हैं। यदि असम में या मुम्बई में अथवा जम्मू-कश्मीर में हिन्दी-भाषियों पर इसलिए संकट आता है, कि वे बिहार या अन्य राज्यों से आए हुए हैं, तो उसकी प्रतिक्रिया में बिहार में अन्य राज्यों में असम या जम्मू-कश्मीर के लोग कठिनाई का सामना कर सकते हैं। असम सरकार ने इस आशंका को महसूस करते हुए बिहार, झारखंड और पश्चिम बंगाल में बसने वाले असमिया लोगों की सुरक्षा के लिए केन्द्र सरकार से विशेष याचना की है। वर्ष 2003 में उत्तर पूर्व में रेलवे में आरक्षण के प्रश्न पर स्थानीय एव बाहरी लोगों के बीच तनाव उत्पन्न हो गया था। इस समय प्रतिक्रिया स्वरूप बिहार के अनेक रेलवे स्टेशनों पर असम के यात्रियों के साथ दुर्व्यवहार हुआ था। मुम्बई में तो गत चार दशकों से गैर हिन्दी-भाषियों के सिर पर तलवार लटकती रही है।

भारत में इस क्षेत्रीयता के विकराल होते स्वरूप के राजनैतिक समाधान के प्रयास भी होते रहे हैं। 'क्षेत्रीय परिषदों' के गठन का आधार भले ही आर्थिक विकास का योजनागत प्रयास रहा हो, पर इसके द्वारा दोहरे लाभ की आशा की जाती रही है। क्षेत्रीय परिषदों ने परस्पर सम्पर्क और साझा आर्थिक-सामाजिक परियोजनाओं से एक यूनिट के रूप में कार्य किया है। यही कारण है, कि आर्थिक मसले पर भले ही कोई बड़ी संतुलनकारी प्रगति न दिखी हो; पर मीडिया सम्पर्क और यातायात तथा संचार ने क्षेत्रवादी चेतना को अखिल भारतीय भावना से जोड़ जरूर दिया है। कई मामलों में क्षेत्रीय दलों के सहयोग वाली साझा सरकारों के प्रयोग ने भी क्षेत्रीय भावना को तुष्ट किया है तथा अस्मिता को नए ढंग से परिभाषित किया है।

उदारीकरण एवं उत्तर-आधुनिक दौर में आज जब राष्ट्रीयता की प्रश्नावली निरर्थक घोषित की जा रही है, वास्तव में क्षेत्रीयता, राष्ट्रवाद की छत्रछाया में ही प्रासंगिक रूप से व्याख्यायित की जा सकती है, अन्यथा तमाम लोकतांत्रिक देशों में विघटनकारी प्रवृत्तियों का उभार एवं पूरी शासन व्यवस्था का अर्थ केन्द्रित होते जाना, क्षेत्रवाद और राष्ट्रवाद, दोनों की सटीक भविष्यवाणी करने वाला होगा। वस्तुतः अस्मिता और पहचान की वर्तमान दुविधा पर राष्ट्रीय स्तर पर विचार होना चाहिए और आवश्यक हो तो इस संबंध में कुछ नीति भी बनाई जानी चाहिए।

अध्याय 9

नौवीं अनुसूची बनाम मूल ढाँचे का विमर्श

रूपरेखा

- नौवीं अनुसूची और बुनियादी ढाँचे की परिभाषा।
- बुनियादी ढाँचे का स्वरूप।
- नौवीं अनुसूची का इतिहास।
- नौवीं अनुसूची के निहितार्थ : पक्ष और विपक्ष।
- नौवीं अनुसूची पर राजनैतिक-न्यायिक द्वंद भविष्य।

सर्वोच्च न्यायालय ने संविधान की नौवीं अनुसूची को निष्प्रभावी करते हुए नागरिकों के मौलिक अधिकारों को संतिधान के बुनियादी ढाँचे की परिभाषा में शामिल कर दिया है। अब सरकार एवं राजनैतिक दलों के लिए यह असम्भव नहीं रह गया है कि, वे किसी कानून को नौवीं अनुसूची में डालकर अपने राजनैतिक कृत्यों को न्यायिक समीक्षा से बचा लें। बल्कि सर्वोच्च न्यायालय ने 1973 के बाद इस अनुसूची में डाले गए सभी कानूनों को न्यायिक समीक्षा के दायरे में ला दिया है। सर्वोच्च न्यायालय ने 1973 में बहुचर्चित केशवानन्द भारती बनाम केरल सरकार के मामले में संविधान के 'बुनियादी ढाँचे' की व्यवस्था दी थी। तब तेरह जजों की संविधान पीठ ने सात-छह के बहुमत से फैसला दिया कि विधायिका कोई ऐसा कानून या संविधान संशोधन पास नही कर सकती, जो संविधान के बुनियादी ढाँचे से छेड़छाड़ करता हो। संविधान का बुनियादी ढाँचा क्या है? तब इस पर जजों में मतभेद रहे। जजों ने कुल चार खण्डों में बुनियादी ढाँचे की व्यवस्था दी। लेकिन बहुमत की राय यही रही कि संविधान की सर्वोच्चता, गणतंत्र और लोकतांत्रिक ढँग की सरकार, धर्मनिरपेक्षता, शक्तियों का अलगाव और रांघीय व्यवस्था - भारतीय संविधान का मूल ढाँचा है।

अब नौ जजों की संविधान पीठ का फैसला है कि मौलिक अधिकार भी संविधान के बुनियादी ढाँचे में शामिल हैं। न्यायमूर्ति योगेश कुमार सभरवाल की अध्यक्षता वाली इस पीठ

ने कहा कि बुनियादी ढाँचे के सिद्धांत में यह बात शामिल है कि संविधान के कुछ हिस्से या पहलू, जिनमें अनुच्छेद 15, अनुच्छेद 14 के साथ अनुच्छेद 21 की इजाजत दी गई, तो संविधान का स्वरूप ही बदल जायेगा। ये सभी अनुच्छेद पं. जवाहरलाल नेहरू ने संविधान में पहला संशोधन कर अनुच्छेद 31-बी शामिल किया। इसके द्वारा नौवीं अनुसूची की व्यवस्था की गई, जिसमें डाले गए कानूनों की न्यायिक समीक्षा नहीं होने का प्रावधान रखा गया। पं. नेहरू ने तब आगाह किया था कि नौवीं अनुसूची का विस्तार नहीं किया जाये, परन्तु नौवीं अनुसूची का इसके बाद के दशकों में सत्ताधारी दलों द्वारा लगातार राजनैतिक लाभ के लिए प्रयोग किया जाता रहा। इस नौवीं अनुसूची में 1973 तक केवल 13 कानून थे, किन्तु बाद की सरकारों ने अपने राजनैतिक हितों के लिए इसका दुरुपयोग किया और आज इसके अन्तर्गत करीब 284 कानून हैं। इन संरक्षित कानूनों का जनहित से कितना मतलब है, यह तो अभी विश्लेषण का विषय है, वैसे इसकी शुरुआत भूमि सुधार के उस प्रयास से हुई थी जिसके द्वारा बड़े-बड़े भूमिपतियों-जमींदारों के हितों पर, जिन्हें वे अपना अधिकार भी बता सकते थे, चोट हुई। तब संपत्ति का अधिकार भी मौलिक अधिकारों में शामिल था। इसलिए न्यायालय संविधान की इस रूप में व्याख्या कर सकता था कि भूमि सुधार कानून से बहुत से लोगों के मूल अधिकारों का उल्लंघन हुआ। अगर इस व्याख्या की वजह से 'भूमि सुधार कानून' असंवैधानिक घोषित हो जाते तो आज यह निश्चित रूप से कहा जा सकता है कि सामाजिक और आर्थिक न्याय के रास्ते में जितना भी सफर हम तय कर पाए हैं, वह नहीं कर पाते।

1973 के बाद संविधान की नौवीं अनुसूची में 'केन्द्रीय कोयला खदान अधिनियम '1974', अतिरिक्त भत्ता राशि कानून, 1974 काफेपोसा, 1974, बीमार कपड़ा उपक्रम कानून, 1974, फेरा 1974, शहरी भू-हदबन्दी, 1976 और तमिलनाडु का आरक्षण कानून डाले गए। वास्तव में देखा जाए तो जनहित के नाम पर जिन नीतियों का रक्षण नौवीं अनुसूची के माध्यम से किया गया, वे प्रगतिशील के बजाए प्रतिगामी ही रहे। राष्ट्रीयकरण के नाम पर उपक्रमों का सरकारीकरण आज के मूल्याँकन में पूरी तरह से उल्टा सिद्ध हो चुका है। यह आर्थिक विकास की राह में सबसे बड़ा अवरोध बन गया। उद्योग-धंधे हड़ताल की परंपरा के कारण बंद होते रहे। इतना ही नहीं, अदूरदर्शी नीतियों के रक्षण के लिए उन कानूनों को न्यायिक समीक्षा के बाहर रखना वस्तुत: प्रजातंत्र को ही क्षति पहुँचा सकता है। यदि कल को तीन-चौथाई बहुमत प्राप्त दल, विपक्षी दलों के नेताओं को जेल में डालने या आगे कोई और चुनाव न होने का कानून बना दे तो प्रजातंत्र का क्या हश्र होगा? सर्वोच्च न्यायालय के इस फैसले को इस अर्थ में आश्वस्त करने वाला माना जा सकता है कि अब किसी भी सरकार या संसद के लिए यह आसान नहीं रह गया है कि वह 1975 की इमरजेंसी की तरह नागरिकों के मौलिक अधिकार छीन ले, कोई तानाशाह लोकतंत्र को दरकिनार कर दे या फिर फासीवादी विचारधारा वाली ताकतें चुनाव के जरिए सत्ता में आने के बाद संविधान के धर्मनिरपेक्ष स्वरूप को बदल दें। यानी कार्यपालिका और विधायिका पर अवरोध और उनकी शक्तियों को संतुलित करने के उपाय ज्यादा मजबूत हो गए हैं।

लेकिन एक दूसरा भी सन्दर्भ है, जिसमें इस फैसले को अगर देखा जाए तो यह आश्वस्त करने से ज्यादा उन सभी लोगों के लिए परेशानी का सबब लगता है जो भारतीय संविधान को सिर्फ एक न्यायिक और जड़ दस्तावेज के रूप में नहीं देखते। भारतीय संविधान एक राजनैतिक

दस्तावेज भी है। यह स्वतंत्रता आन्दोलन के दौरान विकसित हुए सामाजिक और आर्थिक न्याय के व्यापक मूल्यों का मूर्त दस्तावेज है। असली बात संविधान के शब्द नहीं, बल्कि इसके पीछे की भावना है। कुछ मामलों में 'नौवीं अनुसूची' इसी भावना को व्यावहारिक रूप देने का माध्यम भी मानी जा सकती है।

तथापि, न्यायपालिका ने जो फैसला सुनाया है उसका निहितार्थ भी लगभग यही है। यहाँ संविधान पीठ ने नौवीं अनुसूची पर प्रश्नचिन्ह खड़ा नहीं किया है। पीठ ने तो सिर्फ इतना कहा है कि अनुच्छेद-32 में सर्वोच्च न्यायालय को मिला न्यायिक समीक्षा का अधिकार संविधान के मूल ढाँचे के तहत है और संसद इस अधिकार को समाप्त या अलग नहीं कर सकती। इस फैसले में सर्वोच्च न्यायालय ने यह पुनः स्थापित किया है कि 'कानून के समक्ष समानता', 'जीवन का अधिकार' न्यायिक समीक्षा और शक्तियों का पृथक्करण, संविधान का बुनियादी स्वरूप है। यदि कानून के समक्ष समानता नहीं होगी तो कानून का शासन नहीं रह जायेगा। विधायिका, कार्यपालिका और न्यायपालिका के अधिकार एक ही संस्था में समाहित हो जाएँ तो यह अराजकता को जन्म देगी। न्यायपालिका की चिंता वाजिब है। पीठ ने कहा है कि संसद के पास अनुच्छेद 368 में संविधान संशोधन कर अपनी शक्तियाँ इतना बढ़ा लेने का अधिकार नहीं है कि वह संविधान के मूल ढाँचे को ही ध्वस्त कर दे और प्रजातंत्र को सुनियोजित तरीके के चलाने वाली जाँच और नियंत्रण व्यवस्था को ही ठप कर निरंकुश हो जाये। संविधान द्वारा प्रदत्त शक्तियों का दुरुपयोग और दूसरे अंगों की सीमाओं का अतिक्रमण अधिनायकवाद को जन्म देता है। आपात्काल उसी का कुरूप चेहरा था। हिटलर ने भी प्रजातंत्र का दुरुपयोग कर जनता पर ही नाजीवादी जुल्म ढाए। प्रजातंत्र के तीनों अंगों की शक्तियों का पृथक्करण लोकतंत्र की सफलता का मूलमंत्र है। कार्यपालिका, विधायिका और न्यायपालिका की निश्चित सीमाएँ और शक्तियाँ संविधान द्वारा प्रदत्त हैं, परन्तु जनता के नाम पर बे-लगाम सत्ता का उपभोग करने के लिए नौवीं अनुसूची का दुरुपयोग चोर दरवाजे की तरह ही किया जाता रहा है। स्वाभाविक प्रश्न है कि किसी भी कानून को न्यायपालिका के दायरे से बाहर रखने की आवश्यकता ही क्यों है? इस प्रश्न में ही इसका उत्तर समाहित है कि ऐसा करने वाले इस सम्भावना से वाकिफ हैं कि उनके निर्णय असंवैधानिक और अन्यायोचित ठहराए जा सकते हैं।

बहरहाल, आजादी के साठ साल बाद भारत में आज लोकतंत्र एक बड़े अन्तर्द्वंद का शिकार है। एक ओर तो यह माना जा रहा है कि वयस्क मताधिकार पर आधारित लोकतांत्रिक व्यवस्था ने आमजन को ऐसी शक्ति दी है, जिसमें वे व्यवस्था में अपना दखल बना सकें तो दूसरी ओर भारत में आर्थिक विभाजन की विषमता और जीवन स्तर में व्यापक विभेद इस तथाकथित लोकतांत्रिक व्यवस्था के यथा-स्थितिपरक गैर-जिम्मेदारी भरे व्यवहार को साफ स्पष्ट करती है। बहुत लोगों का मानना है कि लोकतंत्र की एक अभूतपूर्व जन-जागृति से सदियों से सामाजिक सत्ता और सुविधाओं पर काबिज अभिजात्य समूहों में भारी बेचैनी पैदा हुई है। उनकी तरफ से इसे सीमित और नियंत्रित करने की कोशिशें एक पलटवार की शक्ल लेती नजर आ रही है। इसके पक्ष में नौवीं अनुसूची तथा अन्य अदालती फैसलों (सांसदों के घूस मामले पर सुप्रीम कोर्ट को नोटिस आदि) का हवाला भी दिया जाता है। सर्वोच्च न्यायालय ने कहा है कि संसद संविधान में संशोधन कर सकती है, लेकिन उसका यह अधिकार असीमित नहीं है। लेकिन इसका एक दूसरा पहलू भी है। लोकतांत्रिक व्यवस्था में राजनीतिक दल जनता

की सर्वोच्च इच्छा का ही प्रतिफल है। अगर देश की जनता के व्यापक बहुमत के प्रतिनिधि संविधान में कोई नई व्यवस्था करना चाहते हैं तो ऐसा करने का अधिकार उन्हें कैसे नहीं है? जाहिर है आज हम लोकतंत्र की दो परस्पर विरोधी धारणाओं का वजूद देख सकते हैं।

कोई निर्णय उचित हो तो उसे अंतिम मानने में कोई आपत्ति नहीं होनी चाहिए किंतु सर्वोच्च संस्था अथवा सत्ता से सदैव उचित फैसला आएगा, सिद्धांत रूप में इसे स्वीकार करना कठिन है। उच्चतम न्यायालय ने नौवीं अनुसूची के सुरक्षित दायरे में पड़े कानूनों की न्यायिक समीक्षा की बात कहकर नई बहस छेड़ दी है। लोकतंत्र बहुमत के शासन और आम आदमी के मूलभूत अधिकारों की सुरक्षा की अवधारणा पर टिका है, किंतु यह भी सही है कि जनतंत्र में वृहत्तर सामाजिक कल्याण को व्यक्तिगत अधिकारों पर तरजीह दी जाती है। आज नौवीं अनुसूची में लगभग तीन सौ कानून दर्ज हैं। राजनैतिक दलों ने वोट की राजनीति की खातिर कई ऐसे कानून इस सूची में डाले हैं, जिनका समीक्षा की नौबत आने पर टिका रहना कठिन है। यह विधायिका के गैरजिम्मेदार रवैये का एक पहलू हो सकता है। यह जानना भी जरूरी है कि सामाजिक बदलाव के प्रति न्यायपालिका का रुख ऐसा क्या रहा, जो नौवीं अनुसूची गढ़ने की आवश्यकता देश के प्रथम प्रधानमंत्री को पड़ी? आजादी के बाद सरकार ने भूमि-सुधार व हदबंदी कानून लागू कर करोड़ों किसानों-मजदूरों का जीवन स्तर सुधारने का प्रयास किया तो सम्पत्ति के मूलभूत अधिकार की आड़ में कोर्ट से प्रतिगामी निर्णय आए। हारकर, नेहरू की नौवीं अनुसूची के सुरक्षा कवच का आविष्कार करना पड़ा, जिसके बाद भूमि-सुधार कानून अदालती समीक्षा के झमेले से बच पाए। कार्यपालिका के कुछ अदूरदर्शी फैसलों के चलते अब उच्चतम न्यायालय ने कानूनी समीक्षा का मार्ग खोलकर अपने अधिकार क्षेत्र को नया विस्तार दे दिया है। इस पर विवाद होगा और इसका दूरगामी प्रभाव भी पड़ेगा। प्रभाव कैसा होगा, यह भविष्य ही बताएगा।

कानून बनाने का अधिकार संसद का है और जनमत का सम्मान करना उसका कर्त्तव्य। और हर कानून बनाते वक्त केवल मौलिक अधिकारों का ही नहीं, संविधान के नीति-निर्देशक तत्वों का भी ध्यान रखा जाना चाहिए। रोजगार को मूलभूत अधिकारों में शामिल नहीं किया किंतु नीति-निर्देशक तत्वों का वह महत्वपूर्ण अंग है, अतः विचारणीय है। संविधान के मूलभूत ढाँचे की व्याख्या करते समय सुप्रीम कोर्ट मूलभूत अधिकारों और नीति-निर्देशों में से किसे प्राथमिकता देता है, यह उसकी इच्छा पर निर्भर करेगा। अदालत ने नौवीं अनुसूची समाप्त करने की बात नहीं कही है, इसलिए भविष्य में भी कई कानून इसके दायरे में आएंगे। अच्छा हो संसद नौवीं अनुसूची में शामिल किए जा सकने वाले कानूनों का एक स्पष्ट मापदंड भी तय करे। इस तरह मौलिक अधिकारों के उल्लंघन और संविधान के मूलभूत ढाँचे से छेड़छाड़ की समीक्षा के अदालत के अधिकार का आधार भी स्पष्ट हो जाएगा। केशवानंद भारती मामले में न्यायधीशों ने संविधान के मूलभूत ढाँचे की व्याख्या अलग-अलग ढँग से की थी। गठबंधन की राजनीति से जकड़ी संसद को अपने अधिकारों की चौकसी के लिए कठोर सिद्धांतों का पालन करना पड़ेगा। उदारीकरण, निजीकरण और वैश्वीकरण के युग में आम आदमी के हितों की रक्षा करना संसद और न्यायपालिका की साझी जिम्मेदारी है। जो चूका, इतिहास में वही दोषी ठहराया जाएगा।

अध्याय

10

पंचायतीराज व्यवस्था

रूपरेखा

- पंचायतीराज का ऐतिहासिक परिप्रेक्ष्य।
- स्वतंत्र भारत में पंचायती राज की स्थापना की दिशा में किए गए प्रयास। विशेष तौर पर 73वें संविधान संशोधन का विस्तृत उल्लेख।
- महिलाओं एवं निम्न वर्ग के लोगों की भूमिका का विशेष तौर पर उल्लेख। साथ ही पंचायतीराज व्यवस्था ने किस प्रकार से देश में एक तरह से सामाजिक क्रांति लाने में महत्वपूर्ण भूमिका निभाई, इसका विस्तारपूर्वक विवेचन।
- अपने उद्देश्यों को प्राप्त करने में कहाँ तक सफल हुई यह व्यवस्था, मूल्यांकन करें। असफलता के बिंदुओं और उनके कारणों की पड़ताल।
- अंत में कमजोरियों को कैसे दूर किया जा सकता है और इसे और उपयोगी किस तरह बनाया जा सकता है इस संबंध में तर्कपूर्ण सुझाव।

भारत में पंचायती राज व्यवस्था ग्रामीण जीवन के पुनर्निर्माण में महत्वपूर्ण भूमिका निभा रही है। ग्राम पंचायत, ग्रामीण क्षेत्रों में शासन प्रबंध, शांति और सुरक्षा की एकमात्र संस्था रही है। महात्मा गाँधी की मान्यता थी कि भारतीय ग्रामीण जीवन का पुनर्निर्माण ग्राम पंचायतों की पुनः स्थापना से ही संभव है। राधा कुमुद मुखर्जी ने ग्राम पंचायत को प्रजातंत्र के देवता तक की संज्ञा दी है। उन्होंने स्पष्ट शब्दों में कहा है कि, ''ये समस्त जनता की सामान्य सभा के रूप में अपने सदस्यों के समान अधिकारों, स्वतंत्रताओं के लिए निर्मित होती है ताकि सब में समानता, स्वतंत्रता तथा बंधुत्व का विचार दृढ़ रहे।''

भारत में पंचायती राज का वर्णन प्राचीन ग्रंथों *ऋग्वेद* तथा *अथर्ववेद* में मिलता है। पंचायती व्यवस्था के प्रारंभ का श्रेय राजा पृथु को जाता है। वैदिक काल से ही ग्राम पंचायत को एक मौलिक इकाई के रूप में स्वीकार किया जाता रहा है। जातक ग्रंथों में भी ग्राम सभाओं का वर्णन मिलता है। उत्तर वैदिक काल में राजनीतिक सामूहिकता का योगदान महत्वपूर्ण रहा है। लघु गणराज्यों के रूप में हिन्दू-मुस्लिम तथा पेशवा शासन काल में ग्राम पंचायतों का विशेष महत्व था। अँग्रेजों के आगमन के पश्चात् भी ये पंचायतें ग्रामीण प्रशासन की महत्वपूर्ण इकाइयों के रूप में अपनी भूमिका निभाती रही हैं। वास्तव में विभिन्न प्रकार के सामाजिक, धार्मिक एवं सांस्कृतिक परिवर्तनों के पश्चात् भी ग्रामीण समुदायों का स्थायित्व बना रहा और पंचायतें अपने कार्यों को संचालित करती रहीं।

भारतीय ग्रामीण पंचायतों की उपयोगिता को अँग्रेजों ने भी माना, परन्तु उनकी नीतियों के कारण धीरे-धीरे ग्रामीण पंचायतों का महत्व कम होता गया। अँग्रेजों ने मूलत: सामुदायिकता के स्थान पर व्यक्तिगत उत्तरदायित्वों को विशेष महत्व दिया। इस दृष्टि से यह कहा जा सकता है कि पंचायती राज का अंग्रेजों के शासनकाल में ह्रास होता गया एवं वह पतन की ओर अग्रसर होता गया।

स्वतंत्रता प्राप्ति के पश्चात् पंचायती राज के पुनर्निर्माण का प्रयास किया गया। महात्मा गाँधी के विचारानुसार कि 'प्रत्येक ग्राम एक छोटा गणराज्य हो जो पूर्णतया आत्म-निर्भर हो, उसे किसी भी आवश्यकता के लिए दूसरों पर निर्भर न रहना पड़े।' इस विचार के क्रियान्वित करने हेतु संविधान की धारा 50 में यह व्यवस्था की गयी कि 'राज्य, ग्राम-पंचायतों का संगठन करेगा और उनको समस्त अधिकार प्रदान करेगा। जिससे वे स्वायत्त शासन की इकाइयों के रूप में कार्य करने के योग्य हो जायें।' इन सभी बातों को ध्यान में रखते हुए शासन का विकेन्द्रीकरण करने हेतु विभिन्न राज्यों में ग्राम पंचायतें स्थापित की गयीं। ग्राम पंचायतें इस उद्देश्य से स्थापित की गयीं कि वे अपने-अपने क्षेत्रों के विकास हेतु कृषि, उत्पादन, सार्वजनिक निर्माण एवं कल्याण कार्यों के क्षेत्र में विभिन्न योजनाएं बनायेंगी और उन्हें जन-सहयोग से क्रियान्वित करेंगी।

पंचायती राज व्यवस्था की नींव सर्वप्रथम बलवंत राय मेहता समिति (1957) के साथ रखी गई। इन्होंने सामुदायिक विकास कार्यक्रम को सफल बनाने हेतु स्थानीय जनता की रुचि एवं सहभागिता पर विशेष बल दिया। साथ ही इन्होंने पंचायती राज की योजना प्रस्तुत की जिसे लोकतांत्रिक विकेन्द्रीकरण कहा गया। राष्ट्रीय विकास परिषद ने 1958 में इस योजना को स्वीकार कर लिया एवं सन् 1959 में पंचायती राज योजना को प्रारंभ किया गया। 1977 में जनता दल सरकार ने पंचायतों को मजबूत बनाने के उपाय सुझाने के लिए अशोक मेहता समिति नियुक्त की। 1978 में इस समिति ने पंचायती राज के पुनर्जीवन के लिए अनेक सिफारिशें कीं। तत्पश्चात् पंचायती राज के वित्त एवं संसाधनों की समस्याओं के अध्ययन के लिए सन्थानम समिति की नियुक्ति की गई।

इन समितियों की सिफारिशों के बावजूद पंचायती राज व्यवस्था के कार्य-कलापों का कोई विशेष निष्कर्ष नहीं निकला। 1985 के बाद (1984 चुनाव के बाद) पंचायत के क्रियाकलापों में जान फूँकने के लिए तत्कालीन सरकार ने पुन: दो समितियों–1985 में जी.वी.एस. राव

समिति और 1986 में एल.एम. सिंघवी समिति गठित की। इन समितियों की सिफारिशों के फलस्वरूप सरकार ने एक संशोधन के तहत लोकसभा द्वारा दिसंबर 1992 में और राज्य सभा द्वारा दिसंबर 1993 में संविधान संशोधन विधेयक पारित किया गया।

पंचायती राज संस्थाओं में महिलाओं के प्रवेश ने ग्रामीण सत्ता पर उच्च जातियों और उच्च वर्ग के लोगों की पकड़ कमजोर कर दी है, क्योंकि इन महिलाओं में से अधिकतर अपेक्षाकृत निर्धन हैं और निचले वर्ग से संबंधित हैं। प्रतिनिधित्व के स्वरूप में आए इस परिवर्तन से निर्णय प्रक्रिया में कोई मौलिक अंतर भले ही नहीं आया है, लेकिन कुछ बदलाव जरूर आया है जिससे संकेत मिलता है कि सत्ता के परम्परागत ठेकेदारों के प्रभाव में कुछ कमी आई है। पंचायती राज में महिलाओं को एक-तिहाई आरक्षण अनिवार्य कर दिया गया है जिसके फलस्वरूप ग्राम पंचायतों और पंचायत समितियों में इनके प्रतिनिधित्व में काफी वृद्धि हुई है। इससे पहले इन संस्थाओं में चुने हुए सदस्य ही महिला सदस्यों को चुनते या नामांकित करते थे और इसीलिए उनकी संख्या एक प्रतिशत से भी कम रहती थी।

वर्ष 1992 के पंचायत चुनावों में एक अध्ययन के अनुसार 16 पंचायतों में 102 महिलाएँ निर्वाचित हुई थीं। इनमें से अधिकांश सीधे चुनावों द्वारा चुनी गई थीं। आरक्षण के फलस्वरूप महिलाओं के परम्परागत व्यवसाय में परिवर्तन कोई खास नहीं हुआ है परन्तु इसके आर्थिक स्तर में सुधार आया है।

ग्रामीण स्तर पर सत्ता में जनता की सीधी भागीदारी सुनिश्चित करने के लिए पंचायती राज संस्थाओं के पुनर्गठन हेतु अप्रैल 1993 से 73वाँ संविधान संशोधन अधिनियम लागू है। इस अधिनियम के द्वारा ही पंचायती राज व्यवस्था को संवैधानिक मान्यता प्राप्त हुई है। इससे सम्पूर्ण देश के पंचायती राज ढाँचे में एकरूपता आ गयी है। संविधान द्वारा ग्राम स्तर पर ग्राम पंचायतों, ब्लाक या खण्ड स्तर पर पंचायत समिति तथा जिला स्तर पर जिला पंचायत के गठन की व्यवस्था की गयी है। पंचायती राज व्यवस्था में महिलाओं की भागीदारी को सुनिश्चित किया गया है। प्रत्येक पंचायती राज संस्था में एक तिहाई स्थानों पर महिलाओं के लिए आरक्षण की व्यवस्था की गयी है। इसके अतिरिक्त महिलाओं के आरक्षण में अनुसूचित एवं जनजाति की महिलाओं तथा अन्य पिछड़ा वर्ग की महिलाओं की भागीदारी के लिए इन जातियों की संख्या के अनुपात में आरक्षण की व्यवस्था की गई है। पंचायती राज संस्थाओं का कार्यकाल संविधान ने पाँच वर्ष रखा है। यदि किसी कारणवश इन संस्थाओं को भंग किया जाता है तो छः माह के अन्दर चुनाव कराना आवश्यक हो जाता है। राज्य की संचित निधि से इन संस्थाओं को अनुदान देने की व्यवस्था की गयी है। वित्त आयोग अनुदान में दी जाने वाली राशि के सम्बन्ध में अपनी सिफारिश देगा। संविधान में राज्यों के लिए एक राज्य चुनाव आयोग के गठन का प्रावधान किया गया है जो पंचायती राज संस्थाओं के चुनाव सम्पन्न करायेगा। संविधान में ग्यारहवीं अनुसूची जोड़कर उसमें पंचायती राज के कार्यक्रमों का उल्लेख किया गया है। सिंचाई, पीने का पानी, पशु पालन, स्वास्थ्य की देखरेख, शिक्षा, बिजली तथा रसोई के लिए ईंधन की व्यवस्था करना पंचायत के मुख्य कार्यों के रूप में समाहित किए गए हैं। इसके अतिरिक्त भूमि सुधार, चकबन्दी, भूमि अनुरक्षण, मत्स्य उद्योग, वनोद्योग आवासन, परिवार कल्याण, समाज कल्याण, लोक वितरण प्रणाली और सामुदायिक आस्तियों का अनुरक्षण आदि भी पंचायत की शक्तियों के दायरे में रखे गये हैं।

भारत में स्वस्थ लोकतान्त्रिक परम्पराओं को स्थापित करने के लिए पंचायत व्यवस्था ठोस आधार प्रदान करती है। इसके माध्यम से शासन-सत्ता जनता के हाथ में चली जाती है। यह व्यवस्था ग्रामवासियों में लोकतान्त्रिक संगठनों के प्रति रुचि उत्पन्न करती है। ये संस्थाएँ भारत का भावी नेतृत्व तैयार करती हैं, विधायकों तथा मन्त्रियों को प्राथमिक अनुभव एवँ प्रशिक्षण प्रदान करती है जिससे वे ग्रामीण भारत की समस्याओं से अवगत होते हैं। इस प्रकार गाँवों में उचित नेतृत्व का निर्माण करने एवं विकास कार्यों में जनता की रुचि बढ़ाने में पंचायतों का प्रभावी योगदान रहता है। पंचायती राज संस्थाएँ, केन्द्रीय एवं राज्य सरकारों को स्थानीय समस्याओं के भार से हल्का करती है। उनके माध्यम से ही शासकीय शक्तियों एवं कार्यों का विकेन्द्रीकरण किया जा सकता है। पंचायतें लोकतन्त्र की प्रयोगशालाएँ हैं। ये नागरिक को अपने राजनीतिक अधिकारों के प्रयोग की शिक्षा देती हैं। साथ ही, उनमें नागरिक गुणों का विकास करने में मदद करती हैं। हमारी जनता इन संस्थाओं के माध्यम से शासन के बहुत करीब पहुँच जाती है। जनता और शासन में परस्पर एक-दूसरे की कठिनाइयाँ समझने की भावनाएँ उत्पन्न होती हैं। इससे दोनों में परस्पर सहयोग बढ़ता है जो ग्रामीण उत्थान के लिए परम आवश्यक है।

यद्यपि पंचायती राज संस्थाएँ लोगों की इच्छाओं या अपेक्षाओं को पूर्ण नहीं कर पायी हैं, परन्तु इसमें कोई संदेह नहीं कि पंचायती राज सही दिशा में एक प्रयास है। समाज के निम्न वर्ग के बहुत से लोग अब ग्रामीण समुदाय के सामाजिक-आर्थिक जीवन में सक्रिय भाग लेने लगे हैं। इस पंचायती राज व्यवस्था ने ग्रामीण स्तर पर शक्ति संरचना को सामाजिक रूप से पिछड़े हुए लोगों के पक्ष में कुछ सीमा तक परिवर्तित करने में भी योगदान दिया है। परन्तु पंचायती राज की कुछ समस्याएँ इसके विकास में बाधा उत्पन्न कर रही हैं। इसके लिए आवश्यक है कि ग्रामीण क्षेत्रों में विकास कार्यक्रमों के क्रियान्वयन के लिए सभी वर्गों की सहभागिता एवं पारदर्शिता होनी चाहिए। सामाजिक न्याय की दृष्टि से विकास योजनाओं के लाभ का वितरण सभी लोगों में समान रूप से होना चाहिए और कमजोर या गरीब वर्ग के लोगों की आर्थिक स्थिति को ऊँचा उठाने का विशेष प्रयत्न किया जाना चाहिए। इस हेतु पंचायती राज संस्थाओं को कृषि सुधार की ओर विशेष ध्यान देना चाहिए। भूमि संबंधी नीतियों में परिवर्तन कर अनुसूचित जातियों, अस्पृश्यों, पिछड़े वर्गों, अनुसूचित जनजातियों तथा अन्य निर्धन व्यक्तियों को कृषि हेतु भूमि उपलब्ध करायी जानी चाहिए। तथापि, वर्तमान समय में पंचायती राज संस्थाओं को अधिक शक्तिशाली बनाने का प्रयत्न किया गया है, जो एक शुभ संकेत है।

अध्याय

11

धर्म और राजनीति

रूपरेखा

- धर्म और राजनीति को अलग-अलग परिभाषित करते हुए दोनों के अंतर्सम्बंधों का उल्लेख करें।
- धर्म को राजनीति से जोड़ना क्या ठीक है या फिर आवश्यकता इस बात की है कि राजनीति में नैतिकता बनाए रखने के लिए एक अलिखित आचार संहिता होनी चाहिए जिसका अनुपालन धार्मिक कृत्य के रूप में हो। इसकी चर्चा विस्तार से करें।
- धर्म और राजनीति को लेकर भारत समेत दुनिया के अन्य देशों में चली बहसों (Discourses) का उल्लेख करें और बताएँ कि आखिरकार सबका निष्कर्ष क्या है?
- राजनीति में धर्म के अतिशय प्रवेश से लोकतांत्रिक व्यवस्था को कैसे ठेस पहुँची, इसका विवरण दें।
- अंत में निष्कर्ष रूप में यही कहना समीचीन होगा कि न तो धर्म की राजनीति हो, न ही धर्म में राजनीति हो, बल्कि राजनीति का एक धर्म हो तो यह देश, समाज और विश्व के लिए अच्छा होगा।

धर्म से तात्पर्य है–मनुष्य द्वारा स्वयं अपनाये गये सही आचरण के नियम और धर्मग्रन्थों पर आधारित विचारधारा एवं सामाजिक संगठन। राजनीति का अर्थ है–शासन के सिद्धान्त और उनको मूर्त रूप देने की प्रणाली। धर्म की राजनीति का अर्थ है–देश का सत्ता-संगठन, देश की शासकीय प्रणाली, उसकी दंड संहिता, उसके नागरिकों के मूल अधिकार और कर्त्तव्य धार्मिक ग्रन्थों पर आधारित और धार्मिक मूल्यों द्वारा निर्धारित होंगे। कानून धर्म पर आधारित

होगा और उसकी व्याख्या तथा उचित-अनुचित का निर्णय धर्माचार्यों द्वारा किया जाएगा। यह स्थिति किस प्रकार सम्भव है?

यदि किसी देश में एक ही धर्म के अनुयायी बसते हों, तो इस प्रकार की व्यवस्था नागरिकों के मध्य भेदभाव किये बिना सम्भव हो सकती है, परन्तु यदि किसी देश में भिन्न-भिन्न धर्मों के अनुयायी बसते हैं, तो वहाँ ऐसी व्यवस्था में शासन द्वारा नागरिकों के मध्य भेद-भावपूर्ण व्यवहार अवश्यम्भावी है। किसी के अधिकार कम होंगे, किसी के अधिक। यही स्थिति वहाँ भी उत्पन्न होगी जहाँ के नागरिकों का मूल धर्म एक है, परन्तु उसकी अभिव्यक्ति के रूप भिन्न हैं, जैसे–ईसाइयों में प्रोटेस्टेण्ट, रोमन कैथोलिक, मैथोडिस्ट आदि, हिन्दुओं में सनातन धर्मी, आर्य समाजी, मुसलमानों में शिया-सुन्नी, आदि। अतः धर्म की राजनीति के चलते यह सम्भव नहीं है कि शासन द्वारा भेदभाव न किया जाए।

स्पष्ट है कि नागरिक मात्र को समान अधिकार के पक्षधर जनतंत्र में धर्म-आधारित, राजनीति का विकास सर्वथा असम्भव है। साथ ही ऐसी व्यवस्था धीरे-धीरे नागरिक और शासन के मध्य टकराव की स्थिति उत्पन्न कर सकती है, क्योंकि धार्मिक ग्रन्थों पर आधारित धार्मिक मान्यताओं में परिवर्तन सम्भव नहीं है, जबकि सामाजिक परिवेश निरन्तर बदलता रहता है। धर्म-आधारित शासन-सत्ताओं का इतिहास यही बताता है।

जनतंत्र और नागरिकों के मध्य भेदभाव में मौलिक विरोध है। अतः जहाँ-जहाँ जनतंत्र की स्थापना का संघर्ष हुआ है, वहाँ-वहाँ धर्म-आधारित सत्ता को चुनौती दी गई और सत्ता पर धर्म के नियन्त्रण को नकारा गया है। सामन्ती शासन में तो शासक और धर्माचार्य के मध्य वैचारिक विरोध नहीं रहता है। जहाँ विरोध उत्पन्न हुआ, वहाँ सामन्ती शासन ने धर्म का स्वरूप ही बदलकर विवाद को समाप्त कर दिया जैसा कि इंग्लैंड में हेनरी अष्टम के समय में हुआ। आधुनिक काल में भी जहाँ धर्मशास्त्रों द्वारा शासन नियन्त्रित हुआ है, वहाँ जनतन्त्र जड़ें नहीं पकड़ सका है। इजराइल, ईरान तथा पाकिस्तान इसके उदाहरण हैं। धर्म आध्यात्मिक विश्वासों एवं अलौकिक धारणाओं की भी एक व्यवस्था के रूप में होता है। अपने इस रूप में यह प्रगतिवादियों की आलोचना का केन्द्र बनता है। पश्चिमी देशों में आध्यात्मिक विरोध की वजह से अनगिनत खूनी संघर्ष हुए हैं। परन्तु भारत में ऐसी एक भी घटना नहीं हुई है–सुदीर्घ अतीत से लेकर आज की तारीख तक। हमारे यहाँ संघर्ष साम्प्रदायिक कारणों से हुए हैं, धार्मिक कारणों से नहीं। धार्मिक सहिष्णुता की दृष्टि से भारत की ऐतिहासिक व वर्तमान छवि निश्चय ही अत्यन्त मानवीय एवं अप्रतिम रही है।

धर्म व्यक्ति की पहचान का भी एक अनुपेक्षणीय अंग है। कोई भी व्यक्ति हो, चाहे उसकी धर्म में आस्था हो या न हो अथवा वह अपने को नास्तिक या अधार्मिक घोषित भी करता हो, अपने पारिवारिक या सामाजिक सम्बन्धों की वजह से किसी-न-किसी रूप में किसी-न-किसी धर्म से सम्बद्ध हो ही जाता है। धर्म की यही भूमिका राजनीति में समस्याएँ खड़ी करती है। आज लगभग सभी धार्मिक समुदायों में सामाजिक-राजनीतिक लालसा देखी जा सकती है। विकास, गतिशीलता, मीडिया एवं जनसंचार की क्रांति, राजनीतिकरण एवं वयस्क मतदान आदि ने लोगों में एक तरह की आत्मिक सतर्कता पैदा की है। वर्गीय स्तर पर भारत में राजनीतिक या सैद्धांतिक पहचान तो विकसित नहीं हो पाई, धार्मिक पहचान ने उस कमी को पूरा कर दिया जिसका परिणाम काफी हद तक घातक रहा।

फिर, आज जो व्यवस्था का अस्तित्व है, उसमें हर व्यक्ति को व्यक्तिगत रूप से न्याय एवं सुरक्षा उपलब्ध हो पाना या करा पाना असम्भव है। ऐसे में लोग अपनी वर्गीय पहचान के प्रति ज्यादा जागरूक हो जाते हैं, जो उन्हें उक्त चीजें उपलब्ध करा सकती है। इसलिए, भारतीय राजनीति में व्यक्ति का जितना महत्व है, उतना महत्व सम्प्रदाय का भी है। ऐसी परिस्थिति में भारत में किसी भी तरह की धर्मनिरपेक्ष व्यवस्था तब तक सफल नहीं हो सकती, जब तक कि हम धार्मिक विविधता के सत्य एवं तद्नुरूप उनकी आर्थिक एवं राजनीतिक भूमिका को स्वीकार नहीं कर लेते। उदाहरण के तौर पर, केन्द्र या राज्य स्तर पर तब तक कोई मंत्रिमण्डल संतुलित नहीं कहा जा सकता, जब तक उसमें हर सम्प्रदाय का प्रतिनिधित्व न हो–अन्यथा, यह समझा जाएगा कि किसी सम्प्रदाय विशेष के साथ भेदभाव बरता गया है।

इसलिए, समस्या यह नहीं है कि राजनीति, धार्मिक पहचान को स्वीकृति प्रदान करे अथवा नहीं? राजनीति यथार्थ की उपेक्षा कैसे कर सकती है? आज जिन प्रश्नों की प्रासंगिकता ज्यादा है और जिन पर बहस की आवश्यकता है, उनमें प्रमुख हैं–वे कौन से क्षेत्र हैं, जिनमें इन पहचानों को मान्यता दी जाए और उन क्षेत्रों में उनकी सक्रियता को किस हद तक छूट दी जाए? इन पहचानों को आपस में एक-दूसरे के साथ कैसे सम्बद्ध किया जाए और अन्य प्रकार की पहचानों एवं राष्ट्रीय पहचान के साथ भी उनके रिश्तों की व्याख्या किस तरह से की जाए?

धर्म और राजनीति के सम्बन्धों पर अभी जो अधिकांश बहसें चल रही हैं, उन पर यूरोपीय चिंतन का ज्यादा प्रभाव है, जो कि भारत के लिए बहुत प्रासंगिक नहीं है। सबसे पहली बात तो यह कि भारत, यूरोप के देशों की तरह किसी एक धर्म के अनुयायियों का देश नहीं है। दूसरी बात कि यूरोप के अधिकांश देशों का राजनीतिक इतिहास राज्य पर पोप के प्रभुत्व का रहा है और आज भी अनेक देशों में 'क्रिश्चियन' राजनीतिक दल सक्रिय हैं। इस दृष्टि से भारत का अपना इतिहास ही अधिक प्रासंगिक एवं प्रेरणाप्रद है। यूरोप से भिन्न, भारत में कभी भी धर्मतंत्र नहीं रहा। जहाँ तक हिन्दुओं की बात है, उनकी परम्परा में ऐसी कोई आचार-संहिता कभी नहीं रही, जिसमें राजनीति को अकाट्य, दोषरहित या दैवीय कहा गया हो। बल्कि, राजा एवं ऋषि की परम्परा, सांसारिक एवं धार्मिक भूमिका में स्पष्ट विभाजन की सूचक है। ये दोनों भूमिकाएँ अंत:सम्बद्ध तो थीं, पर स्वायत्त थीं। इसलिए, भारत में एक धर्म या एक सम्प्रदाय की प्रतिष्ठा बनाने का प्रयास अथवा सभी धर्मावलम्बियों की एक पहचान बनाने का प्रयास अथवा एक राजनीतिक पहचान बनाने का प्रयास, एक ओर यदि अतीत की उपलब्धियों का अपमान होगा, तो दूसरी ओर भविष्य को अशांतिपूर्ण बनाने का अभियान। किसी भी धार्मिक सम्प्रदाय के हर व्यक्ति को किसी राजनीतिक दल विशेष से जुड़ने को बाध्य करना अथवा उनके जुड़े होने की बात करना, राजनीति की मूल भावना के ही प्रतिकूल है। राजनीति में वर्गीय हित के साथ-साथ वैयक्तिक हित भी पृथक्-पृथक् हो सकते हैं और इस पार्थक्य का सम्मान होना चाहिए, कम-से-कम वर्तमान राजनीतिक व्यवस्थाओं में। किसी की धार्मिक स्वतंत्रता में हस्तक्षेप का सीधा-सा मतलब होता है राजनीतिक अधिकारों का हनन।

धार्मिक मतवाद विशेष के लिए अलग-अलग राजनीतिक दलों के निर्माण की बात आजकल खूब चल रही है और ऐसे दल बनाए भी जा रहे हैं। ऐसे में यदि किसी धर्म विशेष का हर व्यक्ति उस धर्म विशेष से सम्बद्ध राजनीतिक दल के प्रति ही एकनिष्ठ हो जाए, तो

चुनाव-प्रणाली का कोई औचित्य ही नहीं रह जाएगा, राष्ट्र कबीलों में बंट जाएगा और कबायली संघर्षों का अनवरत सिलसिला शुरू हो जाएगा।

वस्तुतः, धर्म का संस्थागत रूप में राजनीति के साथ सम्मिलन जितनी अराजक स्थिति पैदा करेगा, उतनी ही अराजक स्थिति पैदा करेगा धर्म एवं राजनीति के पूर्ण पृथक्करण का कोई प्रयास। यह सच तो सबके सामने है कि एक पेशे के लोग, चाहे वे किसान हों, मजदूर हों, छात्र हों, शिक्षक हों, डॉक्टर हों, इंजीनियर हों, अपने पेशे के आधार पर गोलबंद होते हैं, चाहे वे किसी भी धर्म से आते हों और उनके इस तरह के किसी संगठन को कोई धार्मिक नेतृत्व चुनौती नहीं देता। इसलिए राजनीति के भीतर भी वैसे ही तत्व पैदा किए जाने की जरूरत है, जिनसे धर्मनिरपेक्ष हितों अथवा मतभेदों के आधार पर दल या संगठन गठित हों। यह एक तरह का बौद्धिक अधिकार है, जिसे स्थापित करना समय का तकाजा है।

भारत में कतिपय धर्मावलम्बियों को विशेषाधिकार देकर अनजाने ही जनतंत्र को दुर्बल बनाया जा रहा है। कश्मीर में आतंकवाद तथा देश के अन्य भागों में हिंसा की प्रवृत्ति का उभार इसी ओर इंगित करते हैं। अतः हमें यह समझ लेना चाहिए कि हम जितने अंश में शासन-प्रशासन में प्रत्यक्ष अथवा परोक्ष रूप से धर्म सम्बन्धी पक्षपात को स्थान देते हैं, उतने ही अंशों में जनतंत्र में विश्वास नहीं करते हैं। जनतंत्र में किसी विचारधारा का अनुमोदन तर्क पर निर्भर करता है और धर्म में भावना या आस्था पर। यही कारण है कि धार्मिक भावनाओं को उकसाना, राजनीतिक समर्थन प्राप्त करने का एक सहज एवं श्रेष्ठ तरीका बन गया है। इसमें दो लाभ होते हैं। एक तो जनता का समर्थन मिल जाता है और दूसरे जनता के लिए कुछ करने की बंदिश भी नहीं होती है, क्योंकि धर्म की रक्षा मात्र के लिए वोट प्रदान किये जाते हैं। वास्तविकता यह है कि हमारा जीवन संकट में पड़ सकता है, परन्तु हमारा धर्म संकट में नहीं पड़ सकता है। परन्तु विडम्बना यह है कि 'धर्म संकट में है' का नारा लगाकर ही जनता का समर्थन प्राप्त किया जाता है। भारत में जनता के शोषण के लिए राजनीतिक पार्टियों के पास 'धर्म संकट में है' के नारे के अलावा, जातिवाद का नारा, राष्ट्रीय एकता की पुकार, देश की अखंडता के संकट का हौवा आदि अनेक नारे हैं, "कोई भी ऐसा प्रलोभन या वायदा, जिसके पूर्ण होने को अनुभव की कसौटी पर परखा न जा सके; जनता का समर्थन प्राप्त करने का नायाब तरीका बन जाता है। इन सबके लिए जनतंत्र में कोई स्थान नहीं होना चाहिए। विरोधाभास यह है कि इस प्रकार के जन-शोषण द्वारा जनतंत्र की जड़ें मजबूत करने का स्वप्न संजोया जाता है।

राजनीति का धर्म क्या है-इस पर विचार करने की आवश्यकता है। देश की जो राजनीतिक मान्यताएँ हैं, उनका अनुसरण करना और देश के संविधान के अनुसार देश के जो राजनीतिक उद्देश्य हैं, उनकी पूर्ति करना, यही राजनीति का धर्म होना चाहिए। भारत जैसे विशाल देश में अपने संविधान की सीमाओं में कार्य करना राजनीति का धर्म होना चाहिए। इसके बाहर जाने का अर्थ होगा—राजनीति के धर्म का उल्लंघन। इस दृष्टि से संविधान में संशोधन करते समय बहुत सोच-समझकर कार्य करना चाहिए, जहाँ तक हो, यथास्थिति वाली दृष्टि अपनाई जाए, क्योंकि एक बार छूट ले लेने पर छूट का अंत नहीं होता है। भारत इसका ज्वलंत उदाहरण है। प्रतिवर्ष औसतन दो संशोधन करके संविधान को अपना अनुगामी बनाकर हम जाहिर तौर पर राजनीति के धर्म को धता बता रहे हैं।

भारतीय मनीषा की दृष्टि में धर्म, मानव धर्म है और वह राजनीति को उतना ही और उसी तरह प्रभावित करता है, जितना वह जीवन और जगत के किसी अन्य पक्ष को। वह राजनीति को केवल विवेकपूर्ण नीतियाँ अपनाकर कर्तव्य-बोध के मार्ग पर चलने की प्रेरणा प्रदान करता है। भारतीय धर्म, किसी अन्य की भाँति राजनीति एवं राजसत्ता की राजनीति के पचड़े में नहीं पड़ता है। वह तो केवल इतना ही इंगित करता है कि राजनीति धर्म के मार्ग पर चले, जिससे सब लोग अपने धर्म का पालन कर सकें। आधुनिक राजनीतिक भाषा के सन्दर्भ में, धर्म की राजनीति जैसी वस्तु के लिए धर्म में कोई स्थान नहीं है।

भारतीय चिंतन के संदर्भ में राजनीति को धर्म के मार्ग पर चलना चाहिए, परंतु पाश्चात्य परंपरा की भांति यहाँ धर्म की कोई राजनीति नहीं होती है। यह सही है कि धर्म अथवा मानव धर्म राजनीति को पवित्र बनाता है। महात्मा गाँधी ने राजनीति में मानवतावादी धर्म का समावेश करके राजनीतिक को नैतिकता से जोड़ा था लेकिन आगे चलकर हमने धर्म, मजहब, पंथ आदि को राजनीति से जोड़कर धर्मनिरपेक्षता का नारा दिया। धर्मनिरपेक्षता की अवधारणा अपनी परिभाषा और संवैधानिक अवस्थिति के लिहाज से बिलकुल ठीक है लेकिन इसकी वजह से कहीं-न-कहीं भारतीय मनीषा में धर्म की जो परिभाषा थी उसके मूल अर्थ की उपेक्षा हुई है। यह ठीक है कि राजनीति का धर्म होना चाहिए क्योंकि यह संघटन एवं विकास का मार्ग है, लेकिन यह भी उतना ही ठीक है कि धर्म को राजनीति से दूर रखने में ही मानव समाज का कल्याण है।

अध्याय

12

क्या अनुच्छेद 356 भारत की संघीय व्यवस्था को धूमिल कर रहा है?

रूपरेखा

- भूमिकाः मौजूदा घटना से शुरू करें और ये बताएँ कि क्यों इसके औ. चित्य को लेकर बहस हो रही है। संघीय व्यवस्था को धूमिल करने की बात कहाँ और कैसे उठ रही है, भूमिका में संक्षेप में ये भी बताएँ।
- क्या है अनुच्छेद 356?: अन्य आपात उपबंधों के साथ अनुच्छेद 356 के संवैधानिक प्रावधानों की चर्चा। साथ ही ये भी बताएँ कि कैसे केंद्र सरकारों ने इसके माध्यम से राज्य सरकारों या फिर राज्यों को अपने नियंत्रण में लेने की कोशिश की। साथ में ये सवाल भी उठाएँ कि इसी राजनीतिक दुरुपयोग के चलते कई बार इस उपबंध को खत्म करने की बातें भी उठती हैं।
- अनुच्छेद 356 और न्यायालयः इसे लेकर हाईकोर्ट और सुप्रीम कोर्ट में सरकार और विधानसभाओं के बीच जो विवाद हुए, उनकी भी संक्षिप्त चर्चा हो। साथ ही कुछ महत्वपूर्ण मुकदमों और फैसलों पर भी बात हो।
- दुरुपयोग रोकने की कोशिशें: दुरुपयोग न हो, इसके लिए क्या प्रयास किए गए हैं। साथ ही यह भी बताएँ कि यह अनुच्छेद अपनी तमाम खामियों के बावजूद भारत के लोकतांत्रिक स्वरूप को बचाने के लिए कितना जरूरी है। इस बिंदु का पर्याप्त विश्लेषण करें।
- निष्कर्षः अंत में यह बताएँ कि कितना जरूरी है और यदि दुरुपयोग न हो तो राज्यों की स्वायतत्तता की बात कितनी सार्थक होती है। इसमें संशोधन करके इसे और उपयोगी बनाया जा सकता है लेकिन इसे खत्म करने की बात सोचना भी बेमानी होगा क्योंकि ऐसा करने से संविधान का मूल ढाँचा ही विकृत हो सकता है।

अरुणाचल प्रदेश और उत्तराखंड में पिछले दिनों लगाए गए राष्ट्रपति शासन के बाद राजनीतिक गलियारों में एक बार फिर अनुच्छेद 356 और इसके दुरुपयोग की बहस शुरू हो गई है। अरुणाचल प्रदेश में 'संवैधानिक संकट' के आधार पर राष्ट्रपति शासन लगाए जाने की केंद्रीय मंत्रिमंडल की सिफारिश पर राष्ट्रपति ने उस समय मुहर लगा दी जब ये मामला अदालत में लंबित चल रहा था। सरकार की इस कार्रवाई की विपक्षी दलों ने तीखी आलोचना की और इसे लोकतंत्र के लिए घातक बताया।

दरअसल, अरुणाचल प्रदेश में सत्तारूढ़ काँग्रेस सरकार के कुछ विधायकों ने अपनी ही पार्टी से बगावत कर दी। इन विधायकों ने विपक्षी दल के साथ मिलकर अविश्वास प्रस्ताव पेश किया था, जिसमें सरकार हार गई थी। इससे पहले स्पीकर ने काँग्रेस के बागी 14 विधायकों की सदस्यता रद्द कर दी थी। लेकिन डिप्टी स्पीकर ने यह अविश्वास प्रस्ताव लाने से पहले उन सभी की सदस्यता बहाल कर दी थी। इस पूरे घटनाक्रम के बाद ये मामला गुवाहाटी उच्च न्यायालय में पहुँच गया। वहीं उत्तराखंड में भी राजनीतिक संकट की शुरुआत कुछ इसी अंदाज में हुई जब 70 सदस्यों की विधानसभा में काँग्रेस के 36 में से 9 विधायक बागी हो गए। बजट सत्र के दौरान विवाद तब पैदा हुआ जब विपक्षी दल भाजपा ने आरोप लगाया कि बजट विधेयक पारित ही नहीं हुआ है क्योंकि काँग्रेस के पास बहुमत ही नहीं है। विधान सभा अध्यक्ष ने सरकार को विश्वास मत हासिल करने के लिए समय दिया लेकिन उससे पहले ही राज्य में राष्ट्रपति शासन लगा दिया गया।

दरअसल, भारतीय संविधान में अनुच्छेद 356, केंद्र सरकार को किसी राज्य सरकार को बर्खास्त करने और वहाँ राष्ट्रपति शासन लगाने की अनुमति देता है, जब राज्य का संवैधानिक तंत्र पूरी तरह विफल हो गया हो। राष्ट्रपति शासन उस स्थिति में भी लागू होता है, जब राज्य विधानसभा में किसी भी दल या गठबंधन को स्पष्ट बहुमत नहीं हो। अनुच्छेद 356 के तहत लागू शासन व्यवस्था को राष्ट्रपति शासन इसलिए कहा जाता है क्योंकि, इसके द्वारा राज्य का नियंत्रण बजाय एक निर्वाचित मुख्यमंत्री के, सीधे भारत के राष्ट्रपति के अधीन आ जाता है, लेकिन प्रशासनिक दृष्टि से राज्य के राज्यपाल को केंद्रीय सरकार द्वारा कार्यकारी अधिकार प्रदान किये जाते हैं। प्रशासन में मदद करने के लिए राज्यपाल आमतौर पर सलाहकारों की नियुक्ति करता है, जो आमतौर पर मौजूदा अथवा सेवानिवृत्त सिविल सेवक होते हैं। आमतौर पर इस स्थिति मे राज्य में केंद्र में सत्तारूढ़ पार्टी की नीतियों का अनुसरण होता है।

वस्तुतः संविधान निर्माताओं ने शांतिकाल की स्थिति में शासन व्यवस्था हेतु हमें एक विशाल, परिपूर्ण संतुष्टि प्रदायक एवं अदभुत संविधान प्रदान किया तथा साथ ही साथ परिस्थितियों का मुकाबला करने के लिए इसे लचीला बनाया जिससे देश एवं समाज का संभव विकास हो सके। दूसरी ओर संविधान निर्माताओं का विचार था कि असाधारण परिस्थितियाँ उत्पन्न हो सकती हैं और संविधान की सामान्य कार्य योजना विफल हो सकती है। ऐसे संकट की घड़ी में इस व्यवस्था को बदलने के लिए संविधान में ही उपबंध होने की बात की गई। संकट के समय संघीय शक्ति का विस्तार होना चाहिए क्योंकि देश को संकट के समय अपने वजूद को बनाए रखने के लिए मिल-जुलकर प्रयास करना होगा। सभी शक्तियों का केंद्रीकरण हो जाएगा परंतु जैसे ही संकट की स्थिति समाप्त हो जाएगी तुरंत संविधान के सामान्य उपबंध प्रभावी हो जाएंगे।

संघ का यह संवैधानिक कर्त्तव्य है कि वह बाहरी आक्रमण और आंतरिक अशांति से प्रत्येक राज्य की संरक्षा करे और यह सुनिश्चित करे कि प्रत्येक राज्य की सरकार इस संविधान के उपबंधों के अनुसार चलाई जा रही है (अनुच्छेद 355)। संविधान के अनुच्छेद 356 के अनुसार यदि राष्ट्रपति को राज्यपाल के प्रतिवेदन पर या अन्य किसी प्रकार से स्पष्ट हो जाए कि ऐसी परिस्थितियाँ उत्पन्न हो गई हैं जिसके परिणामस्वरूप राज्य का शासन संविधान के उपबंधों के अनुसार नहीं चलाया जा सकता तो राष्ट्रपति संकटकाल की घोषणा कर सकता है। यदि कोई राज्य संघ द्वारा दिए गए निर्देशों का पालन करने में असमर्थ रहता है तो यह समझा जा सकता है कि सांविधानिक तंत्र विफल हो गया है और अनुच्छेद 356 के अंतर्गत राष्ट्रपति शासन की उद्घोषणा निधिसंगत होगी। उल्लेखनीय है कि अनुच्छेद 356 के अधीन उद्घोषणा के द्वारा साधारणतया राज्य सरकार और राज्यपाल की शक्तियाँ राष्ट्रपति में समाहित कर दी जाती हैं इसलिए आम बोलचाल की भाषा में इसे राज्य में राष्ट्रपति शासन लागू होना कह दिया जाता है, हालांकि संविधान में इस शब्द का प्रयोग नहीं किया गया है।

अनुच्छेद 356, जिसके अधीन संघ, राज्यों पर राष्ट्रपति शासन लागू कर सकता है, संविधान का सर्वाधिक आलोचित एवं विवादग्रस्त उपबंध रहा है। संविधान के इस उपबंध का अभी तक 100 से अधिक बार प्रयोग किया जा चुका है। इस शक्ति का सर्वप्रथम प्रयोग 20 जून, 1951 में पंजाब में भार्गव मंत्रिमण्डल के पतन के कारण किया गया, क्योंकि कांग्रेस की कार्यकारिणी समिति चाहती थी कि मुख्यमंत्री त्यागपत्र दें किंतु मुख्यमंत्री का उत्तराधिकारी कौन होगा यह तय नहीं हो पाया था। बहरहाल यह शुद्ध रूप से कांग्रेस का आंतरिक मामला था। वर्ष 1977 में मोरारजी देसाई के नेतृत्व वाली जनता सरकार द्वारा 9 राज्यों की विधानसभाएँ भंग कर राष्ट्रपति शासन लागू किया गया। इस स्थिति की पुनरावृत्ति 1980 में हुई, जब केंद्र की इंदिरा सरकार द्वारा 9 राज्यों की विधानसभाएँ भंग कर दी गईं। पंजाब में राष्ट्रपति शासन की अवधि बार-बार बढ़ाई गई और 11 मई, 1987 से चला आ रहा राष्ट्रपति शासन 25 फरवरी, 1992 को समाप्त हुआ।

परन्तु 17 अक्टूबर, 1996 को और फिर 21 अक्टूबर, 1996 को उत्तर प्रदेश के तत्कालीन राज्यपाल रोमेश भंडारी ने जिन परिस्थितियों में राष्ट्रपति शासन लागू करने की सिफारिश की और इस राज्य को मध्यावधि चुनावों के बाद राष्ट्रपति शासन झेलना पड़ा, उससे जन-साधारण तथा राज्य सरकारों के मन में भय का वातावरण व्याप्त हो गया। उत्तर प्रदेश के तत्कालीन राज्यपाल रोमेश भंडारी ने अनुच्छेद 356 को तब बहुत ही ज्यादा हास्यास्पद बना दिया, जब मुख्यमंत्री कल्याण सिंह के सदन में बहुमत प्राप्त कर लेने के बाद भी उन्होंने राज्य में राष्ट्रपति शासन लागू करने की सिफारिश कर दी। बाद में राष्ट्रपति के हस्तक्षेप से राज्य में राष्ट्रपति शासन लागू नहीं कराया जा सका।

भारत में राष्ट्रपति शासन के दुरुपयोग को लेकर बहस हमेशा से रही है और जब किसी राज्य में ये कार्रवाई की जाती है तो बहस और तेज हो जाती है। पिछले दिनों अरुणाचल प्रदेश और उत्तराखंड के मामले ने इस बहस को एक बार फिर तेज कर दिया है। दोनों ही राज्यों में राष्ट्रपति शासन लागू करने का फैसला न्यायालय तक पहुंच चुका है और राष्ट्रपति शासन से संबंधित शायद ही कोई मामला हो जो कि न्यायालय में न गया हो। कई बार केंद्र सरकार के इन फैसलों के विरोध में भी न्यायालय ने फैसले दिए और तीखी टिप्पणियाँ कीं, बावजूद इसके सरकारें ऐसा करती हैं और संविधान के इस अधिकार के दुरुपयोग के आरोप भी लगते हैं।

वैसे संविधान का यह अनुच्छेद बोम्मई केस के बाद अस्पृश्य-सा बन गया था। आपातकाल के कटु अनुभवों के बाद भी इस अनुच्छेद को समाप्त करने या इसे निष्क्रिय मान लेने की बात कभी नहीं सोची गई, लेकिन पिछले 20-25 वर्षों से इन्हें निष्प्रयोज्य-सा मान लिया गया। दरअसल संविधान के ये अनुच्छेद संघीय व्यवस्था की रक्षा के अंतिम औजार हैं और उन्हें निष्क्रिय बनाने का अर्थ है संघीय व्यवस्था को संकट में डालना। इस अनुच्छेद की सबसे बड़ी परीक्षा जनता पार्टी के शासनकाल में हुई जब केंद्र सरकार ने अनेक राज्य सरकारों को बर्खास्त कर वहाँ नए चुनाव कराए। गृह मंत्री चौधरी चरण सिंह ने तर्क दिया कि लोकसभा के चुनावों से आए भारी परिवर्तन के अनुरूप यदि राज्यों में परिवर्तन नहीं हुआ तो कानून व्यवस्था की गंभीर स्थिति पैदा होगी।

सुप्रीम कोर्ट ने राजस्थान केस में इस तर्क को स्वीकार किया और अनुच्छेद 356 के प्रयोग को सही करार दिया। इसके बाद उसे दूसरी बड़ी चुनौती तब मिली जब बाबरी मस्जिद के गिराए जाने के बाद भारतीय जनता पार्टी (बीजेपी) द्वारा शासित सरकारों को बरखास्त किया गया। राष्ट्रपति के आदेश के अनुमोदन के लिए संसद में जो बहस हुई उसमें बीजेपी को छोड़कर सभी पार्टियों ने इस कार्रवाई का समर्थन किया। लेकिन बीजेपी शासित राज्य, मध्य प्रदेश के हाईकोर्ट ने उसे संविधान-विरुद्ध घोषित कर दिया। अपना फैसला देते समय हाइकोर्ट के मुख्य न्यायाधीश ने जो तर्क दिया उसमें राजस्थान केस के नौ जजों के बेंच के फैसले को बदला गया था जो अनहोनी बात थी। जहाँ राजस्थान केस के फैसले में कहा गया था कि राष्ट्रपति के आदेश को चुनौती नहीं दी जा सकती, वहीं हाईकोर्ट के फैसले में राष्ट्रपति के आदेश पर कई सवाल उठाए गए थे। मधु लिमये द्वारा इस फैसले की आलोचना किए जाने पर एक वकील ने उनके खिलाफ मानहानि का केस दायर कर दिया था। लिमये ने इसका स्वागत किया था लेकिन इस केस को यह मानकर वापस ले लिया गया कि इसमें दम नहीं है।

बहरहाल, इस विवाद का अंत सुप्रीम कोर्ट के पाँच जजों के बेंच ने बोम्मई केस में किया, जिसमें बीजेपी सरकारों की बरखास्तगी को सही ठहराया गया। लेकिन इस फैसले ने अनुच्छेद 356 से संबंधित राष्ट्रपति के आदेश को एक नए विवाद का विषय बना दिया। इसमें कहा गया कि न्यायालय राष्ट्रपति के आदेश से संबंधित परिस्थितियों की समीक्षा कर सकता है। वास्तव में कार्यपालिका और न्यायपालिका के बीच अधिकारों के लिए गोलकनाथ और केशवानंद भारती केस से जो विवाद छिड़ा था, यह विवाद उसी का परिणाम था। यह विवाद मध्य प्रदेश हाइकोर्ट के फैसले से आगे बढ़ा और बोम्मई केस के फैसले ने इस पर मोहर लगाई। इसका परिणाम यह हुआ कि केंद्रीय सरकारें अनुच्छेद 356 का प्रयोग करने से बचने लगीं बल्कि अपराधबोध से ग्रस्त सरकारों को एक बहाना मिल गया जिससे कानून के शासन की धज्जियाँ उड़ाने के बाद भी वे इस अनुच्छेद के प्रयोग से बच सकें।

राज्यों में इतनी बार राष्ट्रपति शासन प्रणाली लागू किया जाना इस बात को दर्शाता है कि केंद्र में सत्तारूढ़ दल इस अनुच्छेद का उपयोग अपने हितों के लिए करता रहा है। विभिन्न दलों द्वारा समय-समय पर इस अनुच्छेद का दुरुपयोग किया गया है और ऐसे अधिकाँश अवसरों पर इसे निकालने की माँग भी विपक्षी पार्टियों द्वारा उठायी गयी, परन्तु उन्हीं विपक्षी पार्टियों के सत्तारूढ़ होने पर उनके द्वारा भी अनुच्छेद 356 का उसी प्रकार दुरुपयोग करना, इस तथ्य को स्पष्ट करता है कि कोई भी दल अंत:स्थल से इस अनुच्छेद को हटाने के पक्ष में नहीं है।

संविधान के अत्यंत विवादास्पद कहे जाने वाले इस अनुच्छेद को राजनीतिक दुरुपयोग को रोकने के लिए समय-समय पर समितियों एवं आयोगों का गठन किया गया तथा विभिन्न राज्यों की केन्द्रीय गृह मंत्री की अध्यक्षता में अनेक बैठकें भी आयोजित की गईं। कुछ राज्यों के मुख्यमंत्रियों ने तो अंतर्राष्ट्रीय परिषद की बैठकों में इस धारा को संविधान से निकाल देने की ही बात कही थी। परन्तु, ज्यादातर लोगों का यह विचार था कि इस धारा को निकालने की बजाए इसके तहत की जाने वाली कार्रवाई के लिए कुछ निश्चित नियम बनाए जाएँ। अनुच्छेद 356 के तहत राष्ट्रपति द्वारा लिए गए निर्णय को जून 1994 में उच्चतम न्यायालय ने असीमित नहीं माना। उच्चतम न्यायालय ने यह तय किया कि न्यायालय द्वारा राष्ट्रपति के आदेश का न्यायिक पुनर्विलोकन कराया जा सकता है।

हालांकि पिछले कुछ सालों में इस प्रावधान के दुरुपयोग को रोकने के लिए कई बदलाव भी हुए हैं। पहले किसी राज्य में राष्ट्रपति शासन तीन साल तक जारी रह सकता था जिसके लिए हर छह महीने में संसद की मंजूरी जरूरी होती थी। लेकिन संविधान में 44वें संशोधन के बाद अब राष्ट्रपति शासन केवल एक साल के लिए ही लगाया जा सकता है जिसके लिए घोषणा के दो महीने के अंदर संसद के दोनों सदनों की मँजूरी जरूरी होगी।

भारतीय संविधान के अनुच्छेद 356 से संबंधित उपरोक्त तथ्यों एवँ घटनाओं के आलोक में हम कह सकते हैं कि अनुच्छेद 356 भारतीय संविधान का वह महत्वपूर्ण अंग है जो भारत के संघीय स्वरूप को साकार रूप देते हुए केंद्र को राज्यों के ऊपर वरीयता प्रदान करता है। इसके साथ ही साथ यह अनुच्छेद भारतीय संविधान के अनुकूल शासन व्यवस्था को सुनिश्चित करने का एक महत्वपूर्ण साधन है। लेकिन जरूरत है इसके सही प्रयोग को सुनिश्चित करने की ताकि इसे राजनैतिक वैमनस्व को साधने का साधन न बनना पड़े। क्योंकि इस कथन को भी ध्यान में रखा जाना चाहिए कि 'कोई भी कानून कितना भी अच्छा क्यों न हो यदि उसे लागू करने वाले सही नहीं हों तो वह बेकार और नकारात्मक साबित होता है।'

अध्याय 13

सुरक्षित सीमाएँ अच्छे पड़ोसी की गारंटी हैं अथवा सीमाओं पर चहारदीवारी की ऊँचाई क्या पड़ोसी देशों के संबंधों को तय करती है अथवा अच्छी सीमाएँ अच्छे पड़ोसी बनाती हैं

मशहूर दार्शनिक फ्रॉस्ट ने कहा था कि अच्छी दूरी अच्छे पड़ोसी बनाती हैं। यह बात कुछ हद तक सही भी है। परंतु यदि बात दो देशों के मध्य संबंधों की हो तो अच्छे पड़ोसियों के साथ संबंध स्थापित करने के लिए लोगों से लोगों के बीच संपर्कों तथा व्यापार और राजनैतिक समझ की जरूरत होती है। यदि मानव के संक्षिप्त इतिहास को देखा जाए तो स्पष्ट हो जाता है की औद्योगिक क्रान्ति के पूर्व तक देशों की सीमाएँ परिवर्तित होती रहती थी। लोगों का ध्यान राज्य के केंद्रीय हिस्से की ओर रहता था और सीमाओं का आपेक्षिक महत्व कम था, किन्तु धीरे-धीरे औद्योगिक क्रान्ति और औपनिवेशीकरण का युग आया तो साम्राज्यवादी देशों को अपने उपनिवेशों की सुरक्षा हेतु सीमांकन आवश्यक लगा। बाद के दिनों में जब संसाधनों के प्रति जागरुकता बढ़ी तो सीमाएँ और भी ज्यादा महत्वपूर्ण और संवेदनशील हो गईं। सीमाएँ किन्हीं दो देशों के बीच सेतु का कार्य करती हैं। ऐसे में सवाल उठता है कि क्या अच्छे संबंधों के मूल में सुरक्षित और मजबूत सीमा आवश्यक है या फिर यह स्वच्छंद वैचारिक और साँस्कृतिक प्रवाह में अवरोध का कार्य करती है।

जब दो देशों के बीच राजनीतिक और सामाजिक तनाव बढ़ जाते हैं तो सीमाएं कितनी भी मजबूत हों वे अप्रतिम मानवीय दबाव को झेल नहीं पाती। यही नहीं, सीमाएँ इनके मानवीय पहलू को नेपथ्य में डाल देती हैं। चाहे वह म्याँमार से भाग रहे रोहिंग्या मुस्लिमों की समस्या हो या फिर अफगान हजारा की या उत्तरी अफ्रीका से दक्षिण यूरोप की तरफ प्रवासन कर रहे लोगों की हो। यहाँ इस बात का उल्लेख करना भी आवश्यक है कि जहाँ सीमाएँ इस समस्या के समाधान में असफल रही हैं, वहीं इससे सम्बंधित देशों के मध्य दूरियाँ भी बढ़ी हैं। दरअसल, सीमाएँ सिर्फ भौतिक अवरोध होती हैं, यह स्वच्छँद साँस्कृतिक और वैचारिक प्रवाह को बाधित करती हैं क्योंकि अक्सर दो देशों के मध्य साँस्कृतिक सम्बन्ध काफी घनिष्ठ पाए जाते हैं। बँगाल-बाँग्लादेश, उत्तर-पूर्वी देश-म्याँमार, पकिस्तान-अफगानिस्तान और इन सबसे आगे अमरीका और पश्चिमी यूरोप के मध्य साँस्कृतिक संबंधों के ही कारण तो इनके संबंधों को अटलाँटिक महासागर की गहराई भी विच्छेदित नहीं कर पाती।

वर्तमान में जब सूचना क्रान्ति का दौर चल रहा है, सूचनाएँ तीव्र गति से आ रही हैं, परिस्थितियाँ तेजी से बदल रही हैं, साइबर अपराध बढ़ रहे हैं, वैश्वीकरण के दौर में जब व्यापार में विश्व व्यापार संगठन जैसी संस्थाओं की महत्ता बढ़ रही है तो सीमाओं की उपादेयता कम हो रही है। यूरोपीय यूनियन इसका सबसे अच्छा उदाहरण है जहाँ वे अंतर्राष्ट्रीय मंच पर अपनी सीमाओं को भुलाकर एक मजबूत पक्ष के रूप में अपनी बात रखते हैं धीर-धीरे यही भावना अफ्रीकी देशों में भी बलवती हो रही है। सीमाएँ यदि सुरक्षा और अच्छे पड़ोसी की गारंटी होती तो क्रीमिया विवाद इतना प्रचँड कभी नहीं होता। इसके मूल में यही है कि पूर्वी यूरोप के लोगों ने उस भौतिक अवरोध को दिल से कभी नहीं स्वीकार किया।

दरअसल, सीमाएँ प्राचीन काल से ही, राज्यों के बीच विवाद का विषय रही हैं और कई बार दीवार को उसका समाधान सोचा गया। इसके उदाहरण प्राचीन काल के चीन से लेकर आधुनिक युग में इजराइल और बर्लिन तक मिल जाएँगे। पर क्या दीवार खड़ी कर देना ही दोनों देशों की सुरक्षा या फिर दोनों देशों के संबंधों की गारँटी है, यह सवाल अक्सर सामने खड़ा रहता है। भारत ने अपनी सीमाओं पर कँटीली बाड़ लगाकर पाकिस्तान और बाँग्लादेश से अवैध घुसपैठ पर काफी हद तक रोक लगाई है, पर क्या इससे हम अच्छे पड़ोसी हो गए? शायद नहीं। इसके पीछे कारण सिर्फ सीमा विवाद ही नहीं है बल्कि और विवाद भी हैं। जहाँ तक पाकिस्तान का सवाल है तो उसका दृष्टिकोण मुख्य रूप से भारत विरोधी है। लगभग हर मुद्दे पर दोनों ही देश एक-दूसरे पर अंदरूनी मामलों में दखल का आरोप लगाते हैं। यदि संबंधों को सामान्य बनाना है तो उसके समाधान के लिए सीमा पर भौतिक बाड़ के साथ कुछ अभौतिक बाड़ों की भी जरूरत है, जिनका दोनों देश सम्मान करें। साठ के दशक में नेहरू जी ने इन बाड़ों की आवश्यकता को महसूस कर लिया था और पंचशील के रूप में विश्व के सामने रखा था कि कोई देश दूसरे के आंतरिक मामलों में दखल न दे, आक्रमण न करे, दूसरे की संप्रभुता का सम्मान करे, इत्यादि।

किन्तु इतने मजबूत पक्षों के बावजूद सीमाओं की उपादेयता को नजर अंदाज नहीं किया जा सकता। यह देशों को सुरक्षा का भाव तो देता ही है। इसी कारण पाक से लोगों के गैर-कानूनी प्रवासन की खबरें नहीं सुनाई देती किन्तु बांग्लादेश के सन्दर्भ में तो यह एक बड़ा मुद्दा है इस समस्या का एक प्रमुख कारण यह भी है कि भारत-बांग्लादेश सीमाबंदी का पूर्ण न होना और काफी जटिल भौगोलिक सरंचना का होना। भारत जैसे देश जो शंकित पड़ोसियों से घिरे हैं उनके लिए सीमाओं की महत्ता और बढ़ जाती है। वर्तमान में आतंकवाद के साए में सीमाओं की चौकसी और उचित सीमाबंदी एक बहुत ही महत्वपूर्ण विषय है। भारत चीन समस्या के मूल में सीमा की समस्या ही है क्योंकि हम मैकमोहन रेखा पर इसकी ऐतिहासिकता की वजह से एकमत नहीं हो पा रहे हैं किन्तु यहाँ यह बात उल्लेखनीय है कि चीन-म्यांमार ने अपने सीमा विवादों को मैकमोहन रेखा के ही आलोक में सुलझाया है। स्पष्ट है बात भारत चीन विवाद के समाधान में मैकमोहन रेखा के महत्व को और इसके समाधान के मार्ग को प्रशस्त करती है।

अमेरिका तथा कनाडा के सीमा संबंधों को अक्सर एक श्रेष्ठ उदाहरण के तौर पर पेश किया जाता है किन्तु यहाँ मुख्य तथ्य यह है कि दोनों देशों के बीच सौहार्दपूर्ण सम्बन्ध हैं।

सामाजिक, सांस्कृतिक और विकास की समानता जैसे मुद्दे उनकी सीमाओं को सुरक्षित और स्वछंद बनाते हैं। वहीं अमरीका-मेक्सिको सीमा तो अमरीका में गैर कानूनी तरीके से घुसने का मार्ग बन चुकी है। स्पष्ट है कि सीमाओं की स्वछंदता में दोनों देशों की जिम्मेदारी बराबर होती है जिसमें अन्य शक्तियां भी कार्य करती हैं।

ऐसे समय में जबकि संसाधनों को हथियाने की होड़ मची हो, विभिन्न राष्ट्र अधिकाधिक संसाधनों पर नियंत्रण चाहते हैं तो सीमाओं की उपादेयता अपने आप बढ़ जाती है। दक्षिण चीन सागर की समस्या का मूल, संसाधनों के नियंत्रण को लेकर ही है। जाहिर है, इसी कारण चीन की उस क्षेत्र के सभी पडोसी देशों से कटुता है। जापान और द. कोरिया के संबंधों में भी दुराव के पीछे यही है। भारत पाक के बीच सरक्रीक का मुद्दा भी इसी कारण गरमाया रहता है। यदि सीमाओ का उचित सीमांकन होता तो ये समस्याएँ शायद कभी उत्पन्न नहीं होतीं। इन सब पक्षों के अलावा यह भी उल्लेखनीय है कि सुरक्षित सीमाओं के अभाव में अस्थिर देश अपने पड़ोसी देशों के लिए भी समस्या उत्पन्न करता है। एक अस्थिर पकिस्तान या अफगानिस्तान पूरे क्षेत्र के लिए एक समस्या बन सकता है। उत्तर कोरिया जैसे राष्ट्र जिन्हें अक्सर 'ब्लैक होल' स्टेट कहा जाता है, ऐसे देशों के साथ संबंधों में सुरक्षित सीमाएँ काफी महत्वपूर्ण होती हैं।

अंत में ये कहा जा सकता है कि सुरक्षित सीमाएँ अच्छे पडोसी की गारंटी नहीं होतीं किन्तु इससे सुरक्षा संबंधी मुद्दों के सम्बन्ध में उनकी प्रमुखता कम नहीं हो जाती। वैसे देशों की विदेश नीति का मकसद सीमाओं को महत्वहीन बनाना ही होना चाहिए और सारी नीतियों और कूटनीतिक बातचीतों के मूल में भी यही रहना चाहिए। जैसा कि किसी दार्शनिक ने कहा भी था, भूगोल ने हमें पड़ोसी, इतिहास ने मित्र, अर्थशास्त्र ने भागीदार तथा आवश्यकता ने सहयोगी बनाया है। जाहिर है, सीमाओं को बाँधकर, रोककर या फिर दीवार खड़ी करके अच्छे पड़ोसी की गारंटी नहीं दी जा सकती है, लेकिन साँस्कृतिक संबंधों जैसे कई सेतु हैं जो बिना दीवारों और अवरोधों के ही देश के नागरिकों को जोड़े रहते हैं और अच्छे पड़ोसी के साथ-साथ अच्छे पड़ोस का भी निर्माण करते हैं।

भाग 2

आर्थिक क्षेत्र

1. भारत के संदर्भ में निजीकरण की उपयोगिता
   अथवा
   निजीकरण: उद्देश्य एवं परिणाम 2.3
2. भूमंडलीकरण एवं कल्याणकारी राज्य 2.7
3. उदारीकरण का घरेलू उद्योगों पर प्रभाव 2.12
4. भूमंडलीकरण: नियंत्रण तंत्र के समक्ष चुनौतियाँ 2.18
5. खाद्य संकट: चुनौतियां और संभावनाएँ 2.24
6. भूमंडलीकरण और बाजारवाद से जूझती भारतीय भाषाएँ 2.29
7. क्या हरित क्रांति ने देश की परंपरागत कृषि को तबाह कर दिया? 2.34
8. कितनी कारगर होगी दुनिया की सबसे बड़ी स्वास्थ्य योजना? 2.38

भारत के संदर्भ में निजीकरण की उपयोगिता अथवा निजीकरण : उद्देश्य एवं परिणाम

अध्याय 1

रूपरेखा

- निजीकरण की अवधारणा।
- सार्वजनिक क्षेत्र से भिन्नता।
- निजीकरण का उद्देश्य एवं औचित्य।
- भारत में निजीकरण के लाभ और हानियाँ।
- क्या सरकारी उपक्रमों को पटरी पर लाने का एकमात्र रास्ता है निजीकरण?

किसी भी राष्ट्र की अर्थव्यवस्था मुख्यत: दो क्षेत्रों से संचालित होती है – सार्वजनिक क्षेत्र एवं निजी क्षेत्र। स्वतंत्रता के तुरन्त बाद तत्कालीन परिस्थितियों में निजी क्षेत्र, सार्वजनिक क्षेत्र की तुलना में ज्यादा मजबूत नहीं था, इसलिए अर्थव्यवस्था के सर्वांगीण विकास के लिए सार्वजनिक क्षेत्र को ही आधार बनाया गया। परन्तु बाद में 1956 में बनी औद्योगिक नीति से प्रेरणा लेकर निजी क्षेत्र की उपलब्धियों में काफी सुधार आया और यह क्षेत्र विकास के पथ पर निरन्तर बढ़ता रहा। सातवीं पंचवर्षीय योजना की समाप्ति तक सार्वजनिक उपक्रमों में पूँजी निवेश की मात्रा लगातार बढ़ाने के बावजूद उनके कार्य किए जाने तथा लगातार हो रहे घाटे ने इनकी सार्थकता पर ही प्रश्न चिह्न खड़े कर दिए। सार्वजनिक इकाइयों की इन समस्याओं तथा परिसीमनों ने ही निजीकरण की जरूरत पैदा की।

निजीकरण का अभिप्राय यह है कि आर्थिक क्रियाओं में सरकारी हस्तक्षेप को उत्तरोत्तर कम किया जाए, प्रेरणा और प्रतिस्पर्धा पर आधारित निजी क्षेत्र को प्रोत्साहित किया जाय, सरकारी खजाने पर बोझ बन चुके अलाभकारी सरकारी प्रतिष्ठानों को विक्रय अथवा विनिवेश के माध्यम से निजी स्वामित्व एवं नियंत्रण को सौंप दिया जाय, प्रबन्धन की कुशलता को सुनिश्चित करने के लिए सरकारी प्रतिष्ठानों में निजी निवेशकों की सहभागिता बढ़ायी जाएँ और

नये व्यावसायिक एवं औद्योगिक प्रतिष्ठानों की स्थापना करते समय निजी क्षेत्र को प्राथमिकता दी जाए। दूसरे शब्दों में निजीकरण राष्ट्रीयकरण का प्रतिलोम भी है।

सामान्यतया निजीकरण को ऐसी आर्थिक प्रक्रिया के रूप में देखा जाता है जिसके द्वारा सार्वजनिक क्षेत्र के किसी उपक्रम को पूर्णतया या अंशतया निजी स्वामित्व और नियंत्रण में लाया जाता है, लेकिन व्यापक अर्थ में नये उपक्रमों को सार्वजनिक क्षेत्र की बजाय निजी क्षेत्र में स्थापित करना तथा विनियमन और उदारीकरण के माध्यम से अर्थव्यवस्था के विभिन्न क्षेत्रों में अधिक-से-अधिक निवेश करने के लिए निजी क्षेत्र को प्रोत्साहित करना भी निजीकरण है। जो क्षेत्र और जिन वस्तुओं के उत्पादन पहले केवल सार्वजनिक क्षेत्र के लिए आरक्षित थे, उन क्षेत्रों और उन वस्तुओं के उत्पादन से सार्वजनिक क्षेत्र को वंचित कर देना या उन्हें वंचित किये बिना ही उन विधाओं में निजी क्षेत्र को प्रवेश की अनुमति प्रदान कर देना भी निजीकरण है। निजीकरण की परिधि में आर्थिक सुधारों के अनेक कार्यक्रम आते हैं, जैसे- सार्वजनिक क्षेत्र के किसी उपक्रम का समापन, सार्वजनिक क्षेत्र के लिए आवश्यक वस्तुओं की अपूर्ति हेतु निजी क्षेत्र के साथ अनुबन्ध करना, सार्वजनिक प्रतिष्ठान पट्टे पर निजी क्षेत्र को देना, बुनियादी क्षेत्र की किसी परियोजना का निर्माण एवं परिचालन किसी निजी अभिकरण से कराना, निजी क्षेत्र की कम्पनियों के कुशल एवं अनुभवी प्रबन्धकों को सार्वजनिक क्षेत्र की कम्पनी के संचालक मंडल में शामिल करना। व्यापार, वित्त एवं प्रौद्योगिकी के स्वतंत्र प्रवाह को सुनिश्चित करने के लिए उदारीकरण और भूमंडलीकरण की दिशा में अन्तर्राष्ट्रीय संस्थाओं द्वारा किए जाने वाले प्रयासों के प्रति अनुकूल रवैया अपनाना तथा जनोपयोगी सेवाओं के क्षेत्र में निजी क्षेत्र को प्रवेश की अनुमति देना भी निजीकरण के अंतर्गत आते हैं।

प्रत्येक देश की अपनी अलग समस्याएँ होती हैं और उन समस्याओं के निराकरण के लिए वह देश निजीकरण की अपनी अलग कार्ययोजना तैयार करता है। ऐसी स्थिति में विभिन्न देशों के लिए निजीकरण का अलग-अलग उद्‌देश्य होना स्वाभाविक है। फिर भी निजीकरण के कुछ उद्‌देश्य ऐसे हैं जो सभी देशों के लिए एक समान होते हैं, जैसे—अधिक कार्यकुशलता और उत्पादकता, शिक्षित एवं उद्यमशील युवाओं को अवसर प्रदान करके रोजगार में वृद्धि, राजकोषीय सन्तुलन को बिगाड़ने वाले घाटे वाले सरकारी उपक्रमों को समाप्त करके राजकोषीय घाटे में कमी, आर्थिक गतिविधियों में तेजी लाकर कर एवं कर-इतर राजस्व में वृद्धि, निर्यात प्रोत्साहन के माध्यम से विदेशी मुद्रा की आय में वृद्धि, विदेशी ऋणों पर निर्भरता में कमी, प्रौद्योगिकी का उन्नयन, विश्व अर्थव्यवस्था के साथ एकजुटता, विशाल औद्योगिक परियोजनाओं में निवेश करने की बजाय सामाजिक क्षेत्रों के लिए साधनों की बचत तथा देश के स्वल्प साधनों का सर्वोत्तम एवं कुशल उपयोग।

जहाँ तक निजीकरण के औचित्य का प्रश्न है, तो वास्तविकता यह है कि आज निजीकरण प्रत्येक देश की अर्थनीति का एक अभिन्न अंग बन चुका है। कुछ वर्षों पूर्व तक जो देश पूर्ण राजकीय स्वामित्व वाली केन्द्र नियोजित अर्थव्यवस्था चला रहे थे, उन देशों में भी निजीकरण की प्रक्रिया जोर पकड़ने लगी है क्योंकि राजकीय स्वामित्व और केन्द्र नियोजित अर्थव्यवस्था असफल साबित हुई और उन देशों को आर्थिक बदहाली के कारण के रूप में इन्हें देखा जाने लगा। सरकारी स्वामित्व और नियंत्रण वाले व्यवसाय और उद्योग के सम्बन्ध में

भारत जैसे मिश्रित अर्थव्यवस्था वाले देश का अनुभव भी अच्छा नहीं रहा। स्वतंत्र बाजार वाली अर्थव्यवस्था में विश्वास करने वाले देशों में पहले से ही निजी क्षेत्र की प्रमुखता थी, फिर भी कृषि, उद्योग एवं सेवा-क्षेत्र का जो हिस्सा सरकारी नियंत्रण में था, उनसे अपेक्षित परिणाम हासिल नहीं हुए और उन्हें निजी क्षेत्र के हवाले करना पड़ा। सार्वजनिक क्षेत्र के उपक्रमों की उपर्युक्त कमियों और कमजोरियों के कारण इस क्षेत्र के अधिकतर उपक्रम घाटे में चल रहे हैं अथवा अच्छी स्थिति में नहीं है।

निजीकरण का उद्देश्य केवल उत्पादकता और लाभदायकता में सुधार करने तक ही सीमित नहीं है। इन उद्देश्यों की पूर्ति से तो केवल अंशधारी या निवेशक लाभन्वित होंगे। निजीकरण का लाभ उपभोक्ताओं को भी प्राप्त होना चाहिए। यह तभी संभव है जब उन्हें उच्च-स्तर की वस्तु और सेवा कम कीमत पर उपलब्ध हों। अपेक्षाकृत गरीब उपभोक्ताओं के लिए विभेदात्मक न्यून कीमत की व्यवस्था होनी चाहिए ताकि उपभोक्तावाद की वर्तमान संस्कृति में वे भी अपने रहन-सहन के स्तर को यथासंभव नया आयाम दे सकें। निजीकरण के कार्यक्रम न्यूनतम सरकारी हस्तक्षेप, विनियमन और उदारीकरण के वातावरण में चलाये जाते हैं। अर्थव्यवस्था बाजारोन्मुखी और अति प्रतिस्पर्धात्मक हो जाती है और इसका स्वाभाविक लाभ उपभोक्ताओं को प्राप्त होता है। फिर भी बाजार तक अल्प आय वर्ग के उपभोक्ताओं की पहुँच कठिन होती है। माँग के आधार को विस्तृत करने के लिए भी यह आवश्यक है कि उच्च एवं मध्य आय-वर्ग के उपभोक्ताओं के साथ-साथ निम्न आय वर्ग के उपभोक्ताओं के लिए भी अधिक-से-अधिक वस्तुएँ एवं सेवाएँ सुलभ हों। निजीकरण की दौड़ में विदेशी पूँजी और प्रौद्योगिकी का आगमन होता है और उत्पादन प्रणाली में श्रमिकों का महत्व क्रमशः घटने लगता है, क्योंकि पूँजी-प्रधान तकनीकों से उत्पादन में वृद्धि करने की लागत का खर्च अपेक्षाकृत कम होता है। उन्नत उपकरणों के प्रयोग के कारण नियोजित श्रमिकों की उत्पादन-क्षमता बढ़ जाती है, लेकिन रोजगार के नए अवसरों का सृजन नहीं हो पाता है। अर्थात् जिस अनुपात से उत्पाद में वृद्धि होती है, उस अनुपात से रोजगार में वृद्धि नहीं होती है। लेकिन यह ध्यान देने की बात है कि संगठित क्षेत्रों और बड़े पैमाने के उद्योगों में भले ही रोजगार के कम अवसर उत्पन्न हों, निजीकरण के वातावरण में उद्यमशील प्रशिक्षित युवाओं के लिए स्वरोजगार की अपार सम्भावनाएँ उत्पन्न हो जाती हैं। जो भी हो, निजीकरण के फलस्वरूप निश्शागित कामगारों को वैकल्पिक रोजगार मुहैया कराने अथवा पर्याप्त क्षतिपूर्ति उपलब्ध कराने के लिए सरकार को कारगर कदम उठाना चाहिए।

निजीकरण के संबंध में एक अन्य महत्वपूर्ण बात यह है कि निजीकरण की प्रक्रिया को तेज करते समय स्वदेशी उद्योग के हितों पर ध्यान देना बेहद आवश्यक है। पूँजी और प्रौद्योगिकी के मामले में बहुराष्ट्रीय कम्पनियों के साथ प्रतिस्पर्धा करना स्वदेशी उद्योगपतियों के लिए अभी भी कठिन है। यह सही है कि प्रतिस्पर्धा की चुनौतियों के कारण स्वदेशी उपक्रमों की कार्यकुशलता में निखार आता है और उपभोक्ता इससे लाभन्वित होते हैं। फिर भी जिन क्षेत्रों में स्वदेशी प्रतिष्ठानों का निष्पादन संतोषप्रद है, उन क्षेत्रों में विदेशी प्रतिस्पर्धा के सामने उन्हें खड़ा नहीं करना चाहिए। विनिवेश करते समय स्वदेशी निवेशकों को प्राथमिकता मिलनी चाहिए।

निजीकरण के संदर्भ में भारत में दो प्रमुख मुद्दों पर विवाद उत्पन्न होते रहते हैं। एक तो यह कि बेचे जाने वाले हितों का सही मूल्यांकन नहीं होता है, और अपेक्षा से कम मूल्य पर सरकारी शेयर बेच दिये जाते हैं, विवाद का दूसरा मुद्दा यह होता है कि जो सरकारी उपक्रम काफी अच्छे परिणाम प्रदर्शित कर रहे हैं, उनका निजीकरण होना चाहिए अथवा नहीं। चूँकि हानि पर चलने वाले उपक्रमों के शेयरों में निजी निवेशक रुचि नहीं रखते हैं और विनिवेश के माध्यम से धन जुटाना आवश्यक होता है, इसलिए अच्छे उपक्रमों के विनिवेश से अधिक मात्रा में धन प्राप्त होने की सम्भावना रहती है, लेकिन रूग्ण सरकारी उपक्रमों को नव-जीवन प्रदान करना भी आवश्यक है और इसके लिए निजी क्षेत्र के निवेशक तभी आगे आ सकते हैं जब विक्रय योग्य सम्पत्ति के मूल्य में उन्हें पर्याप्त रियायत दी जाय और उपक्रम को स्वस्थ बनाने की योजना को मूर्त रूप देने में उन्हें अपेक्षित वित्तीय एवं अन्य सुविधाएँ उपलब्ध कराई जाएँ।

कुल मिलाकर यह कहा जा सकता है कि यदि निजीकरण के प्रति सन्तुलित दृष्टिकोण अपनाया जाय तो इसके औचित्य पर शायद ही कोई प्रश्नचिन्ह खड़ा करेगा। सरकार के संसाधन सीमित हैं और उसे गैर-योजना मदों पर भारी खर्च करने पड़ते हैं। साथ ही, रक्षा सामग्रियों के उत्पादन और आयात, बुनियादी एवं सामाजिक क्षेत्रों के विकास एवं अनुसंधान एवं विकास कार्यों में निवेश के लिए सरकार को विपुल संसाधनों की आवश्यकता होती है। इन्हीं क्षेत्रों पर सरकार को अपना ध्यान केन्द्रित करना चाहिए और व्यापार, उद्योग तथा सेवा-क्षेत्र में निवेश की जिम्मेदारी निजी क्षेत्र को सौंप देनी चाहिए। निजीकरण अथवा सार्वजनिक क्षेत्र में से किसी के भी प्रति आग्रही दृष्टिकोण रखना ठीक नहीं होगा, बल्कि दुनिया की अर्थव्यवस्था के साथ-साथ यदि चलना है तो इन दोनों के बीच समन्वय बेहद जरूरी है।

अध्याय 2

भूमंडलीकरण एवं कल्याणकारी राज्य

रूपरेखा

- भूमंडलीकरण की अवधारणा को स्पष्ट करते हुए भारतीय परिप्रेक्ष्य में उसकी उपयोगिता।
- इससे पहले कल्याणकारी राज्य को स्पष्ट करते हुए स्वतंत्र भारत में इस दिशा में किए गए प्रयासों का उल्लेख।
- भूमंडलीकरण की वजह से राज्य के कल्याणकारी स्वरूप पर क्या असर हुआ? क्या कल्याणकारी राज्य की अवधारणा को इससे ठेस पहुँची? इसकी विस्तृत व्याख्या।
- भूमंडलीकरण के दौर में भी राज्य अपने इस स्वरूप और अपनी इस भूमिका (कल्याणकारी) का निर्वाह कैसे कर सकता है? अपेक्षित सुझाव तर्कपूण ढंग से रखें।

वर्तमान भूमंडलीकरण का वैचारिक आधार बाजार रूढ़िवाद या नव-उदारवाद है। अर्थात् वह इस मान्यता को लेकर चलता है कि अर्थ-व्यवस्था की सभी प्रक्रियाओं का संचालन और नियमन, बाजार की शक्तियों पर छोड़ देना चाहिए और राज्य को अर्थव्यवस्था में कम-से-कम हस्तक्षेप करना चाहिए। वास्तव में यह धारणा कोई नई नहीं है, बल्कि इसका जन्म तो अठारहवीं शताब्दी में आधुनिक औद्योगिक पूँजीवाद के आने के साथ ही हो गया था। उसके वैचारिक पिता एडम स्मिथ ने अपनी प्रसिद्ध कृति 'द वेल्थ ऑफ नेशंस' में रेखांकित किया कि राज्य को अपनी गतिविधियाँ सिर्फ भौगोलिक क्षेत्रों का बाहरी दुश्मनों से बचाव, आंतरिक कानून और व्यवस्था बनाए रखने और सड़क नहर, शिक्षा, स्वास्थ्य एवं चिकित्सा सेवाएँ प्रदान करने जैसे जन कल्याणकारी कार्यों तक ही सीमित रखना चाहिए। इसके पीछे उसका तर्क था कि इन सेवाओं का उपभोग तो सब करते हैं, किन्तु कोई भी एक व्यक्ति या समूह उन्हें पूर्णता प्रदान

नहीं कर सकता। इसलिए ये कार्य राज्य के जिम्मे होने चाहिए और राज्य को सिर्फ इन्हीं तीन गतिविधियों के लिए अपेक्षित धन जुटाने के उद्देश्य से कर लगाना चाहिए। इन गतिविधियों की परिधि से बाहर जाकर राज्य को न तो अर्थव्यवस्था को विनियमित करना चाहिए और ना ही अन्य किसी तरह का हस्तक्षेप।

जहाँ तक कल्याणकारी राज्य का सवाल है, तो वह एक ऐसा समाज है जिसमें एक निश्चित जीवन स्तर एवं विकास के अवसर हर व्यक्ति को उपलब्ध होते हैं तथा हर व्यक्ति अपना विकास करने के लिए स्वतंत्र होता है। वर्तमान युग में लोक-कल्याणकारी राज्य की अवधारणा एक युगीन आवश्यकता बनकर दिनों-दिन लोकप्रिय होती जा रही है। नवीन लोकतांत्रिक राज्य इसे अपना रहे हैं तथा इसके आदर्शों को मूर्त रूप प्रदान करने के लिए कृत-संकल्प दिख रहे हैं। कल्याणकारी राज्य का सिद्धांत राज्य की उपयोगिता स्वीकार करते हुए राज्य को लोक कल्याण एवं व्यक्ति के विकास से संबंधित व्यापक उत्तरदायित्व सौंपता है। बिना कल्याणकारी राज्य के सिद्धांत को स्वीकार किए लोकतंत्र और समाजवाद के आदर्शों को अमली जामा नहीं पहनाया जा सकता।

भारत में आजादी के साथ ही नेताओं ने कल्याणकारी राज्य की परिकल्पना को साकार करने की बात उठाई। चूँकि इन नेताओं ने स्वाधीनता आंदोलन के दौरान ही समाजवाद और व्यक्तिवाद का समन्वय करने वाले लोक कल्याणकारी राज्य के सिद्धांत को क्रियान्वित करने का स्वप्न देखा था, अत: संविधान निर्माण के समय उसकी प्रस्तावना और नीति निर्देशक तत्वों के उद्देश्य के अंतर्गत स्पष्ट किया गया कि भारत को एक लोक कल्याणकारी राज्य का स्वरूप प्रदान करना है। लोक कल्याणकारी राज्य की स्थापना के उद्देश्य से ही भारत में नियोजन की नीति को अपनाया गया। साथ ही शिक्षा के क्षेत्र में विविध प्रकार की सुविधाओं का विस्तार, जमींदारी उन्मूलन, चकबंदी, भूमि सुधार, ग्रामोद्योग जैसी व्यवस्थाओं द्वारा भारत में लोक-कल्याण के धरातल का विस्तार हुआ है।

स्मिथ ने राज्य को वस्तुओं और सेवाओं के उत्पादन की छूट किसी भी कीमत पर नहीं दी। उसका मानना था कि बाजार की शक्तियाँ उत्पादन, वितरण, विनिमय, उपभोग और संसाधनों के आवंटन से जुड़े प्रश्नों और समस्याओं का अनुकूलतम हल खुद-ब-खुद निकाल लेगी। व्यक्तियों के आत्महित और बाजार की अदृश्य सत्ता, अर्थव्यवस्था को सही रास्ते पर ले जाने में पूरी तरह सक्षम है। स्मिथ का यह भी कहना था कि यदि बाजार तंत्र बेरोक-टोक काम करे तो अर्थव्यवस्था सुचारुरूप से चलती रहेगी और उसमें कोई उतार-चढ़ाव नही आएगा। कुल मिलाकर स्मिथ की मान्यता के अनुसार राज्य को गरीब के हित, मजदूर के अधिकार की रक्षा और सामाजिक न्याय से प्रेरित होकर अर्थव्यवस्था में हस्तक्षेप करने से दूर रहना चाहिए। हालांकि उन्नीसवीं सदी में मजदूरों ने ब्रिटेन तथा अन्यत्र अपने अधिकारों की रक्षा के लिए शक्तिशाली आंदोलन चलाए जिनसे मजबूर होकर राज्य को उनके हितों की रक्षा के लिए कानून बनाने पड़े। ये कानून काम के घंटों, बाल और नारी श्रम, कारखानों में सुरक्षा आदि से जुड़े थे। बावजूद इसके, एडम स्मिथ द्वारा प्रतिपादित बाजार संबंधी रूढ़िवादिता चलती रही।

इस रूढ़िवादिता को सबसे बड़ा धक्का 1929-33 की विश्व-व्यापी आर्थिक मंदी के दौरान लगा। अर्थशास्त्रियों ने उसमें अंतर्निहित तार्किक विसंगतियों को उजागर कर दिया, हालांकि

इन कमियों का पर्दाफाश इससे पहले कार्ल मार्क्स भी कर चुके थे। अब इस सिद्धांत पर जोर दिया गया कि राज्य की सक्रिय भूमिका के बिना पूँजीवादी अर्थव्यवस्था संकटमुक्त होकर नहीं चल सकती। इनका विचार था कि आर्थिक मंदी जैसे संकट को दोबारा आने से रोकने के लिए राज्य को अपने सक्षम नागरिकों को रोजगार के अवसर प्रदान करने चाहिए जिससे उन्हें पर्याप्त आय हो और वे बाजार में वस्तुओं एवँ सेवाओं की मांग कर सकें। उल्लेखनीय है कि इसी विचार को अमली जामा पहनाते हुए अमेरिका में राष्ट्रपति रूजवेल्ट ने 'न्यू डील' का अपना कार्यक्रम चलाया और अपनी अर्थव्यवस्था को महामंदी से उबारा। इसके अलावा संकटमुक्त सोवियत अर्थव्यवस्था ने पश्चिमी देशों पर खासा प्रभाव डाला, जिससे वहाँ हर देश में किसी-न-किसी प्रकार के नियोजन और राज्य की सक्रिय भूमिका की अहमियत स्वीकार की जाने लगी। इंग्लैंड में विलियम बेवरिज ने 1942 में द्वितीय विश्व युद्ध के दौरान अपनी रिपोर्ट में पूर्ण रोजगार का लक्ष्य अपनाने पर जोर दिया जिस पर अमल करते हुए तत्कालीन चर्चिल सरकार ने व्यापक कल्याणकारी राज्य और पूर्ण रोजगार के लिए अपनी प्रतिबद्धता जाहिर की। इसके पीछे यह सोच थी कि बड़े पैमाने पर बेरोजगारी राजनीतिक और आर्थिक, दोनों दृष्टियों से विध्वंसक हो सकती है।

इन सभी घटनाओं ने न सिर्फ ब्रिटेन और अमेरिका बल्कि तमाम पश्चिमी देशों में कल्याणकारी राज्य के उदय का मार्ग प्रशस्त किया। आजादी के बाद भारत जैसे विकासशील देश में आर्थिक-राजनीतिक चिंतन पर कल्याणकारी राज्य की अवधारणा का खासा प्रभाव रहा। सरकारी कार्यक्रमों और पंचवर्षीय योजनाओं में वह स्पष्ट रूप से प्रतिबिंबित हुई। कल्याणकारी राज्य की अवधारणा के तहत राज्य हर नागरिक को न्यूनतम जीवन स्तर प्रदान करने की जिम्मेदारी लेता है जिससे उसकी बुनियादी जरूरतें पूरी हों और सामाजिक आर्थिक सुरक्षा प्रदान की जाय। बेरोजगारी, बीमारी और बुढ़ापे से यथासंभव निजात दिलाने या उनके कुप्रभावों को कम करने की जिम्मेदारी सरकार की हो गई।

आधुनिक पूँजीवाद के उदय के पहले कल्याणकारी राज्य की जरूरत इसलिए नहीं महसूस की गई कि उस समय परिवार और समाज पर हर सदस्य के प्रति कुछ परम्परागत जिम्मेदारियाँ थीं और गाहे-बगाहे वे उसकी मदद के लिए आते थे। किन्तु आधुनिक पूँजीवाद के उदय के बाद संयुक्त परिवार टूटने लगे और परम्परागत समाज से नाता खत्म होने लगा। फिर गाँवों या अपनी जड़ों से अलग होकर लोग शहरों की ओर पलायन करने लगे जहाँ उनका अपना कोई नहीं था। यही नहीं, उद्योग-धंधों में उतार-चढ़ाव के कारण उनके सामने छँटनी का खतरा बना रहता था। ऐसी स्थिति में राज्य की नैतिक जिम्मेदारी बन गई कि वह उनको सहारा दे। कल्याणकारी राज्य ने राजनीतिक और सामाजिक असंतोष को सीमित करने के साथ ही मेहनतकश लोगों की आय में वृद्धि की गारंटी कर प्रभावी माँग की मात्रा बढ़ाकर पूँजीवाद को मंदी से बचाए रखने का रास्ता भी दिखलाया।

1980 के दशक के आते-आते जो नव-उदारवाद एक कोने में पड़ा था, वह एकाएक दुनिया के रंगमंच पर धूम-धड़ाके के साथ आ गया। 1980 के दशक में अनेक कारणों से इस परिवर्तन को बल मिला। यूरोप के अनेक देशों में मध्यमार्गियों और सोशल डेमोक्रेट्स का लंबा शासन खत्म हो गया और दक्षिणपंथियों का दबदबा बढ़ा। ब्रिटेन में मार्गरेट थैचर और अमेरिका

में रोनाल्ड रीगन जैसे नए शासक उदारवाद से प्रतिबद्ध थे। ये कल्याणकारी राज्य की अवधारणा के सख्त विरोधी थे, क्योंकि ये कल्याणकारी राज्य को समाजवाद का ही एक रूप मानते थे और समाजवाद को वे कृषि दासता का रास्ता बताते थे। 1980 के दशक के अंतिम वर्षों के दौरान अनेक सामाजिक अर्थव्यवस्थाएँ धराशायी हो गईं और सोवियत संघ का विघटन हो गया। इससे नव उदारवादियों का हौसला बढ़ा और उन्होंने डंके की चोट पर कहना शुरू किया कि नव उदारवाद ही मानव जाति की स्वाभाविक और सामान्य अवस्था है। गुटनिरपेक्ष आंदोलन के समाप्त होने के बाद भारत जैसे देशों में भी कल्याणकारी राज्य की अवधारणा की अनदेखी की गई और राज्य ने लोगों के रोजगार के अवसर मुहैया कराने की अपनी पुरानी जिम्मेदारी से पल्ला झाड़ लिया। यही नहीं, आर्थिक सहायता कम करने के नाम पर सार्वजनिक वितरण प्रणाली जैसी कल्याणकारी व्यवस्था को काफी दुर्बल बना दिया गया। पहले समाज में 'साधन सम्पन्न' और 'साधनविहीन' के बीच में विभाजन था और दोनों प्रकार के लोग उत्पादन की प्रक्रिया से जुड़े थे। साधन सम्पन्न लोग मुनाफे से अपनी अधिकांश आय प्राप्त करते थे और साधनविहीन मजदूरी और वेतन से। लेकिन अब यह विभाजन बदल गया है।

वर्तमान भूमंडलीकरण के पक्षधरों का मानना है कि कल्याणकारी राज्य के तहत धनी लोगों से गरीब लोगों को आय का जो हस्तांतरण सब्सिडी, पेंशन, सहायता आदि के रूप में किया जाता है, उसके अर्थव्यवस्था पर गंभीर प्रभाव पड़ते हैं। तर्क दिया जाता है कि कल्याणकारी राज्य आर्थिक कार्यकुशलता और आर्थिक समृद्धि के मार्ग में बाधक है। कुछ लोग यह भी कहते हैं कि कल्याणकारी कार्यक्रमों के नाम पर संसाधनों का अनुत्पादक इस्तेमाल होता है। कम्युनिज्म अर्थात् साम्यवाद के धराशायी होने के बाद बाजार आधारित अर्थव्यवस्था का कोई विकल्प न होने के कारण नव-उदारवाद आधारित भूमंडलीकरण प्रबल हो गया। उसने कल्याणकारी राज्य के विषय में दो बातें रखीं। सर्वप्रथम, अर्थव्यवस्था के द्वार खोल दिए जाने के बाद नीतिगत मामलों में राज्य की स्वायत्तता काफी कम हो गई है। वह पूर्ण रोजगार और आर्थिक समृद्धि के क्षेत्र में देशहित को देखते हुए नीति निर्धारण में सक्षम नहीं रहा। श्रम, बाजार, कराधान, सामाजिक व्यय और सामाजिक सुरक्षा को लेकर उसकी नीति-निर्धारण संबंधी स्वायत्तता काफी घट गई है। दूसरे, भूमंडलीकरण गरीबी और परावलंबन से कल्याणकारी राज्य जो सुरक्षा देते थे वह कमजोर हो गई। अर्थव्यवस्था में अपेक्षाकृत अधिक खुलापन और प्रतिद्वंदिता पर जोर देने से पूँजी पक्ष मजबूत हुआ है।

आज हर देश चाहता है कि उसके यहाँ अधिकाधिक पूँजी लगे। इसके लिए जरूरी हो गया है कि पूँजी की शर्तों को माना जाय अर्थात् श्रमिकों के हित में कानून न बनें और लोगों को सामाजिक सुरक्षा देकर उनकी मोलभाव की शक्ति को मजबूत होने से रोका जाए। अगर सरकार पूँजी की शर्तें नहीं मानती है तो विदेशी पूँजी नहीं आएगी और देशी पूँजी भी अन्यत्र चली जाएगी। पूँजी निवेशक नहीं चाहते कि सरकार मनमाने ढंग से कर लगाए और मुनाफा लेने के मार्ग में अड़ंगा डाले। यदि सरकार नहीं मानती है तो पूँजी को चले जाने से रोका नहीं जा सकता। स्पष्ट है कि इस स्थिति में राजस्व को बढ़ाकर कल्याणकारी कार्यों का वित्तपोषण करना कठिन हो जाएगा। वर्तमान भूमंडलीकरण ने हर देश में सामाजिक समस्याओं पर आंतरिक राष्ट्रीय राजनीति का प्रभाव कमजोर कर दिया है। अपने ही देश में यदि देखें तो

अधिकतर क्षेत्रीय दलों के पास देश के सामाजिक–आर्थिक विकास का कोई तार्किक कार्यक्रम नहीं है। राष्ट्रीय पार्टियों के आर्थिक कार्यक्रमों में भी मूलतः कोई अंतर नहीं है।

भूमंडलीकरण से विदेशी व्यापार और विदेशी निवेश की संभावना जरूर बढ़ जाती है, परन्तु, इसका फायदा तभी उठाया जा सकता है जब देश के भीतर हालात ठीक हों और राष्ट्रीय अर्थव्यवस्था मजबूत हो। लेकिन सामान्य व्यक्ति के लिए रोजगार के अवसर नहीं बढ़ते। रोजगार के जो अवसर पैदा हो भी रहे हैं वे विशेष कौशल सम्पन्न लोगों के लिए हैं। इन विशेष कौशलों को प्राप्त करना आम घरों के बच्चों के लिए आसान नहीं है। इसके लिए भरपूर मात्रा में पैसों और अच्छे शिक्षण संस्थानों की जरूरत है। वहीं पुरानी औद्योगिक इकाइयों के बंद होने से रोजगार के अवसर घट रहे हैं, जिसका असर निम्न और मध्यम श्रेणी के लोगों पर पड़ रहा है।

आज समाज का विभाजन ऐसे दो भागों में होता जा रहा है जिसमें से एक भाग उत्पादन की प्रक्रिया में शामिल है, और दूसरा उससे पूरी तरह बाहर है तथा उसके अंदर आने के सारे दरवाजे बंद हैं। इस दूसरे भाग में शामिल लोगों का उत्पादन की प्रक्रिया तथा अर्थव्यवस्था और उससे जुड़ी सामाजिक–राजनीतिक व्यवस्था से कोई लगाव नहीं रह गया है। ऐसे लोगों को सैनिक या पुलिस कार्रवाइयों से दबाया नहीं जा सकता और न ही हमेशा नियंत्रण में रखा जा सकता है। इसलिए उनके असंतोष के पनपने के मूल कारणों पर गौर करना होगा और फिर उसी के अनुसार कदम उठाने होंगे। अर्थात् वर्तमान भूमंडलीकरण के स्वरूप पर विचार करना होगा और साथ ही कल्याणकारी राज्य की भूमिका को भी देखना होगा।

अध्याय

3

उदारीकरण का घरेलू उद्योगों पर प्रभाव

रूपरेखा

- उदारीकरण को परिभाषित करते हुए यह बताना है कि अर्थव्यवस्था में इससे किस तरह आमूल परिवर्तन आया।
- उदारीकरण के अंतर्गत दी गई रियायतों का उल्लेख/उद्योगों पर क्या प्रभाव पड़ा, घरेलू उद्योग किस प्रकार प्रभावित हुए?
- आयात-निर्यात नीति और अन्य उदार सरकारी नीतियों से घरेलू एवं कुटीर उद्योगों के विकास का भी उल्लेख। लेकिन इससे हुई हानियों पर भी विस्तृत चर्चा।
- उदारीकरण से क्या अपेक्षाएँ थीं और किस हद तक अपने उद्देश्यों में यह व्यवस्था सफल रही।
- भारतीय परिदृश्य में उदारीकरण कितनी उपयोगी है और इसमें क्या बदलाव अपेक्षित हैं इस पर चर्चा। विशेष रूप से डेढ़ दशक के जो भी अनुभव हों उनके आधार पर इनकी व्याख्या। अन्य विकासशील देशों में किस तरह से यह व्यवस्था काम कर रही है?

भारतीय अर्थव्यवस्था में उदारीकरण आजादी के बाद इसके नए अध्याय की शुरूआत है। यह मिश्रित अर्थव्यवस्था के नियंत्रित चक्र की समाप्ति तथा पूँजीवादी अर्थव्यवस्था के निर्बाध चक्र का आरम्भ है। सन् 1991 के प्रारम्भ से ही भारतीय अर्थव्यवस्था में एक ओर विदेशी ऋण में बेतहाशा वृद्धि, विदेशी मुद्रा भण्डार में गिरावट, सरकारी खर्च में बढ़ोत्तरी, भारत से विदेशी पूँजी का पलायन, सार्वजनिक क्षेत्र में बढ़ता घाटा, औद्योगिक उत्पादन में गिरावट व कृषि उत्पादन में ठहराव दृष्टिगत हो रहा था। दूसरी ओर अन्तर्राष्ट्रीय स्तर पर सोवियत रूस के विघटन के

फलस्वरूप पूँजीवादी अर्थव्यवस्थाओं का ध्रुवीकरण, पूर्वी यूरोपीय देशों में पूँजीवाद के अनुकूल राजनीतिक उथल पुथल, खाड़ी युद्ध, विकसित देशों की अर्थव्यवस्थाओं का ठहराव आदि नजर आ रहे थे। इस प्रकार पूँजीवादी देशों की अर्थव्यवस्थाओं के दबाव और भारतीय अर्थव्यवस्था के अपने संकट के परिप्रेक्ष्य में सन् 1991 के उत्तरार्द्ध में भारतीय अर्थव्यवस्था के मिश्रित स्वरूप के स्थान पर उदारीकृत अर्थव्यवस्था को अनेक आशाओं, आशंकाओं, वादों और विरोधों के बावजूद अपनाया गया। उदारीकरण को अनेक उद्देश्यों व कारणों से भारत में लागू किया गया। इसके परिणामस्वरूप कुछ उद्देश्य पूरे हुए, कुछ क्षेत्रों में सफलता मिली, किन्तु बाद में नकारात्मक प्रभाव भी नजर आने लगे। सबसे बड़ा नकारात्मक प्रभाव स्वदेशी उद्योगों पर पड़ा। उदारीकरण की प्रक्रिया के तहत बहुराष्ट्रीय कम्पनियों के सक्रिय होने एवं आयातों में छूट से स्वदेशी उद्योग संकट में फँस गए, जिससे वे बन्द होने के कगार पर आ गए।

वर्ष 1991 में नयी औद्योगिक नीति लागू होने के बाद विभिन्न नियन्त्रणों को समाप्त करने का एक व्यापक कार्यक्रम शुरू किया गया। सुरक्षा, सामरिक और पर्यावरण की दृष्टि से संवेदनशील उद्योगों की छोटी-सी सूची में शामिल छह उद्योगों को छोड़कर अन्य सभी वस्तुओं के लिए लाइसेन्स की अनिवार्यता समाप्त कर दी गयी है। जिन उद्योगों के लिए लाइसेन्स लेना अनिवार्य है, वे हैं–(1) अल्कोहलयुक्त पेय पदार्थों का आसवन और निर्माण, (2) तम्बाकू के सिगार और सिगरेट तथा तम्बाकू से बनी वस्तुएँ, (3) इलेक्ट्रॉनिक, एयरोस्पेस तथा सभी प्रकार का रक्षा साज-सामान, (4) औद्योगिक विस्फोटक, (5) जोखिम वाले रसायन और (6) औषधि और फार्मास्यूटिकल। पहले अनेक उद्योग सार्वजनिक क्षेत्र के लिए आरक्षित थे। किन्तु अब परमाणु ऊर्जा और उससे सम्बन्धित विषय तथा रेल परिवहन को ही सार्वजनिक क्षेत्र के लिए आरक्षित रखा गया है। रक्षा क्षेत्र को भी 26 प्रतिशत तक विदेशी पूँजी निवेश के साथ निजी क्षेत्र के लिए खोलने का निर्णय लिया गया है। सरकार लघु उद्योग क्षेत्र में ही कुछ वस्तुओं के निर्माण करने की विशेष व्यवस्था की नीति अपनाकर लघु उद्योग क्षेत्र को लगातार संरक्षण देती रहेगी। लघु उद्योग उद्यम को छोड़कर, लघु उद्योग क्षेत्र के लिए विशेष रूप से आरक्षित वस्तुओं का निर्माण करने वाले सभी औद्योगिक उद्यमियों को औद्योगिक लाइसेन्स प्राप्त करना आवश्यक होगा और अपने वार्षिक उत्पादन के पचास प्रतिशत के निर्यात की जिम्मेदारी लेनी होगी।

आर्थिक विकास की उच्च दर प्राप्त करने के लिए घरेलू पूँजी निवेश बढ़ाने में विदेशी पूँजी निवेश से बड़ी मदद मिलती है। इससे न केवल घरेलू उद्योग लाभान्वित होता है बल्कि उपभोक्ताओं को उन्नत प्रौद्योगिकी, विश्व में प्रचलित प्रबन्धन कुशलता, मानव और प्राकृतिक संसाधनों का पूर्ण उपयोग, भारतीय उद्योगों को अन्तर्राष्ट्रीय बाजार में स्पर्धात्मक बनाने, निर्यात बाजारों को खोलने, अन्तर्राष्ट्रीय स्तर का सामान और सेवाओं का लाभ भी मिलता है। इसीलिए भारतीय उद्योग को अपनी गतिविधियाँ चलाने में और सुविधा देने के उद्देश्य से सरकार ने नकारात्मक सूची को छोड़कर अन्य सभी मामलों में स्वतः प्रत्यक्ष विदेशी निवेश की अनुमति दे दी है। स्वतः विदेशी निवेश का सीधा-सा अर्थ यह है कि विदेशी निवेशकों को निवेश करने के तीस दिनों के भीतर और कोई शेयर जारी करने के भी तीस दिनों के भीतर भारतीय रिजर्व बैंक को इस बारे में सूचित करना है। गैर-प्राथमिकता वाले उद्योगों में विदेशी निवेश को

उदार बनाने के लिए 'विदेशी निवेश सम्वर्द्धन बोर्ड' का गठन किया गया है–ताकि बहुराष्ट्रीय कम्पनियों के विदेशी निवेश सम्बन्धी मामलों का निपटारा यथाशीघ्र किया जा सके। सरकार ने उच्च प्राथमिकता वाले उद्योगों में अन्तर्राष्ट्रीय तकनीकी सन्धियों को स्वत: स्वीकृति की सुविधा प्रदान करके विदेशी तकनीक के आयात का मार्ग प्रशस्त किया है।

सार्वजनिक क्षेत्र में विनिवेश के प्रति सरकार ने यह नीतिगत घोषणा की थी कि जीवनक्षम सरकारी क्षेत्र के कारखानों का पुनर्गठन कर उन्हें समुचित सहायता दी जायेगी और न चल सकने वाले सरकारी कारखाने बन्द कर दिये जायेंगे। असामरिक महत्व के सभी कारखानों में सरकारी शेयर पूँजी घटायी जायेगी किन्तु कर्मचारियों के हितों की पूरी सुरक्षा की जायेगी। इस नीति के अन्तर्गत भारत एल्यूमीनियम कम्पनी, विदेश संचार निगम लिमिटेड, सी. एम. सी. तथा आई. बी. पी. आदि का निजीकरण कर दिया गया। सरकारी क्षेत्र के कई होटल बाजार मूल्य से कम पर बेच दिये गये। सरकार ने केवल लाभ अर्जित करने वाले सार्वजनिक क्षेत्र के उद्योगों का निजीकरण किया जिससे स्पष्ट है कि इस कार्यवाही में राजग सरकार की नीयत साफ नहीं थी। अब संयुक्त प्रगतिशील गठबन्धन की सरकार ने जिस न्यूतनतम साझा कार्यक्रम को स्वीकार किया है उसमें कहा गया है कि जीवन बीमा निगम और साधारण बीमा निगम सार्वजनिक क्षेत्र में बने रहेंगे और लाभ कमाने वाली इकाइयों का आगे निजीकरण नहीं किया जायेगा।

उदारीकरण के अन्तर्गत सरकार ने अर्थव्यवस्था को सरकारी तंत्र के कठोर नियंत्रणों से निकाल कर बाजारोन्मुख एवं प्रतिस्पर्धात्मक बनाने के लिए आर्थिक सुधार तथा आर्थिक उदारीकरण की नई नीतियाँ शुरू कीं जहाँ एक ओर भुगतान संतुलन की प्रतिकूलता को दूर करने के लिए भारतीय मुद्रा का अवमूल्यन किया गया, सरकारी व्यय में फिजूलखर्ची की कटौती, भौतिक तरलता में वृद्धि तथा कृषि, उद्योग, परिवहन एवं संचार के क्षेत्र में नियंत्रणों में ढील देकर आर्थिक उदारीकरण के अल्पकालीन उपाय किए गए, वहीं दूसरी ओर दीर्घकालीन आर्थिक सुधारों के अन्तर्गत अर्थव्यवस्था में संरक्षणवादी प्रशुल्क बाधाओं के समापन, वित्तीय एवं बैंकिंग संस्थाओं के निजीकरण, सार्वजनिक उपक्रमों में विनिवेश तथा उनमें भी निजीकरण को प्रोत्साहन देना, कृषि, उद्योग एवं परिवहन तथा संचार के क्षेत्र में नियंत्रणों में ढील एवं सुधारों का सिलसिला चालू किया। उदारीकरण के लिए भारत में कई महत्वपूर्ण कदम उठाए गए। अधिकांश क्षेत्रों में औद्योगिक लाइसेंस प्रक्रिया को समाप्त कर दिया गया। उद्योगों के विस्तार या नए निवेश के लिए सरकार से अनुमति लेने को आवश्यक नहीं समझा गया। सरकारी क्षेत्र के लिए उद्योगों की संख्या 17 से घटाकर 6 कर दी गई। विदेशी प्रौद्योगिकी, पूँजी एवं बहुराष्ट्रीय कम्पनियों को आमंत्रित किया गया। सार्वजनिक क्षेत्र को आरक्षित क्षेत्रों में कार्य करने, अपनी रुग्णता को ठीक करने तथा सरकारी भागीदारी को वित्तीय संस्थानों, श्रमिकों एवं जनता तक विस्तृत किया गया। आयातित वस्तुओं में छूट दी गई, निर्यात की वस्तुओं को अधिक प्रोत्साहन दिया गया। इन निर्णयों से कुछ अच्छे परिणाम सामने आए, किन्तु ये नीतियाँ व निर्णय पूर्णत: कारगर साबित नहीं हो सके।

भारतीय अर्थव्यवस्था में उदारीकरण की नीति मिश्रित अर्थव्यवस्था से भिन्न, पूँजीवादी निजीकरण उन्मुखी, देशी और विदेशी प्रतिस्पर्द्धा के आधार पर विकसित हुई है। भारत की लुंज-पुंज अर्थव्यवस्था को ढुलमुल राजनीतिक नेतृत्व द्वारा जिस तरह से बिना ठोस तैयारी के

विश्व प्रतिस्पर्द्धा में झोंक दिया गया है, उससे नकारात्मक असर साफ नजर आने लगे हैं। बहुत से भारतीय उद्योग बंद हो गए हैं। बेरोजगारी बढ़ी है। भारतीय श्रमिकों के विदेशी तकनीक के साथ चलने के लिए योजनाबद्ध ढंग से कार्य कुशलता बढ़ाने का कार्य नहीं किया गया है। सार्वजनिक क्षेत्र के उद्योगों की रुग्णता को दूर करने एवं उनके आधुनिकीकरण के ठोस उपाय नहीं किए गए हैं। ऐसी स्थिति में भारतीय पूँजी निवेशकों, उद्योगपतियों एवं श्रमिकों में निराशा भी व्याप्त हुई है तथा विदेशी शक्तियों के हाथों भारतीय अर्थव्यवस्था के शोषण की स्थितियाँ पैदा हो गई हैं।

उदारीकरण द्वारा विदेशी उद्योगों से प्रतिस्पर्द्धा के कारण स्वदेशी उद्योगों पर संकट उपस्थित हो गया है। बहुराष्ट्रीय कम्पनियों से देश की सम्प्रभुता को खतरा बढ़ेगा तथा स्वदेशी व स्वावलम्बन की भावना को धक्का लगेगा। विदेशी बहुराष्ट्रीय कम्पनियाँ, भारतीय अर्थव्यवस्था पर अपना वर्चस्व स्थापित करके शोषण कर रही हैं। इसके लिए राजनीतिक भ्रष्टाचार का भी सहारा लिया जा रहा है। ये अपने अधिकतम लाभ के लिए राष्ट्रीय हितों की बलि दे देते हैं। विदेशी मुद्रा में हेरा-फेरी करते हैं और देश के उद्योगों को कट्टर प्रतिस्पर्द्धा एवं मुद्रा अवमूल्यन करने की स्थिति उत्पन्न करने का दुस्साहस करते हैं।

उदारीकरण के तहत आमंत्रित बहुराष्ट्रीय निगम एवं कम्पनियाँ अपने विशाल साधनों एवं महँगे भ्रमात्मक विज्ञापन साधनों द्वारा देश के उद्योगों के लिए कट्टर प्रतिस्पर्द्धा उत्पन्न करते हैं, यहाँ तक कि कभी-कभी अपने उत्पादों को घाटे पर बेचकर भी स्वदेशी प्रतिस्पर्द्धी कम्पनियों को बाहर कर देते हैं, जिससे उन्हें एकाधिकार की स्थिति में पहुँच कर लाभार्जन का मौका मिलता है। इसके कारण देश के उद्योगपति आगे नहीं आ पाते। स्वदेशी उद्योगों का अस्तित्व ही खतरे में पड़ जाता है। देश अपने औद्योगिक विकास के लिए बहुराष्ट्रीय कम्पनियों पर आश्रित हो जाता है जो कभी भी घातक हो सकता है। देश अपनी आवश्यकता पूर्ति के लिए भी इन निगमों पर निर्भर हो जाता है जो देश की आतानिर्भरता एवं सुरक्षा दोनों के लिए खतरा उत्पन्न करते हैं।

उदारीकरण से प्रत्येक क्षेत्र में विदेशी सहायता के अन्तर्गत तकनीकी ज्ञान का प्रयोग होने से भारतीय तकनीकी ज्ञान को कम प्रोत्साहन मिला है। विदेशी माल व ट्रेडमार्कों के प्रयोग से भारतीय माल को क्षति पहुँची है, जैसे-बी. जी. फोस, हॉर्लेक्स, वुडवर्ड ग्राइप वाटर, ओवल्टीन आदि नामों से भारतीय माल को घटिया माना है। अतः देश के उद्यमी भी प्रकारांतर से हतोत्साहित हुए हैं।

भारतीय अर्थव्यवस्था के लिए स्वदेशी उद्योगों, लघु व कुटीर उद्योगों का महत्व कभी भी कम नहीं होगा। परन्तु उदारीकरण के फलस्वरूप आयातों से मात्रात्मक प्रतिबन्ध हटाने से एक ओर भारतीय लघु व कुटीर उद्योगों द्वारा तैयार होने वाली वस्तुओं के समान विदेशी वस्तुएँ भारतीय बाजार में कम कीमत होने के कारण छा रही हैं, वहीं दूसरी ओर विकसित देशों द्वारा सामाजिक व्यवस्थाओं, जैसे बाल श्रमिकों द्वारा उत्पादित वस्तुओं के आयात पर प्रतिबन्ध, श्रमिकों को उतनी ही मजदूरी देना जितनी विकसित देशों के श्रमिकों को प्राप्त होती है आदि के नाम पर प्रतिबन्ध लगाया जाता रहेगा। भारतीय कालीन उद्योग एवं चूड़ी उद्योग पर उठाए गए सवाल इसका स्पष्ट उदाहरण है। उदारीकरण के तहत आयात पर से मात्रात्मक प्रतिबन्ध हटाने का

प्रत्यक्ष असर लघु एवं कुटीर उद्योग पर पड़ रहा है। अब भारतीय बाजार में कोरिया, थाईलैण्ड, इण्डोनेशिया, सिंगापुर, मलेशिया और विशेषरूप से चीन से अनेक उपभोक्ता वस्तुओं का सस्ती कीमतों पर आयात किया जा रहा है, इलैक्ट्रॉनिक, कैलकुलेटर, साइकिल, कलपुर्जे, टी. वी., सूखी बैटरी जैसी अनेक वस्तुएँ आधी से कम कीमत पर उपलब्ध होंगी तो उपभोक्ता भारत में विनिर्मित वस्तुएँ ऊँचे मूल्य पर क्यों कर खरीदेंगे। ऐसे में एटलस साइकिल जैसे- उत्पाद, जो लघु व कुटीर उद्योग का वृहद रूप है, कितने दिनों तक बाजार में टिक पाएंगे।

उदारीकरण के फलस्वरूप बहुराष्ट्रीय कम्पनियाँ अधिकांशतः उन क्षेत्रों में लगाई जाती हैं, जहाँ परिपक्वता अवधि छोटी होती है तथा अधिकाधिक लाभ प्राप्त होते हैं। उदाहरणार्थ–उपभोक्ता वस्तु उद्योग जैसे टूथपेस्ट, चॉकलेट, साबुन और डिटर्जेन्ट आदि जिन्हें घरेलू उत्पादों द्वारा स्वदेशी उद्योगों में आसानी से उत्पादित किया जा सकता है। घरेलू स्तर पर आलू के चिप्स जो इन कम्पनियों द्वारा उत्पादित चिप्स के समरूप ही हैं, लेकिन चूँकि इन बहुराष्ट्रीय कम्पनियों के पास पर्याप्त वित्तीय साधन होते हैं, अतः श्रेष्ठ विज्ञापनों के प्रचार के माध्यम से इन बहुराष्ट्रीय कम्पनियों ने देश के बड़े बाजार पर कब्जा करने में सफलता प्राप्त की है। परिणामस्वरूप स्वदेशी उद्योगों के सामने संकट उपस्थित हो रहा है। उदारीकरण का ही दुष्परिणाम आज रूस झेल रहा है। कभी विश्व की प्रमुख महाशक्ति रहा, उसी रूस को आज उदारीकरण ने दिवालियेपन के कगार पर लाकर खड़ा कर दिया है। जापान जैसा विकसित राष्ट्र भी उदारीकरण के शिकंजे से नहीं बच सका। दोनों ही देशों के उद्योग-धन्धों को क्षति पहुँची है। उदारीकरण से क्षेत्रीय विषमता पहले से कहीं अधिक बढ़ी है। अन्य पिछड़े प्रदेशों की तुलना में महाराष्ट्र, गुजरात, दिल्ली, कर्नाटक, तामिलनाडु जैसे औद्योगिक दृष्टि से विकसित प्रदेश और अधिक विकसित हुए हैं। इसी तरह राष्ट्रीय आय के वितरण में भी अधिक असमानता बढ़ी है। उन बड़े व्यापारिक घरानों एवं समृद्ध व्यक्तियों की समृद्धि बढ़ी है, जो विदेशी कम्पनियों से जुड़े रहे हैं।

सामान्यतः उदारीकरण करते समय यह अपेक्षा रखी गयी थी कि इससे विदेशी पूँजी देश में आएगी और इसकी कमी की समस्या समाप्त हो जाएगी, लेकिन एक अध्ययन के अनुसार भारत में विदेशी कम्पनियाँ मात्र 5.6% पूँजी ही अपने साथ लाई हैं और शेष 94.4% पूँजी इन्होंने घरेलू बाजार से ही प्राप्त की है। साथ ही, इनके द्वारा पूँजी निवेश तो एक ही बार किया जाता है जबकि रायल्टी के रूप में पूँजी का एक बड़ा भाग वे अपने देश में भेज देती हैं। भारत में कोलगेट कम्पनी अपने द्वारा निवेश का लगभग 18 गुना भाग अपने देश में भेज चुकी है। कुल मिलाकर उदारीकरण का लाभ विश्व के विकसित देशों को ही मिला है।

उदारीकरण उस नशीले पदार्थ के समान है, जिनके सेवन से प्रारम्भ में अत्यधिक आनन्द की अनुभूति होती है, लेकिन उसका नियमित प्रयोग शरीर को कंकाल बना देता है। उदारीकरण अपनाने वाली अर्थव्यवस्थाओं की वर्तमान में यही स्थिति हुई है। दक्षिणी पूर्वी एशियाई देशों- दक्षिणी कोरिया, थाईलैण्ड, इण्डोनेशिया, मलेशिया आदि ने उदारीकरण की प्रारम्भिक अवस्था में विदेशी पूँजी की बहुतायत से अपनी अर्थव्यवस्थाओं को सुदृढ़ बनाया, लेकिन चूँकि विदेशी पूँजी को 'अच्छे मौसम का साथी' कहा जाता है, अतः अर्थव्यवस्था में स्थिरता का अभाव होते ही विदेशी पूँजी मालिकों ने अपनी पूँजी समेटनी शुरू कर दी। आज इन एशियाई देशों की अर्थव्यवस्था पूर्णतः जर्जर हो चुकी है।

उदारीकरण के कारण बहुराष्ट्रीय निगमों का वर्चस्व बढ़ गया है, जिससे स्वदेशी उद्योगों व भारतीय कम्पनियों पर खतरा उत्पन्न हो गया है। जिस तरह बड़ी मछली छोटी मछली को निगल जाती है, ठीक उसी प्रकार भीमकाय बहुराष्ट्रीय कम्पनियाँ भारतीय परम्परागत उद्योग धन्धों को निगलती जा रही हैं। उदारीकरण भारत की आर्थिक व्यवस्था एवं स्वदेशी उद्योगों का अहित कर रहा है। चीन की निर्मित वस्तुएँ भारत में बहुत सस्ते दामों पर उपलब्ध हैं, जिससे यहाँ उद्योग धन्धे नष्ट हो रहे हैं। अलीगढ़ का ताला उद्योग, जिसकी देश में एक अलग पहचान थी, में तालाबन्दी शुरू हो गई है इसी तरह देश के कपड़ा व चीनी उद्योग का हाल खस्ता है, गन्ना उत्पादक किसान बेहाल हैं, कृषि जो हमारे देश की अर्थव्यवस्था का आधार है, आज उदारीकरण के कारण उपेक्षित व संकटग्रस्त है। भारत की 70 प्रतिशत जनसंख्या जो कृषि पर निर्भर है, तबाह हो रही है। उदारीकरण ने हमारी अर्थव्यवस्था के ढाँचे पर ही प्रहार किया है, जिन स्वदेशी उद्योगों के बलबूते पर हमारी अर्थव्यवस्था ने इतना विकास किया था, आज पूँजी एवं तकनीकी प्रतिस्पर्धा के युग में ये पिछड़ते जा रहे हैं, जिससे एक ओर कृषि पर दबाव बढ़ रहा है, तो दूसरी ओर अत्यधिक पूँजी निवेश, विदेशी कम्पनिथों का भारतीय बाजार पर कब्जा। भारतीय औद्योगिक घरानों पर विदेशी वर्चस्व, शेयर बाजार में अत्यधिक पूँजी की उपस्थिति इत्यादि हमें आर्थिक दासता में बाँधे जा रही है।

हमें उदारीकरण को विकसित देशों के नारे और उकसावे के रूप में नहीं, बल्कि अपने सामाजिक-आर्थिक यथार्थ के परिप्रेक्ष्य में देखना चाहिए, हमें कोरिया, सिंगापुर, इंडोनेशिया, फिलीपीन्स, मलेशिया आदि देशों की वर्ष 1997 में हुई आर्थिक दुर्गति से सबक लेकर अपनी बैंकिंग व्यवस्था, आत्म-निर्भरता बरकरार रखने वाली निजी उत्पादकता एवं स्वदेशी उद्योगों को मजबूत करने पर नजर रखनी चाहिए तथा विदेशी कर्ज के दुष्चक्र से बचना चाहिए। बड़े औद्योगिक निवेश के साथ-साथ भारी पैमाने पर रोजगार उपलब्ध कराने वाले लघु उद्योगों के विकास के प्रति सचेत होना चाहिए। अर्थव्यवस्था का कोई भी उदारीकरण घातक साबित होगा, यदि वह भारत के साधारण दरिद्र व्यक्ति की जिन्दगी को बेहतर बनाने में सहायक साबित नहीं होता, वह भारतीय कृषि और कृषि आधारित उद्योगों एवं स्वदेशी उद्योगों को गति नहीं देता और भारतीय अर्थव्यवस्था को अधिक एवं आत्मनिर्भर एवं समतामूलक नहीं बनाता।

अध्याय

4

भूमंडलीकरण: नियंत्रण तंत्र के समक्ष चुनौतियाँ

रूपरेखा

- भूमंडलीकरण को परिभाषित करते हुए शुरूआत। किस प्रकार भूमंडलीकरण अर्थव्यवस्था के साथ जीवन के हर पहलू को प्रभावित करता है, इस बिन्दु के साथ विस्तार।
- इस बात का विशद उल्लेख हो कि बाजारवाद के युग में न सिर्फ भारतीय भाषाओं का बल्कि अन्य देशों की क्षेत्रीय भाषाओं का भविष्य भी किस प्रकार खतरे में है। बाजारवादी संस्कृति की उस कुचेष्टा का विवरण भी अपेक्षित है। जिसके तहत पहले क्षेत्रीय भाषाओं और बोलियों के जरिए लोगों तक पहुँच बनाई जाती है फिर धीरे-धीरे उनके स्वरूप को विकृत किया जाता है और एक 'रीमिक्स' संस्कृति जबरन थोपने का षड्यंत्र रचा जाता है।
- इसके साथ ही उन पहलुओं को भी उजागर करना आवश्यक है। जिनके कारण बहुराष्ट्रीय कंपनियाँ भी क्षेत्रीय भाषाओं में अपने विज्ञापन तैयार करवाने को विवश हो रही हैं। साथ ही भूमंडलीकरण के चलते भारतीय भाषाओं को मिलने वाले लाभ का उल्लेख भी समीचीन है, जैसे–भाषा की गतिशीलता, सरल भाषा का अत्यधिक प्रसार जिनके कारण संप्रेषणीयता में वृद्धि होती है, इत्यादि।
- अंत में भूमंडलीकरण के दौर में भी भारतीय भाषाओं का अस्तित्व किस प्रकार बचाए रखा जा सकता है इसके विविध पहलुओं पर विचार करते हुए कुछेक सुझावों के साथ समापन।

भूमंडलीकरण, समकालीन विश्व की विशिष्टताओं में से एक है। इस शब्द का प्रयोग मुख्यत: आर्थिक अर्थ में किया जाता है। इस दृष्टि से, भूमंडलीकरण मुक्त बाजार की स्थिति में विश्व की अर्थव्यवस्थाओं के एकीकरण की प्रक्रिया है। मुक्त बाजार में व्यापार और पूँजी का मुक्त प्रवाह है तथा लोगों का राष्ट्रीय सीमाओं के पार आना-जाना शामिल है। अतएव, भूमंडलीकरण की पहचान नई विश्व व्यापार व्यवस्था तथा व्यावसायिक बाजारों के खुलने से है। विज्ञान तथा प्रौद्योगिकी ने भूमंडलीकरण के प्रसार में काफी मदद की है। इस संपूर्ण प्रक्रिया को सूचना के तत्काल प्रसार के लिए विकसित तकनीक ने सरल बना दिया है।

ऐतिहासिक दृष्टि से विश्व ने उन्नीसवीं शताब्दी के उत्तरार्द्ध तथा बीसवीं शताब्दी के प्रारंभ में आर्थिक एकीकरण के फलस्वरूप भूमंडलीकरण की प्रक्रिया का अनुभव किया। अत: भूमंडलीकरण कोई नई बात नहीं है। भूमंडलीकरण की बुनियादी विशेषता यही रही है कि इसके तहत अधिकाँश देश अपनी अर्थव्यवस्थाओं को लगातार खोलते जाते हैं। यह खुलापन केवल व्यापार, निवेश और वित्तीय प्रवाह तक सीमित नहीं होता। सेवाओं, प्रौद्योगिकी, सूचनाओं, विचारों और व्यक्तियों के सीमाओं के आर-पार होने वाले प्रवाह तक इसका विस्तार हो जाता है। यह जरूर है कि व्यापार, निवेश और वित्त भूमंडलीकरण के केंद्रीय तत्व रहते हैं। पिछले पच्चीस वर्षों में अंतर्राष्ट्रीय वित्त में जबर्दस्त बढ़ोत्तरी हुई है। जहाँ तक मात्रा का सवाल है, वित्तीय प्रवाह ने व्यापार और निवेश संबंधी प्रवाह को बहुत पीछे छोड़ दिया है।

वर्ष 1870 से 1913 के चालीस साल से अधिक की कालावधि मुक्त बाजार के थे। माल, पूँजी और श्रम का राष्ट्रों की सीमाओं के आर-पार बेरोक-टोक आवागमन होता था। आर्थिक गतिविधियों में सरकारी दखलंदाजी कम से कम थी। भूमंडलीकरण के इस पहले दौर को हॉब्सबाम ने 1997 में 'साम्राज्य के युग' की संज्ञा दी थी। इसका तात्पर्य यह है कि उस समय ब्रिटेन कमोबेश सारी दुनिया पर राज करता था। सत्तर के दशक की शुरुआत में भूमंडलीकरण का दूसरा चरण शुरु हुआ। इस अवधि में अमेरिका एक महाशक्ति के रूप में सारी दुनिया पर अपना राजनीतिक प्रभुत्व जमा चुका था। यह प्रभुत्व साम्यवाद के पतन और पूंजीवाद की विजय से और भी मजबूत हुआ है। इस प्रक्रिया को एक अन्य समकालीन इतिहासकार फुकुयामा ने 1989 में 'इतिहास के अंत' के रूप में परिभाषित किया था। इन दोनों दौरों के उदाहरणों से लगता है कि भूमंडलीकरण के लिए एक प्रधान आर्थिक ताकत की जरूरत पड़ती है और साथ ही एक ऐसी राष्ट्रीय मुद्रा भी भूमंडलीकरण के लिए जरूरी है जिसे अंतर्राष्ट्रीय मुद्रा के रूप में मान्यता मिल चुकी हो।

1870 और 1913 के बीच हुए अंतर्राष्ट्रीय व्यापार का बहुत बड़ा हिस्सा उत्पादन के विभिन्न क्षेत्रों के बीच व्यापार के रूप में होता था। इसके तहत खेतिहर उत्पादों के बदले कारखाने में बने माल का आदान-प्रदान किया जाता था। 1970-90 के बीच उद्योगों के बीच व्यापार होने लगा, यानी पैमाना आधारित किफायत और उत्पाद विविधीकरण के आधार पर कारखानों में बने माल का विनिमय ही अंतर्राष्ट्रीय व्यापार में प्रमुखता पा गया। भूमंडलीकरण के मौजूदा दौर में अंतर्राष्ट्रीय व्यापार का ज्यादा-से ज्यादा अंश सीमाओं के आर-पार लेकिन एक ही फर्म की दो शाखाओं या संबंधित कम्पनियों के बीच विनिमय के रूप में हो रहा है।

भूमंडलीकरण के दोनों चरणों के बीच बुनियादी अंतर श्रम प्रवाह के दायरे में देखा जा सकता है। उन्नीसवीं सदी के उत्तरार्द्ध में सीमाओं के आर-पार लोगों के आने-जाने पर कोई पाबंदी नहीं थी। आव्रजकों को नागरिकता आसानी से मिल जाती थी। 1870 से 1914 के बीच अंतर्राष्ट्रीय श्रम आवागमन बहुत बड़ी मात्रा में हुआ। इसी के बाद से अंतर्राष्ट्रीय आव्रजन बहुत मामूली रह गया, क्योंकि आव्रजन कानून बहुत कड़े बना दिए गए। भूमंडलीकरण के मौजूदा दौर में आव्रजन की कमी की भरपाई, व्यापार प्रवाह और निवेश प्रवाह से की। उद्योगीकृत देश ऐसा कारखाना निर्मित माल आयात करते हैं जिसमें श्रम का भारी योगदान हो। वे कुछ इस तरह से पूंजी का निर्यात करते हैं जिससे दूसरे देशों में ऐसे माल को बनाने के लिए श्रम का इस्तेमाल किया जा सके।

परंतु विश्व मुद्दों, आर्थिक मंदी और लोगों के आवागमन पर रोक के कारण लगभग सन् 1970 तक इस प्रक्रिया में अवरोध रहा। भूमंडलीकरण की प्रक्रिया को पिछले दो दशकों के दौरान एक नया प्रोत्साहन मिला है। बहुराष्ट्रीय कंपनियों द्वारा उत्पादन का अंतर्राष्ट्रीयकरण बड़े पैमाने पर हो रहा है। एक देश में स्थित कंपनी, जो कई देशों में कार्य कर रही होती है, बहुराष्ट्रीय अथवा पाराष्ट्रीय निगम कहलाती हैं। बहुराष्ट्रीय निगमों से संबंद्ध हजारों कंपनियाँ दुनिया के विभिन्न भागों में फैली होती हैं। एक आंकलन के अनुसार वर्ष 1998 में इन कंपनियों की कुल बिक्री विश्व व्यापार की करीब एक-तिहाई थी। ये निगम पूरे विश्व को एक बाजार समझते हैं न कि राष्ट्रीय बाजारों का एक समूह।

इसके अतिरिक्त, विदेशी व्यापार की मात्रा बढ़ाने के उद्देश्य से कर एवं सीमा शुल्क को घटाने तथा अन्य बाधाओं को दूर करने के परिणामस्वरूप देश की सीमाओं के बाहर व्यापार तेजी से बढ़ रहा है। यातायात एवं संचार पर होने वाले खर्च अपेक्षाकृत कम हो गये हैं। फलत: प्रोद्योगिकी की दृष्टि से विकसित कंपनियाँ और उद्यम अनेक देशों में विभिन्न स्थानों पर जा रहे हैं। भूमंडलीकरण ने बहुराष्ट्रीय निगमों के लिए नए रास्ते खोल दिए हैं। यह विकसित तथा विकासशील, दोनों प्रकार के देशों के लिए नए अवसर प्रस्तुत कर रहा है। भूमंडलीकरण संपूर्ण संसार को एक विश्व-ग्राम में परिवर्तित कर रहा है।

पिछले दशक से भूमंडलीकरण की प्रक्रिया ने राष्ट्र-राज्य की संस्था पर एक प्रहार किया है। भूमंडलीकरण की प्रक्रिया के बेरोकटोक जारी रहने के फलस्वरूप विकासशील देशों का वित्तीय एकीकरण आने वाले वर्षों में और भी अधिक गहन और व्यापक होने वाला है। विकासशील देशों की तरफ जाने वाला और उनके बीच वाला पूँजी प्रवाह तथा विकासशील देशों से विकसित देशों को होने वाला पूँजी प्रवाह, भविष्य में निश्चित रूप में काफी बढ़ेगा। दक्षिण एशिया और लैटिन अमेरिका के विश्लेषण से स्पष्ट होता है कि भूमंडलीकरण कितनी अव्यवस्था फैला सकता है और सरकार को उसके खिलाफ कितनी कठोर कार्यवाही करनी चाहिए। लेकिन इसके बावजूद पूँजी के बढ़ते हुए अंतर्राष्ट्रीयकरण ने राष्ट्रीय सरकारों की नियंत्रणकारी शक्तियों को काफी कम कर दिया है। उनके लिए वित्तीय बाजारों में अस्थिरता और उतार-चढ़ाव को घटाने के लिए हस्तक्षेप करना उत्तरोतर मुश्किल होता जा रहा है। समष्टिगत आर्थिक नीतियों के मामले में भी ये सरकारें स्वतंत्र नीतियाँ अपनाने में नाकाम होती जा रही हैं, क्योंकि इस विषय में उनकी नीतिगत स्वायत्तता अंतर्राष्ट्रीय पूँजी के हितों के विपरीत जा सकती है। पंद्रह

साल पहले विकासशील और विकसित देशों की सरकारें राजकोषीय और मौद्रिक नीतियों के जरिये घरेलू आर्थिक प्रबंधन करने में कामयाब हो गयी थीं। परंतु अब दोनों तरह के देशों का राजनीतिक नेतृत्व विदेशी पूँजी आकर्षित करने में लगा हुआ है इसलिए सरकारों ने अपनी नीतियाँ बदलकर मौद्रिक एवँ राजकोषीय नीति के जरिये विकास पर जोर देने को त्याग दिया है। अब उनकी चिंता ऐसी नीतियाँ बनाने के लिए हैं जो अंतर्राष्ट्रीय पूँजी की निवेश प्राथमिकताओं के अनुकूल बैठती हैं। यही कारण है कि अब ये सरकारें ऐसा कदम उठाने में खुद को अक्षम महसूस करती हैं जिनके जरिए वे नकद पूँजी रखने वालों को दूसरे देशों में ऊँची ब्याज दरों व बेहतर मुनाफे की तलाश को रोक सकें।

राष्ट्र-राज्यों की आर्थिक दायरे में हस्तक्षेप करने की क्षमताएँ कम रहने के फलस्वरूप न केवल दुनिया भर के गरीब देशों में, बल्कि अमीर देशों में भी एक छोटा-सा गुट उत्तरोत्तर धनी और जनता के व्यापक हिस्से दिनों-दिन दरिद्र होते जा रहे हैं। अमीर और गरीब देशों के प्रभु वर्गों का टकराव काफी सीमित कर दिया गया है और दूसरी तरफ गरीबी एक भूमंडलीकरण परिघटना बन गई है। वह अपने सम्पूर्ण और सापेक्षिक, दोनों रूपों में मौजूद है। अंतर्राष्ट्रीय मुद्रा कोष, विश्व बैंक और विश्व व्यापार संगठन जैसी संस्थाएँ राष्ट्रों की सीमाओं से परे जाकर अपने प्रभाव का इस्तेमाल करती हैं। ये संस्थाएँ एक तरह के बहुराष्ट्रीय प्रभु वर्ग को ताकत देती हैं। स्पष्ट है कि राष्ट्रों के लिए नीतियाँ बनाने में केवल राष्ट्र-राज्यों की ही नहीं चलती। उनकी नीतियाँ, खासकर आर्थिक प्रबंधन से जुड़ी नीतियाँ, इन्हीं राष्ट्रेतर संगठनों द्वारा निर्देशित होती हैं और ये संगठन गोपनीयता और अलोकतांत्रिक माहौल में काम करना पसंद करते हैं। जनता के प्रति इनकी कोई जबावदेही नहीं होती। निश्चित रूप से यह कहना सार्थक होगा कि ये संस्थाएँ अब किसी विशेष राज्य के हितों की सेवा न करके सारी दुनिया में फैले एक बहुराष्ट्रीय प्रभुत्व वर्ग के हितों का ख्याल करती हैं। अतः इस प्रकार से स्पष्ट होता है कि आज विकासशील देशों के लिए लाभ एवं अवसरों की अपेक्षा खतरे अधिक हैं। रोजगार पर इसका सबसे अधिक असर पड़ा है। उदाहरण के लिए, एशिया के देशों में जहां 1997-98 मंदी का दौर था, बेरोजगारी दुगुनी हो गई थी। आज के श्रम-बाजार में मजदूरी सामान्यतः कम है। रोजगार के लिए तीव्र प्रतिस्पर्द्धा की स्थिति में अधिकांश देशों में श्रमिकों में सौदेबाजी की क्षमता कम हो गई है। संपूर्ण लैटिन अमेरिका और अफ्रीका में जो वास्तविक मजदूरी बीस वर्ष पहले मिलती थी, वह भी आज नहीं मिल रही है।

रोजगार के पर्याप्त अवसरों की उत्पत्ति में असफलता के कारण गरीबी घटने के आसार भी नजर नहीं आ रहे हैं। गरीबी में रहने वाले लोगों की संख्या 1990 के दशक के मध्य में कुछ घटी थी, परंतु फिर करीब-करीब सभी देशों में यह बढ़नी प्रारंभ हो गई है। इसका कारण यह नहीं है कि संपूर्ण संसार क्रमशः गरीब होता जा रहा है, बल्कि कारण यह है कि विकास का लाभ सामान्य रूप से नहीं मिल रहा है। वस्तुतः पिछले दशकों में असमानता में काफी वृद्धि हुई है। विकासशील देशों में धनी लोग सहजता से इस नए वातावरण के साथ सामंजस्य स्थापित कर सकते हैं, परंतु गरीब दिनों-दिन गरीब होते जा रहे हैं।

भूमंडलीकरण उदारीकरण की प्रक्रिया से घनिष्ठता से जुड़ा है। उदारीकरण, भूमंडलीकरण का आर्थिक तत्व है। यह एक प्रक्रिया है जिसके अंतर्गत एक अत्यंत नियंत्रित अर्थव्यवस्था

खुली दिखने वाली व्यवस्था के रूप में परिवर्तित की जाती है। नियंत्रण एवं संचालन को कम कर आंतरिक अर्थव्यवस्था को उदार बनाया जाता है। अधिकाँश कार्य क्षेत्रों से राज्य का महत्व घटाकर निजी उद्यमों तथा कंपनियों के लिए मार्ग प्रशस्त किया जाता है। सार्वजनिक इकाईयों को समाप्त कर व्यवसाय एवं उद्योग का निजीकरण होता है। मूलत: उदारीकरण का विचार इस सोच पर निर्भर है कि यदि राज्य का हस्तक्षेप कम हो तो अर्थव्यवस्था एवं समाज बेहतर बनेगा। इसे 'कम राज्य, अच्छा राज्य' जैसे नारों के द्वारा लोकप्रिय बनाया गया है।

अर्थव्यवस्थाओं में एकीकरण की इस प्रक्रिया को उदारीकरण तथा निजीकरण के द्वारा सुगम बनाया जाता है। दूसरे शब्दों में, विभिन्न देशों को अपनी अर्थव्यवस्था पर कम-से-कम सरकारी नियंत्रण रखकर उसे उदार बनाना होगा। उदारीकरण की नीति अर्थव्यवस्था की कार्यकुशलता पर जोर डालती है। निजी उद्यमों को सार्वजनिक उद्यमों की तुलना में अधिक निपुण माना जाता है। आधुनिक दुनिया में भूमंडलीकरण एवं उदारीकरण की प्रक्रियाएँ अत्यंत व्यापक एवँ गहरा प्रभाव डाल रही हैं। इस स्थिति में भारत भी इन प्रक्रियाओं की चुनौतियों का सामना कर रहा है। वर्ष 1991 से देश में काफी परिवर्तन हुए हैं। नियंत्रित एवं आँतरिक दृष्टि रखने वाली अर्थव्यवस्था, बाह्य दृष्टि वाली हो रही है। अधिकाँश कार्यक्षेत्रों में राज्य का स्थान निजी उद्यम ले रहे हैं।

वास्तव में भारतीय अर्थव्यवस्था ने मिश्रित अर्थव्यवस्था के मॉडल को स्वीकार किया है। मिश्रित अर्थव्यवस्था का तात्पर्य यहां पर दो क्षेत्रों से है–निजी तथा सार्वजनिक। क्षेत्र पूर्णत: राज्य के नियंत्रण में रहता है, जबकि निजी क्षेत्र में व्यक्तिगत स्वामित्व वाले उद्यम सम्मिलित हैं। भारतीय अर्थव्यवस्था में सार्वजनिक क्षेत्र की महत्वपूर्ण भूमिका रही है। अधिकांश कार्यक्षेत्रों में राज्य की उपस्थिति रहती आई है। राज्य का नियंत्रण एवं संचालन व्यापक रहा है और यह कई दृष्टियों से निजी क्षेत्र के उद्योगों को भी प्रभावित करता रहता है। बहुत से लाइसेंसों और परमिटों द्वारा निजी उद्योगों को नियंत्रित किया जाता रहा है। वास्तव में यह तरीका इतना व्यापक रहा है कि इसको अक्सर 'कोटा-परमिट राज' कहा जाता था।

संचालन और नियंत्रण की इस व्यवस्था पर उदारीकरण के समय चोट की गई है। भारत में 1991 के आसपास अर्थव्यवस्था में कई संरचनात्मक परिवर्तनों के द्वारा उदारीकरण की प्रक्रिया का शुभारंभ हुआ। नीतिगत सुधारों ने अर्थव्यवस्था को उदार बना दिया है। सुधारों के पहले चरण (1991-94) में व्यापार और उद्योग से नियंत्रण एवं संचालन को विघटित करने पर ध्यान दिया गया है। कर एवँ सीमा-शुल्क को घटाया गया है। इन सभी कदमों ने घरेलू तथा विदेशी, दोनों निजी निवेशों के लिए उपयुक्त वातावरण का निर्माण किया है। इस प्रकार उदारीकरण के कारण अनुदार अर्थव्यवस्था का, उदार एवं निर्यातोन्मुखी अर्थव्यवस्था में रूपांतरण हुआ।

सुधार के दूसरे चरण में उदारीकरण तथा निजीकरण की प्रक्रिया और भी तीव्र हुई है। इस चरण में दो मुख्य बातें हो रही हैं–प्रत्यक्ष विदेशी निवेश को अधिक बढ़ावा दिया जा रहा है तथा सार्वजनिक क्षेत्र के आकार को छोटा किया जा रहा है। भारत एक बड़ा बाजार है। सभी प्रकार के परिमाणात्मक अवरोधों को 1 अप्रैल, 2001 से समाप्त कर दिया गया है तथा अब बाजार विदेशी माल के लिए खुला हुआ है। सार्वजनिक क्षेत्र के उद्यमों में न केवल

विनिवेश प्रारंभ हो गया है, बल्कि कई निगम निजी उद्यमियों को बेच भी दिये गये हैं। हाल में सूचना तकनीक के क्षेत्र में भारतीय व्यवसायियों की गुणवत्ता सिद्ध हो चुकी है, जिनकी माँग विश्व के विकसित देशों में काफी है। यह अपेक्षा की जा रही है कि आने वाले वर्षों में सूचना तकनीक से संबंधित सेवाओं से अर्थव्यवस्था को बढ़ावा मिलेगा।

उदारीकरण के समय की उपलब्धियों के होते हुए भी आगे संकटपूर्ण चुनौतियाँ खड़ी हैं। गरीबी सबसे महत्वपूर्ण चुनौती के रूप में कायम है। करीब 26.10 प्रतिशत लोग आज भी गरीबी रेखा के नीचे हैं। रोजगार की स्थिति भयंकर एवं गंभीर बनी हुई हैं। पिछले दशक में नौकरियों से काफी छँटनी हुई है, क्योंकि कँपनियों ने अपने आकार को या तो लघु बनाया है या प्रतिस्पर्धा की कठोरता का सामना करने के लिए वे एक–दूसरे से मिल गए हैं। यह तब हो रहा है जब भारतीय अर्थव्यवस्था पर्याप्त रोजगार देने में समर्थ नहीं है। पूर्ण रोज़गार, संपूर्ण साक्षरता, प्राथमिक शिक्षा, स्वास्थ्य सेवा और सभी नागरिकों के जीवन स्तर की गुणवत्ता में सुधार जैसे चुनौती भरे कार्यों को पूरा करना अभी शेष है।

आर्थिक भूमंडलीकरण न केवल राष्ट्रों के बीच आर्थिक संबंधों को जटिल बनाता है, बल्कि यह आर्थिक सत्ता को बहुराष्ट्रीय निगमों के हाथ में केंद्रित करता है। आर्थिक सत्ता का यह केंद्रीयकरण राजनीतिक एवं सामाजिक सत्ता को भी समेट लेता है। इस प्रकार भूमंडलीकरण सामान्य नागरिकों के सामाजिक तथा आर्थिक अधिकारों को सीमित करता है। यह सामाजिक नीति पर प्रभाव डालता है तथा राज्य की भूमिका को कम करता है। विकासशील देशों की जनता कृषि, सेवाओं तथा पेटेंट अधिकारों जैसे सवालों पर चल रहे अंतर्राष्ट्रीय समझौतों से चिंतित हैं।

परंतु आज भूमंडलीकरण के सामने चुनौती है कि किस प्रकार नियमों तथा संस्थाओं को सशक्त बनाकर विश्व बाजार के लाभों को सुरक्षित रखा जाए। इन संस्थाओं को रूपांतरित करते समय देश को मानवीय एवं सामुदायिक संसाधनों के लिए पर्याप्त गुंजाइश छोड़नी होगी। यह सुनिश्चित करना आवश्यक है कि भूमंडलीकरण जनता के लिए हो, क्योंकि भूमंडलीकरण से उत्पन्न खतरे एवं चुनौतियों के बावजूद कोई भी देश भूमंडलीकरण के अभियान को रोकने में सक्षम नहीं हो पायेगा।

अध्याय

5

खाद्य संकट: चुनौतियाँ और संभावनाएँ

रूपरेखा

खाद्यान्न संकट की प्रवृत्तियाँ:

- उपलब्धता में कमी, मूल्यों में वृद्धि
- WFP एक महासंकट की दिशा में संकेत
- वर्ष 2030 खाद्यान्नों की वैश्विक माँग दुगना होने की संभावना
- विश्व के 36 देशों में इस संकट का प्रभाव, 21 देश अफ्रीका के।

कारण:

- जनसंख्या वृद्धि
- उत्पादन में कमी
- उत्पादन में गिरावट
- परिवहन लागत में वृद्धि
- ईंधन लागत में वृद्धि
- भूमंडलीय तापन, वनों का क्षरण, सूखा

भूख का नवीन चेहरा:

- शहरी क्षेत्रों में भी खाद्य समस्या (भूख) का विस्तार: एक नवीन स्थिति
- कई जगहों (देशों) में खाद्यान्न उपलब्ध लेकिन लोग खरीदने में सक्षम नहीं

सामाजिक एवं कानून व्यवस्था की समस्या:

- खाद्यान्न संकट व उच्च कीमतों से विश्व के कई देशों में विरोध
- मैक्सिको तार्टिला में दंगे
- सेनेगल, मारिटानिया में अनाज की कीमतों को लेकर विरोध
- यमन में बच्चों द्वारा मार्च व विरोध
- लंदन में सूअर कृषकों का विरोध
- हैती में विरोध, लूट व दंगे
- गुयाना में चावल व चिकन की कीमतों के विरोध में कृषि श्रमिकों द्वारा दंगे।
- मिश्र में खाद्य दंगे

IAAH (International alliance against Hunger):

- 2002 में स्थापित।
- सरकारी व गैर-सरकारी क्षेत्रों का एक अन्तर्राष्ट्रीय संगठन
- FAO के पहल पर स्थापित
- उद्देश्य-वैश्विक खाद्यान्न समस्या से निपटने का प्रयास

कृषि तकनीकी व उर्वरकों के विकास के कारण 1960 के दशक से वैश्विक खाद्य उत्पादन में तीव्र वृद्धि हुई है, परन्तु फिर भी आज सम्पूर्ण विश्व में भूखे और कुपोषित व्यक्तियों की संख्या पहले की तुलना में कहीं अधिक हो गयी हैं। यह संख्या लगातार बढ़ती ही जा रही है। विश्व खाद्यान्न कार्यक्रम के अनुसार खाद्यान्नों का बढ़ता हुआ अभाव एक महासंकट का संकेत दे रहा है। विश्व बैंक ने अपने एक अध्ययन में पाया है कि सम्पूर्ण विश्व में करीब 800 मिलियन लोग भुखमरी से प्रभावित हैं। अगर हम इस अध्ययन के विवरणों पर नजर डालें तो हमें स्थिति की भयावहता समझ में आयेगी। इसके अनुसार विश्व के 36 देश खाद्यान्न संकट से गंभीर रूप से प्रभावित है, जिनमें से 21 देश दक्षिण अफ्रीका के हैं। विश्व खाद्य कार्यक्रम (WFP) के अन्तर्गत खाद्यान्न प्राप्त करने वाले विश्व के 78 देशों के 73 मिलियन लोगों के समक्ष आज इस संकट के कारण एक गंभीर चुनौती खड़ी हो गई है।

खाद्य संकट के कारण आज भूख का एक नया चेहरा सामने आया है। पहले भूख व गरीबी ग्रामीण क्षेत्रों से जुड़ी समस्या थी, आज उसका विस्तार शहरी क्षेत्रों में भी हो रहा है।

खाद्य संकट के लिए वैसे तो कई कारण जिम्मेदार हैं लेकिन तीव्र जनसंख्या वृद्धि ने इस समस्या को और भी भयानक बना दिया है। वर्तमान में जनसंख्या वृद्धि दर खाद्य पदार्थ उत्पादन में वृद्धि की दर से कहीं अधिक है। यह वृद्धि अल्पविकसित देशों में और भी अधिक है परिणामस्वरूप इस समस्या का प्रभाव भी उन देशों में अधिक है। विश्व बैंक के अनुसार वर्ष 2030 तक खाद्यान्नों की वैश्विक माँग दुगनी होने की संभावना है। इस समस्या से निपटने का सबसे पहला चरण जनसंख्या स्थिरीकरण होना चाहिए।

जब हम खाद्य आवश्यकता की बात करते हैं तो हमारा अभिप्राय केवल खाद्यान्न से नहीं होता है। मनुष्य की खाद्य आवश्यकता अन्न, फल, दूध, सब्जियाँ, माँस, अण्डे आदि सब मिल कर पूरा करते हैं यदि हम इनका समावेश न करें तो कुपोषण की स्थिति पैदा हो जाती है।

खाद्यान्नों के परिवहन की समस्या भी कहीं न कहीं खाद्यान्न संकट के लिए जिम्मेदार है। यह समस्या विकासशील व अल्पविकसित देशों में अधिक है। कई बार ऐसा सुनने में आता है कि कुछ स्थानों पर तो खाद्य संकट है और कहीं अत्यधिक उत्पादन व उचित भण्डारण के अभाव में खाद्यान्न नष्ट हो जाते हैं। कई बार अधिक परिवहन लागत भी इसके लिए जिम्मेदार होती है।

विकासशील देशों में जमाखोरी व कालाबाजारी भी एक बड़ी समस्या है। कुछ व्यापारी खाद्य पदार्थों का अवैध भण्डारण करते हैं तथा उन्हें बाजार में तब बेचते हैं जब उनका मूल्य अत्यधिक बढ़ जाता है।

उष्णकटिबंधीय क्षेत्रों में उचित भण्डारण न हो पाने के कारण काफी बड़ी मात्रा में खाद्यान्नों का नाश हो जाता है। इससे खाद्यान्न संकट को और बढ़ावा मिलता है। भूमण्डलीय ताप में वृद्धि होने से भी उत्पादकता पर प्रतिकूल प्रभाव पड़ा है। विशेषकर मानसूनी जलवायु वाले देशों में कृषि चक्र बहुत ही बुरी तरह से प्रभावित हुआ है। संयुक्त राष्ट्र संघ के अनुसार वनों के विनाश, सूखा, बाढ़, जलवायु परिवर्तन आदि कारणों से प्रतिवर्ष विश्व के बड़े उर्वर क्षेत्र का ह्रास होता है। जलवायु परिवर्तन के कारण ही वर्ष 2007 में ऑस्ट्रेलिया में इस शताब्दी का सबसे भयानक सूखा पड़ा इससे वहाँ गेहूँ उत्पादन में लगभग 60% की गिरावट आई। चीन में पिछले 7 वर्षों में अनाजों के उत्पादन में लगभग 10% की कमी आई है।

जलवायु संबंधी कारकों के अतिरिक्त सामाजिक-राजनैतिक कारक भी वर्तमान खाद्यान्न संकट के लिए जिम्मेदार हैं। इस तरह की समस्यायें विशेषकर अफ्रीका महाद्वीप में देखी जा रही हैं। नाइजीरिया की सरकार ने बियाफान लोगों के साथ तथा इथोपिया की सरकार ने इरीट्रियन लोगों के साथ भेदभाव करके कृत्रिम खाद्य संकट उत्पन्न किया, जिससे लगभग 6.5 लाख लोगों की मृत्यु हो गई।

विकासशील देशों में भूमि का वितरण बहुत ही असमान है। कृषि भूमि का अधिकाँश भाग कुछ प्रतिशत व्यक्तियों के अधिकार में है। इसका सबसे बड़ा उदाहरण बाँग्लादेश है जहाँ लगभग 9 प्रतिशत लोगों के हाथ में देश की कुल कृषि भूमि का लगभग 52 प्रतिशत भाग है।

खाद्य संकट के लिए जिम्मेदार कारकों में निर्धनता का भी महत्वपूर्ण स्थान है। वर्तमान भौतिकतावादी परिवेश में खाद्य सामाग्री उन्हें सुलभ है, जो उसके लिए भुगतान करने में सक्षम है न कि उन्हें जिनके लिए खाद्यान्न आवश्यक है।

खाद्यान्न संकट से निपटने का सबसे प्रभावी तरीका है कि उत्पादकता में वृद्धि की जाए। विश्व खाद्य एवं कृषि संगठन के अनुसार वर्ष 2010 तक विकासशील देशों की उत्पादकता में 55 प्रतिशत वृद्धि होने की संभावना है। फसलों की गहनता में वृद्धि, करके, उन्नतशील बीजों व उर्वरकों के प्रयोग तथा कृषि भूमि में वृद्धि करके इस उत्पादकता को और बढ़ाया जा सकता है। इसके साथ-साथ हमें जनसंख्या स्थिरीकरण के लिए भी प्रयास करना होगा

क्योंकि यदि उत्पादकता व जनसंख्या दोनों में वृद्धि होगी तब उत्पादकता की वृद्धि महत्वहीन हो जायेगी। इसके अतिरिक्त हमें नये खाद्य संसाधनों की भी खोज करनी होगी। वर्तमान में इसके लिए कई सफल प्रयास हो रहे हैं। समुद्री कृषि, उच्च प्रोटीन वाले खाद्य पदार्थों का विकास आदि इसी दिशा में प्रयास है।

वर्तमान खाद्य संकट से निपटने के लिए कई अन्तर्राष्ट्रीय प्रयास जारी हैं। संयुक्त राष्ट्र संघ के द्वारा अप्रैल 2008 में इस संकट के समाधान के लिए एक कार्यदल की घोषणा की गई। खाद्य एवं कृषि संगठन ने जून 2008 में विश्व खाद्यान्न संकट पर एक उच्चस्तरीय अन्तर्राष्ट्रीय सम्मेलन का आयोजन किया। इस सम्मेलन में जलवायु परिवर्तन की चुनौतियों पर भी चर्चा की गई। इस सम्मेलन में विश्व के निर्धनतम देशों के कृषकों को बीज प्रदान किये जाने के लिए 1.7 बिलियन डॉलर की योजना बनाई गई।

भारत के करोड़ों गरीब लोगों को भूख और कुपोषण से बचाने के लिए सब्सिडी युक्त कीमतों पर उपयुक्त मात्रा में अनाज उपलब्ध कराना देश की अनिवार्य आवश्यकता है। संयुक्त राष्ट्र खाद्य एवं कृषि संगठन (यू.एन.एफ.ए.ओ.) की रिपोर्ट के अनुसार, दुनिया के सबसे ज्यादा गरीब तथा भूख और कुपोषण से पीड़ित 23 करोड़ 30 लाख लोग भारत में हैं। देश में गरीब आदमी की आमदनी अनाज की मूल्य वृद्धि के अनुपात में नहीं बढ़ रही है। परिणामतः गरीब आदमी की अन्न उपलब्धता में कमी आ रही है और भुखमरी का खतरा बढ़ रहा है। इससे साफ है कि, देश को समाज के गरीब और असहाय वर्ग के लिए खाद्य सुरक्षा सुनिश्चित करने की डगर पर तेजी से बढ़ने की आवश्यकता है। अनाज की बढ़ती कीमतों से जब मध्यम वर्ग भी त्राहि-त्राहि कर रहा है, तब गरीब वर्ग पर महँगाई के बोझ और जीवन की चिंताओं की स्पष्ट कल्पना की जा सकती है।

सरकार का कहना है कि, देश की 28.5 प्रतिशत जनसंख्या से जुड़े 6.52 करोड़ परिवार गरीबी रेखा से नीचे हैं। खाद्य सुरक्षा विधेयक के तहत गरीबी की रेखा के नीचे रहने वाले वास्तविक गरीबों को खाद्य सुरक्षा का लाभ हर हाल में मिलना चाहिए। साथ ही खाद्य सुरक्षा कानून में गरीबी की रेखा से नीचे रहने वालों की सूची की समय-समय पर समीक्षा से जुड़े प्रावधान होने चाहिए, ताकि समय के साथ इसमें सुधार होता रहे। गरीबी रेखा से नीचे जीवनयापन कर रहे परिवारों के अलावा समाज के कमजोर वर्ग और किसी संकट की स्थिति में भारी मुसीबत में पड़ जाने वाले परिवारों को भी खाद्य सुरक्षा में लाभान्वित करने के प्रावधान होने चाहिए।

सरकार खाद्य सुरक्षा कार्य को कारगर ढंग से लागू करने के लिए जिस सार्वजनिक वितरण प्रणाली (पी.डी.एस.) का सहारा लेगी, उसे दुरुस्त करके भ्रष्टाचार रहित बनाने की बहुत बड़ी चुनौती है। यह वही राशन प्रणाली है, जिसके जरिए वितरित हो रहे अनाज का करीब 50 प्रतिशत तक हिस्सा कई राज्यों में कालाबाजारियों के हाथों में चला जाता है। इसके अलावा देश के बड़े हिस्से में सार्वजनिक वितरण प्रणाली का अस्तित्व ही नहीं है। इसलिए यह स्पष्ट है कि, सार्वजनिक वितरण प्रणाली को व्यापक, पारदर्शी, मजबूत एवं प्रभावी बनाना जरूरी है।

इन सभी रणनीतिक प्रयासों के साथ खाद्य सुरक्षा कार्यक्रम को सफल बनाने के परिप्रेक्ष्य में हमें ब्राजील के भुखमरी और गरीबी हटाओ कार्यक्रम से सबक लेना होगा। साल 2003 में

जब राष्ट्रपति लूला डी' सिल्वा ने ब्राजील की सत्ता संभाली थी, तब उन्होंने भुखमरी समाप्त करने के कार्यक्रम फोम जीरो यानी ''भुखमरी के अंत'' अभियान की शुरूआत की थी। इसके अंतर्गत 1.25 डॉलर प्रतिदिन से कम में जीवनयापन करने वाले प्रत्येक परिवार को हर महीने 18 डॉलर का अनाज कूपन दिया गया। इसी तरह ब्राजील ने कुछ समय पहले बोल्सा फेमिलिया अर्थात् पारिवारिक अनुदान नाम से गरीबी हटाओ कार्यक्रम शुरू किया। इस कार्यक्रम के तहत गरीब परिवारों को सीधे नकदी दी जाती है। विश्व बैंक ने भुखमरी और गरीबी हटाने के इन कार्यक्रमों को ब्राजील की मौन क्रांति कहा था, लेकिन इन कार्यक्रमों का महत्व अब धीरे-धीरे कम होता जा रहा है। भ्रष्टाचार और राजनीतिक दखल की वजह से लैटिन अमरीकी देशों के लिए मिसाल बन चुका गरीबी हटाओ कार्यक्रम ऐतिहासिक भ्रष्टाचार में डूबकर अपने उद्देश्य में नाकाम हो रहा है।

निश्चित रूप से देश के गरीबों को भूख की पीड़ा से बचाने के खाद्य सुरक्षा कार्यक्रम की सफलता के लिए हम ब्राजील की लगातार विफल हो रही योजनाओं से सबक ले सकते हैं। इस परिप्रेक्ष्य में यदि हम गरीबी की रेखा से नीचे रहने वाले वास्तविक परिवारों को चिह्नित करने में और सार्वजनिक वितरण प्रणाली को स्वच्छ और कारगर बनाने में सफल रहते हैं, तो खाद्य सुरक्षा कार्यक्रम देश के गरीबों को मुस्काराहट देने वाला उपयोगी कार्यक्रम सिद्ध हो सकता है।

अध्याय 6

भूमंडलीकरण और बाजारवाद से जूझती भारतीय भाषाएँ

रूपरेखा

- भूमंडलीकरण को परिभाषित करते हुए शुरूआत। किस प्रकार भूमंडलीकरण अर्थव्यवस्था के साथ जीवन के हर पहलू को प्रभावित करता है, इस बिन्दु के साथ विस्तार।
- इस बात का विशद उल्लेख हो कि बाजारवाद के युग में न सिर्फ भारतीय भाषाओं का बल्कि अन्य देशों की क्षेत्रीय भाषाओं का भविष्य भी किस प्रकार खतरे में है। बाजारवादी संस्कृति की उस कुचेष्ठा का विवरण भी अपेक्षित है। जिसके तहत पहले क्षेत्रीय भाषाओं और बोलियों के जरिए लोगों तक पहुँच बनाई जाती है फिर धीरे-धीरे उनके स्वरूप को विकृत किया जाता है और एक 'रीमिक्स' संस्कृति जबरन थोपने की साजिश रची जाती है।
- इसके साथ ही उन पहलुओं को भी उजागर करना आवश्यक है। जिनके चलते बहुराष्ट्रीय कंपनियाँ भी क्षेत्रीय भाषाओं में अपने विज्ञापन तैयार करवाने को विवश हो रही हैं। साथ ही भूमंडलीकरण के चलते भारतीय भाषाओं को मिलने वाले लाभ का उल्लेख भी समीचीन है, जैसे–भाषा की गतिशीलता, सरल भाषा का अत्यधिक प्रसार, जिनके कारण संप्रेषणीयता में वृद्धि होती है, इत्यादि।
- अंत में भूमंडलीकरण के दौर में भी भारतीय भाषाओं का अस्तित्व किस प्रकार बचाए रखा जा सकता है। इसके विविध पहलुओं पर विचार करते हुए कुछेक सुझावों के साथ समापन।

भूमंडलीकरण संपूर्ण विश्व को एक ग्राम में तब्दील करने की अवधारणा है जहाँ कोई सीमा नहीं, कोई सरहद नहीं, कोई दीवार नहीं हो। ऐसे में भाषा के वैविध्य पर भी असर पड़ना लाजिमी है। अतः जब भाषा की विविधता पर ही असर पड़ा है तो भारतीय भाषाएँ भी अछूती नहीं रह सकतीं।

जहाँ तक भाषिक संस्कार का प्रश्न है, तो ये हमारे रक्त में इस कदर घुले होते हैं कि उनकी जड़ों को हिला पाना कठिन होता है। किसी भाषा को बोलने वालों की संख्या घट सकती है, लेकिन वह भाषा किसी-न-किसी रूप में बरकरार रहती है। करीब दो सौ सालों का साम्राज्यवादी शासन भी भारतीय भाषाओं को नष्ट नहीं कर सका। इस बात को ग्लोबलाइजेशन के झंडाबरदार भी समझते हैं। संभवतः यही वजह है कि बहुराष्ट्रीय कंपनियाँ भी बड़े पैमाने पर अपने उत्पादों के विज्ञापन न सिर्फ हिन्दी में तैयार करवा रही हैं, बल्कि उनमें क्षेत्रीय लहजा अपनाने पर जोर दे रही हैं। फिर यह भी सच है कि भूमंडलीकरण ने संवाद के कई नए रास्ते खोले हैं। इसमें भाषा के मुद्रित स्वरूप पर जरूर आघात पहुँचा है, मगर कुल मिलाकर भाषा समृद्ध ही हुई है। बाजार ने अपनी जरूरतों को ध्यान में रखकर हिन्दी जैसी भाषा को ज्यादा संप्रेषणीय बनाया है। इसने हिन्दी को नया लहजा दिया है, नए शब्द दिए हैं, उसमें एक प्रवाह पैदा किया है, हिन्दी और गतिशील हुई है। इतना ही नहीं, हिन्दी और सरलता की ओर अग्रसर है। जटिलता कम हुई है। फिर भूमंडलीकरण के दौर में अंतर्राष्ट्रीय स्तर पर जीवित रहने के लिए एक भाषा जरूरी है। एक भाषा इसलिए भी जरूरी हो गई है कि हम ऐसे समय में रह रहे हैं, जिसमें समस्याएँ एक हो गई हैं, साझा हो गई हैं। जिन चीजों का लाभ ले पाने में हम संकट का अनुभव करने लगे थे, संचार की भाषा ने उससे मुक्ति दिलायी है।

एक मुश्त, एक भाषा में इतना बड़ा बाजार कहीं नहीं है। विश्व पूँजी नियंता बहुराष्ट्रीय निगमों की समझ साफ है कि अगर किसी ब्राँड को अखिल भारतीय बाजार देना है, तो उसे हिन्दी में 'लाँच', करना है। जनसंख्या ने सबको समझा दिया है कि अगर देश का शासक बनना है तो हिन्दीजनों के बीच पैठ होनी चाहिए। यह नया सांस्कृतिक स्तर है जो पिछले दस-पंद्रह साल में सक्रिय हुआ है। इस तरह बाजारवाद ने हिन्दी को सबकी 'पहली संपर्क भाषा' बना डाला है। बहुराष्ट्रीय निगम अपने यहाँ अँग्रेजी के साथ हिन्दी जानने वालों को रखने की बात करते हैं। उनका मानना है कि वे कारपोरेट या सरकार से अँग्रेजी में निपट सकते हैं, लेकिन गाँव कस्बे की हिन्दी वाली जनता से तो उसी के मुहावरे में निपटना होगा। उपभोक्तावाद ने हिन्दी को विश्व में तीसरा दर्जा दिलाया है। यह दरजा जनसंख्या, मार्केट और मीडिया ने दिलाया है। भूमंडलीकरण ने दिलाया।

वर्तमान समय बाजारवाद का है। मानव मूल्य के साथ-साथ जीवन का प्रत्येक क्षेत्र बाजारवाद से प्रभावित है। प्रत्येक गतिविधि व्यावसायिक दृष्टिकोण या तो स्वतः अपना रही है या अपनाने को मजबूर है। साहित्य, संगीत, कला, विज्ञान, दर्शन, सभी पर प्रत्यक्ष प्रभाव व्यावसायिकता का दिखाई पड़ रहा है। कहने को तो पूरा विश्व 'एक गाँव' में तब्दील हो चुका है, परन्तु अंतर्मन की दूरियाँ बहुत बड़ी हैं। व्यवस्था ऐसी होती जा रही है जिसमें अमीर-गरीब के बीच ध्रुवीकरण स्पष्ट प्रतीत हो रहा है। संसाधनों का अविवेकपूर्ण हस्तांतरण सम्पन्न राष्ट्र अपने पक्ष में करते चले जा रहे हैं। ऐसे समय में विकासशील देशों की

सांस्कृतिक तथा साहित्यिक अस्मिता दाँव पर लगी हुई है। सूचना प्रौद्योगिकी के विकास के साथ अन्य भाषाओं पर व्यवसायिकता के दृष्टिकोण से अँग्रेजी का पलड़ा बहुत भारी रहा है। बल्कि वह आर्थिक, सामाजिक तथा सांस्कृतिक शोषण का माध्यम भी बन गई है। तथाकथित विदेशी पूँजीनिवेश, आर्थिक परावलम्बन एवं अपसंस्कृति को अनिवार्य रूप से लेकर चलता है। उपभोक्तावाद का प्रचार-प्रसार भूमंडलीकरण की प्रमुख शर्त है। दुनिया के अल्प-विकसित देशों के बाजारों पर कब्जा करने के साथ वहाँ की जीवन दृष्टि को पश्चिमी दृष्टिकोण के अनुसार ढालने का कार्य बहुराष्ट्रीय कंपनियाँ अँग्रेजी भाषा के सहारे कर रही हैं। अति उत्पादन तथा मंदी से ग्रस्त विकसित देश अपने उत्पादों को खपाने के लिए बाजार की तलाश में हैं। विकसित देशों में उपभोग का स्तर संतृप्तावस्था में पहुँच चुका है। अत: विकसित देशों को विकासशील देशों के बाजारों में पहुँचना अधिक सुगम लग रहा है। पिछले दशक में विकसित देशों की बहुराष्ट्रीय कंपनियाँ, विकासशील देशों के बाजारों के बहुत बड़े हिस्से पर अपना दायित्व स्थापित कर चुकी हैं। विश्व बैंक, अंतर्राष्ट्रीय मुद्रा कोष, विश्व व्यापार संगठन, आदि संगठनों ने बहुराष्ट्रीय कंपनियों की इस कार्य में खूब मदद की है। बहुराष्ट्रीय कंपनियों ने सबसे पहले इन विकासशील देशों के निवासियों की दृष्टि को बदलने का कार्य किया। भारत इस प्रकार का ज्वलंत उदाहरण है।

भारत में 1991 में उदारीकरण की प्रक्रिया प्रारम्भ हुई। शिक्षा को बाजारोन्मुखी बनाने का प्रयास प्रारम्भ हुआ। प्रबंधन एवं कम्प्यूटर शिक्षा पर विशेष जोर दिया गया। लोगों को ऐसा सब्जबाग दिखाया गया कि एम.बी.ए. तथा एमसीए करने वाले सभी लोगों को अमेरिका, जर्मनी, इंग्लैंड में नौकरी मिल सकती है। अच्छी कक्षाओं की कान्वेंट स्कूलों तथा अँग्रेजी माध्यम की शिक्षण संस्थानों की बाढ़ सी आ गई। हिन्दी पढ़ने वाले तथा हिन्दी माध्यम के स्कूलों को हिकारत की निगाहों से देखने की प्रवृत्ति बढ़ी। अँग्रेजी भाषा अपने साथ ज्ञान कम, अपसंस्कृति ज्यादा लाई। प्राथमिक विद्यालयों में भी ऐसी नींव डाली जा रही है जिस पर पश्चिमीकरण की विशाल इमारत खड़ी हो सके। पश्चिमी विचारों को अल्पविकसित देशों पर थोपने के नाम को भूमंडलीकरण की संज्ञा दी जा रही है। पत्रकारिता में पश्चिमीकरण, लेखन में पश्चिमीकरण, संगीत तो पश्चिमी संगीत की प्रतिलिपि ही बनता जा रहा है।

लेखकों, पत्रकारों, अर्थशास्त्रियों का एक ऐसा समूह बन गया है जो भूमंडलीकरण के औचित्य को सिद्ध करने में अपनी पूरी ताकत झोंके हुए है। ये सभी बुद्धिजीवी बहुराष्ट्रीय कंपनियों के द्वारा प्रायोजित हैं, तथा उन्हीं के हित साधने में लगे हुए हैं। ऐसे समय में जब उपभोक्तावादी संस्कृति अपने पूरे उफान पर है, पूरा विश्व एकध्रुवीय हो चुका है। भारत स्वयं बहुराष्ट्रीय कंपनियों के द्वारा फैलाए हुए मकड़जाल में फँस चुका है। भारत की शिक्षा, संस्कृति, विचार, दर्शन, भाषा, सभी पर उपभोक्तावादी असर स्पष्ट रूप से दिखाई दे रहा है। ऐसे समय में हिन्दी भाषा के समक्ष यह अब तक की सब से बड़ी चुनौती है। इस चुनौती से निपटने की क्षमता हिन्दी में है। प्रथम तो व्यावसायिक प्रत्यागम तथा दूसरा अपसांस्कृतिक आक्रमण से भारतीय जनमानस की रक्षा करना। हिन्दी की ये दोनों भूमिकाएँ चुनौतीपूर्ण हैं।

भूमंडलीकरण के चलते उपजे संस्कृति एवं भाषाई संकट में बड़ा उथल-पुथल हुआ है। भूमंडलीकरण के कारण अँग्रेजी शब्दों के लिए हिंदी में शब्द गढ़ने और प्रचलित करने की

प्रवृत्ति अब नहीं देखी जा रही है। हिंदी की पत्र-पत्रिकाओं ने भी अब इस संदर्भ में मुँह मोड़ लिया है। दूरदर्शन चैनल तथा मीडिया भूमंडलीकरण के नाम पर भाषाई उत्तरदायित्व का निर्वाह नहीं कर पा रहे हैं। यह और आश्चर्यजनक है कि जो शब्द जनमानस में सरलता तथा सहजता से ग्राह्य हो रहे हैं, उनके स्थान पर अँग्रेजी के शब्द देवनागरी लिपि में लिखे जा रहे हैं। संस्कृत की अपार क्षमता को लोग भूल रहे हैं। इस बाजारवाद के चलते भाषा व संस्कृति का संकट हमारे सामने खड़ा नजर आता है।

संपूर्ण जनमानस की आकांक्षा को हिंदी अपने में समेटे हुए हैं। निज भाषा और स्वदेशी भावना के बिना कोई भी राष्ट्र दुनिया में शक्ति का झंडा नहीं लहरा सकता। भूमंडलीकरण ने देश की प्रत्येक भाषा एवं संस्कृति को आमूलचूल हिला दिया। पाब्लो नेरूदा की कविता इस संदर्भ में द्रष्टव्य है—सारी की सारी नदियाँ यदि मीठी हैं तब फिर सागर नमक कहाँ से पाता है। भूमंडलीकरण की पहल करने वाले देश में क्षेत्रीय भाषाओं की संख्या घटी है जो किसी भी देश की संस्कृति के लिए घातक है। लैटिन अमेरिका में आज भी यूरोपीय संस्कृति का दबाव है। जहाँ चार सौ भाषायें थीं, वहीं आँकड़ों के मुताबिक 108 बची हैं। भारतीय संस्कृति समन्वयवादी है। यह प्रवृत्ति मूल्यपरक है भोगवादी नहीं। पर भूमंडलीकरण और बाजारवाद के चलते भाषा व संस्कृति पर हमले और तेज हुए हैं।

लेकिन यह एक प्रकार का भ्रम ही है। सिक्के का दूसरा पहलू हिलाकर रख देने वाला है। भूमंडलीकरण की लगातार तीव्र होती आँधी ने भारतीय भाषाओं की बुनियाद हिला दी है। हमारी बोलियाँ पीछे छूटती जा रही हैं। नई पीढ़ी भूमंडलीकरण के अनुरूप अपने को बदल रही है। वह बोली को इसके उपयुक्त नहीं मानती। इसलिए उसने बोलियों से दूरी बना ली है। चूंकि भूमंडलीकरण एकरूपता का हिमायती है, संपूर्ण विश्व एक ग्राम है, तो स्वाभाविक है कि मानक भाषा एक होगी। जब मानक भाषा एक होगी तो जाहिर है वह अँग्रेजी ही होगी, हिन्दी तो हो ही नहीं सकती। जैसे एक राष्ट्र की भाषा के रूप में हमने हिन्दी को स्थापित किया, बोलियों को नहीं। वैसे ही विश्व की भाषा के रूप में अँग्रेजी स्थापित होगी, हिन्दी नहीं।

भले ही विश्व के तमाम विश्वविद्यालयों में हिन्दी की पढ़ाई होती है, लेकिन वह अँग्रेजी माध्यम में होती है या मानकीकृत हिन्दी में होती है, बोलियों वाली हिन्दी में नहीं, मानकीकृत हिन्दी में। वास्तव में ग्लोबलाइजेशन आंचलिकता, क्षेत्रीयता, स्थानीयता का धुर विरोधी है। ऐसे में देशज तत्वों पर संकट, आना स्वाभाविक है। बोलियाँ भी देशज तत्व ही हैं। इसलिए सहज ही बोलियों पर खतरा है।

असल में भूमंडलीकरण 'एक रास्ता' लाता है। एक रास्ता, एक विश्व, एक व्यापार, एक संस्कृति, सब कुछ एक। ऐसे में देश भर में जो एक भाषा रहेगी, वह रहेगी, बाकी समाप्त हो जाएगी। जो भाषा व्यापार के काम आएगी वही चलेगी, बाकी नष्ट हो जायेगी। फिर यह भी कि व्यापार की भाषा या बाजार की भाषा बनने के चक्कर में हिन्दी की मूल प्रकृति नष्ट होगी। वर्तमान फिल्मी 'रिमिक्स' गानों की तरह हिन्दी भी रिमिक्स हो जाएगी। तब यह तय कर पाना मुश्किल होगा कि क्या हिन्दी का अपना है और क्या गैर।

बाजारवाद और ग्लोबल विषय के इस दौर में जब अँग्रेजी का दबदबा लगातार बढ़ता जा रहा है तो एक सवाल यह उठता है कि आखिर हिन्दी की जरूरत किसे है? आज से

दस साल पहले जवान हुई वह पीढ़ी, जिसने गाँवों में टाट-पट्टी वाले स्कूलों में शिक्षा ग्रहण की, वह आज तक अँग्रेजी न जानने और न बोलने की कुंठा से मुक्त नहीं हो सकी है। देश की राजभाषा हिन्दी को लेकर वहां ऐसी कुंठाएँ उस पीढ़ी को चिंतित तो करती हैं, लेकिन देश परेशान नहीं होता। उनके परेशान होने की वजह भी नहीं है, क्योंकि उदारवादी संरक्षण में देश लगातार विकास कर रहा है।

भारत का जनसंख्या आयोग भले ही यह कहता रहे कि अगले दो दशकों में भारत गाँवों का देश नहीं रहेगा, अधिकतर लोग गाँवों में ही रहते रहेंगे। जनसंख्या आयोग के अनुसार करीब 65 फीसदी लोग आज भी अधकचरी अँग्रेजी सिखाने वाले स्कूलों की संख्या में काफी इजाफा हो गया है। इसके बावजूद वहाँ आज भी अँग्रेजी आशा नहीं बन पाई है। वहाँ बाजार हाट से लेकर आपसी संवेदनाओं की अभिव्यक्ति भी हिन्दी या कई बार बोलियों में ही की जाती है। यह सच है कि बाजारवादी घुसपैठ के बाद हमारे यहाँ अँग्रेजी का बोलबाला हुआ है। कुछ इस देश में अँग्रेजी का वर्चस्व पहले से ही रहा है, लेकिन बाजारवाद ने इस वर्चस्व को बढ़ाने में और मदद ही की है। अमेरिकी कॉरपोरेट जगत को अब पता चल गया है कि महानगरों में पैठ के बावजूद गाँवों तक उसकी पहुँच आ सकती है। अब खुदरा व्यापार को भी विदेशियों के लिए खोलने की चर्चा हो रही है। देर-सबेर ऐसा होने का अंदाजा लगा सकते हैं कि खुदरा व्यापार की दुनिया में कदम रखने वाली अमेरिकी कंपनी वालमार्ट बलिया अपना व्यापार करेगी? भारत जैसे देशों के लिए यह सच है कि अगर आपको यहां गाँवों तक पैठ बनानी है तो क्षेत्रीय बोलियों के सहारे ही यह राह तय करनी होगी। विदेशी कंपनियों को इसकी जरूरत महसूस होने लगी है।

वैसे भाषाएँ बाजार का विषय नहीं है। उससे ज्यादा संस्कृति और सामाजिक विकास की सतत धारा से जुड़ी होती हैं। संस्कृति के विकास के साथ भाषा समृद्ध वक्त के लिए हिन्दी को बाजार का विषय मान भी लें तो हिन्दी पर बाजार के नियम लागू नहीं किए जा रहे हैं। नियम होता है—एक उत्पाद को बेहतर बनाकर पेश करना। आज के मीडिया बाजार के लिए अगर हिन्दी को चाहिए कि वह अपने इस उत्पाद को निरंतर बेहतर बनाता रहे, लेकिन दुर्भाग्य से हिन्दी के साथ बाजार में ऐसा नहीं हो रहा है। दरअसल, हिन्दी के साथ सिर्फ छेड़छाड़ हो रही है और यह सब हो रहा है आमजन के नाम। सुनाई देता है—भाषा ऐसी हो जिसे रिक्शावाला भी समझ सके। ऐसा कहने वाले भूल जाते हैं कि हिन्दी के आँकड़ों के बावजूद हिन्दी दर्शक और पाठक की दुनिया बहुत बदल गई है। शिक्षा के जरिए जो लक्ष्य हासिल किया जाना था, वे हासिल न किए जा सके हों, पर इसका यह भी मतलब नहीं है कि हिन्दी अनपढ़ों और गँवारों की भाषा है। सरकार किस बैरोमीटर पर हिन्दी पाठक या दर्शक की समझ को नाप कर उसे संकुचित कर देती है? आज जिस भाषा का विस्तार मीडिया में हो रहा है, वह हिन्दी नहीं बल्कि अधकचरी हिन्दी है। ऐसे में यह सवाल पूछा जाना गलत भी है कि हिन्दी का विकास इसी तरह होगा? दुर्भाग्य की बात है कि बाजार और कॉरपोरेट के नियमों से जितना पश्चिमी दुनिया के देश बंधे हुए हैं, उतना हम भारतीय नहीं।

अध्याय 7

क्या हरित क्रांति ने देश की परंपरागत कृषि को तबाह कर दिया?

रूपरेखा

- भूमिकाः हरित क्रांति के संक्षिप्त परिचय के साथ भूमिका की शुरुआत। यहीं इस बात का भी उल्लेख करें कि परंपरागत कृषि का स्वरूप बिगाड़ने का जिम्मेदार इसे क्यों माना जाता है।
- हरित क्रांति के लाभः हरित क्रांति बनाम मानसून आधारित खेती - यहाँ विस्तार से दोनों का तुलनात्मक अध्ययन करना होगा, विश्लेषण के साथ। विभिन्न स्तरों पर होने वाले लाभ और हानि का उल्लेख करें- मसलन, आर्थिक, भौगोलिक, पर्यावरणीय इत्यादि।
- आलोचना क्यों होती है? अत्यधिक धन निवेश, प्राकृतिक असंतुलन को बढ़ावा देना, अत्यधिक जल दोहन से होने वाला नुकसान, पहले तो उत्पादकता में काफी वृद्धि हुई लेकिन अब लगभग ठहराव की स्थिति है। ऐसे बिन्दुओं की चर्चा करें।
- उपसंहारः उपसंहार में यह बताएँ कि कृषि के क्षेत्र में अतुलनीय विकास करने वाली इस योजना को तबाही का कारण बता देना ठीक नहीं होगा, लेकिन अति कहीं भी ठीक नहीं है। यदि अति से बचा गया होता तो इसके ऐसे नुकसान न देखने को मिलते। अभी भी कुछ बिगड़ा नहीं है, सबक लिया जाए तो उत्पादकता भी बढ़ी रहेगी और प्राकृतिक संतुलन भी बना रहेगा।

देश के लोगों का पेट भरने के लिए कभी खाद्यान्न का आयात करने वाले भारत में विज्ञान और तकनीक के प्रयोग से जब खेती का तरीका और उत्पादन में अप्रत्याशित बढ़ोत्तरी हुई तो

इसे क्रांति का नाम देना स्वाभाविक ही था। 1960 के दशक में देश के सिंचित एवं असिंचित कृषि क्षेत्रों में अधिक उपज देने वाले संकर तथा बौने बीजों के उपयोग से फसल उत्पादन में वृद्धि का जो तरीका अपनाया गया, वो बेहद कारगर रहा। खाद्यान्न के लिए दूसरे देशों का मुँह देखने वाला भारत इसी व्यवस्था के बाद खाद्यान्न के क्षेत्र में आत्मनिर्भर बन गया। वास्तव में हरित क्रान्ति भारतीय कृषि में लागू की गई उस विकास विधि का परिणाम है, जो 1960 के दशक में पारम्परिक कृषि को आधुनिक तकनीक द्वारा प्रतिस्थापित किए जाने के रूप में सामने आई। कृषि क्षेत्र में यह तकनीक एकाएक आई, तेजी से इसका विकास हुआ और थोड़े ही समय में इससे इतने आश्चर्यजनक परिणाम निकले कि देश के योजनाकारों, कृषि विशेषज्ञों तथा राजनीतिज्ञों ने इस प्रगति को 'हरित क्रान्ति' की संज्ञा प्रदान कर दी। हालांकि इसका दूसरा पक्ष यह भी रहा कि अधिक उत्पादन की उपलब्धि देखते ही देखते अत्यधिक उत्पादन पाने की लालसा में बदल गई, जिसके बाद में कई विनाशकारी प्रभाव भी देखने को मिले।

इस विधि को हरित क्रान्ति की संज्ञा इसलिये भी दी गई, क्योंकि इसके फलस्वरूप भारतीय कृषि निर्वाह स्तर से ऊपर उठकर आधिक्य स्तर पर आ चुकी थी। हरित क्रान्ति के फलस्वरूप देश के कृषि क्षेत्र में महत्वपूर्ण प्रगति हुई। कृषि आगतों में हुए गुणात्मक सुधार के फलस्वरूप देश में कृषि उत्पादन बढ़ा है, खाद्यान्नों में आत्मनिर्भरता आई है, व्यावसायिक कृषि को बढ़ावा मिला है और किसानों के दृष्टिकोण में परिवर्तन हुआ है। हरित क्रान्ति के फलस्वरूप गेहूँ, गन्ना, मक्का तथा बाजरा आदि फसलों के प्रति हेक्टेअर उत्पादन एवं कुल उत्पादकता में काफी वृद्धि हुई है। लेकिन विकासपरक मुद्दों के कई चिन्तक मानते हैं कि जिन किसानों के खेत पहले से ही सिंचाई सुविधा संपन्न थे, हरित क्रांति के जरिए उन किसानों को लाभ पहुँचाने की गरज से कृषि नीति बनाई गई। इस क्रांति के बारे में बुनियादी आलोचना यह है कि देश की खेतिहर जमीन का तकरीबन 60 फीसदी हिस्सा सिंचाई के लिए बारिश पर निर्भर है और इस हिस्से के लिए हरित क्रांति एकदम अप्रसांगिक है। मॉनसून आधारित खेती को नीतिगत स्तर पर कोई खास समर्थन हासिल नहीं है जबकि तथ्य यह है कि इसी मॉनसूनी खेती से देश के तिलहन उत्पादन का 90 फीसदी, खाद्यान्न उत्पादन का 42 फीसदी और दलहन उत्पादन का 81 फीसदी हासिल होता है।

इसमें कोई शक नहीं कि हरित क्रांति ने देश को उस वक्त खाद्यान्न के मामले में आत्मनिर्भर बनाया जब एक नवस्वतंत्र देश परंपरागत खेती और तेजी से बढ़ती आबादी की जरूरतों को पूरी करने के बीच की खाई को कम करने के लिए जोर लगा रहा था। ये वह वक्त भी था जब देश बारंबार पड़ने वाले सूखे और आकालों की विभीषिका को झेल रहा था और उसके सामने खाद्यान्न के क्षेत्र में आत्मनिर्भर बनने की बहुत बड़ी चुनौती थी। हरित क्रांति ने न सिर्फ देश को उस चुनौती से निपटने में मदद की बल्कि उसी वक्त गरीबों तक सस्ते खाद्यान्न पहुँचाने वाले सार्वजनिक वितरण प्रणाली जैसे विशाल तंत्र की नींव पड़ी।

लेकिन इन सबके बीच एक समस्या यह सामने आई कि देश की कृषि नीति महज वृद्धि के मानकों के बीच स्थिर रही और देश में एक बड़ा भूभाग सिंचाई की सुविधा से हीन उपेक्षित ही पड़ा रहा। हरित क्रांति के दौर में चली कृषि नीति में उन इलाकों में आजीविका की उपेक्षा और बदहाली हुई जहाँ देश के तकरीबन 80 फीसदी गरीब रहते हैं। हरित क्रांति

की सफलता के पीछे उन फसलों का हाथ है जो अधिकतम खाद और कीटनाशक की माँग करते हैं। एक बात यह भी है कि इससे जुड़ी ज्यादातर योजनाएँ उन्हीं किसानों को फायदा पहुँचाती हैं जिनके पास सिंचाई के साधन हैं। इसकी तुलना में मानसून आधारित खेती के इलाकों में किसानों को मिलने वाली सुविधा नगण्य है।

देश की आजादी के बाद नकदी फसलों की जगह गेहूँ चावल आदि के उत्पादन पर जोर बढ़ा और खाद्यान्न उत्पादन बढ़ गया। एग्रीकल्चरल एरिया प्रोग्राम नाम के कार्यक्रम के तहत परती भूमि को भी खेतिहर बनाया गया। मॉनसून आधारित खेती के इलाकों में 1980 के दशक में एग्रोक्लाइमेटिक नियोजन की शुरुआत हुई और फिर 1990 के दशक में उदारीकरण और मुक्त बाजार की व्यवस्था सामने आई। जहाँ तक बात हरित क्रांति के फायदों की है तो इसके विशद लाभ से इनकार नहीं किया जा सकता। प्रौद्योगिकी प्रधान खेती की शुरुआत पंजाब, हरियाणा, पश्चिमी उत्तर प्रदेश, आंध्रप्रदेश और गुजरात से हुई। बाद के समय में, साल 1980 के दशक से इस पद्धति की खेती का विस्तार देश के पूर्वी भागों में हुआ। इसके तहत उच्च उत्पादन क्षमता वाले बीजों का इस्तेमाल किया जाने लगा। गेहूँ के बीज का फिलीपींस से और धान के बीजों का मैक्सिको से आयात किया गया। इसके अतिरिक्त रासायनिक उर्वरकों का भी इस्तेमाल शुरु हुआ और सिंचाई के नए साधनों का इस्तेमाल अमल में आया। यह रणनीति तात्कालिक तौर पर सफल साबित हुई और खाद्यान्न का उत्पादन कई गुना ज्यादा बढ़ गया जिसका सकारात्मक असर तमाम छोटे और कुटीर उद्योगों पर भी पड़ा।

लेकिन, हरित क्रांति देश के एक सीमित इलाके में ही मौजूद रही और खेती के विकास के मामले में क्षेत्रवार विषमता का जन्म हुआ। यही नहीं, प्रौद्योगिकी और धन के अत्यधिक निवेश और इस्तेमाल की यह कृषि पद्धति टिकाऊ नहीं है। खेती की इस पद्धति ने प्रकृति की बाधाओं को पार करने के क्रम में प्रकृति के उन तत्वों का नाश किया है जो खेती के लिए जरुरी हैं। मध्यवर्ती पंजाब में आज भू-जल का स्तर खतरनाक स्तर तक नीचे गिर चला है। जिन इलाकों में हरित क्रांति हुई उनमें मानसून आधारित खेतिहर इलाकों की तुलना में खाद्यान्न उत्पादन कई गुना ज्यादा है लेकिन पिछले कुछ दशकों से हरित क्रांति वाले इलाकों में उत्पादकता ठहर गई है और कहीं-कहीं तो नीचे भी जा रही है। कहा जा रहा है कि हरित क्रांति के दौर की तकनीक जैसे- सिंचाई का विस्तार, उर्वरकों और कीटनाशकों का ज्यादा इस्तेमाल आदि अब कारगर साबित नहीं हो रहे हैं, बल्कि कृषि के समग्र स्वास्थ्य पर दुष्प्रभाव डाल रहे हैं। परंपरागत खेती की पद्धति में टिकाऊपन था लेकिन हरित क्रांति के दौर में खेती के लिए किसान बीज, खाद, कीटनाशक और मशीन के मामले में बाहरी स्रोतों पर निर्भर होते चले गए जबकि इन चीजों का स्थानीय परिस्थिति से मेल नहीं था। किसानों की परंपरागत ज्ञानराशि धीरे धीरे कमजोर पड़ने लगी।

जहाँ तक मॉनसून आधारित खेती का प्रश्न है तो इसे सुरक्षात्मक खेती भी कहते हैं। ऐसा इसलिए क्योंकि ऐसे इलाकों में वर्षा जल सिंचाई का अतिरिक्त स्रोत है, एकमात्र नहीं। यहां किसान जमीन की नमी को बचाए रखने की कोशिश में रहता है और वर्षा जल का संचयन करता है। यहां खेती में निवेश की ज्यादा जरूरत नहीं पड़ती और उत्पादकता भी एक सामान्य स्तर पर बनी रहती है। परंपरागत मॉनसून आधारित खेती जेनेटिक बेस और जैव विविधता के

हिसाब से अत्यंत समृद्ध रही है, प्रौद्योगिकी प्रधान खेती से यह खतरे में पड़ गई है। देश की खेतिहर जमीन का तकरीबन 60 फीसदी हिस्सा सिंचाई के लिए बारिश पर निर्भर है। यही नहीं, इसी मॉनसूनी खेती से देश के तिलहन उत्पादन का 90 फीसदी, खाद्यान्न उत्पादन का 42 फीसदी और दलहन उत्पादन का 81 फीसदी हासिल होता है। देश में कुल मूँगफली उत्पादन का 83 फीसदी हिस्सा और सोयबीन के कुल उत्पादन का 99 फीसदी हिस्सा तथा कपास उत्पादन का 73 फीसदी हिस्सा मॉनसून आधारित खेती के इलाकों से आता है।

हालांकि आर्थिक लाभ और विकास के लिहाज से देखें तो मॉनसून आधारित खेती परंपरागत उपयुक्त नहीं दिखती है। आज की स्थिति में केवल परंपरागत खेती के जरिए देश की विशाल जनसंख्या का भरण-पोषण हो जाएगा और किसान भी खुशहाल रहेगा, ऐसा संभव नहीं है लेकिन प्रौद्योगिकी आधारित तकनीक का कृषि उत्पादकता बढ़ाने के लिए अधिकाधिक इस्तेमाल भी बहुत लाभकारी नहीं होगा। कृषि वैज्ञानिकों के मुताबिक प्राकृतिक संसाधनों की भी अपनी एक सीमा है। अधिकाधिक दोहन करके हम उन्हें कम-से-कम में ही खर्च कर देंगे तो बाद में उनसे लाभ नहीं मिलेगा। इसलिए जरूरत इस बात की है कि प्रौद्योगिकी के इस्तेमाल से उपज ज्यादा लिया जाए लेकिन इस प्रक्रिया में यह भी ध्यान रखा जाए कि प्राकृतिक संसाधनों का इतना भी दोहन न हो कि आगे चलकर उनका अस्तित्व ही समाप्त हो जाए।

अध्याय 4

कितनी कारगर होगी दुनिया की सबसे बड़ी स्वास्थ्य योजना?

रूपरेखा

- भूमिका: भारत में स्वास्थ्य सेवाओं की मौजूदा स्थिति और ऐसी किसी बड़ी योजना की आवश्यकता के साथ निबंध की शुरुआत करें। यह भी बताएँ कि बजट में इसकी घोषणा की गई है लेकिन लागू करना कितनी बड़ी चुनौती है।
- योजना की प्रमुख विशेषताएँ: योजना के संदर्भ में जो मुख्य बातें हैं, मसलन- कितने लोगों को मिलेगा इसका लाभ, क्या शर्तें होंगी पात्रता की, किन अस्पतालों को शामिल किया जाएगा, कितनी धनराशि खर्च करने का लक्ष्य रखा गया है, इत्यादि
- भारत में स्वास्थ्य सेवाओं की स्थिति: इस बिंदु का सम्यक विश्लेषण करें। बताएँ कि स्वास्थ्य सेवाओं के हाल सरकारी और निजी क्षेत्र में कैसे हैं? जरूरत कितनी है और उपलब्धता कितनी है, ऐसे बिंदुओं का तुलनात्मक उल्लेख करें। अभी तक जो प्रमुख स्वास्थ्य योजनाएँ चल रही हैं उनका क्या हाल है, केंद्र स्तर पर भी और राज्य स्तर पर भी। हालांकि स्वास्थ्य राज्य सूची का विषय है, फिर भी केंद्र की भूमिका महत्वपूर्ण होती है, इसकी चर्चा भी करें।
- सफलता पर सवाल क्यों उठ रहे हैं? यह बिंदु भी विश्लेषण की माँग करता है। बताएँ कि ऐसा इसलिए है क्योंकि अब तक तमाम योजनाएँ महत्वाकाँक्षी होने के बावजूद अव्यवस्था और भ्रष्टाचार की शिकार हो गईं, ऐसे में सवाल उठना स्वाभाविक है।
- उपसंहार: कुछ सकारात्मक सुझावों और पुरानी योजनाओं की खामियों से सबक लेने के सुझाव के साथ निबंध को समाप्त किया जा सकता है।

भारत में स्वास्थ्य के क्षेत्र में काफी प्रगति करने, सरकारी और निजी क्षेत्र में बड़े अस्पतालों की सुविधा होने और केंद्र और राज्य सरकारों की ओर से बजट में अच्छी खासी धनराशि का आवंटन करने के बावजूद स्वास्थ्य सेवाओं की स्थिति संतोषजनक नहीं कही जा सकती है। सरकारी अस्पताल में ऑक्सीजन की कमी से बच्चे मर जाएँ या फिर निजी अस्पतालों में 'मृत व्यक्ति' को भी कई-कई दिन तक इसलिए भर्ती रखा जाए कि उसके परिवार वालों से धन वसूली की जा सके तो ये स्थितियाँ जहाँ स्वास्थ्य सेवाओं की बदहाली और दयनीयता को दिखाती हैं, वहीं इस क्षेत्र में व्याप्त भ्रष्टाचार और अमानवीय होती संस्कृति की ओर भी इशारा करती हैं। वित्तीय वर्ष 2018-19 भारत के करोड़ों लोगों को स्वास्थ्य सुविधाएँ उपलब्ध कराए जाने के लिए जिस राष्ट्रीय स्वास्थ्य संरक्षण योजना की घोषणा की गई है, उसे लेकर उत्साहित होना स्वाभाविक है लेकिन अब तक स्वास्थ्य सेवाओं और स्वास्थ्या बीमा के क्षेत्र में चल रही तमाम योजनाओं का जिस तरह से क्रियान्वयन हुआ है, उसे लेकर लोगों में संशय होना भी लाजिमी है।

स्वास्थ्य के क्षेत्र में भारत का रिकॉर्ड काफी खराब रहा है। भारत अपने जी.डी.पी. का सिर्फ एक प्रतिशत हिस्सा ही जन स्वास्थ्य सेवाओं पर खर्च करता है जो कि बाकी देशों के मुकाबले में काफी कम है। ग्रामीण इलाकों के लोग अपनी सेहत पर खर्च की जाने वाली एक चौथाई रकम का इंतजाम उधार लेकर या संपत्ति बेचकर करते हैं। उभरती हुई अर्थव्यवस्था वाले दूसरे देशों के मुकाबले भारत में बीमारियों का बोझ ज्यादा है, खास तौर पर गरीबों के बीच। ऐसे में बेहतर स्वास्थ्य सुविधाओं का न होना या उनका गरीब लोगों की पहुँच से दूर होना बेहद चिंताजनक है। मेट्रो शहरों को छोड़ दिया जाए तो अच्छे अस्पताल कम और गरीबों की पहुँच से बहुत दूर हैं। इन अस्पतालों में प्राथमिक सुविधाएँ गुणवत्तापरक नहीं हैं, निजी अस्पताल और क्लीनिक इतने महँगे हैं कि गरीब तबके के लोग इनकी शरण में नहीं जा सकते।

मोदीकेयर के रूप में चर्चित राष्ट्रीय स्वास्थ्य संरक्षण योजना के तहत दस करोड़ परिवारों को अस्पताल में भर्ती होने की स्थिति में पाँच लाख रुपये की चिकित्सा बीमा सुरक्षा दी जाएगी। इसमें तमाम सरकारी और निजी अस्पताल शामिल होंगे और इस योजना को अगले वित्तीय वर्ष में क्रियान्वित किया जाएगा। इस योजना का लाभ 10 करोड़ गरीब परिवारों अर्थात् 50 करोड़ नागरिकों को मिलने की बात कही जा रही है। सरकार का अनुमान है कि प्रत्येक परिवार के लिए मेडिकल बीमे का प्रीमियम लगभग 1100 रुपए होगा और इस योजना पर केंद्र सरकार के लगभग 11 हजार करोड़ रुपए खर्च होंगे। जानकारों के मुताबिक इतना बीमा देने के लिए सरकार को हर साल कुल सवा लाख करोड़ रुपये का प्रीमियम देना होगा जो केंद्र और राज्य सरकारों के सम्मिलित स्वास्थ्य बजट से भी अधिक है। वित्त मंत्री अरुण जेटली के मुताबिक ये दुनिया का सबसे बड़ा सरकारी वित्त पोषित स्वास्थ्य सेवा कार्यक्रम होगा। मौजूदा वित्तीय वर्ष में इस योजना के लिए दो हजार करोड़ रुपये का प्रावधान किया गया है। इस योजना का उद्देश्य भारत के सबसे गरीब 29 प्रतिशत लोगों, जो या तो गरीबी रेखा के नीचे रहते हैं या निचले-मध्यम तबके से आते हैं, को स्वास्थ्य सेवाएँ मुहैया कराना है।

वास्तव में जिन लोगों के लिए सरकार ये योजना ला रही है उन्हें वास्तव में इसकी बहुत जरूरत है। इन लोगों के पास स्थायी नौकरियाँ नहीं हैं, बहुत कम संपत्ति है और वे

ऊँची ब्याज दर वाले निजी कर्जों में फँसे हैं। ऊपर से उन्हें अपने स्वास्थ्य का खर्च भी खुद ही उठाना पड़ता है। ऐसे में इस तबके को सरकार की ओर से स्वास्थ्य सेवाएँ देना निश्चित तौर पर एक सही दिशा में उठाया गया कदम है। संघीय स्वास्थ्य सेवा योजनाओं और ऐसी ही जनवित्त पोषित स्वास्थ्य बीमा योजनाओं जिन्हें एक दर्जन से अधिक भारतीय राज्यों ने साल 2007 के बाद से लागू किया है और जिनके तहत अस्पताल में भर्ती मरीजों की देखभाल की जाती है, का रिकॉर्ड बहुत उत्साहवर्धक नहीं रहा है। शोधों और रिपोर्टों के मुताबिक इन बीमा योजनाओं के दायरे में आने वाले लोगों के स्वास्थ्य खर्चों में किसी तरह की कमी नहीं आई है। सरकारी अस्पतालों में जहाँ अधिकतर इलाज मुफ्त होता है वहाँ भी मरीजों को दवाइयाँ और अन्य उपभोग की वस्तुएँ निजी फार्मा स्टोरों से खरीदनी पड़ती हैं क्योंकि अस्पतालों के पास जरूरी दवाओं और चीजों की आपूर्ति ही नहीं है। साथ ही कई बार डॉक्टरों और नर्सों को अवैध भुगतान भी करना पड़ता है।

दरअसल, भारत का निजी स्वास्थ्य सेवा क्षेत्र बहुत हद तक अनियमित, अपारदर्शी और बहुत हद तक भ्रष्ट है, इसमें संदेह नहीं। यहाँ बिना किसी रोक-टोक के अधिक पैसा वसूला जाता है जिससे मरीजों और अस्पताल प्रबंधकों के बीच अक्सर विवाद भी हो जाते हैं। बहुत से लोगों का मानना है कि निजी अस्पताल गरीबों के लिए अधिक प्रतिकूल होते हैं और वो गरीबों के लिए आरक्षित किए गए बिस्तर भी उन्हें नहीं देते हैं। दूसरी ओर, उच्च गुणवत्ता वाले निजी अस्पताल या तो बड़े शहरों में हैं या कस्बों में। ऐसे में इस योजना के लागू होने के बाद ये देखना भी महत्वपूर्ण होगा कि देश के दूरस्थ इलाकों में रह रहे सबसे गरीब लोग नई बीमा योजना के तहत ऐसे अस्पतालों में किस तरह इलाज ले पाएँगे।

यहाँ एक बात और उल्लेखनीय है कि गरीबों की जेब पर सबसे ज्यादा असर बाहरी रोगी खर्चों से पड़ता है न कि अस्पताल में भर्ती होने के बाद के खर्चों से। यदि अस्पताल में भर्ती होने वाला खर्च बीमा के तहत कवर कर लिया जाएगा, तो भी अन्य खर्च के लिए गरीब आदमी किसका मुँह देखेगा, ये सोचने वाली बात है। ऐसे में सिर्फ अस्पताल में भर्ती होने के खर्चों को बीमे के दायरे में लाना पर्याप्त नहीं होगा। दक्षिण भारत के एक राज्य में ऑपरेशन के बाद से एक साल तक गरीब मरीजों को दवाइयाँ मुफ्त दी जाती हैं। इस बात को केंद्र सरकार के स्वास्थ्य बीमे में भी शामिल किया जा सकता है। इस नई योजना को प्रधानमंत्री नरेंद्र मोदी के समर्थक मोदीकेयर भी कह रहे हैं। अगर इसे सही रूप में लागू कर दिया गया तो जन स्वास्थ्य सेवाओं में क्रांतिकारी बदलाव आ सकता है और गरीबों के लिए हालात बदल जाएँगे। लेकिन 2008 में शुरू की गई ऐसी ही एक जनवित्त पोषित स्वास्थ्य बीमा योजना का मूल्याँकन बताता है कि इससे गरीब परिवारों को कोई खास आर्थिक सुरक्षा प्राप्त नहीं हुई। ये योजना 13 करोड़ लोगों को कवर करती है।

सरकार के मौजूदा आँकड़ों को देखें तथा इन्हें सही भी मानें तो अभी देश की महज 25 प्रतिशत आबादी ही सरकारी बीमा कवरेज में है। इस संबंध में ये बात भी कही जा रही है कि जितनी धनराशि सरकार इस बीमा योजना पर खर्च कर रही है, उतनी धनराशि में कई अच्छे अस्पताल बन सकते हैं जहाँ तक गरीबों की पहुँच आसान होगी। इसके अलावा अस्पतालों में डॉक्टरों की उपलब्धता और अन्य सुविधाओं पर यदि बेहतर तरीके से खर्च किया जाए तो

स्वास्थ्य सेवाओं में सुधार किया जा सकता है। जहाँ तक आम आदमी और खासकर गरीब आदमी का सवाल है तो उसके लिए आज भी सीधे अस्पताल में जाना और इलाज कराना कहीं ज्यादा आसान है, बजाय कि वह बीमा इत्यादि के झंझट में उलझे। सवाल ये भी उठाए जा रहे हैं कि इस योजना का लाभ जितना गरीबों को स्वास्थ्य सेवाओं के लिए मिलेगा, उससे कहीं ज्यादा लाभ बीमा कँपनियों को होगा।

यह ठीक है कि इस योजना को लेकर तमाम आशंकाएँ हैं और चूंकि पहले से ऐसा होता रहा है तो आशंकित होना स्वाभाविक भी है लेकिन ऐसा भी नहीं है कि व्यापक स्वास्थ्य बीमा योजना की देश को जरूरत नहीं है या फिर उसका लाभ गरीबों तक पहुँच नहीं पाएगा। इस तरह की योजना पहले से ही कुछ राज्यों में चल रही है लेकिन उसका पर्याप्त प्रभाव देखने में नहीं आया है, इसलिए उन कमियों से सबक लेते हुए इस योजना को लागू करना होगा। दूसरे, योजना के तहत निजी अस्पतालों पर यदि निर्भरता को कम करके सरकारी अस्पतालों की गुणवत्ता और सुविधाओं को भी बेहतर किया जाएगा और बीमा लाभ के लिए ऐसे ही अस्पतालों को चिह्नित करने पर ज्यादा जोर दिया जाए तो बहुत से तकनीकी, कागजी और व्यावहारिक दिक्कतें भी नहीं आएँगी।

अध्याय 9

मनरेगा के दस साल

रूपरेखा

- भूमिका: मनरेगा योजना की कुछ उपलब्धियों या फिर किसी एक रिपोर्ट इत्यादि से उसके बारे में शुरुआत कर सकते हैं। इसके अलावा हाल-फिलहाल इस योजना के बारे में आए किसी बड़े फैसले या किसी खबर से भी शुरू कर सकते हैं।
- योजना का अब तक का सफर: उपलब्धियों की चर्चा: योजना के अब तक के सफर की संक्षिप्त चर्चा। यहीं योजना के मुख्य बिंदुओं का भी संक्षेप में उल्लेख किया जा सकता है। फिर किस तरह से इसने लोगों को घर में ही रोजगार उपलब्ध कराया, पलायन को रोकने में कितनी मददगार हुई, स्थानीय श्रम का विकास पर क्या असर हुआ जैसे बिंदुओं की चर्चा। इन सबमें कितनी सफलता मिली और कितनी निराशा, इसका विश्लेषण करें।
- योजना की कमियाँ: योजना के क्रियान्वयन के स्तर पर जो भ्रष्टाचार की खबरें आए दिन आती हैं उनकी चर्चा और किस तरह से उन्हें दूर करने की समय-समय पर कोशिश की गई इसका भी उल्लेख करें। यहाँ सोशल ऑडिटिंग जैसी व्यवस्था का भी जिक्र करें और वो कितनी कारगर है ये भी बताएँ। ग्रामीण अर्थव्यवस्था के मुख्य आधार कृषि को इसने कितना प्रभावित किया है, उसका भी उल्लेख करें।
- मूल्याँकन: ग्रामीण लोगों का आर्थिक स्तर सुधारने के अलावा इस योजना से क्या गाँवों का सामाजिक ताना-बाना भी बदला है? सामाजिक स्तर

पर विभिन्न वर्गों, समुदायों इत्यादि के बीच क्या दूरियाँ कम हुई हैं और क्या किसी स्तर पर ये दूरियाँ बढ़ी भी हैं, इस पर चर्चा करें। योजना को किस तरह से और अधिक प्रभावी बनाया जा सकता है, इस बारे में भी कुछ बताएँ। मसलन, यदि श्रमिकों की कुशलता के हिसाब से उन्हें काम दिए जाएँ, कृषि के कार्यों में भी लगाया जाए और वृक्षारोपण जैसे अभियानों में भी उनकी सहायता ली जाए। जितना पैसा इस योजना पर खर्च हुआ, क्या इससे उस मात्रा में लाभ हुआ है, इस पर भी चर्चा करें।

- **निष्कर्ष:** अंत में ये बताने की कोशिश करें कि योजना में क्रियान्वयन के स्तर पर कुछ कमियां अवश्य हैं लेकिन ये दूर की जा सकती हैं। साथ ही यदि नीतिगत स्तर पर भी कुछ सुधार किए जाएँ तो इससे और बेहतर परिणाम हासिल किए जा सकते हैं।

ग्रामीण गरीबों को रोजगार की गारंटी देने वाली महत्वाकांक्षी योजना मनरेगा ने अब एक दशक का सफर तय कर लिया है। सवा सौ करोड़ की जनसंख्या वाले देश में ऐसी योजना के लिए इतना लंबा सफर तय करना किसी उपलब्धि से कम नहीं है। कानून बनने के बाद मनरेगा की शुरुआत फरवरी 2006 से हुई और तब से अब तक इस पर तीन लाख करोड़ रुपए से ज्यादा खर्च किए जा चुके हैं। शुरुआती दौर में योजना का मुख्य उद्देश्य गाँवों से शहरों की तरफ होने वाला पलायन रोकना था और लोगों को घर में ही रोजगार की गारँटी देना था। लेकिन अपने दस साल के सफर में इस योजना ने कई उतार-चढ़ाव भी देखे।

एक वक्त ऐसा भी आया, जब इस योजना के औचित्य पर भी सवाल उठने लगे। इसके पर्याप्त कारण भी थे। चूँकि मनरेगा का लाभार्थी वर्ग ज्यादातर अशिक्षित था, इसलिए लागू होने के साथ ही अधिकारों के दुरुपयोग की शिकायतें भी मिलीं। जिन लोगों पर रोजगार देने की जिम्मेदारी थी, उन्होंने इसे बखूबी निभाया, लेकिन कभी-कभी विचलन भी हुआ। अक्सर फाइलों से निकलकर धरातल पर आने वाली कई सरकारी योजनाएँ तंत्र का शिकार हो जातीं है, लेकिन मनरेगा के मामले में अच्छी बात यह रही कि यहां घाव के उपचार का दिखावा नहीं किया गया।

इसमें कोई संदेह नहीं है कि जन-आंदोलन के परिणाम के रूप में बनाया गया दुनिया का सबसे बड़ा गरीबी विरोधी यह कानून 22 फीसदी ग्रामीण घरों में रोजगार उपलब्ध कराने में सफल हुआ है। पाँच वर्ष पूर्व, जब यह कार्यक्रम चरम पर था, यह योजना लगभग हर तीन ग्रामीण घरों में से एक घर के लिए जीवन रेखा थी। लेकिन कार्यक्रम की क्षमता के अनुसार, इसका पूरा विस्तार होना अब भी बाकी है। 2005 में लागू की गई कानून के तहत, प्रत्येक वर्ष हर परिवार को 100 दिन रोजगार मिलने की गारँटी दी गई है, लेकिन पिछले दशक के दौरान औसतन, प्रत्येक मनरेगा परिवार को 45 दिनों का ही रोजगार प्राप्त हुआ है अर्थात गारंटी दिए गए समय का आधा ही मिल सका है। कानून यह भी कहता है कि श्रमिकों को

15 दिनों के भीतर ही उनके काम का भुगतान किया जाना चाहिए, लेकिन हर साल बड़ी संख्या में मजदूरी का भुगतान करने में देरी हुई है। यही नहीं, कई राज्यों में मनरेगा मजदूरी, अकुशल कृषि कार्य के लिए दी जा रही न्यूनतम मजदूरी की तुलना में कम है। यही कारण है कि श्रमिक, विशेषकर युवा, इसकी ओर आकर्षित नहीं होते हैं एवं मजदूरी के लिए शहरी इलाकों की तरफ पलायन करते हैं। फिर भी, यह सुरक्षा तंत्र उनकी सौदेबाजी की शक्ति को मजबूत करने में मददगार है, इसमें संदेह नहीं।

बावजूद इसके यदि सकारात्मक रूप में देखा जाए तो, बिना किसी भी स्पष्ट लक्ष्य-निर्धारण के इस कानून के तहत कार्यरत 40 फीसदी परिवार दलित और आदिवासी हैं। स्पष्ट है कि इनके घरों में गरीबी में कमी का श्रेय इस योजना को दिया जा सकता है। महत्वपूर्ण बात यह है कि, भारत के पुरुष प्रधान समाज में मनरेगा महिलाओं के सशक्तिकरण के लिए एक पथप्रदर्शक के रूप में उभरा है। 2014-15 में कम-से-कम 55 फीसदी मनरेगा श्रमिक महिलाएँ थीं एवं पिछले एक दशक में इनकी भागीदारी में 38 फीसदी की वृद्धि हुई है। यही नहीं, जनधन योजना से पहले ही मनरेगा के तहत करोड़ों बैंक खाते खोले जा चुके हैं जो कि महिलाओं द्वारा उनकी मजदूरी के लिए इस्तेमाल किया जाता है और शायद पुरुषों के बराबर होना उनके लिए पहली बार था।

दस वर्षों में इस योजना पर सवा तीन लाख करोड़ रुपये खर्च हो चुके हैं। लेकिन यह संतोष की बात है कि इसकी वजह से करोड़ों श्रमिक दिवसों का सृजन हुआ और बड़ी संख्या में लोगों को घर बैठे रोजगार मिल सका। सरकारी आँकड़ों के मुताबिक योजना की वजह से ही अनुसूचित जाति और जनजाति के श्रमिकों की संख्या में क्रमश: 20 और 17 फीसद की वृद्धि हुई। यही नहीं, इस योजना के तहत 65 फीसदी से ज्यादा काम कृषि और कृषि से जुड़ी गतिविधियों के रूप में हुए। इन दस वर्षों की यात्रा के दौरान मनरेगा के भ्रष्टाचार ने अंतिम जन को भी भ्रष्ट बनाया है, यह कटु सत्य है, लेकिन उससे भी बड़ा सकारात्मक सच यही है कि इस कानून ने अंतिम जन के पक्ष में सकारात्मक सामाजिक-आर्थिक प्रभाव दिखाने शुरु कर दिए हैं।

जो श्रमिक वर्ग अब तक मजदूर बनकर खेतों में काम करता था, वह अब हिस्सेदार व किरायेदार बनकर खेती करना चाहता है। मनरेगा में भले ही वह अभी अपनी शर्तों पर काम न कर पाता हो, लेकिन खेत मालिक की शर्तों पर काम करने की बजाय, वह अब अपनी शर्तों पर और अपनी मनमाफिक खेती करना चाहता है। इसमें वह सफल भी हो रहा है, क्योंकि भूमिधरों के पास मजदूरों का कोई विकल्प नहीं है। खेतिहर लोग भी समझने लगे हैं कि मजदूर ने अपनी महत्ता को पहचान लिया है। ऐसे में श्रम और श्रमिकों के महत्व का न सिर्फ मजदूरों को अहसास हुआ है बल्कि मजदूरी कराने वालों को भी हुआ है। जानकारों का तो यहां तक कहना है कि ग्रामीण मेहनतकशों की आर्थिक सबलता का यह दौर यदि जारी रहा, तो अगले एक दशक में यह योजना मजदूर को मालिक बनाने वाला अधिनियम साबित होगी। भारत के गाँवों के सामाजिक विन्यास में भी इसके दूरगामी परिणाम होंगे जो कि अभी से दिखने लगे हैं।

ऐसा नहीं है कि मनरेगा में सब कुछ अच्छा ही हुआ है। इस योजना के लागू होने के बाद से ही ऊपर से लेकर ग्रामीण स्तर तक जिस प्रकार भ्रष्टाचार का जाल बना, वह

बेहद चिंतनीय है। ऐसा शायद ही कभी हुआ हो कि भोला-भाला ग्रामीण समाज भी सरकारी भ्रष्टाचार का अंग बना हो। कभी जॉब कार्ड में धाँधली, कभी फर्जी नामों का मामला, कभी नाम होने के बाद काम न करने की शिकायतें जैसे मामलों में शामिल होकर ग्रामीण समुदाय भी भ्रष्टाचार की मुख्य धारा में शामिल हो गया। लेकिन यह भी सही है कि इस योजना के क्रियान्वयन के स्तर पर शिकायतें सामने आने के बाद फौरी तौर पर कुछ कदम उठाए गए और वक्त के साथ-साथ योजना के स्वरूप एवं संचालन में बदलाव भी हुए। यही वजह है कि मनरेगा 10 साल का लंबा सफर तय कर सकी।

दरअसल, मनरेगा को समझने में शुरुआती तौर पर कई गलतफहमियाँ भी हुईं। मसलन, कहा गया कि 100 दिनों के काम की गारंटी लोगों को आलसी बना देगी, इस पर होने वाला भारी-भरकम खर्चा पाटने के लिए विकास से समझौता करना पड़ेगा, आदि। राजनीतिक दलों से लेकर सामाजिक संगठनों तक ने मनरेगा पर सवाल उठाए। यहाँ तक कि वर्ल्ड बैंक की तरफ से 2009 की अपनी रिपोर्ट में मनरेगा को विकास बाधा समझा गया। मगर समय के साथ-साथ जैसे-जैसे गाँवों में खुशहाली की तस्वीर सामने आने लगी, लोगों की सोच भी बदलने लगी। वर्ल्ड बैंक की 2014 की रिपोर्ट इसका सबसे बड़ा सबूत है, जिसमें मनरेगा को ग्रामीण विकास का शानदार उदाहरण बताया गया। ये बात भी अब पूरी तरह साफ हो गई है कि मनरेगा ने ग्रामीणों को आलस नहीं बल्कि मेहनत करना सिखाया है।

मनरेगा के तहत महज हाजिरी ही मजदूरी का आधार नहीं है, निर्धारित काम के पूरा होने पर ही न्यूनतम मजदूरी दी जाती है। यानी अगर ग्रामीण आलसी हो जाएँगे तो उनकी उत्पादकता निर्धारित मानकों के अनुरूप नहीं रहेगी और इस स्थिति में उन्हें न्यूनतम मजदूरी से भी कम पैसे मिलेंगे। मनरेगा की एक और अच्छी बात है उसका स्वरूप, जिसके चलते केवल उसी वर्ग को फायदा पहुँच रहा है जिसे रोजगार की सबसे ज्यादा जरूरत है। सरल शब्दों में अगर कहें तो काम से जुड़ी शर्तें और कम मजदूरी ने उन ग्रामीणों को आकर्षित नहीं होने दिया, जिनके पास कमाई के अच्छे विकल्प हैं। ऐसे में न तो अनावश्यक रूप से योजना का दायरा बढ़ाने की जरूरत पड़ी और न ही जरूरतमंदों को काम के इंतजार में बैठना पड़ा।

हमारे राजनीतिक इतिहास में ऐसी कई योजनाएँ दर्ज हैं जिन्हें अच्छी होने के बावजूद महज इसलिए दफना दिया गया, क्योंकि उनकी नींव विरोधियों के कार्यकाल में डाली गई थी। हालांकि मौजूदा सरकार ने भी योजना के अस्तित्व पर सवाल उठाए थे लेकिन एक साल के भीतर ही उसने भी इस योजना के महत्व और इससे हुए लाभ को स्वीकार किया। सरकार ने मनरेगा के 10 साल पूरा होने के मौके पर इसकी उपलब्धियों को राष्ट्रीय गर्व और उत्सव का विषय करार दिया है। साथ ही इसकी मजबूती के लिए कदम उठाने की बात कही है। यह ठीक है कि इस योजना में अभी भी सब कुछ ठीक नहीं है। क्रियान्वयन के स्तर पर शिकायतें अभी भी आ रही हैं लेकिन जिस तरह से इसमें शिकायतों के बाद सुधार की कोशिशें की गई हैं, उसे देखते हुए योजना की आगे भी सफलता पर सवाल की गुंजाइश कम ही बनती है।

भाग 3

सामाजिक एवं सांस्कृतिक क्षेत्र

1. भारतीय समाज में सांस्कृतिक परिवर्तन 3.3
2. कन्या भ्रूण हत्या: एक अभिशाप 3.7
3. बाल श्रम भारत के विकसित देश होने की राह में अवरोध है 3.11
4. महिला सशक्तिकरण: दशा और दिशा अथवा महिला सशक्तिकरण: उपलब्धियाँ एवं चुनौतियाँ

   अथवा

   क्या शवित और अधिकार ही नारी मुक्ति में सक्षम हैं? 3.17
5. गरीबी अभिशाप है 3.22
6. आधुनिकीकरण और भारत

   अथवा

   भारत में आधुनिकीकरण अथवा आधुनिकता बनाम परंपरा 3.26
7. नक्सलवाद: आँतरिक प्रशासन को गंभीर चुनौती

   अथवा

   समस्या एवं समाधान 3.31
8. भारत में सामाजिक परिवर्तन : दशा और दिशा 3.37
9. आरक्षण: भारतीय समाज की मझधार 3.43
10. क्या मृत्युदंड समाप्त कर देना चाहिए? 3.47

11. युवा असंतोष

अथवा

आज की युवा पीढ़ी

अथवा

आज की युवा जीवन शैली

अथवा

दिग्भ्रमित युवा पीढ़ी 3.52

12. आतंकवाद : समस्या एवं समाधान 3.57

13. भारतीय समाज और बुद्धिजीवी 3.62

14. आंतरिक सुरक्षा के समक्ष चुनौतियाँ 3.67

15. आधुनिक समाज में नारी की स्थिति 3.72

16. सोशल मीडिया और आज का युवा 3.76

अध्याय 1

भारतीय समाज में सांस्कृतिक परिवर्तन

रूपरेखा

- वर्तमान में भारतीय समाज की क्या स्थिति है और संस्कृति में किस तरह के परिवर्तन दिखाई पड़ रहे हैं, उनके उल्लेख के साथ निबंध शुरू हो।
- विस्तार के क्रम में भारत की सुदृढ़ सांस्कृतिक परंपरा का विवरण। साथ ही यह भी उल्लेख करें कि एक उदार एवं लचीली सांस्कृतिक परंपरा के साथ किस तरह भारतीय संस्कृति पर अन्य देशों की सँस्कृतियों का प्रभाव पड़ा और अन्य देशों के साथ भारत के सांस्कृतिक आदान-प्रदान का विवरण।
- सांस्कृतिक समृद्धि के बावजूद भारतीय समाज में व्याप्त विसंगतियों का उल्लेख। किस तरह ये सामाजिक विसंगतियाँ सांस्कृतिक परंपरा को क्षीण कर रही हैं, उनका आलोचनात्मक विश्लेषण।
- तमाम घात-प्रतिघात सहने के बावजूद भारत की सांस्कृतिक परंपरा युगों-युगों से खुद को जीवंत बनाए हुए है और इन थपेड़ों ने इस परंपरा को झिंझोड़ा लेकिन उसकी जड़ों को हिलाने की इनमें शक्ति न थी अर्थात् जड़ें अत्यंत गहरी हैं। कमोबेश इसी विचार के साथ उपसंहार लिखना समीचीन होगा।

भारत में राजनीतिक, भौगोलिक और सामाजिक विविधता के साथ ही सांस्कृतिक विविधता भी विराजमान है। यह विविधता भी सदियों से परिवर्तनशील रहते हुए भी अपने मूल स्वभाव को सँजोए हुए देश को एकता के सूत्र में बाँधे रखने में सक्षम रही है। सांस्कृतिक अस्मिताओं का निर्माण धर्म, क्षेत्र और जातीयता के आधार पर हुआ है। हालांकि एक विशेष धर्म के अनुयायियों में विश्वास, उपासना पद्धतियों तथा कर्मकांडों के अतिरिक्त और कोई विशेष समानता दिखाई

नहीं देती। उपासना के रूपों और कर्मकांडों में भी संप्रदायगत और क्षेत्रीय भिन्नताएँ होती हैं। सांस्कृतिक दृष्टि से हिन्दू समरूप नहीं हैं और न ही मुस्लिम समरूप हैं और न ही अन्य धर्मों के लोगों में समरूपता है बल्कि क्षेत्रीयता के आधार पर समरूपता अवश्य दिखाई देती है। इसी तरह जनजातीय समूहों में जातीय संस्कृतियाँ प्रबल होती हैं। इस प्रकार भारत के वैविध्यपूर्ण सांस्कृतिक परिदृश्य में नियमित तथा अपरिवर्तनशील संरूपों को पहचानना और उनका विवरण दे पाना बहुत ही दुष्कर कार्य है।

देश के सांस्कृतिक परिदृश्य में अपने स्थानीय वैविध्य के साथ क्षेत्रीय संस्कृतियाँ अपने वैशिष्ट्य के कारण अलग दिखायी पड़ती हैं। लेकिन ये संस्कृतियाँ लगातार अपनी-अपनी शास्त्रीय परम्पराओं का हवाला देती रहती हैं–हिन्दू वेदों और शास्त्रों, मुसलमान कुरान तथा हदीस और ईसाई ओल्ड एवं न्यू टेस्टामेंट का। यह नमूना अपने आप में एक सामाजिक संरचना है। इसकी व्याख्या जीवन के बदलते संदर्भों के साथ बदलती रहती है और समय-समय पर यह अनेक प्रकार के सामाजिक-सांस्कृतिक और राजनीतिक आंदोलनों को प्रेरणा देती है। निश्चय ही कुछ समूहों, जैसे-जनजातियों, की केवल स्थानीय अथवा क्षेत्रीय संस्कृतियाँ होती हैं। उनके पास निज के शास्त्रीय संदर्भ मॉडल नहीं हैं।

क्षेत्रीय संस्कृतियों पर कम-से-कम तीन महत्वपूर्ण प्रभाव और हैं। ये हैं- पश्चिमीकरण, उदीयमान राष्ट्रीय सांस्कृतिक शैलियाँ तथा जन संस्कृति। स्वतंत्रता से पहले उच्च वर्ग तथा उच्च प्रशासनिक सेवा वर्ग ने कुछ पश्चिमी तौर-तरीके अपनाये थे। इस प्रभाव का विस्तार अब उच्च मध्य वर्ग तक तथा एक सीमित हद तक गाँवों में भी हो गया है। आजादी की लड़ाई के दौरान एक नयी राष्ट्रीय शैली का उदय हुआ, जिसके कुछ पक्ष अब भी कायम हैं। गाँधी टोपी तथा खादी अब भले ही खास अवसरों पर पहनी जाने वाली तथा प्रतीकात्मक वेशभूषा हो किन्तु उस समय जो तत्व विकसित हुए उनका देश की एकता में पर्याप्त योगदान था और उन्होंने इसकी संस्कृति को एक समानता प्रदान की। लोकप्रिय संस्कृति व्यापक रूप से जनसंचार का उत्पाद है। लोकप्रिय संस्कृति भी एक एकता प्रदान करने वाली कारक है। फिल्मों का प्रभाव जबर्दस्त रहा है। छवियों और रुझानों को नया स्वरूप देने में रेडियो और अब टी.वी. का भी हाथ रहा है। इसमें कोई संदेह नहीं कि आधुनिक मीडिया ने परंपरा तथा जनरुचि, दोनों का संवर्द्धन किया है। उनके द्वारा संप्रेषित कुछ शैलियों का देश के विभिन्न भागों में जनता के भिन्न-भिन्न वर्ग अनुकरण करते हैं।

समाज एवं संस्कृति किसी भी राष्ट्र की सुसभ्यता और समृद्धि के वास्तविक सूचक होते हैं। समाज यदि खुशहाल है–उसमें एकता और अखण्डता की भावना विद्यमान है तथा संस्कृति यदि सुसभ्य है-उसमें शांति तथा अहिंसा की प्रधानता के साथ सदाचरण और *वसुधैव कुटुम्बकम्* की भावना विद्यमान है, तो ऐसा माना जाता है कि यह राष्ट्र विकसित है और सुसभ्य है। भारत में सभ्यता एवं संस्कृति प्राचीन काल से ही समृद्ध रही हैं। हमारी सभ्यता एवं संस्कृति की नींव इतनी मजबूत थी कि प्राचीन काल से लेकर आधुनिक काल तक अनेक विदेशी सभ्यताओं एवं संस्कृतियों के सम्पर्क में आने तथा उनके बलप्रयोग के बावजूद हमारा सांस्कृतिक महल ढह नहीं सका। हाँ, लगातार आक्रमणों तथा जबरदस्त शोषण और अशिक्षा के कारण इस महल में कुछ दरारें अवश्य पड़ गईं। प्राचीन काल में शक, हूण, यवन आदि

आए, मध्य काल में तुर्क और मुगल आए तथा आधुनिक काल में फ्राँसीसी, डच, पुर्तगाली और अँग्रेज आए–हम भारतीयों ने *'वसुधैव कुटुम्बकम्'* और *'अतिथि देवो भव'* की मान्यता के आधार पर सभी को अपने यहाँ स्थान दिया और उनके साथ घुल-मिल गए। मध्य काल तक आने वाले सभी विदेशी भारत में आने के बाद यहीं के होकर रह गए (कुछेक अपवादों को छोड़कर), किंतु आधुनिक काल में पुर्तगालियों को छोड़कर शेष सभी विदेशी जातियों ने भारत को लूटने की ही कोशिश अधिक की। अँग्रेजों ने तो अपने लगभग दो सदियों के शासन काल में भारतीय समाज को 'फूट डालो और राज करो' की नीति के आधार पर तोड़-फोड़कर ही रख दिया। अपनी संस्कृति की सर्वाधिक प्रमुख विशेषता शांति एवं अहिंसा को आधार बनाकर ही हमने स्वतंत्रता भी प्राप्त की।

वर्तमान में भारत में सामाजिक परिवर्तन का मूल्याँकन किया जाए, तो इस क्षेत्र में महत्वपूर्ण परिवर्तन स्पष्टतया दृष्टिगोचर होते हैं। इसे यदि हम दो स्तरों–ग्रामीण एवं शहरी में विभाजित करके देखें, तो स्पष्ट हो जाएगा कि परिवर्तन किन परिस्थितियों में और किन कारकों के सहयोग से हुआ है। पूर्व में हमारे ग्रामीण समाज का स्वरूप, सामुदायिक एवं सांगठनिक था–उसमें भाईचारा तथा विभिन्न जातियों के बीच आर्थिक, सामाजिक एवं सांस्कृतिक क्षेत्र में परस्पर अन्योन्याश्रियता थी, किंतु स्वतंत्रता प्राप्ति के बाद से इनके स्वरूप में आमूल परिवर्तन हुआ है–अब ग्रामीण समाज ने राजनीतिक संगठन का रूप ले लिया है, अब वहाँ कटुता की भावना विद्यमान हो गई है। गाँवों में अब अलग-अलग जातियों के लोग अलग-अलग संगठनों की स्थापना कर अपनी जाति या संप्रदाय के बाह्य संगठनों से हाथ मिला रहे हैं, अर्थात् पूर्व का अंतर्मुखी गाँव अब बहिर्मुखी बनता जा रहा है। गाँवों में एक नवीन मध्यम वर्ग का जन्म हुआ है और इस मध्यम वर्ग ने राजनीतिक एवं आर्थिक क्षेत्र में अपनी सशक्त उपस्थिति दर्ज कराई है। इन वर्षों में पिछड़े वर्गों के लोगों में एक नवीन प्रकार की चेतना आयी है। दलित वर्ग ने भी अपनी अस्मिता की सुरक्षा के लिए आवाज उठानी शुरू कर दी है। इन वर्गों में वैचारिक स्तर पर तो जागरूकता आयी है, लेकिन आर्थिक दृष्टि से ये वर्ग अभी भी पिछड़े हुए ही हैं।

भारत के शहरी समाज में भी महत्वपूर्ण परिवर्तन हुए हैं। शहरों के उद्यमियों की जागरूकता में अत्यधिक वृद्धि हुई है। शहरी समाज में उच्च शिक्षा प्राप्त कर एक ऐसा मध्यम वर्ग उदित हुआ है, जो कौशल एवं योग्यता को प्रदर्शित करने की महत्वाकांक्षा रखता है। भारतीय समाज में जो एक महत्वपूर्ण परिवर्तन उल्लेखनीय है, वह है- पलायनवादिता। ग्रामीण क्षेत्रों से शहरी क्षेत्रों में बड़ी संख्या में लोगों का पलायन हुआ है। पलायनवादिता की यह प्रवृत्ति गाँवों में रोजगार की कमी के कारण विकसित हुई है। ग्रामीणों के इस पलायन से शहरों की स्थिति दयनीय हो गयी है। शहरों में एक ओर जहाँ शिक्षितों एवं व्यवसायियों का उच्चस्तरीय वर्ग निवास कर रहा है, वहीं गाँवों से आया अशिक्षित एवं निम्नस्तरीय वर्ग भी। इन पलायनवादियों ने शहरों के वातावरण को पूरी तरह से दूषित कर दिया है। वर्तमान भारत में शहरों एवँ गाँवों में जिस नए मध्यम वर्ग का उदय हुआ है, वह अत्यंत उपभोक्तावादी एवं स्वार्थी है। इस वर्ग को अपने विकास के सिवा और कुछ सूझता ही नहीं। उनकी इस प्रवृत्ति के कारण सामाजिक प्रतिबद्धता संबंधी मूल्य कमजोर पड़ते जा रहे हैं। इस प्रवृत्ति से आर्थिक प्रगति तो हो रही है, किंतु सांस्कृतिक दृष्टि से हम संकटपूर्ण स्थिति में पहुँचते जा रहे हैं।

भारतीय समाज में धार्मिक एवं सामाजिक स्तर पर भी यदा-कदा समस्याएँ उत्पन्न होती रही हैं। हमारे समाज में हिंदू-मुस्लिम संबंधों को लेकर चिंता करने वालों की भी कमी नहीं है। भारत-पाकिस्तान बँटवारे के बाद हिंदू-मुस्लिम संबंधों में जो तनाव आ गया था, वह अब कम जरूर हुआ है। हाल के दशकों में जिस नई पीढ़ी का जन्म हुआ है, उसके द्वारा हिंदू-मुस्लिम संबंधों को नए तरीके से परिभाषित किया जा रहा है। आज के समय में हिंदुओं एवं मुस्लिमों की कट्टरता की भावना समाप्त हो रही है और वे इस बात को समझने लगे हैं कि उनकी इस कट्टरता की भावना से देश और समाज का तो ह्रास हो ही रहा है, उनका अपना विकास भी अवरुद्ध है। इस नयी पीढ़ी में सांप्रदायिकता की भावना बहुत कम है और बिना वजह के तनावों में समय बर्बाद करने की बजाय विकास की ओर ज्यादा ध्यान दिया जा रहा है। भारत में हिंदू-मुस्लिम विद्वेष फैलाने में कुछ राजनीतिक शक्तियाँ भी सक्रिय रही हैं, किंतु यह भारत का सौभाग्य ही है कि ये राजनीतिक शक्तियाँ अपने उद्देश्यों में सफल नहीं हो पायीं।

यदि हम भारत में महिलाओं की स्थिति की संपूर्णता के साथ समीक्षा करें, तो यह तथ्य ही उभरकर सामने आता है कि अभी भी समाज में उनकी स्थिति बेहतर नहीं हुई है। अभी भी भारत के दो या तीन राज्यों में ही स्त्रियों का साक्षरता प्रतिशत अच्छा है। नौकरी या आर्थिक क्षेत्र में अभी भी महिलाएँ आत्मनिर्भरता हासिल नहीं कर पायी हैं। किंतु, महिलाओं की स्थिति पूर्वापेक्षा बेहतर हुई है, इस तथ्य से इनकार भी नहीं किया जा सकता। अब न केवल शहरों में, अपितु गाँवों में भी नारी-शिक्षा पर विशेष बल दिया जा रहा है। महिलाओं में स्वाभिमान की भावना जागृत हो उठी है और उन्होंने अपने आपको पुरुषों के समकक्ष स्थापित करना शुरू कर दिया है। अपनी मेहनत व लगन की बदौलत महिलाओं ने न केवल नागरिक सेवाओं में, अपितु सुरक्षा सेवाओं में भी अपनी सशक्त उपस्थिति दर्ज कराई है।

भारतीय संस्कृति के संबंध में कुछ लोगों का कहना है कि भारतीय संस्कृति पर रूढ़िवादिता हावी है-नवीनता के साथ परिवर्तनीयता का बिल्कुल अभाव है। इसी कारण इसका विज्ञान एवं प्रौद्योगिकी के साथ सामंजस्य स्थापित नहीं हो सका है। पाश्चात्य विद्वानों ने इस तरह के विचारों को प्रचारित-प्रसारित किया है। उनका कहना है कि भारतीय संस्कृति का संबंध इस दुनिया से न होकर किसी और दुनिया से है। लेकिन ऐसा नहीं है। भारतीय संस्कृति द्वारा निर्धारित जीवन-पद्धति के दो पक्ष हैं—पुरुषार्थ और आत्मसातीकरण। पहले पक्ष के अनुसार—धर्म, अर्थ, काम और मोक्ष मनुष्य जीवन के चार आधारभूत तत्व हैं। इनमें से किसी एक की भी कमी रह जाने से मानव जीवन निष्फल है—ऐसी मान्यता है भारतीय संस्कृति एवं दर्शन की। पाश्चात्य विचारकों ने 'मोक्ष' एवं 'काम' को प्रमुखता प्रदान कर 'कर्म' को गौण कर दिया और इसी कारण उन्हें भारतीय संस्कृति तथा विज्ञान एवं प्रौद्योगिकी में सामंजस्य नहीं दिखा। विज्ञान एवं प्रौद्योगिकी का भारत में सुदीर्घ इतिहास है और इसे सैन्धव काल से ही प्रामाणिक रूप में देखा जा सकता है। अँग्रेजों के दो सौ वर्षों के शासनकाल में इस क्षेत्र में थोड़ी-सी शिथिलता जरूर आयी थी, किंतु स्वतंत्रता प्राप्ति के बाद से हमने इस क्षेत्र में तीव्र गति से प्रगति की है और यह प्रगति तब खुद-ब-खुद सिद्ध हो जाती है, जब विज्ञान एवं प्रौद्योगिकी के कुछ क्षेत्रों में भारत से अनेक देशों द्वारा सहायता की पेशकश की जाती है।

अध्याय 2

कन्या भ्रूण हत्याः एक अभिशाप

रूपरेखा

- भारत में लिंगानुपात की स्थिति/ किस तरह से इसमें लगातार कमी आई है, इसका विवरण।
- इस कुप्रथा को ऐतिहासिक परिप्रेक्ष्य में भी संक्षेप में देखने का प्रयास हो और इसके पीछे विद्यमान विभिन्न कारणों की पड़ताल।
- आज के युग में भी कन्या भ्रूण हत्या जैसी कुप्रथा यदि रुकने का नाम नहीं ले रही है तो क्यों? यदि अशिक्षा को ही इसके पीछे बहुत बड़ा कारण माना जाता रहा है, तो आज शिक्षित समाज में भी बड़े पैमाने पर ये घटनाएँ क्यों हो रही हैं, इस पर व्यापक चर्चा।
- रोकने के लिए किए जा रहे विभिन्न उपाय। साथ में यह भी विवेचना करना अपेक्षित है कि बिना व्यक्तिगत स्तर पर दृढ़ इच्छाशक्ति के और व्यापक जागरूकता अभियान से सिर्फ कानून बनाकर इसे नहीं रोका जा सकता।

एक ऐसे समय में जबकि हम दावा कर रहे हैं कि देश और समाज में तार्किकता, शिक्षा, आधुनिकता और बराबरी बढ़ रही है, ठीक उसी समय लिंगानुपात संबंधी आँकड़े जब सामने आते हैं तो क्या ये सब दावे खोखले नहीं लगते? भारत में घटता लिंगानुपात एक ऐसी ज्वलंत समस्या बन गया है कि नर-नारी की समानता के दावे, इस संबंध में समाजसेवी संगठनों के प्रयास और सरकारी कदम सभी कुछ खोखले प्रतीत होते हैं। क्या है इस समस्या की वजह, आखिर क्यों आधुनिकता और लिंगानुपात एक दूसरे के विरोधी साबित हो रहे हैं, ये कुछ ऐसे प्रश्न हैं जो भारत के एक विकसित देश बनने की राह में अवरोध बनकर खड़े हैं।

यदि तुलनात्मक रूप से देखें तो भारत में 1901 में 1000 पुरुषों पर 972 महिलाएँ थीं जो 1991 में घटकर 927 रह गईं। हालांकि 2001 तक स्थिति में कुछ सुधार अवश्य हुआ जब लिंगानुपात 933 तक पहुँच गया लेकिन छह वर्ष तक की उम्र की लड़कियों का अनुपात यदि देखा जाए तो यह 1991 के 945 की तुलना में 2001 में सिर्फ 927 ही रह गया। इस संदर्भ में एक सोचनीय तथ्य यह भी है कि लिंगानुपात का ये घटता आँकड़ा भारत के अपेक्षाकृत संपन्न और शहरीकृत राज्यों जैसे हरियाणा, पंजाब, दिल्ली और गुजरात में कहीं ज्यादा भयावह तस्वीर पेश करता है। यूनिसेफ की एक रिपोर्ट की यदि मानें तो सुनियोजित तरीके से लैंगिक भेदभाव के कारण भारत में पाँच करोड़ लड़कियाँ और महिलाएँ लुप्त हो रही हैं। इसके अनुसार भारत में 1901 में जहाँ पुरुषों से सिर्फ तीस लाख महिलाएँ कम थीं वहीं 2001 में यह कमी बढ़कर 3.5 करोड़ हो गई।

भारत में लिंगानुपात में कमी का कोई एक कारण नहीं है। इसके बहुत-से कारण हैं जो आपस में इस तरह आंतरिक रूप से गुंथे हुए हैं कि उनमें से किसी अकेले एक कारण को बड़ी समस्या मानना मुश्किल हो जाएगा। इनमें से कुछ की जड़ें अतीत में बहुत गहरी धँसी हुई हैं, जिन्हें पहचानना और दूर करना बहुत ही कठिन है तो कुछ बिल्कुल नई और सूक्ष्म पर तेज धार वाली हैं। क्षेत्र, जाति, धर्म और भौगोलिक रूप से इनमें इतनी विभिन्नता है कि कहीं कोई कारण महत्वपूर्ण हो जाता है तो दूसरी जगह वही नगण्य।

यद्यपि भारत में प्राचीन काल से ही नारी को धार्मिक रूप से बहुत ही ऊँचा स्थान दिया गया है, उसे देवी माँ का दर्जा दिया गया है तथा पूजनीय माना गया है, परन्तु व्यवहार में प्राचीन काल से ही नारी पर विभिन्न प्रकार के विभेद जन्म से मृत्यु तक थोपे गये हैं। नारी को धार्मिक और आर्थिक रूप से दोयम दर्जे का माना गया है। उपनिषदों में यदि नारी को सुरा और पासे के समान बुरा बताया गया है तो लगभग सभी धार्मिक ग्रंथों में पुत्र के जन्म की कामना की गयी है। प्रारम्भिक पशुचारण और आगे चलकर कृषक समाज में स्वाभाविकत: पुरुष सामाजिक आर्थिक दृष्टि से अधिक उपयोगी समझे गये क्योंकि वे आर्थिक गतिविधियों के लिए वर्ष के बारहों महीने उपलब्ध थे और युद्धों के समय कबीलों की रक्षा करने में सक्षम थे। इन्हीं प्रारम्भिक अनिवार्यताओं ने पितृवादी व्यवस्था को जन्म दिया और इसे धार्मिक जामा पहना दिया गया। समय के साथ इनकी जड़ें गहरी फैलती गयीं। विद्वानों ने पुत्र जन्म की कामना के सामान्यतया तीन कारण निर्धारित किए हैं—आर्थिक उपयोगिता, सामाजिक-सांस्कृतिक भूमिका और धार्मिक कर्मकांड। पुत्र कृषि और व्यापार द्वारा परिवार के लिए धनार्जन करने और बुढ़ापे में माता-पिता का सहारा माने गये। साथ ही वे विवाह के साथ परिवार को काम करने के लिए एक अतिरिक्त सदस्य तथा दहेज भी दिलाने में सक्षम थे, जबकि पुत्री के होने पर विवाहोपरांत जहाँ परिवार में एक सदस्य की कमी होती थी वहीं उसे दिये जाने वाले दहेज के कारण आर्थिक रूप से हानि भी उठानी पड़ती थी। पितृवादी समाज व्यवस्था में पुत्र सामाजिक प्रतिष्ठा का द्योतक माना जाता रहा है। धार्मिक दृष्टि से कई ऐसे कर्मकांड हैं जिन्हें पुत्र ही सम्पन्न कर सकता है तथा मृत्यु के बाद पुत्र द्वारा किया गया अंतिम संस्कार, मुक्ति (मोक्ष) के लिए आवश्यक माना गया।

यद्यपि बीसवीं शताब्दी से पहले जन्म-पूर्व लिंग निर्धारण की कोई तकनीक प्रचलित नहीं थी फिर भी जन्म पूर्व और जन्मोपरान्त ऐसे उपाय व्यवहार में लाये जाते थे, जिनसे उनकी

संख्या में निरंतर कमी होती रहती थी। एक मान्यता यह थी कि यदि गर्भवती महिला के पेट में दाईं तरफ हलचल है तो उसके पुत्र तथा बाईं तरफ हलचल है तो पुत्री पैदा होगी। इस आधार पर बच्चे को जन्म देना है कि नहीं यह निर्णय लिया जाता था। कुछ जातियों, जनजातियों और क्षेत्रों में तो जन्म के तुरन्त बाद लड़कियों को मारने की परम्परा रही है। ज्यादातर समाजों में शिक्षा, भोजन और स्वस्थ रहने के अन्य उपायों में भी लड़के और लड़कियों में निरंतर भेदभाव किया जाता रहा है। बीमार होने पर सही समय पर दवा नहीं कराने और पोषण की कमी के कारण लड़कियों में मृत्यु दर हमेशा से अधिक रही है। बच्चा जनते समय पर्याप्त चिकित्सा सुविधा न होने तथा कई बच्चों के जनने से हुई कमजोरी के कारण महिलाओं में मृत्यु दर अधिक होने के कारण भी लिंगानुपात में कमी विद्यमान रही है। कुछ रोगों के प्रति महिलाएँ अधिक संवेदनशील होती हैं इसके कारण ऐसे रोगों के फैलने पर वे अपेक्षाकृत अधिक मरती हैं।

वर्तमान समय में शिक्षा का स्तर बढ़ने, विज्ञान-तकनीक के विकास और तेजी से सामाजिक-आर्थिक संबंधों में परिवर्तन के बावजूद लिंगानुपात में कमी के उपर्युक्त कारण तो विद्यमान हैं ही, साथ इस संकट को बढ़ाने वाले नये आयाम भी जुड़ गये हैं। बढ़ती दहेज प्रथा के कारण जहाँ तमाम बहुएँ मार दी जाती हैं वहीं इसी विकरालता के चलते लड़कियों को गर्भ में ही मारने की संख्या में तेजी से वृद्धि होती जा रही है। जन्म-पूर्व लिंग निर्धारण की तकनीकी सुविधा ने इस समस्या को बद से बदतर बनाने में भूमिका निभाई है। आँकड़ों से पता चलता है कि शहरी, सम्पन्न और पढ़े-लिखे क्षेत्रों में लिंगानुपात में तेजी से कमी आ रही है। भारत में विज्ञान तकनीक के बढ़ते प्रयोग, शिक्षा, वैश्वीकरण आधुनिकता आदि के बावजूद लोगों के भीतर पारम्परिक सोच बहुत ही गहरी पैठ बनाये हुए है और यही कारण है कि सम्पन्न क्षेत्रों में सबसे ज्यादा भ्रूण हत्या होती है। छोटा परिवार और सुखी परिवार ने लिंगानुपात के मामले में विपरीत भूमिका निभाई है। सुशिक्षित सम्पन्न जागरूक वर्ग, परिवार तो छोटा रखना चाहता है परन्तु लड़कों का व्यामोह नहीं छोड़ पाता, जिसके कारण विभिन्न साधनों का प्रयोग कर लड़की को दुनिया में आने से पहले ही समाप्त कर देता है।

भ्रूण हत्या तो एक बड़ी समस्या है ही परन्तु लिंगानुपात में कमी के पीछे मुख्य कारण लिंग पहचान कर भ्रूण हत्या है। ऐसा अनुमान लगाया गया है कि, प्रत्येक छठी कन्या को जन्म से पहले मार दिया जाता है। एक गैर-सरकारी सर्वेक्षण के अनुसार देश में प्रतिवर्ष एक करोड़ कन्याएँ जन्म लेती हैं जिनमें से लगभग 20 लाख को जन्म लेने से पहले ही मार दिया जाता है, यानि 20 लाख कन्या भ्रूण प्रतिवर्ष नष्ट कर दिये जाते हैं। परन्तु इंडियन मेडिकल एसोसिएशन का मानना है कि देश में प्रतिवर्ष लगभग 50 लाख कन्या भ्रूण नष्ट किए जाते हैं। ब्रिटिश मेडिकल जर्नल *'द लांसेट'* में 2006 के प्रारम्भ में बताया गया था कि पिछले 20 वर्षों में लगभग 1 करोड़ कन्या भ्रूण का गर्भपात कराया गया है।

ऐसा नहीं है कि सरकार इस गंभीर समस्या के प्रति निष्क्रिय है। कन्या भ्रूण हत्या रोकने के लिए कई कानून बनाए गए हैं और दंड के प्रावधान हैं। मेडिकल टर्मिनेशन ऑफ प्रेग्नेंसी (एम.टी.पी.) एक्ट के अनुसार यदि गर्भस्थ शिशु के बारे में यह पता चल जाए कि यह असामान्य है परिवार नियोजन के साधनों के उपयोग के बावजूद गर्भ में ठहर गया हो तो ऐसी स्थिति में गर्भपात कराना गैर-कानूनी नहीं होगा बशर्ते कि ये सारी प्रक्रियाएँ 20 सप्ताह

के भीतर हो जाएँ। सरकार ने सन् 1994 में एक और पहल करते हुए लिंग परीक्षण हेतु अल्ट्रासाउंड के प्रयोग पर पूरी तरह से रोक लगा दी है। जनवरी 1996 से लागू 'द प्रिनाटल डायगनोस्टिक टेक्निक्स (पी.एन.डी.टी.) एक्ट एडं रूल्स, 1994' द्वारा कन्या भ्रूण हत्या को प्रतिबंधित करने की पहल की गई है। नई तकनीकों के विकास और इसके क्रियान्वयन में आने वाली दिक्कतों को देखते हुए 2003 में इसे संशोधित कर और प्रभावी बनाया गया। इस कानून के तहत गर्भस्थ शिशु के लिंग की पहचान हेतु जाँच कराना, जाँच करना और इसे प्रचारित करना कानूनन अपराध है। इस कानून का प्रथम बार उल्लंघन करने वाले डॉक्टर अथवा व्यक्ति को 50 हजार रुपये तक के आर्थिक दण्ड के साथ-साथ तीन वर्ष कारावास की सजा दी जा सकती है। इसी तरह दूसरी बार उल्लंघन करने पर एक लाख रुपये का दंड और साथ ही पाँच वर्ष तक कठोर कारावास की सजा दी जा सकती है। साथ ही गर्भवती महिला को लिंग परीक्षण हेतु बाध्य करने वाले पुरुष अथवा महिला को भी दंड दिया जा सकता है। इस कानून के तहत जब तक दोषी न सिद्ध हो जाए गर्भवती महिला को निर्दोष माना जाएगा।

कन्या भ्रूण हत्या को रोकने के लिए पिछले कुछ वर्षों से राष्ट्रीय महिला आयोग, पी.सी.पी.एन.डी.टी. एक्ट को ठीक से अमल में लाए जाने के लिए सघन अभियान चला रहा है। आयोग ने कानून की समीक्षा कर इसे सरकार के पास भेजा है। महिला एवं बाल विकास मंत्रालय, राष्ट्रीय महिला आयोग और भारतीय चिकित्सा अनुसंधान परिषद के प्रतिनिधियों से निर्मित नेशनल इंस्पेक्शन एंड मॉनिटरिंग कमेटी कम शिशु लिंगानुपात (0-6) वाले जिलों का दौरा कर कानून के प्रभावी क्रियान्वयन पर बल देती है।

भारत में लिंगानुपात में कमी बहुआयामी समस्या का परिणाम है इसलिए इसके लिए कई दिशाओं में प्रयास करना होगा। उन कारणों को भी दूर करने का प्रयास करना होगा, जिनके कारण लोग कन्या जन्म से डरते हैं। इनमें से सबसे महत्वपूर्ण है विकराल रूप लेती दहेज प्रथा। सभी समस्याओं के लिए बने कानूनों को एक ओर तो सख्ती से लागू कराना होगा तो दूसरी ओर सामाजिक आंदोलन भी चलाना होगा और सबसे महत्वपूर्ण बात यह कि हमें इस बात को समझना, समझाना और महसूस करना होगा कि यह एक ऐसी समस्या है जिसकी वजह भी हम खुद हैं और इसका निदान भी हमसे ही संभव है।

अध्याय 3

बाल श्रम भारत के विकसित देश होने की राह में अवरोध है

रूपरेखा

- बाल श्रम की वर्तमान स्थिति। (या किसी समसामयिक घटना से जोड़कर भूमिका की शुरुआत)
- बाल श्रम से अर्थव्यवस्था में होने वाले योगदान और इसके प्रतिफल के रूप में बालकों के शोषण की भयानक तस्वीर का विवरण।
- बाल श्रम के प्रमुख कारणों पर गंभीरतापूर्वक विचार, जिनमें शोषकों और शोषितों दोनों की भूमिका का विवरण अपेक्षित है।
- बाल श्रम को रोकने के लिए संवैधानिक उपबंधों का समीक्षात्मक विवरण और उनके कार्यान्वयन में होने वाली परेशानियों का उल्लेख।
- अन्य सरकारी और गैर-सरकारी उपायों का विवरण दें, जो बाल श्रम को रोकने की दिशा में अब तक किए गए हों।
- इन कोशिशों के बावजूद यदि इस समस्या का समाधान पूरी तरह नहीं हो पा रहा है तो उसके पीछे क्या कारण हैं? इस संदर्भ में सरकारी प्रयासों की अपेक्षा इस विषय पर लोगों को व्यक्तिगत स्तर पर कितना सोचना आवश्यक है, उसे बताएँ।

नोबेल जैसा दुनिया का सबसे प्रतिष्ठित पुरस्कार मिलना किसी भी देश के लिए गौरव की बात होती है, लेकिन जब पुरस्कृत व्यक्ति की उपलब्धियों के पीछे एक ऐसी सामाजिक बुराई की परंपरा छिपी हो जो हमें आज भी मध्ययुगीन सोच से बाहर नहीं कर पा रही है, तो ऐसे में पुरस्कार की खुशी मानो काफूर हो जाती है। कुछ ऐसा ही हुआ पिछले दिनों जब कैलाश सत्यार्थी को पाकिस्तान की मलाला यूसुफजई के साथ नोबेल पुरस्कार देने की घोषणा हुई। कैलाश सत्यार्थी

को नोबेल पुरस्कार मिलना निश्चित तौर पर देश के हर नागरिक को गौरवान्वित करने वाला था, लेकिन बाल श्रम जैसी जिस सामाजिक समस्या से लड़ने के लिए उन्हें ये पुरस्कार दिया गया, वो समस्या न सिर्फ हर व्यक्ति को सोचने के लिए मजबूर करती है, बल्कि एक विकसित देश की ओर अग्रसर भारत जैसे देश की तमाम उपलब्धियों पर भी सवालिया निशान लगा देती है।

बच्चे न केवल किसी देश की संपत्ति हैं, बल्कि ये भविष्य के ऐसे मानव संसाधन हैं, जिनमें अपार संभावनाएँ मौजूद हैं। ऐसी स्थिति में बाल श्रम किसी भी सभ्य समाज के लिए कलंक के समान है। जहाँ तक, भारत का प्रश्न है तो बाल श्रम आज हमारे देश की ज्वलंत समस्याओं में से एक प्रमुख समस्या बन गया है। 'बाल श्रमिक' हमारी व्यवस्था, समाज व संवेदना की उस नकारात्मक, शोषणवादी मानसिकता का ही मूर्त रूप है, जो स्वार्थ व दोहरी विचारधारा की तथाकथित परिणति है, जो सभ्य आर्थिक प्रगति से स्वयं को जोड़ने में गौरवान्वित महसूस करती है, साथ ही साथ गरीबी, अन्याय व स्वयं शोषणकारी अवस्थाओं को उत्पन्न करने का कारक है।

वर्ष 2001 की जनगणना के अनुसार 25.2 करोड़ बच्चों की संख्या में से 1.25 करोड़ बच्चे 5-14 वर्ष के बीच के हैं, जो काम में लगे हुए हैं, जिनमें से ही 1.07 करोड़ बच्चे 10-14 वर्ष की आयु समूह के हैं। भारत में बाल-श्रमिकों की संख्या के बारे में विभिन्न संगठनों द्वारा लगाये गये अनुमान भिन्न-भिन्न तस्वीर पेश करते हैं। राष्ट्रीय प्रतिदर्श सर्वेक्षण के 32वें दौर के अनुसार भारत में बाल मजदूरों की अनुमानित संख्या 1.74 करोड़ थी। ऑपरेशन रिसर्च ग्रुप ने 1994 में भारत में कामकाजी बच्चों की संख्या 4.40 करोड़ होने का अनुमान लगाया था। सेंटर फॉर कन्सर्न ऑफ चाइल्ड लेबर के अनुसार हमारे देश में लगभग 10 करोड़ बाल-श्रमिक हैं। अंतर्राष्ट्रीय श्रम-संगठन के अनुसार जहाँ भारत में 25 करोड़ बाल-श्रमिक हैं, वहीं विश्व बैंक की मानव विकास रिपोर्ट के अनुसार भारत में बाल-श्रमिकों की संख्या 10-14 करोड़ के बीच है।

भारत में बाल-श्रम को बढ़ावा देने वाले कई सामाजिक-आर्थिक कारक हैं। गरीबी, बेरोजगारी, छिपी हुई बेरोजगारी, कम मजदूरी तथा अशिक्षा जैसे कई ठोस कारक हैं, जिनकी वजह से आज भी भारत में बाल-श्रमिक मौजूद हैं– घोर दरिद्रता के कारण निर्धन माता-पिता अपने बच्चों को रोजी-रोटी कमाने के लिए भेजते हैं। गरीबी को ही प्राय: कृषि में बाल-श्रम का कारण माना जाता है। इसके अलावा वयस्कों को पर्याप्त मज़दूरी न मिलने से वे बच्चों को काम पर भेजते हैं। भारत में अनुसूचित जाति एवं जनजाति जैसे सामाजिक-आर्थिक दृष्टि से पिछड़े वर्गों में निरक्षरता व्यापक स्तर पर व्याप्त है। उनकी दृष्टि में शिक्षा की अपेक्षा अर्थोपार्जन तात्कालिक आवश्यकता है। परिणामत: उनके बच्चे बाल-श्रमिक बनकर शिक्षा से आजीवन वंचित रह जाते हैं। परिवार का बड़ा होना तथा उसके अनुरूप आय का न होना बाल-श्रम का सबसे बड़ा कारण है, क्योंकि ऐसी स्थिति में अभिभावकों के लिए बच्चों की समुचित आवश्यकताओं को पूरा कर पाना मुश्किल होता है।

औद्योगीकरण एवं आधुनिक वैज्ञानिक तकनीक के कारण नियोक्ता कम खर्च पर यथाशीघ्र अधिकाधिक आय प्राप्त करना चाहता है, और बेकारी व गरीबी उन्हें सस्ते बाल-श्रमिक उपलब्ध कराती है। अन्य विकासशील देशों की तरह भारत में परिवार भत्ता या बेरोजगारी भत्ता नहीं

मिलता है। इसी कारण भारतीय अभिभावक अपने बच्चों से श्रम करवाने के लिए मजबूर होते हैं। विकासशील देशों में बच्चे सदा से ही परिवार, गाँव-समाज में सहयोग के रूप में कार्य करते आये हैं, जबकि पश्चिमी दुनिया के लोग इन देशों की अर्थव्यवस्था के सांस्कृतिक पक्ष को समझने में असफल रहे हैं।

बच्चों को देश में उनके अधिकार दिलाने के लिए संविधान में निम्नलिखित उपबंध बनाये गये हैं—

संविधान के **अनुच्छेद 15(3)** द्वारा सरकार को बालकों के लिए अलग से कानून बनाने का अधिकार दिया गया है। **अनुच्छेद 23** बालकों के क्रय-विक्रय एवं उनके द्वारा गैर-कानूनी तथा अनैतिक कार्य करने पर रोक लगाता है। साथ ही बालकों को भय दिखाकर या बिना पारिश्रमिक काम कराने को भी प्रतिबंधित करता है। संविधान का **अनुच्छेद 24,** 14 वर्ष से कम आयु के बच्चों को कारखानों, खदानों तथा औद्योगिक प्रतिष्ठानों में नियोजित करने पर रोक लगाता है।

संविधान का **अनुच्छेद 39 (नीति-निदेशक तत्व)** बच्चों के स्वास्थ्य एवं उनके शारीरिक विकास हेतु पर्याप्त सुविधाएँ उपलब्ध कराने हेतु सरकार को निर्देश देता है। **अनुच्छेद 39(ई)** में सरकार को बच्चों के बचपन की रक्षा करने और यह सुनिश्चित करने के निर्देश दिये गये हैं कि उन्हें ऐसे कार्यों में न लगाया जाये, जो उनकी उम्र और स्वास्थ्य के लिए घातक हो। बच्चों के अधिकारों को सुनिश्चित करने एवं उन्हें शोषण मुक्त करने हेतु सरकार ने 1949 में विभिन्न राजकीय विभागों एवं अन्य क्षेत्रों में श्रमिकों के नियोजन हेतु न्यूनतम आयु 14 वर्ष निर्धारित की।

बाल-श्रमिकों की समस्याओं के अध्ययन हेतु 1979 में गुरुपादस्वामी समिति गठित की गयी। बाल-श्रम प्रथा के उन्मूलन हेतु सरकार द्वारा एक महत्वपूर्ण प्रयास एक विस्तृत अधिनियम बनाकर किया गया, जिसे बाल-श्रम निषेध एवं नियमन अधिनियम, 1986 कहा जाता है। इस अधिनियम के माध्यम से 14 वर्ष से कम आयु के बच्चों को 18 हानिकारक उद्योगों, जैसे—कालीन बुनाई, बीड़ी बनाने, सीमेंट उत्पादन, भवन निर्माण, माइका कटिंग, कपड़ों की बुनाई और रंगाई, माचिस और विस्फोटक सामग्री, साबुन निर्माण और पत्थर काटने आदि में कार्य करने पर रोक लगायी गयी। वर्ष 1987 में 'राष्ट्रीय बाल-श्रम नीति' की घोषणा की गयी और इसके क्रियान्वयन हेतु सरकार द्वारा प्रभावी कदम उठाये गये। सितम्बर 1990 में 'राष्ट्रीय श्रमिक संस्थान' के श्रम-मंत्रालय और यूनिसेफ के सहयोग से बाल-श्रमिकों के संबंध में अध्ययन करने, शिक्षण और प्रशिक्षण शोध परियोजनाएँ आदि चलाने हेतु 'बाल-श्रमिक सेल' की स्थापना की गयी ताकि उन्हें यथा-समय मुक्त कराकर उनके अधिकार दिये जा सकें। बच्चों के सामाजिक महत्व को ध्यान में रखते हुए संयुक्त राष्ट्र संघ और अन्य अंतर्राष्ट्रीय संस्थाओं ने 1979 को अंतर्राष्ट्रीय बाल वर्ष के रूप में मनाया। 8-10 मई, 2002 की अवधि में भी बच्चों के विकास संबंधी मामलों पर विचार करने तथा उपयुक्त रणनीति निर्धारित करने हेतु संयुक्त राष्ट्र संघ द्वारा विशेष महासभा हुई, जिसमें बच्चों के हित में कई महत्वपूर्ण निर्णय लिये गये। बच्चों को अनिवार्य रूप से शिक्षा उपलब्ध कराने हेतु शिक्षा को बच्चों के मौलिक अधिकारों में शामिल करने संबंधी 93वां संविधान संशोधन संसद द्वारा पास

किया गया, जिसमें 14 वर्ष तक के सभी बच्चों को मुफ्त शिक्षा देने की बात कही गयी है। इसके अलावा अभिभावकों का यह मौलिक कर्तव्य निर्धारित किया गया है कि वे अपने बच्चों को शिक्षा अवश्य दिलायेंगे।

बाल श्रम उन्मूलन से सम्बन्धित अंतर्राष्ट्रीय प्रयासों का भी उल्लेख करना समीचीन होगा। इसके तहत अंतर्राष्ट्रीय श्रम संगठन के बलात् श्रम विरोधी सम्मेलन का उल्लेख महत्वपूर्ण है। इसके 29वें और 30वें सम्मेलन में दुनिया के तमाम देशों के साथ भारत ने भी हस्ताक्षर किए, जबकि पूरी दुनिया से किसी भी तरह के बाल श्रम को खत्म किए जाने से सम्बन्धित 32वें बलात् श्रम विरोधी सम्मेलन के कड़े प्रावधानों के कारण भारत ने हस्ताक्षर नहीं किए। हालांकि भारत में तमाम कानूनों के अलावा कई योजनाओं के माध्यम से भी बाल श्रम को समाप्त करने के प्रयास किए गए हैं। इनमें बाल श्रम उन्मूलन योजना और मध्याह्न भोजन योजना सर्वाधिक महत्वपूर्ण हैं। इसके अलावा 14 अगस्त, 1987 को घोषित 'राष्ट्रीय बाल श्रम नीति' का भी इस दृष्टि से विशेष महत्व है। इसके तहत बाल श्रम उन्मूलन के लिए तीन चरणों में व्यापक कार्ययोजना तैयार की गई। पहले चरण में सभी कानूनों को सख्ती से लागू करने की बात कही गई, दूसरे चरण में विकास कार्यों पर जोर देने की बात की गई और तीसरे चरण में परियोजना आधारित कार्यक्रम तैयार करना था अर्थात् उन स्थानों को चिन्हित करना था जहाँ बाल श्रम का प्रभाव सबसे ज्यादा था।

सकल राष्ट्रीय उत्पाद में श्रमिक वर्ग का 20 प्रतिशत योगदान है, जिसमें 7 प्रतिशत का योगदान इन बाल श्रमिकों का है। सर्वाधिक बाल श्रमिक सूचना तकनीक के अग्रणी राज्य आंध्र प्रदेश में हैं तो दूसरे स्थान पर उत्तर प्रदेश है। संसाधनों के असमान वितरण, अशिक्षा, सामाजिक व जातिवादी पिछड़ापन, जनसंख्या वृद्धि, बढ़ते औद्योगीकरण व शहरीकरण, शोषण, गरीबी, बेरोजगारी का एक ऐसा अनदेखा किन्तु वास्तविक चक्रव्यूह रच देते हैं जिसमें देश की जनसंख्या का एक बड़ा भाग बचपन से ही शोषित जीवन जीने को अभिशप्त हो जाता है। सामाजिक विकास की तमाम योजनाएँ मात्र खोखले नारों तक ही सीमित रह जाती हैं। 1996 में सर्वोच्च न्यायालय ने बाल श्रम को गैर-कानूनी घोषित किया। श्रम मंत्रालय व यूनीसेफ आदि ने अध्ययन, शिक्षण प्रशिक्षण, शोध परियोजनाओं पर गोष्ठियाँ कीं व बाल श्रमिक सेल की स्थापना भी की। पंचवर्षीय योजनाओं में बाल श्रम परियोजना के अंतर्गत उन्मूलन हेतु बजट राशि भी बढ़ायी गयी, किन्तु वह सब अन्ततः अन्य शासकीय योजनाओं की भांति ही संवेदनाहीन व स्वार्थी नौकरशाही की अनुत्तरदायित्वपूर्ण मानसिकता की भेंट चढ़ गयी। मिड-डे मील, स्कूल चलो जैसे कई समानार्थक व समउद्देशीय कार्यक्रम नौकरशाही की संवेदनहीनता व अनुत्तरदायित्वपूर्ण प्रवृत्ति तथा अशिक्षा, उपेक्षा आदि के चलते ये परियोजनाएँ गरीब परिवारों के वृहद् समूहों तक पहुँचने से पहले या मात्र कुछ समय बाद ही विफल होती गई हैं।

वास्तव में इस बुराई को जड़ से समाप्त करने के लिए न सिर्फ सरकार को बल्कि आम जन को दृढ़ इच्छाशक्ति का परिचय देना होगा। सरकार यदि बच्चों के माता-पिता को रोजगार मुहैया कराये जिससे वे अपने बच्चों का भरण-पोषण ठीक से कर सकेंगे तो इस समस्या से निजात पाई जा सकेगी। सामाजिक संस्थाओं को इस कार्य में बढ़-चढ़कर भाग लेना चाहिए, वे अभिभावकों को जागरूक बनायें तथा उन्हें यह विदित करायें कि बाल श्रम देश की कितनी

बड़ी समस्या है एवं इससे उनके बच्चों का भविष्य अंधकारमय हो जाएगा। सरकार को कुटीर तथा लघु उद्योगों को आगे बढ़ाने के लिए ग्रामीण जनता को प्रोत्साहित करना चाहिए, जिससे बच्चों के माता-पिता आत्मनिर्भर बन सकें तथा ऐसी नौबत ही न आये कि उन्हें अपने बच्चों से मजदूरी करवानी पड़े। साथ ही बच्चों के लिए निःशुल्क प्राथमिक शिक्षा की योजना सरकार ने कागजों पर लागू तो की है पर इसका सही क्रियान्वयन नहीं हो रहा है, अतः सरकार को इसके लिए कठोर कदम उठाने चाहिए।

बाल श्रम का मसला विश्व के एजेंडे में सबसे ऊपर होना चाहिए, लेकिन ऐसा नहीं है। एक प्रकार के ठंडेपन में इनका वजूद सिमटकर रह गया है। इधर कानून बनने के बावजूद भारत में घरेलू नौकरों के तौर पर काम कर रहे बच्चों का शोषण और उत्पीड़न जारी है। उनका मानसिक, दैहिक और यौन शोषण किया जाता है। सच तो यह है कि बाल श्रमिक मानवीय शोषण का सबसे घिनौना और वीभत्स रूप है। बाल श्रमिक का पूरा अस्तित्व ही मालिक के मिजाज पर निर्भर रहता है। भिन्न सांस्कृतिक धरातलों पर भी समस्या में कोई फर्क दिखाई नहीं पड़ता। मध्यम तथा उच्चवर्गीय परिवारों में तो यह प्रथा व्यापक रूप से प्रचलित है। यहाँ तक कि निम्न मध्यमवर्गीय परिवारों तक में घरेलू नौकर रखने की प्रवृत्ति पनप रही है। घरेलू नौकर को बहुत मामूली पगार और अंशकालिक आधार पर रखा जाता है। घरेलू नौकर बालक या बालिका हो, तो फिर उसका मेहनताना खाने-पीने और कपड़े-लत्ते तथा रहने के ठौर-ठिकाने में ही पूरा कर लिया जाता है। यह ऐसा वर्ग है जिसकी टीस पर किसी का ध्यान नहीं जाता। उस पर किए जाने वाले जोर-जुल्म को बाहरी समाज नोटिस में नहीं लेता। कह सकते हैं कि घरेलू नौकरों पर जुल्म को एक तरह से सामाजिक स्वीकृति तथा सहमति हासिल है। तकनीकी तौर पर घरों में किया जाने वाला बाल श्रम जोखिम भरा नहीं माना जाता।

बाल श्रमिकों की बेहतरी के लिए कई देशों में कानून जरूर बनाए गए हैं लेकिन उनका कार्यान्वयन नहीं हो पाता। काम के घंटे, साप्ताहिक छुट्टी जैसी बातों का इन कायदे-कानूनों में जिक्र है, लेकिन इनसे कितनों का भला हो पाता है, इस बारे में कुछ नहीं कहा जा सकता। घरेलू नौकरों की ठीक-ठीक संख्या कितनी है, इस लिहाज से कोई विश्वसनीय आँकड़े उगलब्ध नहीं हैं, न तो राष्ट्रीय स्तर पर, न ही अंतर्राष्ट्रीय स्तर पर। फिर भी अनुमान है कि घरेलू बाल श्रमिकों की संख्या करोड़ों में होगी। बहरहाल, बाल श्रमिकों संबंधी जो आँकड़े उपलब्ध हैं, उनसे किसी निष्कर्ष पर सहज पहुँचना संभव नहीं है।

वास्तव में बाल श्रम अपने आप में कोई बुराई नहीं है लेकिन मासूमों का जिस प्रकार शोषण किया जाता है, उनका बचपन छीना जाता है, वह अपने आप में बुराई है। यदि हम किसी का बचपन लौटा नहीं सकते तो हमें केवल इस आधार पर किसी का बचपन छीनने का कोई अधिकार नहीं है कि वह गरीब माँ के गर्भ से पैदा हुआ है। बालश्रम पर बनाई गई एक समिति ने यह बताया है कि, बच्चों के मामलों में श्रम उस समय भीषण अहितकर बन जाता है, जब उससे उसकी शारीरिक क्षमता से ज्यादा काम लिया जाता है, उसके काम का समय उसकी पढ़ाई, मनोरंजन और आराम में बाधक होता है, उसे अपने काम के हिसाब से मजदूरी नहीं मिलती और उसका काम उसके स्वास्थ्य और सुरक्षा के लिए खतरनाक होता है।

देखा जाए तो बाल श्रम को रोकने और देश के नौनिहालों का बचपन बचाने के लिए न तो कानून की धाराओं की कमी है और न ही उनके पुनर्वास के लिए होने वाले सरकारी और गैर-सरकारी प्रयासों की। बावजूद इसके यदि इस समस्या पर नियंत्रण नहीं पाया जा रहा है तो इसके लिए काफी हद तक इन कानूनों के अनुपालन में होने वाली लापरवाही जिम्मेदार है। यही नहीं, ये कानून बच्चों से मजदूरी कराने वालों को दंडित करने का प्रावधान करके बाल श्रमिक बनने की गुंजाइश को तो कम करते हैं लेकिन कई बार जब कुछ लोग स्वयं अपने नौनिहालों को कानून की नजर बचाकर मजदूरी की भट्ठी में झोंक देते हैं तो अक्सर वहाँ कानून भी बेबस नजर आता है। साथ ही, बाल श्रम की विभीषिका से बचाए गए बच्चों के पुनर्वास की एक सम्यक नीति और व्यवस्था भी होनी चाहिए ताकि बच्चे एक दलदल से निकलने के बाद कहीं ऐसा न हो कि दूसरे दलदल में फँस जाएँ। इन सबके अलावा जो सबसे महत्वपूर्ण बात है, वो ये कि इस विकराल समस्या का अस्तित्व तभी समाप्त हो सकता है जब बाल श्रम कराने वाले तथाकथित रईस लोग और खुद को अपने बच्चों के बचपन का नियामक मानने वाले उनके अभिभावकगण, इस मामले में कोई ठोस और सकारात्मक कदम उठाएंगे।

महिला सशक्तिकरण: दशा और दिशा अथवा महिला सशक्तिकरण: उपलब्धियाँ एवं चुनौतियाँ अथवा क्या शक्ति और अधिकार ही नारी मुक्ति में सक्षम हैं?

अध्याय 4

रूपरेखा

- प्रस्तावना।
- स्वाधीनता संग्राम के समय महिलाओं की स्थिति की विवेचना।
- वर्तमान स्थिति से उसकी तुलना। किस तरह आज की महिला उस दौर की महिला से भिन्न है। आज वह अपने अधिकारों के प्रति किस प्रकार से जागरूक है।
- सशक्तिकरण के लिए किए गए प्रयास – सरकारी और निजी, दोनों स्तरों पर।
- ये सभी प्रयास महिलाओं को सशक्त बनाने में किस हद तक सफल हुए।
- सशक्तिकरण की दिशा में बाधक तत्व अथवा चुनौतियाँ।
- अवरोधों से मुक्त होने के उपाय।

मनुस्मृति का यह चिर-परिचित श्लोक – *'यत्र नार्यस्तु पूज्यंते रमंते तत्र देवता:'* इस बात का संकेत देता है कि प्राचीन काल भारतीय महिलाओं का स्वर्णिम काल था। पुरुष प्रधान व्यवस्था के बावजूद महिलाओं का समाज में सम्मान था, प्रतिष्ठा थी और उन्हें आगे बढ़ने की पूर्ण स्वतंत्रता थी। अपने आध्यात्मिक ज्ञान और अगाध प्रतिभा से वे समाज को यह बताने में सक्षम हुईं कि वे पुरुषों से किसी भी स्तर पर कम नहीं हैं। परन्तु मध्यकाल में स्थिति उतनी सुखद नहीं थी। उनकी प्रगति अवरुद्ध रही, ब्रिटिश काल की सामाजिक, राजनीतिक चेतना का असर हालांकि महिलाओं पर भी पड़ा लेकिन प्रगति कोई खास नहीं हुई। इसका कारण यह था कि ब्रिटिश सरकार ने इस ओर कुछ खास ध्यान नहीं दिया।

स्वतंत्रता के बाद सरकारों, महिला संगठनों, महिला आयोगों आदि के प्रयासों से महिलाओं के लिए विकास के द्वार खुले। उनमें शिक्षा का प्रसार हुआ, जिससे उनके आत्मविश्वास में वृद्धि हुई। आज वे राजनीति, समाज सुधार, शिक्षा, पत्रकारिता, साहित्य, उद्योग, विज्ञान आदि विभिन्न क्षेत्रों में पुरुषों के साथ कंधे-से-कंधा मिलाकर चल रही हैं। एक ओर तो यह परिदृश्य बेहद उत्साहजनक है, परंतु दूसरी ओर आज भी लाखों-करोड़ों महिलाएँ गरीबी, शोषण एवं उत्पीड़न की शिकार हैं। देश में लाखों परिवार गरीबी में जी रहे हैं और गरीबी की सर्वाधिक मार इन परिवारों की महिलाएँ झेल रही हैं। यही नहीं, घरों से बाहर काम करने वाली महिलाओं का शोषण बराबर जारी है। वे पुरुषों के समान कार्य करने के बावजूद उनके बराबर मजदूरी नहीं पाती हैं।

यह सर्वविदित तथ्य है कि सबसे पहले स्त्री ने ही पुरुष को घर बनाकर रहने की प्रेरणा दी, लेकिन आज उसी घर में स्त्री को शारीरिक, मानसिक, भावनात्मक आदि विभिन्न रूपों में घरेलू हिंसा का शिकार होना पड़ रहा है। परिणामस्वरूप स्त्री का अस्तित्व न केवल परिवार में बल्कि परिवार के बाहर भी कमजोर हुआ है। यही नहीं, घरेलू हिंसा पीड़िता के साथ-साथ उसके बच्चों पर भी गहरा मनोवैज्ञानिक प्रभाव डालती है। इसका परिणाम यह होता है कि बच्चे असामाजिकता की ओर उन्मुख हो जाते हैं क्योंकि परिवेश अपना असर छोड़े बिना नहीं रहता। एक सर्वेक्षण में पचास प्रतिशत महिलाओं द्वारा वैवाहिक जीवन में किसी-न-किसी प्रकार की हिंसा की बात स्वीकार की गई। ऐसे मामले कानूनी ऐजेंसियों तक कम ही पहुँच पाते हैं क्योंकि पति-पत्नी के बीच तकरार को निजी मामला माना जाता है।

एमनेस्टी इंटरनेशनल द्वारा प्रकाशित एक रिपोर्ट के अनुसार, भारत में चालीस प्रतिशत विवाहित महिलाओं को महज इस कारण प्रताड़ित किया जाता है कि उनका बनाया भोजन या उनके काम पसंद नहीं आए। खुद महिलाओं की सोच में इन बातों का असर इतना ज्यादा है कि कई बार वे खुद हिंसा का समर्थन करने लगती हैं। लेकिन इन यातनाओं का असर उनके मानसिक एवं शारीरिक स्वास्थ्य पर पड़ता है। समाज में आज भी सर्वाधिक उत्पीड़न विधवाओं का हो रहा है। युवा विधवाओं को तो अनेक प्रतिबंधों में जीना होता है। उस पर यदि वह कामकाजी महिला है, तो उसके चरित्र पर कीचड़ उछालने और ताने देने में लोगों को जरा भी संकोच नहीं होता। विधवा महिलाओं में बेसहारा महिलाओं को यदि जीविकोपार्जन का साधन नहीं मिलता तो कई बार वे नैतिक, अनैतिक कार्य करने को विवश हो जाती हैं। जो ऐसा नहीं कर पातीं, वे परेशान होकर अक्सर आत्महत्या का रास्ता अपना लेती हैं। महिलाओं से छेड़छाड़, बलात्कार और कार्यालयों में कार्यरत महिलाओं के अलावा अन्य महिलाओं के यौन उत्पीड़न की घटनाएँ भी लगातार हो रही हैं। उच्चतम न्यायालय ने यौन उत्पीड़न को गंभीरता से लेते हुए कुछ समय पहले सरकार को निर्देश दिया था कि वह सरकारी व निजी क्षेत्र में महिला यौन उत्पीड़न को रोकने के लिए उचित कानून बनाएँ।

सरकार ने महिलाओं का यौन उत्पीड़न रोकने संबंधी कानून बनाने के अतिरिक्त, महिला सशक्तिकरण आंदोलन को सुदृढ़ करने के लिए संवैधानिक सुरक्षा के साथ-साथ एक कारगर संस्थागत ढाँचा भी खड़ा किया है। महिलाओं और बच्चों के विकास को आवश्यक गति प्रदान करने के लिए 1985 में मानव संसाधन विकास मंत्रालय के अंतर्गत महिला एवं बाल विकास

विभाग का गठन किया गया। यह विभाग नोडल संगठन के रूप में अपनी भूमिका के अंतर्गत योजनाएँ, नीतियाँ और कार्यक्रम तैयार कर रहे सरकारी संगठनों के प्रयासों में समन्वय स्थापित करता है। 1992 में स्थापित राष्ट्रीय महिला आयोग को आवंटित कार्य एवं जिम्मेदारियाँ काफी व्यापक हैं। महिलाओं के अधिकारों की रक्षा से संबंधित तमाम पहलुओं और सशक्तिकरण प्रक्रिया को बढ़ावा देने के सभी प्रयासों को इसके दायरे में लाया गया है। आयोग कानूनों की समीक्षा करता है। महिला अधिकारों के उल्लंघन और कार्यस्थल पर यौन-शोषण जैसी व्यक्तिगत शिकायतों की जाँच करता है तथा महिलाओं के अधिकारों के संरक्षण के लिए सक्षम अधिकारियों को उपयुक्त कदम उठाने के बारे में सुझाव देता है। आयोग महिलाओं को शीघ्र न्याय उपलब्ध कराने के काम को भी महत्व देता है तथा पारिवारिक झगड़ों में परामर्श के लिए अक्सर महिला अदालतें भी आयोजित करता है। देश में समाज कल्याण संबंधी गतिविधियों को बढ़ावा देने तथा महिलाओं, बच्चों और विकलांगों के कल्याण कार्यक्रमों को स्वयंसेवी संगठनों के माध्यम से लागू करने के लिए 1953 में केंद्रीय समाज कल्याण बोर्ड का गठन किया गया। यह आजाद भारत का पहला संगठन है, जो महिलाओं और बच्चों के विकास कार्यक्रमों को लागू करने में जन-सहयोग प्राप्त करने के लिए गैर-सरकारी संगठनों की मदद ले रहा है। इसके अतिरिक्त, उन महिलाओं के लिए जो विभिन्न कारणों से अपने परिवारों के पास वापस जाना नहीं चाहती हैं, उन्हें समग्र एवं एकीकृत सेवाएँ उपलब्ध कराने के लिए 2001-02 से महिला अधिकारिता कार्यक्रम शुरु किया गया है। इस योजना के तहत व्यावहारिक प्रशिक्षण का प्रावधान शामिल है।

महिलाओं के विकास एवं सशक्तिकरण के लिए स्वयं सहायता समूहों के माध्यम से 'स्वयंसिद्ध' नाम की समन्वित परियोजना चलाई जा रही है। इसके अलावा गरीब महिलाओं को हस्तशिल्प जैसी गतिविधियों के संचालन के लिए ऋण सहायता उपलब्ध कराने के लिए 1993 में राष्ट्रीय महिला कोष का भी गठन किया गया है। गरीब महिलाओं को रोजगार के परंपरागत क्षेत्रों, जैसे- कृषि, पशुपालन, डेयरी, मछलीपालन, हस्तशिल्प आदि में अद्यतन जानकारी और नवीन कौशल उपलब्ध कराने के एक प्रयास के रूप में एस.टी.ई.पी. कार्यक्रम शुरू किया गया। यह योजना उन सरकारी संगठनों, राज्य निगमों, सहकारी संस्थाओं, संघों और स्वैच्छिक संगठनों के माध्यम से कियान्वित की जा रही है। इन सब कार्यक्रमों के अलावा अब तक की हर पंचवर्षीय योजना में महिलाओं के विकास को विशेष महत्व दिया गया है। इन योजनाओं में संसद और राज्य विधानसभाओं में महिलाओं के लिए एक-तिहाई सीटें आरक्षित करना भी शामिल था, हालांकि अभी यह विधेयक संसद में पारित होने का इंतजार कर रहा है।

महिला सशक्तिकरण एवं विकास के लिए निस्संदेह सरकार द्वारा कई योजनाएँ चलाई गईं एवं कई तरह के प्रयास किए गए। बावजूद इसके अभी भी विचारों, संस्कारों में उन्हें यथेष्ट समकक्षता प्राप्त करने में देर है। इसका प्रमुख कारण यह है कि एक लंबे अरसे से उन्हें जो उपेक्षा झेलनी पड़ी है, उसकी वजह से महिलाएँ खुद भी अपने भीतर मानो दबी हुई हैं। इस स्थिति से उबरने का उपाय यह है कि स्त्री को कुछ विशेष सुविधाएँ दी जाएँ, जिससे सत्ता प्रतिष्ठानों में उनकी भागीदारी सुनिश्चित हो सके। इस दिशा में पहला प्रयास पूर्व प्रधानमंत्री राजीव गाँधी ने किया था, जब संविधान संशोधन करके पंचायती राज विधेयक में स्त्रियों के

लिए तीस प्रतिशत आरक्षण का प्रावधान किया गया। हालांकि यह विधेयक कई वर्षों बाद कुछ संशोधनों के साथ पारित हुआ। इस प्रक्रिया की पूरी सार्थकता के लिए जरूरी है कि स्त्रियों के लिए लोकसभा और विधानसभाओं में भी आरक्षण का प्रावधान किया जाए।

संविधान और कानून में बराबरी का दर्जा दिए जाने के बावजूद नारी को अपनी मुक्ति और राजनीति और समाज में उचित स्थान पाने के लिए तब तक संघर्ष करना होगा, जब तक कि पुरुष प्रधान समाज को यह अहसास नहीं कराया जाता कि स्त्री भी उन्हीं की हाड़-माँस से युक्त एक बुद्धिमान प्राणी है। शारीरिक संरचना में कुछेक प्राकृतिक अंतरों की वजह से उसकी कार्यक्षमता और बौद्धिक क्षमता पर सवाल नहीं उठना चाहिए कि वह हर क्षेत्र में पुरुष की बराबरी करने में सक्षम नहीं है। हालांकि स्त्रियों ने हर क्षेत्र में अपनी सक्षम और सफल उपस्थिति दर्ज कराते हुए इस चिरकालिक अवधारणा को खंड-खंड करने की कोशिश जरूर की है, लेकिन अभी बहुत कुछ किया जाना बाकी है। स्त्री मुक्ति आंदोलन के दौरान विकसित देशों की जागरुक महिलाओं को पुरुष प्रधान समाज की इस भावना के कारण खासी कठिनाई का सामना करना पड़ा है कि स्त्रियाँ स्वभाव से कमजोर तथा भीरु होती हैं। इसी वजह से विकसित देशों में हर तरफ यह देखा जा सकता है कि स्त्रियों के जागरुक होने तथा स्त्री मुक्ति आंदोलन चलाने पर भी उच्च पदों पर उनकी संख्या बहुत कम है।

आजादी के बाद भारतीय महिलाओं ने अपने विकास में काफी प्रगति की है और भारतीय समाज के निर्माण में महती भूमिका अदा की है। इसके बावजूद पुरुष प्रधान समाज की मानसिकता और स्त्री की पूर्व में दलितों जैसी स्थिति ने अभी भी दयनीय स्थिति बरकरार रखी है। यही नहीं, मानसिक विकास की वर्तमान अवस्था में भी लड़कियों के पालन-पोषण में भेदभाव बरता जाता है। कठोर कानूनों के बावजूद आधुनिक उपकरणों की सहायता से गर्भस्थ शिशु की लिंग पहचान करके कन्या भ्रूण की हत्या की जा रही है और दहेज रूपी दानव तो हर रोज न जाने कितनी महिलाओं को अपना शिकार बना रहा है। इस तरह की कुछ बातें न सिर्फ महिला सशक्तिकरण की दिशा में चल रहे प्रयासों को कमजोर कर रही हैं, बल्कि राष्ट्र के भविष्य निर्माण की प्रक्रिया में भी बाधा उत्पन्न कर रही हैं।

वस्तुतः सशक्तिकरण का अभिप्राय ही सत्ता प्रतिष्ठानों में महिलाओं की साझीदारी से है। यह दुःख की बात है कि आज भी लोकसभा और विधानसभाओं में महिलाओं की हिस्सेदारी बीस प्रतिशत से ज्यादा नहीं है, जबकि आबादी में उनकी संख्या करीब पचास प्रतिशत है। हालांकि सवाल यह भी उठता है कि लोकसभा और विधानसभाओं में अलग से आरक्षण देना उनके उत्कर्ष में कितना सहायक होगा? यह सर्वविदित है कि आरक्षण से लाभार्थियों का सामुदायिक विकास अवश्य हुआ, लेकिन उनके दायरे में भी कुछ समृद्धि के टापू तैयार हो गये और ये संपन्न लोग अपने ही समुदाय से कटे हुए हैं। आरक्षण के माध्यम से स्त्री सशक्तिकरण की यह अवधारणा ऊपर से आकर्षक जरूर लगती है, लेकिन अभी तक के अनुभव यही बताते हैं कि आरक्षण प्राप्त समुदायों में वास्तविक सुख कुछेक को ही मिल सका है, बाकी लोग मनोवैज्ञानिक सुख का ही आनंद ले रहे हैं। इसलिए आरक्षण दे देना स्त्री समुदाय की सामाजिक-आर्थिक स्थिति में गुणात्मक परिवर्तन का प्रमाण पत्र नहीं हो सकता।

अतः आरक्षण को समस्या के समाधान के हथियार के रूप में लेने के बजाय उसे मुख्यधारा में लाने का उपाय मात्र समझना ही बेहतर है। ज्यादा अच्छा यह होगा कि स्त्रियों को वस्तुनिष्ठ तौर पर ऐसी सुविधाएँ दी जाएँ जिनके सहारे वे अपने व्यक्तित्व का स्वेच्छा से निर्माण कर सकें। उनके स्वास्थ्य, शिक्षा और आजीविका के लिए यदि अधिक-से-अधिक सहायता मिले तो वे अपनी सृजनशीलता से क्रांतिकारी परिवर्तन ला सकती हैं। अभी तो उनकी खुद की समस्या यह है कि उनके व्यक्तित्व पर पुरुष वर्चस्व के कारण जो कृत्रिम सामाजिक व्यक्तित्व आरोपित है, उसी से वे पूरी तरह अपने को बचा नहीं पा रही हैं। आवश्यकता इस बात की है कि स्त्री उस मुखौटे को उतार फेंके जो उसे उसकी इच्छा के विरुद्ध पहनाया गया और बाद में जिसे वह स्वाभाविक समझने लगी। चीन में लोहे के जूते पहनाकर स्त्री के पाँव छोटे कर दिए जाते थे। अर्थात् विश्व के हर समाज में लोहे के साँचे में जकड़कर स्त्री के व्यक्तित्व को बौना बना दिया गया और स्त्री इसी बौनेपन को अपना गुण समझने लगी। अतः इस मानसिकता से मुक्ति जरूरी है, तभी सशक्तिकरण वास्तविक अर्थों में दिखेगा। आवश्यकता इस बात की है कि स्त्री अपने गढ़े हुए बनावटी व्यक्तित्व से अपने को मुक्त कर सके, अर्थात् उसे ऐसा परिवेश और ऐसी सहायता मिले, जिससे उसका उत्थान सहजता से हो सके। महिला सशक्तिकरण अभियान को वास्तविक सार्थकता तभी मिल सकती है।

अध्याय 5

गरीबी अभिशाप है

रूपरेखा

- दुनिया में प्राकृतिक संसाधनों पर सबका समान अधिकार है, ऐसा आरंभ में कहा जाता रहा है। बावजूद इसके समाज का एक बड़ा वर्ग गरीबी से क्यों अभिशप्त है?
- गरीबी के विभिन्न कारणों पर विशद चर्चा। विशेषतः, प्राकृतिक संसाधनों के असमान वितरण पर क्योंकि गरीबी का मूल यही है।
- भारत में गरीबी की मुख्य वजह क्षेत्रवार गरीबी, समाज में कुछ वर्ग क्यों गरीबी की मार झेल रहे हैं? इन सभी बिंदुओं पर विशेष चर्चा।
- आजादी के बाद देश में गरीबी दूर करने के लिए अब तक हुए विभिन्न प्रयास। पंचवर्षीय योजनाओं में गरीबी दूर करने के उद्देश्य से शुरू की गई विभिन्न योजनाओं का विवरण।
- तमाम प्रयासों के बावजूद आज इक्कीसवीं सदी में भी गरीबी इतने बड़े पैमाने पर मौजूद है तो इसके लिए कौन जिम्मेदार है?

हिन्दी के महान उपन्यासकार फणीश्वरनाथ रेणु के कालजयी उपन्यास 'मैला आँचल' की ये पंक्तियाँ कि 'गरीबी और जेहालत ही ग्रामीण दुर्दशा के मुख्य कीटाणु हैं', गरीबी की स्थिति को पूरी तरह से बयां कर देती हैं। मानव जीवन की कुछ मूलभूत आवश्यकताएँ होती हैं, जैसे–रोटी, कपड़ा और मकान। जब इनकी पूर्ति भी नहीं हो पाती तो गरीबी की स्थिति पैदा हो जाती है और फिर इस गरीबी के दुष्परिणाम ही इसे अभिशाप बना देते हैं। यदि देखा जाए तो भूमंडलीकरण के इस दौर में भौगोलिक दूरियों का कोई मतलब नहीं रह गया है, नित नई तकनीकों का विकास हो रहा है, आँकड़े भले ही आएँ कि देश में जनसंख्या के बराबर

मोबाइल फोन मौजूद हैं, इन सबके बावजूद गरीबी आज भी एक बड़ी समस्या बनी हुई है। रेणु ने तो इस समस्या को ग्रामीण दुर्दशा का ही सबसे बड़ा कीटाणु बताया था लेकिन सच्चाई ये है कि गरीबी किसी भी समाज की दुर्दशा के पीछे का सबसे बड़ा कारण है।

वास्तव में गरीब पैदा नहीं होता, बनाया जाता है। यह माँ की कोख से नहीं, सौतेली व्यवस्था की देन है। अमीरी और गरीबी, एक ही माँ की दो संतानें हैं। दोनों लगभग समान योग्यता क्षमता के साथ पैदा होते हैं, लेकिन कोई अमीर इसलिए है कि दूसरा कोई गरीब है। प्रकृति रूपी माँ के पास सीमित, पर अपने सभी बच्चों की सभी आवश्यकताओं को पूरा करने के लिए पर्याप्त संसाधन हैं। इन संसाधनों में से जो दूसरे के हिस्से को बटोर या हड़प लेता है, वह अमीर है और इससे वंचित रह जाने वाला गरीब। गरीबी व्यक्ति को हरेक प्रकार से कमजोर कर देती है। एक कमजोर, निरीह भूखे व्यक्ति के लिए सामाजिक मूल्य, धर्म, नैतिकता का कोई महत्व नहीं रह जाता है। *'बुभुक्षितं किम् न करोति पापम्'* और फिर इससे दरिद्रता, भिक्षावृत्ति, अशिक्षा, जनसंख्या वृद्धि, बेरोजगारी, अपराध, नक्सलवाद, आतंकवाद जैसी अनेक रक्तबीजी समस्याएँ पैदा होती हैं, जो गरीब एवं समाज दोनों के लिए अभिशाप हैं।

गरीबी के कारण प्रायः सांस्कृतिक एवं व्यक्तिगत अपूर्णता, अकार्यकुशलता, अक्षमता आदि बताए जाते हैं, लेकिन कार्यकुशलता, क्षमता प्राप्त करना अवसरों की उपलब्धता और सुलभता पर अधिक निर्भर करता है न कि आनुवांशिक प्रतिभा या प्राकृतिक क्षमता पर, क्योंकि निर्धन एक ऐसे सामाजिक, आर्थिक वातावरण में रहते हैं, जहाँ उन्हें जरूरी मौके नहीं मिलते और वे अशिक्षित, अकुशल, बेरोजगार रह जाते हैं। हमारी भेदभावपूर्ण सामाजिक, आर्थिक व्यवस्था अवसरों की अनुपलब्धता बेरोजगारी व निर्धनता को बढ़ाती है। उच्चवर्गीय निहित स्वार्थ सामाजिक संरचना, मूल्य, नैतिकता, सँस्कृति को अपने हित में निर्धारित एवं परिभाषित करते हैं। निर्धनता को वे समाज के हित में साबित करते हुए उसे अपने लिए गंदा, नीच काम करवाने से लेकर, अपनी ऊँची स्थिति बनाये रखने, सत्ता पर काबिज रहने, दान-पुण्य का अवसर प्राप्त करने के रूप में प्रयोग करते हैं।

लेकिन क्या देश के कृषि, औद्योगिक समृद्धि, सामाजिक आर्थिक विकास में इनका योगदान किसी से कम है? किसी भी देश में ऐसे श्रम शिल्पियों को खोजा जा सकता है जो अपने खून-पसीने से नई सँस्कृति की महागाथा लिखते रहते हैं। नब्बे के दशक में फिलिपीन्स, मलेशिया, बांग्लादेश, यूक्रेन आदि देशों की गरीब लड़कियों ने अपने को निर्यात कर देश के विदेशी कर्ज को चुकाया था एवं आज भी महत्वपूर्ण भूमिका निभा रही हैं। भारत की गरीब जनता खाड़ी देशों में अपना खून-पसीना बेचकर देश का विदेशी मुद्रा का भण्डार बढ़ाते हैं।

लेकिन आज वैश्वीकरण, उदारीकरण में गरीब कहाँ है? यह व्यवस्था किसके प्रति उदार है? ये सारे ताम-झाम, शाइनिंग किसके लिए? बात किसी से छिपी नहीं है। वैश्विक अवसरों का तेजी से ध्रुवीकरण हो रहा है। अवसरवाद के लिए ही सौ नये अवसर पैदा हो रहे हैं, सरकार की सिंचाई सुविधाएँ, सब्सिडी, कृषि ऋण, गरीबी निवारण सम्बन्धी विभिन्न परियोजनाओं, नौकरी एवं राजनीति में आरक्षण का लाभ समृद्ध लोग ही हथिया लेते हैं। गरीबों के हिस्से केवल जूठन ही तो बचता है। निर्धनता उन्मूलन हेतु दिल्ली से चलने वाले 100 पैसों में 85 पैसा अधिकारियों, गरीबी के ठेकेदारों के जेब में ही रह जाता है। जहाँ तक गरीबी

हटाने संबंधी सरकारी प्रयासों का प्रश्न है तो आजादी के बाद से ही इस दिशा में कई ठोस प्रयास किए गए है। पंचवर्षीय योजनाओं के अध्ययन से पता चलता है कि जन-साधारण के जीवन स्तर को उन्नत करना आयोजन के लक्ष्यों में एक प्रमुख लक्ष्य माना गया है। द्वितीय पंचवर्षीय योजना ने अपने भावात्मक विवरण में ऐसा वातावरण कायम करने की ठानी जिसमें 'छोटे लोगों' की उन्नति हो सके। चौथी योजना में जन-सामान्य और निर्बल वर्गों की दशा को प्रोन्नत करने की बात की गई और इस उद्देश्य के लिए रोजगार तथा शिक्षा उपलब्ध कराने पर विशेष बल दिया गया। यह स्वीकार किया गया है कि छोटे किसान और भूमिहीन मजदूर अर्थव्यवस्था का मुख्य हिस्सा हैं लेकिन इनके पास कोई उत्पादक आधार नहीं हैं और वे अपनी आजीविका के लिए मजदूरी पर निर्भर हैं।

निर्धनता के विश्लेषण की स्पष्ट अभिव्यक्ति पाँचवीं योजना में की गई। पाँचवीं योजना के प्रमुख उद्देश्यों में गरीबी हटाओ कार्यक्रम को शुरू किया गया। छठी योजना में निर्धनता की परिभाषा पोषण की आवश्यकताओं के आधार पर की गई। कहने का तात्पर्य यह है कि अब तक लगभग सभी पंचवर्षीय योजनाओं में और इसके अलावा कई ऐसे कार्यक्रम सरकार की तरफ से चलाए गए जिनसे निर्धनता समाप्त करने में मदद मिल सके। उदारीकरण के बाद से इस दिशा में काफी हद तक सफलता भी मिली है, लेकिन पूर्ण उन्मूलन अभी भी स्वप्न-सा लगता है। नरेगा या मनरेगा जैसी योजनाएँ भी गरीबी उन्मूलन की ही दिशा में चलाए गए प्रमुख कार्यक्रम हैं। दरअसल गरीबी हटाने की बहुत सी योजनाएँ कार्यान्वयन के दौरान विकृत रूप धारण कर लेते हैं। या तो इन्हें छोड़ दिया जाता है या फिर इनके बारे में ढुलमुल नीति अपनाई जाती है। अत: यह आवश्यक है कि ग्राम विकास के कार्यक्रम पंचायतों के अधीन रखने की जगह इनके लिए विशेष परिषदें बनाई जाएँ, जिनमें बहुसंख्यक किसानों, कारीगरों और भूमिहीन श्रमिकों को पर्याप्त प्रतिनिधित्व मिले।

योजना का आधार यह तथ्य होना चाहिए कि निर्धनता एक कारण नहीं, बल्कि सामाजिक-आर्थिक परिणाम है। निश्चय ही इसका संबंध हमारी चेतना से है। समाज के मूल्य, मान्यताएं एवं प्राथमिकताएँ बदलनी होंगी। दान-पुण्य से ज्यादा अहमियत सामाजिक न्याय को देनी होगी। निर्मित माल की कीमतों पर नियंत्रण कर उद्योगपतियों के लाभ के हिस्से को निश्चित कर, काले धन के विरुद्ध कार्यवाही, कर ढाँचे में परिवर्तन कर प्रशासकीय व्यय, दिखावे के उपभोग पर नियंत्रण स्थापित कर ही सामाजिक न्याय सुनिश्चित हो पायेगा। हमारी सामाजिक, आर्थिक नीति ऐसी हो, जिससे सबकी भूख-प्यास मिट सके, देश की समृद्धि का असली बैरोमीटर निर्धनों के चेहरे पर शाइनिंग हो, ताकि नये महाशक्तिशाली भारत का इदारा पूरा हो सके।

भारत गाँवों में बसता है जिसे गाँधी जी ने 'दरिद्र नारायण' की संज्ञा दी, लेकिन आज भी ये दरिद्र नारायण कहीं-न-कहीं लाचार और मजबूर हैं, तस्वीर अभी बहुत ज्यादा नहीं बदली है। अमीर-गरीब के बीच की खाई और ज्यादा बढ़ी है, जिसने इसे और भी अभिशप्त बना दिया है। इसी देश में जहाँ एक ओर चाँद पर पहुँचने की योजना बन रही है तो दूसरी तरफ कर्ज में डूबे मजदूर और किसान आत्महत्याएँ कर रहे हैं। यानि कहीं-न-कहीं व्यवस्था की 'अव्यवस्था' ने इस असमानता को बढ़ावा दिया है। जिन हाथों में किताब होनी चाहिए थी, उन हाथों में हथौड़ा है, बूट पॉलिश करने का सामान है। आखिर वह बालक करे भी

तो क्या? यदि दिन भर में कुछ नहीं कमा सका तो शाम तक वह बीमार माँ के लिए दवा कैसे खरीद पायेगा?

इस अभिशाप को दूर करने के प्रयास तो होते ही रहे हैं और स्थिति में सुधार आया भी है लेकिन इन सबके बावजूद अभी बहुत कुछ करना बाकी है। फिर चाहे वह सरकार के स्तर पर किया जा रहा प्रयास हो या जनता के स्तर पर। समस्याएँ यदि हैं तो समाधान भी उसका होगा ही। हाँ, इस बात से इन्कार नहीं किया जा सकता कि समय की आवश्यकता होगी। सबसे बड़ी समस्या आय का असमान वितरण है, जिसने 'फाल' को 'फासला' बना दिया है। जरूरत है तो गाँधी जी के ग्राम राज्य-रामराज्य के विचारों पर लौटने की और अमर्त्यसेन के कल्याणकारी अर्थशास्त्रीय फार्मूले को अपनाने की, जिसमें हमें सम्पूर्ण विकास की बात स्पष्ट दिखायी देती है। एक को सन्तुष्ट करने से दूसरे को असन्तुष्टि जब तक होती रहेगी; एक की थाली से जब तक रोटी छीनकर दूसरे की थाली भरी जाती रहेगी, तब तक गरीबी अभिशाप ही बनी रहेगी। बाँटकर खाने की भावना से ही 'तेरी भी जय-जय और मेरी भी जय-जय होगी' और इस जय-जय के लिए विजय तो गरीबी पर पानी ही होगी।

इस गरीबी का एक घिनौना पक्ष यह भी है कि इसको सामाजिक स्तर पर भी भेदभाव का कारण बना दिया जाता है। गाँधी जी का 'दरिद्र नारायण' अब तिरस्कार का पात्र बन जाए तो फिर उसके लिए तो इससे बड़ा अभिशाप कुछ हो ही नहीं सकता। मंदिर के भगवान को मेवे चढ़ाए जा सकते हैं लेकिन मंदिर के बाहर खड़े 'दरिद्र नारायण' से छू जाने भर से ही वह चढ़ावा भगवान को चढ़ाने योग्य नहीं रह जाता। आखिर यह कैसा न्याय! यह कैसा अभिशाप? इस विषमता को दूर करने के लिए कोई अवतार नहीं होगा, क्योंकि यह विषमता हमने समाज ने खुद पैदा की है फिर किसी का इन्तजार क्यों? शुरूआत हमें स्वयं ही करनी होगी।

वक्त तो बदलेगा ही क्योंकि यह उसकी प्रकृति है, लेकिन यह परिवर्तन सकारात्मक ही होगा, इसका जवाब हमें स्वयँ को देना होगा। वैसे हमारी संस्कृति में नकारात्मकता के लिए कोई जगह नहीं है और यह हमारे दृढ़ विश्वास का सूचक है। अतः सच्चे मन से गरीबी हटाने के लिए यदि प्रयास किए जाएँ तो देर से ही सही, लेकिन सफलता मिलेगी अवश्य।

अध्याय 6

आधुनिकीकरण और भारत अथवा भारत में आधुनिकीकरण अथवा आधुनिकता बनाम परंपरा

रूपरेखा

- क्या है आधुनिकीकरण?
- भारत में आधुनिकीकरण।
- आधुनिकीकरण के संदर्भ में हमारी उपलब्धियाँ - शिक्षा, समाज, स्वास्थ्य, राजनीति आदि विभिन्न संदर्भों में।
- आधुनिकीकरण के दौरान हमने क्या खोया अर्थात् नैतिक मूल्यों का ह्रास, परंपरागत शिल्प, समाज, सँस्कृति आदि को कितना नुकसान हुआ और क्या आधुनिकीकरण की निष्पत्तियों से उसकी भरपाई हो सकी। इन सभी बिंदुओं पर विस्तारपूर्वक चर्चा।
- तमाम कमियों के बावजूद आधुनिकीकरण की विशेषताओं को किस तरह से अंगीकृत करें, ताकि दुनिया में हो रहे तीव्र विकास की दौड़ में अपने मूल्यों और परंपराओं को बनाए रखते हुए आगे बढ़ सकें।

पुराणमित्येव न साध सर्वं, न चापि काव्यं नवमित्यवद्यम।

कालिदास की उक्त मान्यता के अनुसार न तो पुराना सब अच्छा ही है और न ही नया सब त्याज्य है। यह बात किसी भी देश, काल और परिस्थिति के लिए काफी हद तक ठीक कही जा सकती है। जिस तरह से परिवर्तन एक सतत प्रक्रिया है, उसी तरह से परिवर्तन के परिणाम भी सतत् हैं। इस प्रक्रिया में कई बार परिवर्तन अत्यंत सकारात्मक और लाभकारी होता है तो कई बार परिणाम इसके उलट भी आ जाते हैं। यदि बात आधुनिक युग की हो तो विज्ञान और प्रौद्योगिकी के क्षेत्र में कई युगांतकारी परिवर्तनों के चलते सामाजिक और आर्थिक

जीवन में भी व्यापक बदलाव आए हैं और यह परिवर्तन अनवरत विश्व स्तर पर आज भी चल रहा है। इसी परिवर्तन को स्पष्ट करने के लिए समाज वैज्ञानिकों ने आधुनिकता जैसी अवधारणा का प्रयोग किया है।

वास्तव में आधुनिकीकरण एक बहुआयामी प्रक्रिया है। साथ ही यह किसी प्रकार के मूल्यों से जुड़ा नहीं है, लेकिन कभी-कभी आधुनिकीकरण का प्रयोग अच्छाई या इच्छित परिवर्तन के लिए भी किया जाता है। प्रायः आधुनिकीकरण के आदर्श पश्चिमी देश एवं उनमें होने वाले परिवर्तन रहे हैं, लेकिन उपनिवेशों एवं विकासशील देशों में होने वाले परिवर्तनों को समझने के संदर्भ में भी इस शब्द का उपयोग किया जाता है। आज के संदर्भ में हम कह सकते हैं कि लोकतंत्र, शिक्षा-प्रणाली और औद्योगिक प्रगति की शुरुआत प्रायः पश्चिमी देशों में ही हुई है। इसके परिणामस्वरूप जो सामाजिक, आर्थिक एवं राजनीतिक परिवर्तन पश्चिमी समाजों में आए और इन परिवर्तनों के जो अनुकरण अन्य देशों में हुए, उसे भी हम आधुनिकीकरण की प्रक्रिया के रूप में जानते हैं। हालांकि आज चीन, जापान, रूस जैसे देश भी आधुनिकीकरण के आदर्श बन रहे हैं।

जहाँ तक भारत का प्रश्न है, तो आमतौर पर समाजशास्त्री यही मानते हैं कि यहाँ आधुनिकीकरण का प्रमुख आधार पश्चिमीकरण की प्रक्रिया रही है। भारत में ब्रिटिश अधिकारों की स्थापना के फलस्वरूप अनगिनत परिवर्तन आए। तमाम तरह के सामाजिक सुधारों का सूत्रपात हुआ। भारतीय नेताओं एवं सुधारकों ने अँग्रेजों की मदद से बहुत-सी परंपरागत सामजिक कुरीतियों को दूर करने का प्रयास किया। हालांकि कुछ विचारक इस विचार से असहमत हैं, लेकिन अधिकांश का स्पष्ट रूप से मानना है कि अंग्रेजों ने भारत में आधुनिकीकरण की प्रक्रिया की नींव डाली। नई अर्थव्यवस्था एवं राजनीतिक एकता की स्थापना के साथ-साथ भारत में नए शिक्षित वर्ग को जन्म देने का श्रेय प्रेस एवं नई शिक्षा प्रणाली को है। ब्रिटिश सरकार द्वारा भारत में शुरू की गई नई तकनीकों, सिंचाई के साधनों एवं यातायात की सुविधाओं से कृषि में क्रांतिकारी परिवर्तन आया। सड़कों के विस्तार ने गाँवों की जड़ता एवं पृथक्ता को समाप्त कर दिया। रेल यातायात व्यवस्था ने उद्योगों का विस्तार किया जिससे जाति व्यवस्था में अनेक महत्वपूर्ण परिवर्तन आए। इसके परिणामस्वरूप एक ओर जाति ने ग्रामीण व्यवस्था को बनाए रखा तो दूसरी ओर प्रजातंत्र को भी।

भारत में आधुनिकीकरण की दिशा में कानून एवं न्याय-व्यवस्था के महत्व का उल्लेख आवश्यक है। निःसंदेह कानून का शासन एवं वर्तमान न्याय-व्यवस्था, भारत को अँग्रेजों की सराहनीय देन है। अँग्रेजों द्वारा ही संपूर्ण भारत में एकसमान कानून एवं न्याय-व्यवस्था का प्रशासन कायम हुआ, जबकि इससे पहले देश में शासन भिन्न-भिन्न प्रथाओं एवं सामंतों की इच्छाओं से चलता था। ब्रिटिश शासनकाल में ही बाल-विवाह, विधवा पुनर्विवाह, स्त्री संपत्ति अधिकार, उत्तराधिकार एवं सती प्रथा निरोधक जैसे प्रगतिशील कानून बने, जिससे परंपरागत भारतीय समाज में आधुनिकता का मार्ग प्रशस्त हुआ। स्वतंत्र भारत में पंचवर्षीय योजनाओं ने सामाजिक, आर्थिक एवं राजनीतिक जीवन में आधुनिकीकरण को और भी गति देने की कोशिश की। सूती कपड़े, खाद, दवाइयाँ, सीमेंट, मशीनें तथा अणुशक्ति के संयत्र एवं कारखाने खोलकर देश की अर्थव्यवस्था को मजबूती प्रदान की गई। इन प्रयासों से निःसंदेह लोगों की

आमदनी में वृद्धि तथा जीवन स्तर में सुधार हुए। इसके अतिरिक्त देश में आधुनिक शिक्षा के प्रचार-प्रसार ने आधुनिकीकरण की प्रक्रिया को काफी तीव्रता प्रदान की। आधुनिक शिक्षा के सभी धर्म एवं जाति के लोगों को सुलभ होने से तथाकथित निम्न जातियों एवं जनजातियों के लोगों के शैक्षणिक स्तर में मौलिक परिवर्तन हुए। अँग्रेजी शिक्षा प्राप्त बुद्धिजीवी वर्ग के उदय ने राष्ट्रीयता के विकास में महत्वपूर्ण भूमिका निभाई।

भारतीय संविधान ने भी आधुनिकीकरण की प्रक्रिया को सरल बना दिया। जाति, धर्म, लिंग, रंग आदि के आधार पर भेदभाव और छुआछूत को कानूनी रूप से समाप्त कर दिया गया। वैयक्तिक स्वतंत्रता एवं समानता के अधिकार ने लोगों के सामाजिक, आर्थिक, धार्मिक एवं राजनीतिक जीवन में क्रांतिकारी परिवर्तन किया है। परिवार में शिक्षित सदस्यों एवं महिलाओं की स्थिति में परिवर्तन आने से तमाम रूढ़िगत मान्यताएँ खुद-ब-खुद धराशायी हो रही हैं। यह भारतीय संविधान की ही अनुकंपा है कि आज भारत में प्रजातंत्र का मूल आधार वयस्क मताधिकार है। राजनीति के क्षेत्र में भी प्रतिस्पर्द्धा की प्रक्रिया में तेजी आई है। आज स्त्री, पुरुष, उच्च एवं निम्न सभी जाति के लोग उच्च राजनीतिक पदों के लिए खुलकर प्रतिस्पर्द्धा कर रहे हैं। पिछड़ा वर्ग आंदोलन एवं पिछड़ों के लिए सामाजिक न्याय तथा नौकरियों में आरक्षण का होना सामाजिक एवं राजनीतिक आधुनिकीकरण के ज्वलंत उदाहरण हैं। आज आदिवासी, पिछड़े एवं दलित लोगों के बीच इतनी राजनीतिक चेतना का प्रसार हो चुका है कि ये लोग अब अपने अधिकारों की रक्षा की बात से आगे निकलकर शासन में समुचित भागीदारी एवं राजनीति में वर्चस्व प्राप्त करने की कोशिश में हैं।

आधुनिकीकरण के परिणामस्वरूप देश में नारियों की स्थिति में भी व्यापक परिवर्तन आया है। वे अपने अधिकारों की रक्षा के साथ जीवन के हर क्षेत्र में सहभागिता एवं अधिकार का दावा पेश कर रही हैं। शहरों में नारी-मुक्ति आंदोलन भी जोर पकड़ रहा है। यह आधुनिकीकरण का ही प्रभाव है कि सदियों से चले आ रहे पितृसत्तात्मक मूल्यों के खिलाफ भारतीय नारियाँ जेहाद छेड़ चुकी हैं। नारियों को घर एवं घर के बाहर समुचित स्थान और सम्मान मिल सके, इसके लिए बहुत-सी स्वयंसेवी संस्थाएँ काम कर रही हैं। भारत सरकार ने महिलाओं को घरेलू हिंसा और उत्पीड़न से निजात दिलाने के लिए तमाम योजनाओं को कार्यान्वित करने की कोशिश की और कानून बनाकर उन्हें रोकने का प्रयास किया है।

आजादी के बाद आर्थिक विकास एवं नगरीकरण की प्रक्रिया में काफी तेजी आई है। आज देश के सकल घरेलू उत्पाद की वृद्धि दर नौ प्रतिशत के आँकड़े को पार कर गई है। इसके परिणामस्वरूप आज उद्योगों, कल-कारखानों एवं दफ्तरों में काम करने वाले श्रमिक वर्ग का अनुपात बढ़कर चालीस प्रतिशत से भी ज्यादा हो गया है। खेती पर आश्रित श्रमिक वर्ग के अनुपात में तेजी से कमी आई है, जिसके चलते विदेशी पूँजी निवेश में भी वृद्धि हुई है। आज भारत में तीस से भी ज्यादा शहर ऐसे हैं, जिनकी आबादी दस लाख से ऊपर हैं। मुंबई, कोलकाता और दिल्ली जैसे शहरों की आबादी तो बढ़कर 1 करोड़ से भी ऊपर पहुँच गई है।

न सिर्फ शहरों के स्तर पर, बल्कि ग्रामीण स्तर पर भी आधुनिकीकरण का स्पष्ट प्रभाव देखने को मिला है। ग्रामीण समाज में भी अब लोग परिवार नियोजन और बच्चों की गुणात्मक शिक्षा जैसे मामलों में खासे जागरुक हुए हैं। ग्रामीण लोग कृषि के क्षेत्र में भी नवीन प्रयोग

कर रहे हैं, जिससे उनके जीवन स्तर में भी सुधार हुआ है। जमींदारी और जागीरदारी प्रथा के उन्मूलन से गाँव में काफी उन्नति हुई है। आजादी के पहले जो किसान गरीबी में जन्म लेता था और गरीबी में ही पूरा जीवन काट देता था, आज उसके पास न सिर्फ साल भर खाने के लिए पर्याप्त अनाज है, बल्कि उनके बच्चे उच्च शिक्षा प्राप्त कर बड़े सरकारी और गैर-सरकारी पदों पर पहुँच रहे हैं। संचार एवं यातायात के साधनों में विकास के चलते गाँव और शहरों के बीच दूरी कम हुई है। फलस्वरूप गाँवों में भी परिवर्तन की गति में तेजी आई और छुआछूत जैसी घृणित प्रथा काफी हद तक कमजोर हुई है।

हालांकि आधुनिकीकरण का मुख्य उद्देश्य व्यक्ति और समाज को विकासशील बनाना है, इसलिए बहुत हद तक यह एक कल्याणकारी प्रक्रिया भी है। पर ऐसा नहीं है कि यह प्रक्रिया हमेशा कल्याणकारी ही रहती है। जब समाज परंपरागत व्यवस्था से आधुनिकता की ओर बढ़ता है तो कई बार हमें जाने-अनजाने विभिन्न प्रकार की समस्याओं को भी झेलना पड़ता है। आधुनिकीकरण के दौरान शिक्षा के व्यापक प्रचार-प्रसार के चलते हर किसी को अपनी इच्छा और योग्यता के मुताबिक पढ़ने-लिखने का अवसर मिलता है। लेकिन अपनी योग्यता के अनुसार हर किसी को जीवन-यापन के लिए नौकरियाँ नहीं मिल पातीं। इससे समाज में नवयुवकों को अनेकानेक समस्याओं का सामना करना पड़ता है जो कई बार सामाजिक तनाव, राजनीतिक अस्थिरता एवं बढ़ते अपराधीकरण के रूप में परिलक्षित होती हैं। यही नहीं, आधुनिकीकरण के द्वारा विभिन्न क्षेत्रों में आए असमान परिवर्तनों के चलते सामाजिक और सांस्कृतिक मूल्यों में तनाव पैदा होते हैं। भारत में एक ओर शिक्षा के द्वारा यदि राष्ट्रवाद पनपा है तो दूसरी ओर भाई-भतीजावाद, जातिवाद और क्षेत्रीयता भी बढ़ी है। नारी शिक्षा से कई अच्छे परिवर्तन जरूर आए हैं लेकिन दूसरी ओर पारिवारिक तनाव की घटनाओं एवं दहेज प्रथा में भी वृद्धि हुई है। आधुनिकीकरण के चलते समाज में आधुनिक एवं परंपरागत मूल्यों के बीच हमेशा तनाव की स्थिति बनी रहती है। लोग सामाजिक दायित्व भूलकर व्यक्तिगत स्वार्थ में लीन होने लगे हैं। पुरानी संस्थाएँ टूटने लगी हैं और नई उभरकर सामने आती हैं जो सापेक्ष रूप से बहुत दीर्घायु नहीं हो पातीं। लोगों का जीवन सामाजिक नियमों से कम और राजकीय कानूनों से ज्यादा निर्देशित होता है। आधुनिकीकरण के प्रभाव को डॉ. राजेन्द्र कुमार की इन पंक्तियों से स्पष्ट समझा जा सकता है:

'फासलों में आ गई कितनी कमी,
चाँद के नजदीक है अब आदमी।
सोच लेकिन मैं रहा हूँ देर से,
आदमी से दूर है क्यों आदमी।।'

आधुनिकीकरण के अंतर्गत हर किसी को अपनी योग्यता तथा मेहनत के बल पर आगे बढ़ने का अवसर मिलता है, लेकिन हर व्यक्ति समान रूप से अपने उद्देश्यों की प्राप्ति नहीं कर सकता। इसका परिणाम यह होता है कि लोग निराशावादी जीवन व्यतीत करने लगते हैं। जो लोग समाज में पिछड़ जाते हैं, वे पूरे समाज पर बोझ बनने लगते हैं। यही नहीं,

आधुनिकीकरण के चलते तमाम सामाजिक बुराइयों में कमी आई है, लेकिन इसका एक दूसरा पहलू भी है। अपने अधिकारों की रक्षा एवं राजनीतिक प्रभाव बढ़ाने के लिए कई बार पिछड़ी जातियों के लोग उच्च जातियों के खिलाफ गोलबंद होने लगते हैं और इसका दुष्परिणाम अक्सर जातीय दंगों और खून-खराबों के रूप में सामने आता है। आधुनिकीकरण के चलते गाँवों में सामुदायिक भावना का ह्रास हुआ है, जिसके चलते व्यक्तिगत स्वार्थ ग्रामीण जीवन में भी उभरकर सामने आ रहा है।

दरअसल, भारत में आधुनिकीकरण एक अजीबोगरीब स्थिति से गुजर रहा है। यदि एक ओर आधुनिकीकरण की प्रक्रिया चल रही है तो दूसरी ओर इसकी विरोधी प्रक्रियाएँ भी चलती नजर आती हैं। ये विरोधी प्रक्रियाएँ न सिर्फ आधुनिकीकरण की गति को मंद करती हैं बल्कि कभी-कभी कुछ लोगों को प्रतिक्रियास्वरूप आधुनिकीकरणहीनता की ओर मोड़ देती हैं। फिर भी यदि हम वर्तमान भारतीय समाज का मूल्याँकन प्राचीन एवं खासकर मध्ययुगीन समाज की पृष्ठभूमि में करते हैं तो निश्चित रूप से भारी परिवर्तन दिखता है। लेकिन यदि भारतीय समाज की तुलना विकसित देशों से की जाती है तो भारतीय सामाजिक संरचना एवं मूल्य काफी परंपरागत लगते हैं। मोटे तौर पर यही प्रतीत होता है कि भारतीय समाज की स्थिति परंपरागत और आधुनिक समाज के बीच कहीं है और वह धीरे-धीरे आधुनिकीकरण की ओर बढ़ रहा है। लेकिन भारत न तो कभी भी पश्चिमी देशों की कार्बन कॉपी बन सकता है और न ही ऐसा होना उसके नागरिकों के हित में होगा। भारत में आधुनिकीकरण जिस गति से चल रहा है और उसकी जो सांप्रतिक उपलब्धियाँ रही हैं, वे संतोषजनक ही कही जाएँगी।

नक्सलवाद : आंतरिक प्रशासन को गंभीर चुनौती अथवा समस्या एवं समाधान

अध्याय 7

रूपरेखा

- **प्रस्तावना:** वर्तमान घटनाओं से जोड़ते हुए समस्या की गंभीरता से लेख की शुरुआत/जितना संभव हो सके, हाल की घटनाओं का उल्लेख हो।
- **नक्सलवाद का उदय:** पश्चिम बंगाल में इसके उदय के साथ ही अन्य राज्यों में उदय और फैलाव का उल्लेख हो। नक्सलवादियों की वैचारिक प्रतिबद्धता का उल्लेख करना भी उपयुक्त होगा।
- **नक्सलवाद के उदय के कारण:** कारणों पर विस्तार से प्रकाश डालना समीचीन होगा। इस खंड में गहन विश्लेषण अपेक्षित है जिससे अभ्यर्थी की बहुमुखी प्रतिभा और विश्लेषणात्मक क्षमता की पहचान हो सके।
- **नक्सलवाद का विकास:** एक आंदोलन से शुरू होकर राष्ट्रीय समस्या बन जाने तक की स्थितियों का विस्तारपूर्वक उल्लेख हो। इसी खंड में नक्सलवाद की प्रकृति और वर्तमान स्थिति पर भी विधिवत् चर्चा हो।
- **नक्सलवाद से निपटने के तरीके और सरकारी प्रयास:** इस खंड में उन सभी तौर-तरीकों, जिनमें सरकारी और गैर-सरकारी प्रयास शामिल हैं, जिनसे नक्सलवाद को रोका और फिर खत्म किया जा सकता है, का उल्लेख किया जाना चाहिए। सरकार द्वारा नक्सलियों को मुख्य धारा में लाने और उनके पुनर्वास जैसी कोशिशों का भी उल्लेख हो।

भारत में नक्सलवाद कमोवेश वैसी ही समस्या का रूप ले चुका है, जैसे पूरी दुनिया में आतंकवाद ने लिया है। जिस तरह से पिछले कुछ समय से नक्सलवाद घोर हिंसक कार्रवाइयों का पर्याय बन चुका है, इसमें संदेह नहीं कि यह देश की आंतरिक सुरक्षा के लिए एक

बड़ा संकट बनकर खड़ा है। हालांकि वैचारिक तौर पर नक्सलवाद एक सामाजिक, आर्थिक समस्या है लेकिन चूंकि ये आंदोलन हिंसा के रास्ते पर चला गया है, इसलिए यह सीधे तौर पर कानून व्यवस्था से जुड़ गया है। सरकारी आँकड़ों के मुताबिक हाल के दिनों में नक्सली हिंसा में जम्मू कश्मीर की आतंकी हिंसा से भी ज्यादा लोग मारे गए। केंद्रीय गृह मंत्रालय की एक रिपोर्ट के मुताबिक देश के 13 राज्यों के 55 से भी ज्यादा जिलों में नक्सलियों का असर है और आंध्र प्रदेश, छत्तीसगढ़, बिहार, झारखंड और ओडिशा में कई जगहों पर उनकी समानांतर सरकारें तक चल रही हैं। यही नहीं, पिछले दिनों जिस तरह से छत्तीसगढ़ में एक बड़े नक्सली हमले में एक राजनीतिक दल के तमाम बड़े नेता मारे गए, उससे नक्सलियों की हिंसक कार्रवाइयों का अंदाजा लगाया जा सकता है।

दरअसल नक्सलवाद का उदय पश्चिम बंगाल के एक छोटे-से इलाके नक्सलवाड़ी में किसान विद्रोह से शुरू हुआ। ये विद्रोही वास्तव में उसी कम्युनिस्ट पार्टी के सदस्य थे जो पश्चिम बंगाल में नई-नई सत्ता में आई थी। चीन में चलने वाली सांस्कृतिक क्रांति से प्रभावित इन युवाओं ने अपनी ही पार्टी के नेतृत्व पर यह आरोप लगाया कि वह भी सुधारवाद और संसदीयवाद के शिकार होकर क्रांति के साथ गद्दारी कर रहे हैं। उन्होंने यह दलील दी कि पार्टी को इसके बदले तत्काल ही ग्रामीण इलाकों में सशस्त्र कृषक विद्रोहों की शुरुआत करनी चाहिए, जिसके परिणामस्वरूप मुक्त क्षेत्रों का गठन होगा और धीरे-धीरे संपूर्ण देश में सशस्त्र संघर्ष फैल जाएगा। लेकिन मार्क्सवादी कम्युनिस्ट पार्टी यानी सीपीएम नेतृत्व ने तत्काल बागी नेताओं को यह कहकर पार्टी से निकाल दिया कि वे वामपंथी दु:साहसवाद के शिकार हो गए हैं। सीपीएम के इन बागी नेताओं को, जिनमें खासतौर से कॉलेजों और विश्वविद्यालयों के छात्र थे, नक्सलाइट नाम से जाना गया। आंदोलन का आरंभिक नेतृत्व कानू सान्याल, चारू मजूमदार और जंगल संथाल ने किया। 1969 में चारू मजूमदार के ही नेतृत्व में मार्क्सवादी कम्युनिस्ट पार्टी लेनिनवादी का गठन हुआ। आंध्र प्रदेश, बिहार, ओडीशा, उत्तर प्रदेश, पंजाब और केरल में भी इसी प्रकार की पार्टियों और गुटों की स्थापना हुई। सीपी (माले) एवं अन्य नक्सलवादी गुटों ने यह दलील दी कि भारत में लोकतन्त्र मात्र एक ढोंग है और यहाँ के कृषक संबंध अभी तक सामंती ही हैं। भारतीय क्रांति अभी तक अपने साम्राज्यवाद विरोधी चरण में है और चीनी मॉडल पर चलाया जाने वाला दीर्घकालीन गुरिल्ला युद्ध भारत में क्रांति का स्वरूप होगा।

सवाल उठता है कि नक्सलवाद का उदय कैसे हुआ? वास्तव में नक्सलवाद के उदय का सवाल सीधे तौर पर सामाजिक, आर्थिक, राजनीतिक एवं काफी हद तक प्रशासनिक शोषण से जुड़ा है। क्षेत्रीयता, असंतुलित विकास, बेरोजगारी एवं मानसिक पिछड़ापन भी एक बड़ा मुद्दा है। सच तो यह है कि इनके उद्देश्य ही उदय के कारणों को स्पष्ट रूप से व्यक्त करते हैं। इनका उद्देश्य है - सर्वहारा शासन-तंत्र की स्थापना करना। अर्थात् एक ऐसे वर्गहीन समाज का निर्माण करना जिसमें मजदूरों, कृषकों तथा अन्य दबे-कुचले वर्ग का प्रभुत्व हो। नक्सलवाद उग्र विचारधारा की पृष्ठभूमि पर भले ही आधारित है, लेकिन मूल रूप से अलगाववाद अथवा आतंकवाद से अलग है। ये देश की आर्थिक, सामाजिक, राजनैतिक एवं प्रशासनिक व्यवस्था में आमूल-चूल परिवर्तन करना चाहते हैं और यही इनका दूरगामी लक्ष्य है। इसी व्यवस्था की प्राप्ति के लिए ये संघर्ष कर रहे हैं। नक्सलवादियों का मानना है कि वर्तमान राज-सत्ता नौकरशाहों,

भ्रष्ट राजनीतिज्ञों, पूँजीपतियों, भू-स्वामियों और तथाकथित दलालों के हाथ में है और ये सभी मिलकर विशाल समूह वाले कृषक, मजदूर तथा दलितों पर राज कर रहे हैं। अपने मूल रूप से यह आंदोलन भूमि व्यवस्था से ही जुड़ा है, क्योंकि आज भी देश की बहुसंख्यक जनता जीविकोपार्जन के लिए कृषि पर ही निर्भर है।

देश में आजादी के बाद भी प्रत्येक क्षेत्र में घोर विषमता व्याप्त थी, चाहे वह क्षेत्र राजनीतिक हो, आर्थिक हो या फिर सामाजिक। सामाजिक तौर पर तो यहाँ सदियों से वर्गीय असमानता मौजूद है। इसी वर्गीय असमानता में हर तरह की विषमता का बीज मौजूद है। स्वतंत्रता आंदोलन के दौरान इस वर्गीय असमानता को कम करने के प्रयास भी हुए। उस समय देश में एकमात्र शत्रु ब्रिटिश सरकार थी और उसे हटाकर भारतीयों की सत्ता स्थापित करना सभी का मुख्य लक्ष्य था। उस वक्त की सारी हिंसक-अहिंसक कार्रवाइयाँ ब्रिटिश सरकार और उसके सहयोगगियों, जैसे- भू-स्वामी, साहूकार, प्रशासनिक एवं पुलिस अधिकारी के खिलाफ होती थीं और इन्हें आम जनता का समर्थन एवं समकालीन राजनीतिक आंदोलनों का नेतृत्व तक हासिल हो जाता था। स्वतंत्रता के पश्चात् देश की आम जनता को समूची व्यवस्था में आमूल परिवर्तन की आशा थी लेकिन दुर्भाग्य से शासक वर्ग आम ग्रामीण जनों की समस्याओं को दूर करने में असफल रहा।

हालांकि स्वतंत्रता के बाद जमींदारी प्रथा कानूनी तौर पर तो समाप्त कर दी गई परन्तु बड़े भू-स्वामियों और जमींदारों की सामंती सोच और मानसिकता में कोई बदलाव नहीं आया। जाति प्रथा तथा संसाधनों पर उच्च जातियों के एकाधिकार ने आय एवं धन के वितरण से मजदूरों एवं निम्न वर्ग के लोगों को वंचित रखा। यही नहीं, आम आदमी की हिफाजत के लिए गठित पुलिस-व्यवस्था में आए भ्रष्टाचार से मजदूरों और गरीब किसानों का उत्पीड़न हुआ। इससे इनके भीतर नफरत और संघर्ष की भावना प्रबल हुई।

नक्सलवाद पनपने का एक प्रमुख कारण भूमि सुधार कानून का लागू न किया जाना है। सरकार ने जमींदारी उन्मूलन के पश्चात् भूमि पुनर्वितरण संबंधी कानून जरूर बनाए लेकिन इसे लागू करने में बहुत अनियमितताएँ हुईं। कई जगहों पर ताकतवर भू-स्वामियों ने गरीब एवं भूमिहीन लाभान्वितों का भूमि पर कब्जा होने नहीं दिया। भूमिहीन कृषकों को सरकार द्वारा न्यूनतम मजदूरी की घोषणा के बावजूद भू-स्वामी आज भी कम मजदूरी देते हैं। जाहिर है बड़े भू-स्वामियों के इस तरह के क्रिया-कलाप वर्ग-संघर्ष को बढ़ावा देते हैं और इन्हीं परिस्थितियों में उग्रवादी संगठनों को अपना प्रभाव क्षेत्र जमाने का मौका मिलता है। ये ऐसे असंतुष्ट भूमिहीन मजदूरों को अपने संगठन में न्याय दिलाने का लोभ देकर शामिल कर लेते हैं। यही नहीं, उग्रवाद को बढ़ावा देने में ग्रामीण बेरोजगारी की भी बहुत बड़ी भूमिका होती है, क्योंकि अराजक तत्व इन्हें बड़ी आसानी से गुमराह करके सरकार और समृद्ध लोगों को साझा शत्रु बताते हुए मनचाही हिंसा और आतंक की ओर प्रेरित करते हैं। जनजातीय क्षेत्रों में तो सदियों से बाहरी लोगों द्वारा शोषण होता रहा है। वस्तुतः यही शोषित, दलित, गरीब, आदिवासी किसान और मजदूर आज नक्सलवाद के समर्थक हैं और इनके आंदोलन को सैद्धांतिक आधार बौद्धिक वर्ग के कुछ लोग प्रदान कर रहे हैं।

पश्चिम बंगाल के नक्सलबाड़ी क्षेत्र में जन्मे इस उग्रपंथी आंदोलन ने कालांतर में अपनी देशव्यापी पकड़ बनाई। मई 1967 में पश्चिम बंगाल, ओडीशा, आंध्र प्रदेश, तमिलनाडु, केरल,

उत्तर प्रदेश तथा जम्मू-कश्मीर के कम्युनिस्ट नेताओं ने एक सम्मेलन किया। इसमें संगठन को मजबूत करने, सशस्त्र संघर्ष करने और गैर-संसदीय मार्ग को अपनाने का निर्णय लिया गया। इनके नेतृत्व में मई, 1968 में 'ऑल इंडिया कमिटी ऑन कम्युनिस्ट रिवोल्यूशनरी' नामक संस्था का गठन किया गया। इसी संगठन से एक साल बाद भारतीय कम्युनिस्ट पार्टी (मार्क्सवादी-लेनिनवादी) की स्थापना हुई जिसके कुछ महत्वपूर्ण नेताओं ने 1974 में भाकपा (माले) लिबरेशन नामक दल बनाया। इस दल ने संसदीय व्यवस्था के पूर्ण बहिष्कार संबंधी अपनी सोच पर पुनर्विचार किया और चुनाव का रास्ता अख्तियार किया। 1989 में उसे बिहार में पहली चुनावी सफलता भी मिली। इसके अलावा अक्टूबर 1969 में कन्हाई चटर्जी ने माओवादी कम्युनिस्ट सेंटर (एम.सी.सी.) और, 1980 में कोडापल्ली सीतारमैय्या ने पीपुल्स वार ग्रुप (पी.डब्ल्यू.जी) की स्थापना कर नक्सली आंदोलन को मजबूती और विस्तार देने में मदद की। पी.डब्ल्यू.जी. शुरू में तो आंध्र प्रदेश में ही सिमटा था लेकिन बाद में इसने ओडीशा, छत्तीसगढ़ तथा मध्य प्रदेश में भी आधार निर्माण शुरू किया और उसे अच्छी सफलता भी मिली। इस संगठन ने सशस्त्र संघर्ष के अतिरिक्त आम-जन के बीच भी खुद को लोकप्रिय बनाने का प्रयास किया। इस संगठन के पास अत्याधुनिक विध्वंसक अस्त्र-शस्त्र तथा संचार साधन उपलब्ध हैं।

1972 में माले नेता चारू मजूमदार की पुलिस हिरासत में मृत्यु और कानू सान्याल तथा लिबरेशन नेताओं द्वारा सशस्त्र संघर्ष को त्याग कर संसदीय रास्ता पकड़ने की घटना ने नक्सली आंदोलन को काफी धक्का पहुँचाया। लेकिन इन घटनाओं के कुछ समय बाद 21 सितंबर, 1999 को नक्सली संगठनों की ताकत में उस समय बड़ा इजाफा हुआ जब पी.डब्ल्यू.जी. और एम.सी.सी. के विलय से एक नए संगठन सी.पी.आई. (माओवादी) का निर्माण हुआ। इस विलय ने सरकार को नक्सली आंदोलन पर नए सिरे से सोचने को मजबूर कर दिया।

शुरू में नक्सली आंदोलन का उद्देश्य गरीब कृषकों की समस्याओं को दूर करना और उनके समर्थन में स्थानीय स्तर पर भू-स्वामियों का संगठित विरोध करना था। लेकिन धीरे-धीरे वे चीनी नेताओं के दर्शन से प्रभावित होकर हिंसक संघर्ष पर उतर आए। उन्होंने समाज के गरीब, भूमिहीन, कृषकों, मजदूरों तथा जनजातीय लोगों के बीच अपने आधार का निर्माण किया। चूँकि जनजातीय क्षेत्रों में लोगों पर सरकारी कर्मचारी, भूस्वामी, ठेकेदार आदि सभी अत्याचार करते हैं और सरकारी नीतियों के कारण आदिवासियों को कई बार विस्थापित होना पड़ता है, इससे असंतुष्ट लोगों के बीच नक्सलियों को अपने संगठन को मजबूत करने का अवसर मिलता रहा है। हालांकि ये अलगाववादी नहीं हैं, क्योंकि जम्मू-कश्मीर तथा पूर्वोत्तर क्षेत्रों के उग्रवादी संगठनों की माँगों के विपरीत ये कोई अलग देश की माँग नहीं कर रहे हैं, बल्कि इसी देश में वर्तमान व्यवस्था में पूर्णरूपेण क्रांतिकारी परिवर्तन चाहते हैं। उनकी नजर में समूचा धनी वर्ग सर्वहारा वर्ग का दुश्मन है। इन दुश्मनों को विनष्ट कर गरीब और मजदूर वर्ग की सत्ता को देश में स्थापित करना ही इनका मूल उद्देश्य है। इसी की प्राप्ति के लिए ये हिंसा का सहारा लेते हैं।

परंतु वर्तमान में ये नक्सली संगठन पूरी तरह से हिंसक क्रियाकलाप में लिप्त हैं। ये संगठन यह दावा करते हैं कि आम आदमी उनका साथ दे रहा है, लेकिन वास्तव में आम आदमी उनकी विचारधारा से प्रभावित है या फिर उनके खौफ से, यह स्पष्ट नहीं है। बल्कि

आम आदमी को तो कई बार दोहरी मार झेलनी पड़ती है। एक ओर सरकार नक्सलियों का साथ देने का आरोप लगाकर इन पर अत्याचार करती है वहीं दूसरी ओर नक्सली भी अपना हित साधने के लिए इनका उत्पीड़न करते हैं। वर्तमान में इन नक्सली गुटों ने देश के कुछ राज्यों के क्षेत्रों को मिलाकर एक 'रेड कोरिडोर' का निर्माण कर लिया है। यही नहीं, इन्होंने जम्मू-कश्मीर तथा पूर्वोत्तर के कुछ आतंकवादी संगठनों से भी हाथ मिलाना शुरू कर दिया है, जो बेहद खतरनाक भविष्य का संकेत है। अपुष्ट सरकारी सूचनाओं के अनुसार पाकिस्तान की खुफिया ऐजेंसी आई.एस.आई. इन सभी गुटों को एकीकृत करके अपना सैद्धांतिक एवं आर्थिक समर्थन भी प्राप्त कर रही है। यहाँ के नक्सली गुट नेपाल के माओवादी गुट से स्पष्ट रूप से जुड़े हैं। बिहार और उत्तर प्रदेश की सीमा नेपाल से लगी हुई है और एक-दूसरे देशों में आवागमन पर कोई रोक-टोक नहीं है, इससे दोनों देशों के नक्सली गुटों के बीच संपर्क की सुविधा है। इन सभी बातों ने भारत सरकार और संबंधित राज्य सरकारों को बेहद चिंतित कर दिया है।

1972 ई. में पश्चिम बंगाल में चारू मजूमदार की मृत्यु के बाद नक्सली आंदोलन धीरे-धीरे क्षीण होता गया। आपातकाल में नक्सली आंदोलन पर भी कठोर प्रहार हुए, परन्तु उसके पश्चात् ये पुन: शक्तिशाली होकर सारे भारत में फैल गए। आरंभ में सरकार की नजर में यह आम कानूनी समस्या थी और राज्य सरकारें उसे पुलिस कार्रवाई द्वारा समाप्त करना चाहती थीं। परन्तु सरकारी उत्पीड़न से इसका प्रभाव कम होने की बजाए विस्तृत ही होता गया। यहां तक कि केंद्र सरकार का ध्यान भी सिर्फ केंद्रीय बल उपलब्ध करा देने के सिवाय कुछ नहीं होता था। उस समय इस समस्या का मुकाबला करने में राज्य सरकारों ने एकजुटता नहीं दिखाई। वास्तव में सरकार इस समस्या को समझ ही नहीं पाई कि इसके मूल में सामाजिक एवं आर्थिक शोषण विद्यमान है। हालांकि छत्तीसगढ़ सरकार ने नक्सलियों पर कार्रवाई के लिए संयुक्त टास्क फोर्स के गठन के लिए आवाज उठाई थी कि सभी नक्सल प्रभावित राज्यों को मिलकर इस पर कार्रवाई करनी चाहिए, लेकिन केंद्र सरकार ने ही इस प्रस्ताव को यह कहकर खारिज कर दिया कि सभी राज्यों को स्वतंत्र रूप से इस समस्या का समाधान ढूँढ़ना चाहिए। लेकिन नक्सली गुटों के बढ़ते प्रभाव को देखते हुए 19 सितंबर, 2005 को केंद्रीय गृह मंत्रालय की पहल पर 12 नक्सल प्रभावित राज्यों का सम्मेलन दिल्ली में हुआ। इसमें गुटों पर प्रभावी कार्रवाई के लिए तत्कालीन गृह मंत्री शिवराज पाटिल ने 'अंतर्राज्यीय संयुक्त कार्यबल, के निर्माण की घोषणा की। कुछ राज्यों में नक्सली कार्रवाइयों से तंग आकर स्थानीय लोग संगठित होकर इनका सशस्त्र विरोध भी कर रहे हैं। छत्तीसगढ़ में 'सलवा जुडूम' ऐसे ही एक अभियान का नमूना है। हालांकि कालांतर में सुप्रीम कोर्ट ने इस अभियान पर सवाल उठाकर सरकार को कठघरे में खड़ा कर दिया।

कुल मिलाकर यह कहा जा सकता है कि नक्सली गुटों का साध्य तो उत्तम है, लेकिन उसके लिए उन्होंने जो साधन चुने हैं, उन्हें किसी भी स्तर पर न्यायसंगत नहीं ठहराया जा सकता। अर्थात् उनके क्रिया-कलाप अत्यंत हीन एवं निराशाजनक स्थिति के परिचायक हैं। नक्सली गुटों को समझना चाहिए कि हिंसा से कभी किसी को कुछ हासिल नहीं होता। इतिहास गवाह है कि हिंसा के बल पर हथियाई गई सत्ता या कोई भी व्यवस्था ज्यादा दिन तक नहीं चल

पाती और अंततः टूट जाती है। अलगाववादी भी हिंसा फैलाकर लोगों को आतंकित करते हैं और नक्सली भी। ऐसे में उनकी देश के प्रति निष्ठा भी संदेह के घेरे में आती है। वास्तव में इनकी हिंसा का शिकार मुख्यतः वही आम लोग होते हैं जिनके लिए ये नक्सली येन-केन प्रकारेण कुछ हासिल करना चाहते हैं।

मूलतः नक्सली गुट अपने सिद्धांत की स्वयं अवहेलना कर रहे हैं। व्यक्तियों की हत्या की राजनीति द्वारा ये खुद अलगाववादी और कम्युनिस्ट सशस्त्र संघर्ष के फर्क को धुँधला रहे हैं। दूसरी ओर सरकार को भी कानून-व्यवस्था की सोच से ऊपर उठकर इनकी मूलभूत समस्या को दूर करने का प्रयत्न करना चाहिए। सरकार को उन लोगों को समाज और राष्ट्र की मुख्यधारा से जोड़ने की हरसंभव कोशिश करनी चाहिए जिनके हित में लड़ने का दावा ये नक्सली संगठन करते हैं। सरकार को इस आत्मविश्वास के साथ इस समस्या का निदान ढूँढना चाहिए कि यह समस्या गंभीर भले ही हो, लेकिन लाइलाज नहीं है।

अध्याय 4

भारत में सामाजिक परिवर्तन : दशा और दिशा

रूपरेखा

- सामाजिक परिवर्तन का स्पष्टीकरण, स्वतंत्रता के पहले और बाद के संदर्भ में।
- सामाजिक परिवर्तन के विविध पहलू और परिवर्तन की दिशाओं में विरोधाभास।
- परिवर्तन के सकारात्मक और नकारात्मक पहलुओं की विशद् व्याख्या।
- सामाजिक परिवर्तन को प्रभावित करने वाले कारक।
- सामाजिक परिवर्तन की आवश्यकता।
- अंत में सामाजिक परिवर्तन के सकारात्मक एवं नकारात्मक पहलुओं को दर्शाते हुए उपसंहार।

समाज एवं संस्कृति में परिवर्तन एक शाश्वत प्रक्रिया है। दुनिया में शायद ही ऐसा कोई समाज हो जो इस परिवर्तन से अछूता रहा हो। जहाँ तक भारत का प्रश्न है, यह सर्वविदित है कि उसके राजनीतिक इतिहास के आरंभ से बहुत पहले ही सामाजिक इतिहास का आरंभ हो चुका था। कहने का तात्पर्य यह है कि भारत में सामाजिक व्यवस्था के उदय का इतिहास कम-से-कम चार हजार वर्ष पुराना है और समय के साथ इसका तमाम परिवर्तनों से साक्षात्कार हुआ। लेकिन आजादी के बाद देश की विभिन्न आर्थिक, राजनीतिक परिस्थितियों ने सामाजिक व्यवस्था को पूरी तरह से बदल डाला। आजादी के बाद के छह दशकों के इस महत्वपूर्ण दौर में जो चरित्र, संरचना, अंतर्द्वंद, अंतर्विरोध और अंतर्संबंध लेकर नया समाज उभरा है और उसमें जो महत्वपूर्ण परिवर्तन हुए हैं, उन पर सम्यक् दृष्टिपात करने की आवश्यकता है।

दरअसल, साठ साल के बाद का भारत कृषि और औद्योगिक क्रांति के प्रत्यक्ष दिग्दर्शन से उभरा हुआ भारत है, जो अपने औपनिवेशिक चोले को लगभग त्याग चुका है। दूसरे शब्दों में कहें तो भारत का वर्तमान स्वरूप उस नए मध्यम वर्ग का प्रतिनिधित्व करता है जिसने कृषि, विज्ञान और प्रौद्योगिकी, उद्योग जैसे विभिन्न क्षेत्रों में नए मूल्यों और मानकों की स्थापना करके पूरे विश्व में भारत का मान बढ़ाया है। इसके इन प्रयासों के फलस्वरूप देश में आर्थिक आत्मनिर्भरता, उत्पादकता, उद्यमशीलता और जोखिम उठाने की क्षमता में गुणात्मक वृद्धि हुई है। आजादी के बाद भारत में नए-नए पेशों के बहुआयामी प्रसार और विविधता ने इस नव-मध्यम वर्ग को नया चरित्र, नया विस्तार और नई गहराई दी है। इसके अलावा भारत में शिक्षा के क्षेत्र में आए क्रांतिकारी बदलाव ने जिस शिक्षित वर्ग को जन्म दिया है, उसका चरित्र, उसकी आकांक्षाएँ, उसके लक्ष्य और समाज में उसकी भूमिका उस मध्यम वर्ग से बिल्कुल भिन्न है, जिसका जन्म ब्रिटिश शिक्षा प्रणाली से हुआ। वैसे इस नव मध्यम वर्ग की कमजोरियों को नजरअंदाज करना ठीक नहीं है। क्योंकि इसके पास भले ही अपार ऊर्जा, दक्षता और महत्वाकांक्षा प्रचुर मात्रा में है, परन्तु यह भी सही है कि उस अनुपात में इस वर्ग के पास नैतिक मूल्यों के प्रति आस्था और समाज के कमजोर वर्ग के प्रति सहानुभूति और करुणा का अभाव है। इसके अलावा नव-मध्यम वर्ग के लोगों का विकसित देशों की ओर पलायन जैसे मुद्दों ने भी एक गंभीर बहस को जन्म दिया है। लेकिन इस नए समाज का एक अन्य महत्वपूर्ण पहलू है—गाँव और शहर के बीच की दूरी को कम करना। गाँव से शहरों की ओर एक बड़े वर्ग के विस्थापन ने जहाँ शहरी लोगों के बीच ग्रामीण सभ्यता और सँस्कृति का प्रसार किया है, वहीं गाँवों में भी शहरी जीवन शैली का काफी मात्रा में प्रवेश हुआ है।

वर्तमान भारतीय समाज में आए बदलाव को समझने के लिए विभिन्न मानदंडों पर विचार करने की आवश्यकता है। यदि हम इस बदलाव के ऐतिहासिक पहलू पर विचार करें तो देखना होगा कि आजादी के साठ साल बाद क्या स्थिति है और इससे पहले हमारा समाज कहाँ था। जहाँ तक आजादी के पहले के भारतीय समाज का सवाल है, तो उस वक्त को परिभाषित करने वाला मुख्य तत्व था—हमारे समाज का औपनिवेशिक चरित्र। इस औपनिवेशिक सामाजिक संरचना की मुख्य प्रेरक शक्ति थी—ब्रिटिश साम्राज्यवाद का हस्तक्षेप। वहीं दूसरी ओर, इस औपनिवेशिक व्यवस्था के विरोध में स्वाधीनता और नवजागरण आंदोलन हुए। यही नहीं, औपनिवेशिक युग की तमाम बुराइयाँ भी हमें विरासत में मिलीं। इस युग का प्रतिनिधित्व समाज के उस नव-मध्यम वर्ग ने किया जिसके माध्यम से औपनिवेशिक युग के पूर्व और उसके बाद के समाज को समझने में मदद मिलती है। औपनिवेशिक युग में भारत को आर्थिक और राजनीतिक रूप में ही नहीं, बल्कि मानसिक और सांस्कृतिक रूप से ब्रिटेन के उपनिवेश में बदलने में इस वर्ग की भूमिका खासी महत्वपूर्ण रही। लेकिन जहाँ इस मध्यम वर्ग की भूमिका उपनिवेशवाद के मुख्य हथियार के रूप में महत्वपूर्ण थी, वहीं इसी वर्ग से ऐसे प्रबुद्ध तत्व भी निकले जो भारतीय नवजागरण और स्वाधीनता संग्राम के भी अग्रदूत बने। इसी वर्ग से उपजे एक प्रबुद्ध अल्पमत ने औपनिवेशिक मानसिकता के प्रतिरोध में मानसिक स्वराज के अभियान का श्रीगणेश किया था, जो बाद में गाँधी जी के नेतृत्व में स्वाधीनता आंदोलन का लक्ष्य बना। इस वर्ग ने एक ओर परंपरा के जड़ीभूत और रूढ़िग्रस्त तत्वों को त्यागने का अभियान चलाया तो दूसरी ओर आधुनिकता और

उपनिवेशवाद में भेद कर एक ऐसी आधुनिकता के लिए संघर्ष किया जो देश की स्थिति, प्रकृति और स्वभाव के अनुकूल हो।

आजादी के बाद भारत के विभिन्न प्रदेशों, समुदायों, वर्गों, जातियों, धर्मावलंबियों के जीवन में जो परिवर्तन हुए हैं, उनका अखिल भारतीय स्तर पर मूल्याँकन करना बेहद जरूरी है। कारण, देश की प्रगति की राष्ट्रीय औसत आमदनी, विकास दर और सामाजिक आँकड़ों के आधार पर आँकने से जो तस्वीर उभरती है, वह उस तस्वीर से भिन्न है, जो क्षेत्रीय विशिष्टताओं और विविधताओं का पूरा-पूरा जायजा लेने से उभरती है। इसके अलावा, सामाजिक स्थिति के तुलनात्मक अध्ययन से भी सामाजिक बदलाव की दशा और दिशा को जानने में मदद मिलती है। यहाँ अपना मूल्याँकन उस स्तर पर करना है कि विश्व के अन्य विकासशील और विकसित देशों की तुलना में हम कहाँ हैं। खासकर, चीन और अन्य पूर्वी एशियाई देशों की तुलना में जो लगभग हमारे देश के साथ ही औपनिवेशिक गुलामी से मुक्त हुए थे। इस दृष्टि से विचार करने पर हमारे सामने भारत की एक ऐसी तस्वीर उभरकर सामने आती है, जो कई अंतर्विरोधों से भरी है। एक ओर केरल जैसे प्रदेश हैं, जिन्होंने बच्चों की मृत्यु दर, शिशु जन्म-दर, निरक्षरता निवारण, प्रारंभिक शिक्षा जैसे सभी सामाजिक विकास अंकों की दृष्टि से अभूतपूर्व प्रगति की है, वहीं दूसरी ओर बिहार, उत्तर प्रदेश, मध्य प्रदेश जैसे राज्य हैं जो सामाजिक विकास की दृष्टि से अभी भी बहुत पीछे हैं। वहीं, यदि चीन, कोरिया, ताइवान, सिंगापुर जैसे देशों से तुलना की जाए तो पूरे भारत की तस्वीर बेहद पिछड़ी नजर आती है। यदि इन देशों की प्रगति के प्रेरक तत्वों पर दृष्टिपात करें तो पाएंगे कि इन देशों ने शिक्षा को आर्थिक विकास की प्रेरक शक्ति बनाकर अपने देश की श्रमशक्ति को विकास प्रक्रिया में भागीदार बनाने की योजना का विकास किया। एशिया के अन्य विकासशील देशों ने स्वास्थ्य व सामाजिक कल्याण की योजनाओं को भी उच्च प्राथमिकता दी और उसके प्रभाव आर्थिक क्षेत्र के लिए बेहद लाभकारी रहे। जहाँ तक पश्चिमी देशों से हमारी तुलना का प्रश्न है, तो प्रति व्यक्ति औसत आमदनी, शिक्षा, स्वास्थ्य जैसी बेहतर सुविधाओं की दृष्टि से भारत की इन देशों से असमानता बढ़ी ही है। लेकिन उच्च शिक्षा, साहित्य, संस्कृति जैसे क्षेत्रों में तथा विज्ञान एवं तकनीकी श्रेष्ठता के आधार पर आज भारत विश्व स्तर पर भी पहुँच चुका है, जो एक संतोषजनक स्थिति है।

सिर्फ परंपरागत और प्रत्यक्ष तौर पर विकास का वास्तविक रेखाचित्र नहीं खींचा जा सकता। बल्कि आज उन स्तरों पर भी इसकी परख जरूरी है जो वैश्विक संगठनों द्वारा आधार बनाए गए हैं। इनमें शिक्षा, रोजगार, बाल श्रम, स्त्री-पुरुष समानता जैसे कुछ मुद्दों को विकास के मानक के रूप में तय किया गया है। यदि हम इन मानकों के आधार पर भारत के नए समाज का मूल्याँकन करते हैं तो आदर्श और वास्तविक स्थिति के बीच बहुत बड़ा फासला दिखता है। पारिवारिक विघटन, पुराने रोजगारों के ह्रास और नए रोजगारों की तलाश में विस्थापन की समस्या आज एक बड़ी समस्या बन गई है। यही नहीं, देश में जातीयता और सांप्रदायिकता के उभार भी नए सामाजिक परिदृश्य के अभिन्न अंग हैं। इसके पीछे प्रमुख कारण आर्थिक है। भारत में लोग समूह बनाकर चलते हैं और जाति को महत्त्व दिया जाता है। विकास की गति मंद होने की वजह से जो असंतुलन और विषमता बढ़ी है, उसने जातीयता और सांप्रदायिकता

के प्रसार में मदद की है। सरकार पर दबाव बनाने के लिए जाति और संप्रदाय के रूप में प्रतिद्वंदिता काफी बढ़ी है, जो एक तरह से आक्रोश का परिचायक है और यदि इसे सही दिशा मिले तो निम्न वर्ग को जरूर इसका लाभ मिलेगा।

उदारीकरण के बाद अर्थात् 1990 के दशक के बाद बाजारवाद और उनसे उपजी कुछ विकृतियों ने एक नई बहस को जन्म दिया है। दरअसल, बाजार एक दुधारी तलवार जैसा है। वह किसी एक व्यक्ति की या समूह की जरूरत नहीं, बल्कि उनकी क्रय शक्ति को देखता है। वह एक ओर एकाधिकार को तोड़ता है तो दूसरी ओर सामजिक असमानता और वैषम्य को भी बढ़ावा देता है। हमारे देश में बाजार को एक ऐसे समय में खोल दिया गया, जबकि समाज में भारी विषमता मौजूद थी, यदि इस मामले में थोड़ा वैकल्पिक तरीके से काम लिया जाता तो, इसके और अच्छे परिणाम सामने आ सकते थे अर्थात् जिन क्षेत्रों में बाजार की जरूरत थी, वहाँ बाजार से काम लेना चाहिए था, और जहाँ उसके बिना काम चल सकता था, उन क्षेत्रों को राज्य और सार्वजनिक संस्थाओं की देख-रेख में सौंप देना चाहिए था। चूँकि ऐसा नहीं हो सका, इसलिए बाजार ने समाज का ज्यादा-से-ज्यादा संचालन अपने हाथ में ले लिया है और वह उसका तेजी से विघटन कर रहा है। इसलिए यदि बाजार को पूरी तरह से निर्णायक होने से नहीं रोका गया तो उसके दुष्प्रभावों से समाज को बचाना मुश्किल हो जाएगा।

अर्थव्यवस्था में परिवर्तन के साथ-साथ तमाम नैतिक मूल्यों एवं परंपरागत मान्यताओं में भी परिवर्तन एवं संवर्द्धन की आवश्यकता होती है, परंतु भारत में ऐसा नहीं हो पाया, जिसकी वजह से आज यहाँ नैतिक शून्यता की स्थिति उत्पन्न हो गई है। इस नैतिक शून्यता की स्थिति ने तमाम तरह के संकट को भी जन्म दिया है। चूँकि बदलते आर्थिक, राजनैतिक और सामाजिक परिवेश के कारण पुरानी नैतिक मान्यताएँ टूट रही हैं और नई व्यवस्था अभी पूरी तरह स्थापित नहीं हो पाई है, बल्कि निर्माण की प्रक्रिया में ही है, इसलिए हर क्षेत्र में अक्सर नैतिक अनिश्चितता, असंयम और अनुशासनहीनता दिखाई पड़ती है। नये मध्यम वर्ग का संतोष, कर्म फल से विमुखता, लाभ-लिप्सा के त्याग जैसे आदर्शों में विश्वास बहुत अधिक नहीं रहा, लेकिन नए आदर्श क्या हैं, इसकी चेतना का उद्‌भव अभी उसके भीतर नहीं हुआ है। उदारीकरण के बाद मीडिया और संचार माध्यम भी समाज के मूल्याँकन के एक महत्वपूर्ण आधार के रूप में उभरकर सामने आए हैं। इन्होंने समाज को बेहद प्रभावशाली ढंग से पूरी दुनिया के साथ जरूर जोड़ दिया है, लेकिन इस मामले में इनकी अपरिपक्वता साफ झलकती है क्योंकि इनके सामने आज सबसे बड़ा सवाल है कि जिस नए समाज का सृजन हुआ है, उसका किस प्रकार से सामना करना है?

भारतीय समाज में स्वाधीनता की उपलब्धि के तौर पर यदि कुछ बातों को लिया जा सकता है तो उनमें से एक है, दलितों के भीतर राजनीतिक चेतना एवं अधिकारों के प्रति संघर्ष की क्षमता का विकास। भारतीय समाज में तेजी से चल रही दलित उभार की प्रक्रिया केवल पूर्व के अस्पृश्यों तक ही सीमित नहीं है। साथ ही आज दलितों का सवाल सिर्फ सवर्ण और निम्न जातियों के बीच विभाजन का सवाल नहीं रह गया है, बल्कि यह सभी जातियों के आँतरिक विभाजन और वर्गीकरण का प्रश्न बन गया है। इसका कारण यह है कि समाज में सवर्ण कहे जाने वाले वर्ग के भीतर भी निचले स्तर पर एक दलित और शोषित समूह उभरा है और दूसरी ओर दलितों में भी ऊपरी स्तर पर एक अभिजात्य श्रेणी का सृजन हुआ

है। सदियों से अन्याय, शोषण और उत्पीड़न के शिकार रहे लोगों में इस समस्या को मानव प्रदत्त समझने की चेतना का जागना ही एक बड़ी उपलब्धि है। फिर भी अभी इस चेतना के और विकास की जरूरत है तभी इसका लाभ उस वर्ग को मिल सकेगा जो सदियों से दलित रहने के बाद आज भी उसी अवस्था में है। ऐसा इसलिए भी बेहद जरूरी है क्योंकि दलित समस्या के विरोध में चले अभियान का लाभ बहुत ही सीमित वर्ग ने उठाया है और वास्तव में में जो आज भी दलित हैं, वे इन नव-सवर्णों को एक खास मुकाम तक पहुँचाने में सिर्फ माध्यम बनकर रह गए।

दलित उभार या दलित चेतना के अलावा उभरते हुए नए समाज की एक अन्य प्रेरक शक्ति है—नारी जागरण। भारत में मानवता के आधे हिस्से पर सदियों से प्रत्यक्ष और परोक्ष रूप से पुरुष प्रधान समाज द्वारा किए गए उत्पीड़न और दमन के विरुद्ध नारी समाज द्वारा किए गए प्रतिरोध का सुफल है-नारी जागरण। भारतीय परिप्रेक्ष्य में इन दोनों वर्गों के भीतर जगी इस चेतना में ही नए समाज के पुनर्गठन की संभावना देखी जा रही है। नारी और दलित के मुक्ति संघर्ष के बिना आजादी अधूरी है। चूँकि सदियों से नारी-पुरुष के संबंध, पुरुष के नारी पर अधिकार और वर्चस्व पर आधारित रहे हैं, इसलिए उनमें परिवर्तन करना मानव समाज के सबसे कठिन परिवर्तनों में से है। यही नहीं, नारी मुक्ति की लहर को रोकने के लिए रूढ़िवादी परंपरा और मानसिकता को देश की मुख्य धारा के रूप में प्रस्तुत करने और नई चेतना को कमजोर करने के अभियान भी लगातार जोर पकड़ रहे हैं। इसलिए काफी हद तक आने वाले दिनों में नारी मुक्ति के प्रश्न का उत्तर ही भारत की दिशा और उभरते भारतीय समाज का चरित्र तय करेगा, इसमें संदेह नहीं।

वास्तव में आजादी के बाद सामाजिक परिवर्तन की दिशा में जिन महत्वपूर्ण परिवर्तनों की दरकार थी, वह सिर्फ सत्ता और राजनीति द्वारा ही संभव नहीं थी, बल्कि उसके लिए इनके बाहर जाकर भी कुछ काम होना था, जो दुर्भाग्य से नहीं हो सका। सांप्रदायिकता, जातीयता और यहां तक कि आर्थिक और सामाजिक भ्रष्टाचार के खिलाफ लड़ाई लगातार समझौतावादी होती चली गई। राजनीतिक और सामाजिक संगठनों का प्राथमिक दायित्व अनेकानेक सामाजिक कुरीतियों एवं आर्थिक भ्रष्टाचार के खिलाफ सीधी मुहिम चलाना था, लेकिन अफसोस है कि ये संगठन तमाम निजी स्वार्थों के बोझ तले दबते चले गए और न सिर्फ अपने दायित्वों को भूल गए, बल्कि दायित्व जिम्मेदारी और नैतिकता की एक नई परिभाषा ही गढ़ ली गई। इस नई परिभाषा में उन नैतिक मूल्यों के लिए शायद ही कोई स्थान बचा हो, जिनका स्वप्न आजाद भारत के निर्माताओं ने देखा था। संविधान को जिन मूल्यों और आदर्शों पर खड़ा किया गया था, उन्हें भारतीय जन-मानस तक पहुँचाने का कोई सार्थक प्रयास नहीं किया गया।

आज एक बहुत बड़ा प्रश्न यह है कि भारतीय समाज की दिशा क्या होगी और उसमें जो तमाम कमियाँ या विकृतियाँ उत्पन्न हो गई हैं, उनका निराकरण कैसे होगा। वास्तव में इस प्रश्न का समाधान राष्ट्र की ऊर्जाशील युवाशक्ति के पास है। यह उसे तय करना है कि वह नवजागरण और सामाजिक परिवर्तन की प्रेरक शक्ति बनेगी या फिर पुनरुत्थानवाद और उग्रराष्ट्रवाद की सहायक बनकर परिवर्तन का विरोध करेगी। हालांकि पुनरुत्थानवाद और उग्रराष्ट्रवाद युवा शक्ति को अपने परिवर्तन विरोधी अभियान का नेतृत्व सौंपने के लिए अक्सर

कोशिश करता रहा है, बावजूद इसके वह अपने अभियान में सफल नहीं हो पाया है। भारत में नवजागरण और साम्राज्यवाद विरोधी आंदोलन जिन मूल्यों, आदर्शों और विचारों पर आधारित था, उन्होंने देश के युवा वर्ग पर पुनरुत्थानवादी विचारों को हावी नहीं होने दिया। लेकिन इधर कुछ वर्षों में स्वाधीनता-संघर्ष से उपजी राष्ट्रीय सँस्थाओं में आदर्श विमुखता, नैतिक ह्रास, चारित्रिक विघटन और लक्ष्यहीनता के कारण जो राष्ट्रीय संकट की स्थिति पैदा हुई है, उस नैतिक शून्य की स्थिति में पुनरुत्थानवाद को युवा मानस पर फिर से प्रभाव जमाने का मौका मिला है। ऐसी स्थिति में युवा वर्ग को राष्ट्र के निर्माण में अपनी भूमिका किस रूप में तय करनी है, यह उसके ऊपर बहुत बड़ा दायित्व है। यही नहीं, युवा वर्ग की भूमिका अन्य क्षेत्रों में भी बहुत महत्वपूर्ण है, क्योंकि इस वर्ग की मानसिकता में बुनियादी परिवर्तन के बिना नारी मुक्ति का लक्ष्य भी पूरी तरह से प्राप्त नहीं किया जा सकता। यही वर्ग स्त्री-पुरुष के रिश्तों को समतामूलक और लोकतांत्रिक आधार देकर क्रांति ला सकता है और नारी को आत्महीनता, शोषण और दासता से वास्तविक अर्थों में मुक्ति दिला सकता है।

अंततः यह कहा जा सकता है कि भारतीय समाज में जो भी परिवर्तन हुए हैं या हो रहे हैं, उनकी गति एवं दिशाओं में पर्याप्त विविधता है। एक ओर जीवन के विभिन्न रूपों में आधुनिकता का पूरा प्रभाव है तो दूसरी ओर तमाम ऐसी परंपराओं का भी अनुपालन हो रहा है, जिनकी वर्तमान युग में कोई प्रासंगिकता नहीं है। परिवर्तन कई क्षेत्रों में काफी उत्साहवर्धक रहा है, जैसे–आर्थिक एवं राजनीतिक, लेकिन तमाम परंपरागत आदर्शों और कर्तव्यों को लोग आधुनिकता की चकाचौंध में भुला बैठे हैं, जिससे संपूर्ण समाज के निर्माण पर विपरीत प्रभाव पड़ा है। एक संपूर्ण समाज में परिवर्तन जितना आवश्यक है, उससे कहीं अधिक समाज के लोगों को स्वस्थ एवं सचेत मानसिकता के साथ व्यक्तिवाद की प्रवृत्ति को त्यागकर समष्टिवाद के बारे में सोचना भी अपरिहार्य है। स्वस्थ एवं सभ्य समाज का निर्माण तभी हो सकता है।

अध्याय

9

आरक्षण: भारतीय समाज की मझधार

रूपरेखा

- सबसे पहले आरक्षण को परिभाषित करते हुए उसके उद्देश्य पर विचार करें। आरक्षण देने के पीछे जो तर्क दिए जाते हैं, उनका मूल्याँकन।
- आरक्षण के ऐतिहासिक पहलू पर भी संक्षिप्त चर्चा अपेक्षित है। विशेष रूप से 1919 के अधिनियम का उल्लेख जब अल्पसंख्यकों के लिए सरकारी नौकरियों में आरक्षण की माँग की गई।
- आजादी के बाद सामाजिक-आर्थिक रूप से पिछड़ों के लिए किस मूल भावना के तहत आरक्षण की व्यवस्था की गई और यह व्यवस्था कितनी अवधि के लिए थी, इस पर समीक्षात्मक दृष्टि से विचार करें।
- जिस मूल भावना के तहत आरक्षण दिया गया, उसे हासिल करने में कितनी सफलता मिली इसका विस्तृत विवेचन। इसी के साथ यह भी बताएँ कि किस तरह से आरक्षण का लाभ एक विशेष वर्ग तक सिमट कर रह गया है और जो वास्तव में वंचित थे वे आज भी लगभग उसी स्थिति में हैं। आरक्षण के लाभ और हानि की भी समीक्षा करें।
- आरक्षण को लेकर किस तरह राजनीतिक सौदे-बाजी की गई इससे यह गरीबों और वंचितों को लाभ पहुँचाने का उद्देश्य नहीं बल्कि राजनीतिक रोटियाँ सेंकने का माध्यम बन गया, इसका विस्तारपूर्वक विवेचन करें।
- अंत में यह बताएँ कि सामाजिक समरसता स्थापित करने के लिए आरक्षण देना कहाँ तक उचित है? क्या इसके और तरीके नहीं हो सकते हैं और यदि यह जरूरी भी है तो इस व्यवस्था में किस तरह से बदलाव अपेक्षित है?

भारत में संविधान निर्माण के साथ ही सदियों से व्याप्त सामाजिक और आर्थिक विषमताओं को ध्यान में रखते हुए यह उचित समझा गया कि दुर्बल सामाजिक वर्गों को सबल वर्गों से बचाकर कुछ अतिरिक्त सुविधाएँ और अवसर यदि प्रदान कर दिए जाएँ तो आगे चलकर यह वर्ग भी ऐसे वर्गों से प्रतिस्पर्धा के स्तर तक पहुँच सकेगा। इसी मंशा के तहत संविधान निर्माताओं ने इस व्यवस्था का प्रतिपादन किया कि ऐसे वर्गों को सरकारी नौकरियों, संसद एवं राज्य के विधानमंडलों में यदि कुछ स्थान आरक्षित कर दिए जाएँ तो जहाँ इनकी राजनीतिक भागीदारी सुनिश्चित हो सकेगी वहीं इनका सर्वांगीण विकास व उन्नयन कर समाज में प्रतिष्ठा एवं सम्मानजनक स्थान दिलाकर सामाजिक न्याय की स्थापना सुनिश्चित की जा सकेगी। इस सामाजिक न्याय की स्थापना के लिए आरक्षण को माध्यम बनाया गया।

सरकारी नौकरियों में आरक्षण की व्यवस्था स्वतन्त्र भारत में ही नहीं अपितु स्वतन्त्रता से पूर्व भी लागू थी। 1919 के भारत सरकार के अधिनियम के लागू होने के बाद भारत के मुसलमानों ने भारत में सरकारी नौकरियों में अल्पसंख्यकों के लिए आरक्षण की माँग की। इस आरक्षण की माँग के दबाव के कारण ब्रिटिश सरकार ने 1925 में सीधी भर्ती से होने वाली सरकारी नौकरियों में 33-1/2 प्रतिशत स्थान अल्पसंख्यक समुदाय के लिए आरक्षित कर दिए। अल्पसंख्यकों के लिए आरक्षित इस कोटे में से मुसलमानों के लिए 25 प्रतिशत स्थान और 8-1/2 प्रतिशत स्थान एंग्लो-इंडियन समुदाय के लिए आरक्षित किए गए। इसके अतिरिक्त अन्य अल्पसंख्यक समुदायों के लिए 6 प्रतिशत स्थानों को आरक्षित करने का प्रावधान था।

स्वतन्त्रता प्राप्त करने के पश्चात् सरकारी नौकरियों में मुसलमानों को दिया गया समस्त आरक्षण समाप्त कर दिया गया, लेकिन एंग्लो-इण्डियन समुदाय के लिए आरक्षण की व्यवस्था आगामी दस वर्ष के लिए जारी रखी गई। मुसलमानों एवं एंग्लो-इंडियन समुदाय के स्थान पर संविधान निर्माताओं ने सामाजिक एवं शैक्षिक रूप से पिछड़े वर्गों को सरकारी नौकरियों में आरक्षण की व्यवस्था के लिए संस्तुति की जिसे स्वीकार कर लिया गया। इस सामाजिक एवं शैक्षिक पिछड़े वर्गों में अनुसूचित जातियाँ, अनुसूचित जनजातियाँ और पिछड़ी जातियाँ सम्मिलित हैं। इन अनुसूचित जातियों और अनुसूचित जनजातियों को प्रारम्भ में सरकारी नौकरियों में और लोकसभा एवं राज्य विधानसभाओं में (एंग्लो-इंडियन के लिए भी) प्रारम्भिक रूप से दस वर्ष के लिए आरक्षण प्रदान किया गया, जिसे समय-समय पर निरन्तर रूप से दस-दस वर्ष के लिए बढ़ाया जाता रहा जो वर्तमान में भी जारी है।

संविधान के **अनुच्छेद 15(4)** में राज्य को नागरिकों के सामाजिक और शैक्षिक दृष्टि से पिछड़े वर्गों और अनुसूचित जाति तथा अनुसूचित जनजाति के लोगों के उत्थान के लिए विशेष उपाय करने का अधिकार प्रदान किया गया है। इसके अलावा **अनुच्छेद 16(4)** में राज्य को यह अधिकार दिया गया है कि वह सरकारी सेवाओं तथा पदों में से ऐसे किसी भी पिछड़े वर्ग के लिए, जिसे इनमें पर्याप्त प्रतिनिधित्व नहीं मिला, आरक्षण की व्यवस्था कर सकता है। इन प्रावधानों के अन्तर्गत अनुसूचित जातियों एवं अनुसूचित जनजातियों को आरक्षण 1950 में ही मिल गया। अन्य पिछड़े वर्गों पर विचार करने के लिए 1979 में पिछड़ा वर्ग आयोग (मण्डल आयोग) का गठन किया गया। इस आयोग की सिफारिशों के आधार पर 13 अगस्त, 1990 को एक सरकारी ज्ञापन जारी कर भारत सरकार ने अन्य पिछड़े वर्गों को

27 प्रतिशत आरक्षण देने का निर्देश दिया। उच्चतम न्यायालय ने यह निर्णय दिया कि इस सरकारी ज्ञापन को लागू करते समय अन्य पिछड़े वर्गों में सामाजिक दृष्टि से आगे बढ़े हुए 'अति समृद्ध तबके' को आरक्षण से बाहर रखा जायेगा। शिक्षण सँस्थाओं में भी पिछड़े वर्गों के लिए आरक्षण की व्यवस्था की गयी है। इस प्रकार सरकार ने जहाँ अनुसूचित जातियों/जनजातियों के लिए आरक्षण की व्यवस्था उनकी जनसंख्या के अनुपात में की है, वहीं अन्य पिछड़े वर्गों के लिए आरक्षण का प्रतिशत तय करते हुए यह ध्यान रखा गया है कि कुल आरक्षित पदों का प्रतिशत सम्पूर्ण रिक्तियों के आधे से अधिक न हो।

व्यवस्थापिका और कार्यपालिका के पदों पर आरक्षण की व्यवस्था, सामाजिक परिवर्तन की गति को तीव्रता प्रदान करने के उद्देश्य से की जाती है। आरक्षण, कमजोर और दलित वर्ग को एक प्रस्थिति प्रदान करता है जिससे उसके सदस्य सामाजिक और शैक्षिक उत्थान कर समाज के उन्नत और समृद्ध वर्गों की बराबरी कर सकें। दु:ख की बात है कि जो लोग हर प्रकार से सशक्त और समृद्ध हो गये हैं, वे भी जाति के नाम पर आरक्षण का लाभ उठाना चाहते हैं। उससे भी बड़े दु:ख की बात यह है कि गरीब और पिछड़े वर्ग का व्यक्ति सरकारी पद पाकर अपने ही वर्ग के गरीब और निरक्षर लोगों से दूरी बनाने लगता है। अब तो जाति के नाम पर वोट ले लिया जाता है, लेकिन जाति के सामाजिक उत्थान पर कोई ध्यान नहीं दिया जाता।

संविधान निर्माताओं ने आरक्षण की वकालत और व्यवस्था भले ही सकारात्मक सोच से की हो लेकिन स्वतंत्र भारत के राजनीतिज्ञों एवं राजनीतिक दलों ने आरक्षण को राजनीति का मुद्दा बना दिया। आरक्षण की मूल भावना को तिरोहित कर, आरक्षित जाति को चुनावों की राजनीति में अपनी ओर मतदान कराने के लिए हरसंभव प्रयास इनके द्वारा किए जाते रहे। वास्तव में आरक्षण जिस आरक्षण की व्यवस्था विशेष रूप से पिछड़े वर्गों को ऊपर उठाकर समाज में समरसता लाने के लिए एक साधन के रूप में की गई थी, उसे राजनीतिक दलों ने वोट प्राप्त करने का साधन बना लिया। आरक्षण देने के पीछे की मूल भावना के दुरुपयोग के चलते समाज में आरक्षित और अनारक्षित जैसे दो वर्ग बनते जा रहे हैं जिनमें मनोवैज्ञानिक आधार पर पारस्परिक विद्वेष की वृद्धि हो रही है। निश्चित तौर पर यह लंबे समय बाद परस्पर संघर्ष को जन्म दे सकती है। संविधान निर्माता भी इस दुष्परिणाम की कल्पना से अनभिज्ञ नहीं थे, इसलिए उन्होंने इसे एक अल्प समय के लिए ही रखना उचित समझा था, सदैव के लिए नहीं। समाज के प्रत्येक व्यक्ति के कल्याण के लिए विचार किया जाना चाहिए न कि केवल कुछ जातियों या वर्गों के लिए। इसके लिए आवश्यक है कि समाज के कमजोर व्यक्तियों का निर्धारण उनके परिवार की आर्थिक स्थिति एवं शिक्षा के सत्र को आधार बनाकर किया जाए। अर्थात् सामाजिक न्याय के नाम पर अन्य वर्गों के साथ अन्याय न होता चला जाए, इसका भी ध्यान रखा जाना चाहिए।

हालांकि कुछ पिछड़ी जातियों ने आजादी के बाद के वर्षों में, गाँवों में अपनी स्थिति मजबूत की है और पूँजीवादी चुनावी राजनीति में भी उनकी भागीदारी सशक्त हुई है, लेकिन शहरी रोजगारों और स्वतन्त्र बौद्धिक पेशों में वे आज भी काफी पीछे हैं। पूँजी की सर्वग्रासी मार ने सवर्ण जातियों की एक भारी आबादी को भी सर्वहारा, अर्द्धसर्वहारा और परेशानहाल आम निम्न-मध्य वर्ग की कतारों में धकेल दिया है, लेकिन तस्वीर का दूसरा पहलू यह भी

है कि औपनिवेशिक काल तक की अर्द्धसामन्ती सामाजिक संरचना में जो दलित और पिछड़ी जातियाँ सबसे नीचे की परतों के रूप में पिस रही थीं, उनमें से अधिकांश आज के पूँजीवादी पद-सोपान-क्रम में भी सबसे नीचे के पायदानों पर ही खड़ी हैं। उन्हें 'ऊपर उठाने' के तमाम सरकारी उपक्रमों ने दलित आबादी के एक अत्यन्त छोटे हिस्से को सरकारी नौकरियों की सुविधा जरूर दी है लेकिन गाँवों और शहरों की बड़ी आबादी आज भी इस अधिकार या फिर सुविधा से वंचित है।

आज जरूरत इस बात की है कि आरक्षण के पीछे संविधान निर्माताओं की मंशा को समझा जाए। इसके पीछे उनकी कोशिश थी कि उन्हें कुछ सुविधा देकर समाज की मुख्य धारा में ले जाया जाए। इसमें संदेह नहीं कि आरक्षण की वजह से इन दलित और पिछड़े समुदाय का एक वर्ग मुख्यधारा में शामिल हुआ है और उसने तरक्की की है, लेकिन दूसरी ओर एक बड़ा वर्ग आज भी उसी स्थिति में रहने को अभिशप्त है। ऐसे में यह भी सोचना होगा कि सिर्फ आरक्षण ही सामाजिक न्याय दिला सकता है, ऐसा नहीं है। इसके लिए कुछ अन्य उपाय भी करने होंगे। साथ ही जो लोग अभी भी इस सुविधा से वंचित हैं, उन्हें ये पाने में प्राथमिकता मिलनी चाहिए। इसके अलावा आरक्षण के अतिरिक्त कुछ अन्य विकल्प भी ढूँढ़े जाने चाहिए जिससे कि सभी वर्गों की उन्नति हो, सबके साथ न्याय हो और भाईचारे से युक्त समाज की स्थापना हो सके।

अध्याय 10

क्या मृत्युदंड समाप्त कर देना चाहिए?

रूपरेखा

- मृत्युदंड के संदर्भ में शुरू हुई नवीनतम बहस के साथ शुरूआत।
- मृत्युदंड के औचित्य के पक्ष और विपक्ष दोनों पहलुओं पर व्यापक समीक्षात्मक चर्चा करें।
- दुनिया के अधिकांश देशों ने इसे यदि समाप्त करने की घोषणा कर रखी है, तो क्यों?
- भारत जैसे विकासशील देश में, उन परिस्थितियों में जबकि आतंकवाद जैसी समस्या मुँह फैलाए खड़ी हो और कई बार ऐसे बीभत्स कांड हो जाते हैं जिसमें दोषी को कठोरतम दंड मिलना ही चाहिए तो ऐसे में क्या करना उचित रहेगा? क्या मानवाधिकार की दुहाई देकर देश की सुरक्षा को खतरे में डालना और समाज में घातक और दुष्कर्मी तत्वों पर दया दिखाना उचित होगा। इन बिंदुओं पर विस्तारपूर्वक चर्चा।
- मृत्युदंड से संबंधित कानूनी पहलुओं पर भी संक्षिप्त चर्चा अपेक्षित है। साथ में संविधान में राष्ट्रपति को मिले क्षमादान के अधिकार पर भी चर्चा करें।

हाल के दिनों में कुछेक जघन्य अपराधों के लिए दिए गए मृत्युदंड और विधि आयोग की एक रिपोर्ट में केवल देशद्रोह और आतंकवाद के लिए ही मृत्युदंड देने संबंधी सिफारिश ने एक बार फिर इस बहस को तेज कर दिया है कि सभ्यता की 21वीं सदी में मृत्युदंड जैसी आदिम सजाएँ कहाँ तक उचित हैं? यह बहस सिर्फ भारत में ही नहीं बल्कि पूरी दुनिया में जारी है और कुछ देश तो अपने यहाँ

मृत्युदंड को समाप्त करने की घोषणा भी कर चुके हैं। लेकिन बहस का मुद्दा यह है कि भारत जैसे विकासशील देश में मौजूदा परिस्थितियों में दंड के इस प्रावधान को समाप्त करना कहाँ तक उचित है?

जहाँ तक मृत्युदंड की सजा के विरोधियों का प्रश्न है तो उनका मानना है कि सभ्य समाज को अब इस आदिम युगीन बर्बर सजा को हमेशा के लिए समाप्त कर देना चाहिए। यह बर्बर ही नहीं है, बल्कि गलत सजा दे दिए जाने पर उसे वापस लेने की गुँजाइश भी समाप्त कर देती है। पैसों के प्रभाव और साक्ष्यों के अभाव में गलत व्यक्ति को मृत्युदंड दिए जाने के अंदेशे से इंकार नहीं किया जा सकता। ऐसे में हम जब किसी का जीवन लौटाने की स्थिति में नहीं हैं तो हमें किसी का जीवन लेने का भी अधिकार नहीं है। यही नहीं, न्यायशास्त्र में भी समाज के विकास के साथ-साथ दण्ड की अवधारणा बदलने लगी है। प्रारंभिक अवस्था में 'दण्ड' एक प्रकार से प्रतिशोध का पर्याय था जिसके चलते कठोर, कष्टकारी तथा निर्मम तरीके सजा के लिए इस्तेमाल किए गए। इस सिद्धांत में अपराध का सफाया करने के बजाय अपराधी का सफाया करने पर अधिक जोर था। परवर्ती विकास में दण्ड शास्त्र में यह सोच विकसित हुई कि 'दण्ड' का स्वरूप ऐसा हो कि उस तरह के अपराध की पुनरावृत्ति समाज में न हो। अपराधी को इस प्रकार सजा दी जाए कि वह दूसरों के लिए सबक बने। मृत्युदंड देने के लिए जो क्रूर एवं लोमहर्षक तरीके अपनाए गए, ये सभी दण्ड के इसी सिद्धांत पर आधारित थे। धीरे-धीरे अपराध व दण्ड के जब सामाजिक कारणों की पड़ताल की जाने लगी तो यह बात सामने आयी कि गरीबी, असमानता, उपेक्षा, दमन, कुंठा व शोषण आदि भी समाज में अपराध के जन्म लेने के कारण होते हैं तथा अपराध पर नियंत्रण व अंकुश रखने के लिए, समाज में मौजूद तनावों को कम करना आवश्यक है।

यह भी एक तथ्य है कि क्षणिक उत्तेजना के वशीभूत होकर भी व्यक्ति कई प्रकार के गंभीर अपराध कर डालता है और उसके बाद पश्चाताप की स्थिति में पहुँच जाता है। ऐसा भी देखने में आया है कि अधिकतर अपराधियों में अपराध करने की कोई जन्मजात प्रवृत्ति नहीं होती और किसी भी व्यक्ति को उचित सामाजिक मनोवैज्ञानिक संबल देकर उसके भीतर बदलाव लाया जा सकता है। यहीं से दण्ड का सुधारात्मक पक्ष मजबूत हुआ और यह प्रयास होने लगा कि दण्ड कष्टकारी न होकर ऐसे हों कि अपराधियों को स्वस्थ सामाजिक जीवन जीने के लिए पुनः तैयार किया जा सके। दण्डशास्त्र के इस दर्शन ने दो स्थितियों को काफी परिवर्तित किया। पहला-जेलों में व्यापक बदलाव आने लगा तथा उसे बंदी सुधारगृह के रूप में विकसित किया जाने लगा। दूसरा-कठोर दण्ड के विरुद्ध एक जनमत तैयार हुआ, जिसका सबसे प्रमुख निशाना बना--मृत्युदंड। भारत में तो दण्ड संहिता से मृत्युदंड को समाप्त किए जाने का प्रयास होने लगा।

भारत में मृत्युदंड को लेकर बहस आजादी के बाद से ही चल रही है। 1955 में कानून में ये बदलाव लाया गया कि किसी भी कोर्ट से यह नहीं पूछा जा सकता कि उसने किसी मामले में मृत्युदंड क्यों नहीं दिया। 1973 ई. में यह व्यवस्था दी गई कि मृत्युदंड दिए जाने के समय विशेष कारणों को रेखांकित किया जाना अपेक्षित है। पारंपरिक तौर पर सर्वोच्च न्यायालय भी तब तक ऐसी किसी की सजा की छानबीन नहीं करता था। इसके अलावा 1973 में ही सर्वोच्च न्यायालय ने एक मामले में विधि आयोग के उस मंतव्य पर सहमति जताई

कि तमाम तर्कों के बावजूद मृत्युदंड के प्रावधान को भारतीय परिस्थितियों में अभी बनाए रखा जाना चाहिए। हालांकि इसके बाद कुछेक मामलों में इस सजा के मुद्दे पर सर्वोच्च न्यायालय में ही विरोध के स्वर मुखर होने लगे। इसी वजह से 1980 के बच्चन सिंह मामले की सुनवाई संवैधानिक पीठ में की गई। इस मामले में मृत्युदंड को इस आधार पर चुनौती दी गई थी कि यह संविधान के **अनुच्छेद 21** का उल्लंघन करता है। **अनुच्छेद 21** के द्वारा किसी व्यक्ति का जीवन लेने पर पूर्ण प्रतिबंध है। इसके अलावा यह भी कहा गया कि मृत्युदंड संविधान के **अनुच्छेद 14** और **अनुच्छेद 19** का भी उल्लंघन करता है। साथ ही यह भी तर्क दिया गया कि मृत्युदंड से किसी सामाजिक लक्ष्य को हासिल नहीं किया जा सकता। हालांकि इस संविधान पीठ ने चार के विरुद्ध एक मत से यह फैसला सुनाया कि मृत्युदंड संविधान के **अनुच्छेद 14 अथवा 21** का उल्लंघन नहीं करता। ये बात अलग है कि इसी मामले में संविधान पीठ ने न्यायाधीशों को यह चेतावनी भी दी कि वे रक्त पिपासा की भावना से मुक्त होकर काम करें और मृत्युदंड जैसी सजा को अंतिम हथियार के तौर पर ही इस्तेमाल करें।

एक प्रवृत्ति न्यायिक प्रक्रिया में हुए विलंब के मामले में उभरकर आयी। कई उदार न्यायाधीशों की राय में अगर दो साल के बाद भी मृत्युदंड पर अमल नहीं किया जाता है तो आरोपी **अनुच्छेद 21** के अतंर्गत याचना कर सकता है और इस फैसले को बदलने की गुहार लगा सकता है। परन्तु 1989 ई. के त्रिर्वेदेन केस में सर्वोच्च न्यायालय ने एकमत होकर इस सजा को संवैधानिक बताते हुए मत व्यक्त किया कि विलंब की गणना, न्यायिक प्रक्रिया के अंतिम चरण से की जाए। इसके साथ ही यह भी चेतावनी दी गयी कि आरोपी की ओर से बार-बार याचना दायर करने में लगे समय की गणना, विलंब के तहत न की जाए।

1988 में पंजाब के पूर्व मुख्यमंत्री प्रताप सिंह कैरो हत्याकाण्ड से संबंधित दया सिंह केस में मृत्युदंड की सजा का अनुमोदन किया गया। परन्तु 1991 में न्यायिक विलंब के आधार पर मृत्युदंड को उम्र कैद में बदल दिया गया लेकिन इस मामले के कारणों का न तो पता लगाया गया और न ही 1989 ई. के निर्देश में झांकने का प्रयास किया गया।

धनंजय केस (1994) में एक अन्य प्रकार की न्यायिक प्रवृत्ति दिखायी दी। यह मामला एक सुरक्षा गार्ड द्वारा नाबालिग लड़की के साथ बलात्कार व हत्या से संबंधित था। इस पर अनुमोदन देते समय सर्वोच्च न्यायालय का निर्देश आया कि न्यायालय को अपराध के घृणित पक्ष को प्रकाश में लाना चाहिए। मृत्युदंड की सजा सुनाते समय दोषी के अधिकारों के साथ-साथ पीड़ित व्यक्ति और समाज का विशेष ख्याल रखना आवश्यक है।

लेकिन इन सारे प्रयासों का यह परिणाम अवश्य हुआ कि सरकार ने संसद के माध्यम से दण्ड प्रक्रिया संहिता 1978 में संशोधन कर यह तय किया कि मृत्युदंड अत्यंत दुर्लभ व अतिगंभीर मामलों में ही दिया जायेगा और यदि कोई न्यायाधीश इस निष्कर्ष पर पहुँचता है कि उसे किसी को मृत्युदंड देना है, तो उसे अपने निर्णय में उसके लिए ठोस, विश्वसनीय कारण बताने होंगे। इस सम्बन्ध में उच्चतम न्यायालय ने कुछ दृष्टांत भी दिए हैं। मृत्युदंड के लिए दुर्लभ व अतिगंभीर अपराधों को उच्चतम न्यायालय ने बलराज बनाम उत्तर प्रदेश राज्य के मामले में परिभाषित किया। उच्चतम न्यायालय के अनुसार, जहाँ घटना के तथ्य यह साबित करते हों कि अपराधी की मानसिक तैयारी पूर्व निर्धारित थी, अपराधी

अत्यंत शातिर हो तथा समाज के लिए खतरा जान पड़े, जहाँ अपराध को अत्यंत संगठित ढंग से, ठंडे दिमाग से, बहशियाना तरीके से किया गया हो, जहाँ निर्दोष व निहत्थे लोगों को शिकार बनाया गया हो, जहाँ बिना किसी उत्तेजना व आक्रोश के हत्या की गयी हो तथा जहाँ हत्यारे का कानूनी रूप से अपने शिकार की रक्षा का दायित्व हो, वहाँ अपराध को दुर्लभ व अतिगंभीर अपराध की श्रेणी में रखा जा सकता है। लेकिन उच्चतम न्यायालय ने यह भी कहा कि हर केस में हत्या के कारण और परिस्थितियों की समीक्षा की जानी चाहिए। हत्या किए गए व्यक्तियों की संख्या कभी भी दुर्लभ व निर्मम की श्रेणी का आधार नहीं हुआ करती है, बल्कि हत्या की परिस्थिति व हत्यारे की मानसिक स्थिति ही इसका आधार होनी चाहिए।

सजा के तौर पर मृत्यु, तमाम अन्य सजाओं से बिल्कुल अलग है। आजीवन कारावास का भी वह प्रभाव नहीं है क्योंकि सामान्यत: हर व्यक्ति मृत्युदंड से भयभीत रहता है। आजीवन कारावास की सजा भुगतकर समाज में वापस आए लोगों के अध्ययन से यह पता नहीं चल पाया कि इनका रूपांतरण समाज में स्वस्थ तरीके से रहने लायक कितना हो पाया है। दुनिया के अन्य देशों के अनुभव भी यही बताते हैं कि यदि यह पूरी तरह समाज की शांति व सुरक्षा के हित में नहीं है तो पूरी तरह इसके विरुद्ध भी नहीं हैं।

ग्राहम स्टेन्स हत्याकांड के मुख्य अभियुक्त दारा सिंह, नैना साहनी हत्याकांड के मुख्य अभियुक्त सुशील शर्मा एवं संसद भवन पर हमला करने वाले आतंकवादियों मोहम्मद अफजल एवं शौकत हुसैन गुरु को (अक्टूबर-नवंबर 2003 में) फाँसी की सजा सुनाकर अदालत ने न्याय का सही उदाहरण प्रस्तुत किया है, इसमें संदेह नहीं। इतना ही नहीं, समाज में निर्दयता व क्रूरतापूर्वक जघन्य हिंसा जैसे कुकृत्य करने वाले कुछ विशेष क्षेत्रों के दरिंदों को भी मृत्युदंड देने की बात कही जा रही है। माशेलकर समिति ने तो नकली दवाएँ बनाने वाले व संबंधित व्यक्तियों को फाँसी देने की बात की है। दूसरी ओर, मृत्युदंड के प्रावधान को हटाने संबंधी बहस एक बार फिर जोर पकड़ती जा रही है। इस प्रावधान के पीछे दो उद्देश्य हैं–मौत के डर से कोई व्यक्ति ऐसे अपराध करने से बचेगा। दूसरे, यह समाज के सामने एक मिसाल रखेगा, ताकि अन्य लोग ऐसा न करें। लेकिन विरोधियों का मानना है कि कानून में सजा का प्रावधान इसलिए किया जाता है कि अपराधी को सुधरने का मौका मिले। ऐसे में मृत्युदंड न्यायिक हत्या है।

जहाँ तक मृत्युदंड की सजा पाए व्यक्ति के सिलसिले में संशोधन की बात है तो इसके लिए संविधान में विभिन्न स्तरों पर न्यायिक उपचार के अलावा राष्ट्रपति की क्षमादान शक्तियाँ भी मौजूद हैं। भारतीय संविधान में राष्ट्रपति को कुछ न्यायिक शक्तियाँ प्रदान की गई हैं और उन्हीं के अंतर्गत अनुच्छेद 72 के अनुसार वह मृत्यु दंड की सजा को कम कर सकता है या फिर माफ भी कर सकता है। ऐसे में ये कहना कि एक बार सजा पाने के बाद उसमें संशोधन की गुंजाइश नहीं रहती, ठीक नहीं है। लेकिन यह बात जरूर है कि यदि कोई व्यक्ति किसी निचली अदालत द्वारा मौत की सजा पा जाता है और फिर अंत में उसकी ये सजा माफ हो जाती है या फिर कम भी हो जाती है तो जिस मानसिक और सामाजिक उत्पीड़न का वो इस दौरान शिकार होता है, उसकी भरपाई संभव नहीं है।

ऐसे और भी कई पहलू हैं जो कि किसी व्यक्ति को मौत की सजा पाने के बाद यदि सजा पर अमल न हो तो उसके जीवन को मौत से भी बद्तर बना देते हैं। बावजूद इसके जहाँ तक भारत का सवाल है, आज भी ऐसी तमाम परिस्थितियाँ मौजूद हैं, जिनके चलते हम ऐसे कठोर दंड को अपनी दंड व्यवस्था से समाप्त भी नहीं कर सकते। मृत्यु दंड का प्रावधान निश्चित रूप से सभ्य समाज को स्वीकार करने में हिचक हो सकती है, लेकिन समाज में यदि अपराध होगा तो दंड भी रहेगा, यह कटु सत्य है। ऐसी स्थिति में कोशिश तो यही हो कि समाज को अपराधमुक्त यदि न भी रखा जा सके तो भी अपराध की मात्रा में कमी अवश्य लाई जाए। और जहाँ तक सवाल मृत्यु दंड के औचित्य का है तो वह भी अपरिहार्य स्थिति में ही प्रयोग में लाया जाए, क्योंकि कानून बनाकर इस दंड के प्रावधान को खत्म कर देना, संभवत: हमारे देश की परिस्थितियाँ अभी इसकी इजाजत नहीं देतीं।

अध्याय 11

युवा असंतोष अथवा आज की युवा पीढ़ी अथवा आज की युवा जीवन शैली अथवा दिग्भ्रमित युवा पीढ़ी

रूपरेखा

- युवा के साथ असंतोष शब्द की सार्थकता के साथ निबंध की शुरूआत। लेकिन यह असंतोष सिर्फ उस सीमा तक जहाँ तक कि इसकी परिणति किसी सकारात्मक परिणाम तक पहुँचने में सहायक हो। कहीं ऐसा न हो कि यह असंतोष निराशा अथवा कुंठा में बदल जाए। इस बिंदु की विस्तारपूर्वक व्याख्या।
- उन कारणों का विस्तारपूर्वक उल्लेख जिनकी वजह से युवाओं के भीतर असंतोष की भावना घर करती है, जिसके परिणामस्वरूप कई बार युवा अपनी राह से भटककर देश और समाज के लिए खतरा बन जाता है।
- इसके अतिरिक्त युवा वर्ग के भटकाव के लिए अन्य कौन-सी परिस्थितियाँ जिम्मेदार हैं उनकी विशद् व्याख्या।
- किस प्रकार युवा वर्ग अपनी ऊर्जा का सम्यक और सही दिशा में उपयोग करके देश और समाज के लिए लाभकारी बन सकता है। इसी के साथ समापन।

छात्र-असंतोष, युवा पीढ़ी का विद्रोह आदि बातें प्राय: पढ़ने और सुनने को मिलती रहती हैं। युवा-असंतोष का विस्फोट प्राय: असंयत एवं उग्र रूप धारण कर लेता है। इस प्रक्रिया में हमारे नौनिहाल हिंसक भी हो उठते हैं। फलत: उनको लक्ष्य करके प्राय: ऐसी बातें कही जाती हैं जिन्हें सुनकर ऐसा प्रतीत होने लगता है कि हमें युवा पीढ़ी से कुछ भी आशा नहीं करनी चाहिए और तद्नुसार हमारे देश का भविष्य भी अनिश्चित है, क्योंकि हमारे भावी कर्णधार दिग्भ्रमित हो गये हैं।

इस संदर्भ में सर्वप्रथम विचारणीय प्रश्न यह है कि हमारे युवा-वर्ग का व्यवहार विद्रोही है, आक्रोशी है अथवा मात्र असंतोष की अभिव्यक्ति है। यदि यह विद्रोह अथवा आक्रोश है, तो किसके विरुद्ध है? यदि यह असंतोष है, तो वह किसके विरुद्ध है? क्या यह उन

बुनियादी कारणों से जुड़ा है, जिन्हें हटाकर वे यथास्थिति को बदलने में समर्थ हो सकें। क्या यह समाज के मूल्यों के विरुद्ध है या सत्ता के विरुद्ध है अथवा शासन और सत्ता दोनों के विरुद्ध है? कुछ लोगों के मतानुसार यह विद्रोह राजनीतिक है, क्योंकि स्वतन्त्रता के उपरान्त देश के निर्माण की प्रक्रिया में युवा पीढ़ी की भागीदारी स्वीकार नहीं हुई। कहीं-कहीं और कभी-कभी तो ऐसा प्रतीत होने लगता है कि युवा पीढ़ी का यह व्यवहार राजनीति के निर्मम दबाव या हस्तक्षेप के प्रति है।

प्राचीन इतिहास एवं सँस्कृति के अधिकारी विद्वान, डॉ. विश्वम्भर शरण पाठक ने इस विद्रोह को एक दिशाहीन चेतना की उद्विग्नता बताया है। उनके अनुसार, "सामाजिक, आर्थिक और सांस्कृतिक कारणों से युवकों की जो उद्विग्न चेतना है, वह बिना किसी दिशा, उद्देश्य के अभिव्यक्त हो रही है और उसके पीछे परिवर्तन की आकांक्षा, न केवल स्वल्प, बल्कि निर्बल भी है। इस व्यापक असंतोष के पीछे सबसे बड़ा कारण यह है कि हमारी बीसवीं शताब्दी की मनीषा यान्त्रिक हो गई है। मनोविज्ञान ने आत्मा के अस्तित्व को बहुत पहले अस्वीकार कर दिया था, आज मन भी अस्वीकृत है। आज के यान्त्रिक मानव के व्यक्तित्व में बुभुक्षा (भूख) और यौनवृत्ति परिचालक का कार्य करती हैं। उनमें कोई उत्साह नहीं है, जो इस प्रकार उत्पन्न कुंठा और असन्तोष से ऊपर उठा सकें। आज की युवा पीढ़ी पर इसका बहुत गहरा प्रभाव है। इसके आगे डॉ. पाठक ने एक बहुत ही महत्वपूर्ण बात कही है कि मत-संग्रह, प्रचार और प्रभाव हमारे प्रस्तुत जनजीवन के सर्वोपरि मूल्य बन चुके हैं तथा विचार, मूल्य एवं आदर्श का कोई महत्व नहीं रह गया है। अब वे हमारे पथ-प्रदर्शक स्वीकार नहीं किए जाते हैं। इस संदर्भ में दो बातें विचारणीय हैं– (i) युवा-वर्ग से तात्पर्य सामान्यत: छात्रों से रहता है, तथा; (ii) शिक्षा-जगत् से उच्च शिक्षा अभिप्रेत है।

भारत में ब्रिटिश शासनकाल की प्रतिष्ठा के साथ ही वर्तमान शिक्षा-पद्धति का प्रचलन हुआ। विचित्र बात यह है कि स्थापना के साथ ही उसका विरोध आरम्भ हो गया और वह आज तक जारी है। विश्वविद्यालयीय शिक्षा के प्रचार एवं भारतीय मनीषा के खंडन का आरम्भ एक साथ हो गया। विडम्बना यह है कि हम पाश्चात्य शिक्षा-पद्धति का विरोध लगभग 100 वर्षों से कर रहे हैं और आज तक उसको बदल नहीं पाए हैं, जबकि समस्त चिन्तन यूरोपीय शिक्षा पद्धति के अधीन है। फलत: इस दुविधापूर्ण शिक्षा के संदर्भ में भारतीय व्यक्तित्व पनप नहीं पा रहा है। शिक्षित होने पर भी हमारे अधिकांश युवकों को बेकार रहना पड़ता है। अनिच्छापूर्वक शिक्षा प्राप्त करने के लिए परिणाम रहित शिक्षा को प्राप्त करने वाले युवा-वर्ग का आक्रोश सर्वथा स्वाभाविक समझा जाना चाहिए। इस शिक्षा पद्धति का एक दुर्भाग्य भी है कि उन पर शासन का दबाव बराबर बना रहता है और विश्वविद्यालयीय स्वायत्तता जैसी कोई चीज नहीं रह गई है। इस स्थिति का अनुसारी परिणाम यह हुआ है कि हमारी शिक्षा-संस्थाएँ विद्या के मंदिरों के स्थान पर राजनीति के अखाड़े बन गयी हैं। अतएव यह कहना सर्वथा उचित है कि यह सुनिश्चित सार्थक विद्रोह न होकर चेतनता की उद्विग्नता मात्र है। कोढ़ में खाज यह है कि राजनीति के व्यवसायी अपनी स्वार्थसिद्धि के लिए युवा-वर्ग का दुरुपयोग उन्हें विभिन्न आन्दोलनों में शामिल करते रहते हैं। छात्रों द्वारा किए जाने वाले आन्दोलनों का अध्ययन करने पर विदित होगा कि जिन आन्दोलनों में युर्वा-वर्ग भाग लेता है, उनमें से मुश्किल से 10 प्रतिशत ऐसे होते हैं जो स्वयं उनके हिताहित से सम्बन्धित होते हैं। इन आन्दोलनों में सक्रिय भाग लेने वाले न मालूम कितने युवकों का जीवन नष्ट हो जाता है।

यह एक स्पष्ट तथ्य है कि स्वतन्त्रता के 50 वर्षों में नैतिक एवं चारित्रिक मूल्यों का नियमित ह्रास हुआ है और समाज में प्राय: मूल्यहीनता अप्रतिमानता का प्रतीक बन गई है। हम जब छात्र-आन्दोलन अथवा युवा-असंतोष की बात करते हैं तो विश्वव्यापी युवा-असंतोष पर एकदम आ जाते हैं, और भूल जाते हैं कि भारत और पश्चिम में होने वाले युवा आन्दोलनों के मध्य एक स्पष्ट अन्तर है। पश्चिम (अमेरिका-यूरोप) का छात्र-आन्दोलन प्रचलित सामाजिक प्रतिमानों के प्रति विद्रोह है, जबकि हमारा छात्र-आन्दोलन युवा पीढ़ी की अनिश्चित मानसिक स्थिति तथा प्रेरणाहीनता की अभिव्यक्ति है, क्योंकि हमारे समाज में प्रेरणा के स्रोतों का अभाव हो गया है। हमारा युवा-वर्ग श्रद्धा के आलम्बनों को खोजता है। उन्हें न पाकर एक विचित्र प्रकार की घुटन का अनुभव करता है, क्योंकि समर्पण की वृत्ति की अभिव्यक्ति नहीं हो पाती है। कहने का तात्पर्य यह है कि समाज में श्रद्धेय-श्रद्धा का अभाव न होकर श्रद्धास्पदों अथवा श्रद्धेयों का अभाव हो गया है। कई दीक्षांत समारोहों के अवसर पर स्नातक वर्ग की ओर से इस प्रकार के नारे सुनाई दे जाते हैं—हमें डिग्री नहीं, नौकरी चाहिए। एक अत्यन्त दुर्भाग्यपूर्ण स्थिति बन गई है कि स्वतन्त्रता के 55 वर्षों में भी हम अपनी आवश्यकताओं के अनुरूप किसी शिक्षा नीति का निर्माण नहीं कर पाए हैं। कुछ विद्वान, छात्र या युवा-असंतोष को यदि वर्तमान विदेशी शिक्षा-पद्धति से जोड़ने का प्रयत्न करते हैं, तो इसको अनुचित नहीं कहा जा सकता है। शिक्षा-पद्धति से उद्भूत असंतोष के कारणों पर पूरी तरह विचार करने के लिए एक स्वतन्त्र विवेचन की आवश्यकता होगी। इस संदर्भ में इतना अवश्य कहना होगा कि हमारा अध्यापक-वर्ग भारत की गुरु-परम्परा से बहुत दूर पड़ गया है और अध्यापन उसके लिए एक पुण्य या सेवा-कार्य न होकर एक व्यवसाय मात्र बन कर रह गया है और उनमें अपने कार्य के प्रति आवश्यक प्रतिबद्धता का अभाव दिखाई देता है।

कुछ लोग कहते हैं कि हमारे युवक-युवतियाँ वर्तमान औद्योगिक विकास या प्राविधिक विकास के अनुरूप अपने को ढालने में असमर्थ साबित हुए हैं। ध्यातव्य यह है कि उद्योग-धन्धे मनुष्य के लिए हैं, न कि मनुष्य उनके लिए है। इस तरह की बातें करके हम अपने युवा-वर्ग को परोपजीविता की ओर प्रेरित करते हैं। महाविद्यालयों एवं विश्वविद्यालयों में शिक्षा-प्राप्ति हेतु आने वाले युवक, नगरीय सभ्यता एवं तड़क-भड़क के जीवन के प्रति आकर्षित होते हैं। घर की आर्थिक स्थिति अनुकूल न होने के कारण वे दादागीरी का मार्ग चुन लेते हैं, जिससे वे अपने साथियों को बता सकें कि हम भी कुछ हैं। विडम्बना यह होती है कि घर वालों को पता ही नहीं रहता है कि उनके लाड़ले पढ़ाई के नाम पर क्या कर रहे हैं। उल्टे उनके लाड़ले तरह-तरह के बहाने बनाकर घर से रुपए माँगते रहते हैं।

आरक्षण की नीति के फलस्वरूप अधिकाँश सवर्ण छात्र-छात्राएँ अपना भविष्य अंधकारमय देखने लगते हैं। फलत: अध्ययन में उनकी रुचि नहीं रह जाती है। इतना ही नहीं, वे परीक्षा में धन या शक्ति के बल पर उत्तीर्ण होने की जुगाड़ करते हैं। अनुसूचित वर्ग के छात्र भी 30 प्रतिशत अंक प्राप्त करने में अपने को असमर्थ देखकर परीक्षा में अनुचित साधनों के प्रयोग के लिए प्रेरित हो जाते हैं। अधिकाँश अध्यापक अपने कार्य के प्रति प्रतिबद्ध नहीं रहे हैं। इस प्रकार असामाजिक गतिविधियों का यह दुश्चक्र चलता ही रहता है। छात्र संघों के चुनाव भी अब राजनीति द्वारा संचालित होने लगे हैं।

युवा आक्रोश के मूल में देश में व्याप्त व्यापक परिस्थितियाँ हैं। गरीबी, बेकारी, अशिक्षा, जनसंख्या आदि की समस्याएँ व्यापक स्तर पर असंतोष उत्पन्न करती हैं। असंतोष दूर करना

प्रगति का सूचक भी है और वर्तमान का साधक भी है। अतएव असंतोष के कारणों को दूर करने का प्रयत्न युवा वर्ग के लिए स्वाभाविक है, जब युवकों को कोई रास्ता नहीं दिखाई देता है, तो वे लूटपाट, चोरी, राहजनी, कभी-कभी तस्करी आदि की ओर उन्मुख हो जाते हैं। हमारे गाँव इस प्रकार के आन्दोलनों से अप्रभावित बने रहते हैं। युवकों में असंतोष है, पर वे यह नहीं जानते हैं कि किसके प्रति असंतोष है। इससे यह स्पष्ट है कि वे आन्दोलनों के साधन मात्र हैं अर्थात् बाहरी शक्तियाँ साधन रूप में उनका इस्तेमाल करती हैं, यानी उनके कंधे पर रखकर बन्दूक चलाती हैं।

हमें याद रखना चाहिए कि विश्व इतिहास के पृष्ठ युवकों की वीरताओं और कुर्बानियों से भरे पड़े हैं। भारत के स्वतन्त्रता संग्राम का इतिहास भी युवकोचित उत्साह एवं बलिदान के बलबूते पर लड़ा गया था। जवाहरलाल नेहरू, सुभाषचन्द बोस, भगत सिंह, चन्द्रशेखर आजाद, लाल बहादुर शास्त्री, अशफाक उल्लाखाँ, श्रीमती विजयलक्ष्मी पंडित, सरोजिनी नायडू आदि ने अपनी जवानी को स्वतंत्रता देवी की वेदी पर बलिदान किया था। हम यह भी महसूस करते हैं कि बुद्धिजीवियों की उपेक्षा के कारण राजनीति इतनी दूषित हो गई है। बुद्धिजीवियों एवं अच्छे लोगों को राजनीति में रुचि लेकर अपने चिन्तन द्वारा वातावरण के प्रदूषण को कम करने का प्रयत्न करना चाहिए।

वास्तव में पराजय और नैराश्य उन्हीं की मानसिक स्थिति होती है जिनके सपने सतही होते हैं तथा वे आस्था एवं अनुभव की गहराई से नहीं जन्म लेते। जिनके मन में आदर्श के प्रति सदा दुविधा और संशय रहा है, वही लोग यथार्थ के पहले ही थपेड़ों से झटका पाकर नैराश्य और पराजय की भावना के शिकार हो जाते हैं। हालांकि यह भी ठीक नहीं है कि हमारे सभी सपने मिथ्या हो गए। हमारे राजनीतिक सपने, उपनिवेशवाद के अंत के सपने तो पूरे हुए ही। यह जरूर है कि एक न्यायपूर्ण समाज के सपने पूरे नहीं हो सके, लेकिन यह युवा वर्ग की ही जिम्मेदारी है कि इसे आगे बढ़ाए।

आने वाली सदी को गुजरी हुई दो सदियों से, जब साम्राज्यवाद का बोलबाला था, जोड़ने वाली कड़ी का यही सपना है कि पश्चिम का वर्चस्व समाप्त हो और विश्व के मंच पर पूरब के देश अपनी उचित भूमिका और जिम्मेदारी निभाएँ। संपूर्ण विश्व के आर्थिक संसाधनों को अपने हित में उपयोग करने वाली औपनिवेशिक व्यवस्था का विखंडन एक ऐतिहासिक प्रक्रिया थी। इसका पहला कदम था पूर्वी देशों द्वारा राजनीतिक संप्रभुता की प्राप्ति। अब इसे उस आर्थिक संप्रभुता में बदलने की प्रक्रिया का युग चल रहा है। इसकी तरफ पिछले पचास सालों मे कदम उठाया गया और नई व्यवस्था की बुनियाद भी डाली गई, पर वो सपना तो अधूरा ही रहा। विकसित और विकासशील देशों के बीच की खाई घटी नहीं, बढ़ी है। विशेषकर दक्षिण एशिया के देश अभी भी गरीबी और अभाव, पिछड़ेपन और आर्थिक कमजोरी के अभिशाप से मुक्त नहीं हुए हैं। यह अत्यंत चिंता का विषय है। सच तो यह है कि दक्षिण एशिया, अपने आर्थिक 'पोटेंशल' मानवीय शक्ति और प्रतिभा और गौरवपूर्ण ऐतिहासिक परंपरा के आधार पर मानव सभ्यता, संस्कृति और आर्थिक खुशहाली की स्वयं एक महत् संरचना बनकर उभरने में समर्थ है। भारत को अपने नए भविष्य को संपूर्ण दक्खिन एशिया के भविष्य के साथ जोड़कर देखना होगा।

भारत के स्वप्नद्रष्टा विचारकों और नेताओं का बुनियादी सपना था कि पूर्व और पश्चिम के बीच की विषमता का अंत होना चाहिए। उस स्वप्न और यथार्थ के बीच अभी खाई बढ़ती गई है। हमारा स्वप्न था कि एशिया, अफ्रीका और लातिनी अमेरिका को अपना उचित स्थान विश्व में मिलना चाहिए। साथ ही जो योगदान रहा है, उन सबके अनुकूल इस भू-भाग को विश्व में उचित स्थान हासिल करना चाहिए। हमें विश्व मंच पर एक मुख्य खिलाड़ी बनकर उभरना चाहिए। पश्चिम के सत्ताधारी शासक इसी से भयभीत हैं और उनका प्रयास है हमें पीछे धकेलते रहना।

आज की स्थिति का एक सकारात्मक पक्ष यह है कि पिछली सदी की तरह ये पश्चिमी देश आज इस स्थिति में नहीं हैं कि वे एशियाई देशों के भविष्य का निर्णय स्वयं कर सकें। वे कल की तरह आज आक्रामक नहीं, आत्मरक्षात्मक भूमिका में हैं। लेकिन गाँधी, नेहरू, रवि ठाकुर ने पश्चिम के वर्चस्व की समाप्ति एवं विश्व स्तर पर अपना स्थान बनाने का जो सपना देखा था–वह अभी भी अपूर्ण है। अपनी संभावनाओं को क्षमता में बदलने की रणनीति, एजेंडा और कार्यक्रम क्या होगा, इसी दिशा में हमें सोचने की जरूरत है। पिछले पचास-साठ वर्षों ने हमें एक ठोस आधार दिया है, जिस पर नई इमारत खड़ी की जा सकती है। हम कितने ठोस आधार पर खड़े हैं–उसका महत्व हम तभी समझेंगे जब हम अपनी वर्तमान स्थिति को ऐतिहासिक परिप्रेक्ष्य में देखेंगे।

एक समय था जब भारत में एक सुई तक नहीं बनती थी, उसके लिए भी हम इंग्लिस्तान पर निर्भर थे। इतनी उर्वरा भूमि होते हुए भी लाखों लोग दुर्भिक्ष के शिकार हो जाते और भयावह गरीबी और अभाव से ग्रस्त थे। हमारी राजनीतिक क्रांति की परिणति राष्ट्रीय राज्य की स्थापना में हुई। फिर राष्ट्रीय राज्य के माध्यम से आर्थिक क्रांति यानी आर्थिक पराधीनता और दरिद्रता से मुक्ति का अभियान शुरू हुआ। आर्थिक मुक्ति की दिशा में हमें कामयाबी मिली लेकिन लक्ष्य से अभी हम बहुत दूर हैं। आर्थिक कमजोरी हमें विरासत में उपनिवेशवाद से मिली। उसको मिटाने के लिए तो छह दशक काफी नहीं हैं। जिस देश का इतिहास ही पाँच हजार साल से ज्यादा का है, उसके इतिहास में छह दशक का समय इस लंबे इतिहास का अंश मात्र ही है। लेकिन समग्रता में देखें तो छह दशक की उपलब्धियाँ भी कम नहीं हैं, जो अगले छह दशक के प्रयासों के लिए हमारी बड़ी अनमोल पूँजी हैं।

दरअसल देखा जाए तो हम एक लंबी क्रांति के दौर में हैं, जिसमें छोटी-छोटी अनेक क्रांतियां समाहित होंगी। हमने राजनीतिक स्वतंत्रता हासिल की, यह एक बड़ी बात है, तीव्र तनावों और टकरावों के बावजूद देश एक बना रहा, यह भी कोई सामान्य उपलब्धि नहीं है। लेकिन अब जरूरत है इस राजनीतिक स्वतंत्रता और एकता को आर्थिक स्वतंत्रता में बदलने वाली महान क्रांति की, जिसकी दिशा में हम आगे बढ़ रहे हैं। यदि युवा वर्ग किसी भी रूप में खुद से या समाज से निराश होता है तो उसे इस बात को समझना चाहिए कि निराशा और हताशा भी कई बार सकारात्मक ऊर्जा में तब्दील होती हैं और उसे भी अपनी निराशा को क्रांति में बदलने की कोशिश करनी चाहिए, न कि निराश होकर खुद को और समाज को हतोत्साहित करने में।

अध्याय

12

आतंकवाद : समस्या एवं समाधन

रूपरेखा

- क्या है आंतकवाद, इस शब्द की सम्यक विवेचना करें।
- उन सभी कारणों एवं परिस्थितियों की विवेचना करें जिनसे यह समस्या जन्म लेती है और आतंकवादी पैदा होते हैं।
- आतंकवाद के विश्व-व्यापी प्रसार और स्वरूप का भी यथोचित विवरण दें। साथ ही हाल की कुछ प्रमुख आतंकवादी घटनाओं का उल्लेख करते हुए उससे होने वाले जान-माल के नुकसान का भी संक्षिप्त विवरण अपेक्षित है।
- भारत के संदर्भ में आंतकवाद की समस्या का पूर्ण विवरण। किस तरह इस समस्या पर नियंत्रण पाने की कोशिशें की जा रही हैं, उल्लेख करें।
- समस्या आम आदमी तक कैसे अपनी जड़ें फैला रही है और क्यों समाज में कुछ लोग इसकी गिरफ्त में आ जाते हैं, इस पर विस्तारपूर्वक चर्चा।
- आखिरकार समस्या से छुटकारा कैसे पाया जा सकता है। इससे संबंधित विभिन्न बिंदुओं पर चर्चा के साथ अंत।

आतंकवाद, बुद्धि के दुरुपयोग का परिणाम तथा विज्ञान और प्रौद्योगिकी के अभिशाप का एक वीभत्स उदाहरण है। यह पूर्व में न सुने गये एक ऐसे दानव की तरह है, जिसकी पहुँच विश्व के हर कोने में है और जो किसी देश के सबसे शक्तिशाली व्यक्ति या मजबूत संरचना को ध्वस्त करने में सक्षम है। इसके कार्यकर्ता या एजेन्ट, जिन्हें हम आतंकवादी कहते हैं, सभी स्थानों पर अपनी उपस्थिति दर्ज कराकर भयंकर आघात करते हैं और राष्ट्र की महत्वपूर्ण गतिविधियों को पंगु बना देते हैं। सम्पूर्ण राष्ट्र की सामूहिक बुद्धि जिन ठिकानों को सुरक्षित

समझती है, वहाँ भी अप्रत्याशित रूप से ये हमला करते हैं तथा आतंकवाद के शिकार राज्य स्वयं को शक्तिहीन और निर्बल पाते हैं। बीसवीं और इक्कीसवीं सदी के विज्ञान और तकनीक का भरपूर लाभ उठाकर तथा नृशंसता एवं अमानवीय आचरण के चरम बिन्दु तक जाकर ये दिशाविहीन लक्ष्यों की पूर्ति के लिए भयंकर विनाश-लीला में लिप्त रहते हैं।

आज सम्पूर्ण मानवता आतंकवाद से त्रस्त है। आशा की जा रही थी कि बीसवीं सदी के दो-दो महायुद्धों की महाविभीषिका के इतिहास में दर्ज होने के साथ-साथ विश्व-मानवता शान्त एवं सृजनात्मक युग में प्रवेश करेगी। लेकिन बीती सदी के अंतिम चरण और नई सदी के शैशव काल का घटनाचक्र नयी त्रासदियों की दिशा में घूमता दिखायी दे रहा है। आतंकवाद के रूप में प्रत्यक्ष-अप्रत्यक्ष छाया युद्धों (प्रॉक्सी वार) का अन्तहीन सिलसिला चल पड़ा है। अगणित दुर्दशाओं से जूझते पिछड़े और विकासशील देशों के अतिरिक्त जानलेवा विलासिता से लदे समृद्ध देश भी आतंकवाद की सशक्त और जटिल गिरफ्त में हैं। विश्व महाशक्ति-अमेरिका भी इसका अपवाद नहीं रहा। भारत सहित दक्षिण एशियाई देश तो इसमें लगातार झुलस ही रहे हैं। यह दावानल जल्दी थमेगा, इसके आसार सम्प्रति दिखायी नहीं दे रहे हैं।

आतंकवादियों तक तकनीकी विकास भी पहुँचता रहा है, फिर भी यह आशा नहीं थी कि आतंकवाद के प्रसारक परमाणु-बम-तकनीक तक पहुँच जायेंगे। किन्तु पाकिस्तान के परमाणु वैज्ञानिक ए. क्यू. खान द्वारा परमाणु-तकनीक को लीबिया जैसे देशों को चोरी-छिपे उपलब्ध कराने से महाविनाश की आशंका बढ़ती जा रही है। भारत की परमाणु प्रौद्योगिकी को विदेशों में बेचे जाने का मामला भी प्रकाश में आया है। सोवियत संघ से अलग हुए देशों के वैज्ञानिकों द्वारा भी ऐसी ही ओछी हरकतें की गयी हैं। अब यह स्वीकार किया जाने लगा है कि परमाणु, जैविक और रासायनिक अस्त्रों की पहुँच से आतंकवाद के रचयिता बहुत दूर नहीं हैं। वस्तुतः कुछ देश आतंकवाद को मजहब के कारण या बदले की भावना से बढ़ावा दे रहे हैं और उनके द्वारा मानवता का महाविनाश कराया जा सकता है। आतंकवादियों द्वारा रासायनिक और जैविक हथियारों के प्रयोग की सम्भावनाएँ तो बहुत ही बढ़ गयी हैं क्योंकि इस कार्य में अधिक पूँजी-निवेश की आवश्यकता नहीं पड़ती। अमेरिका में एन्थ्रेक्स की पुष्टि की अनेक घटनाएँ और विश्व के अनेक अन्य देशों में एन्थ्रेक्स की पुष्टि और आशंका की बात सामने आने के बाद लगभग पूरे विश्व में जैव आतंकवाद का भय लोगों में व्याप्त होता जा रहा है। एन्थ्रेक्स पशुओं का रोग है और बेसिलस ऐन्थ्रेसिस नामक बैक्टीरिया के संक्रमण से होता है।

विश्व में आतंकवाद अनेक स्तरों पर सक्रिय है। सुविधा की दृष्टि से इसे निम्न श्रेणियों में विभाजित किया जा सकता है: (i) एक-क्षेत्रीय या राज्य स्तरीय, (ii) राष्ट्रीय, (iii) सीमापारीय; (iv) उप-महाद्वीपीय एवं महाद्वीपीय, और; (v) अन्तर्राष्ट्रीय। लघु स्तरीय, मध्य स्तरीय और वृहत् स्तरीय श्रेणियों में भी इसे रखा जा सकता है। इसका श्रेणी निर्धारण, इसकी कार्यशैली, प्रभाव क्षमता, कार्य-क्षेत्र, संसाधन, नेतृत्व-चरित्र, विचारधारा व लक्ष्य, समर्थन-दायरा जैसे कारणों पर निर्भर करता है। उदाहरणार्थ इस्लामी आतंकवाद और फासीवादी आतंकवाद को अन्तर्राष्ट्रीय आतंकवाद या वृहत् स्तरीय आतंकवाद की श्रेणी में रखा जा सकता है। उल्फा जैसे संगठनों को स्थानीय और सीमापारीय या मध्य स्तरीय श्रेणी में रखा जा सकता है। बिहार की रणवीर

सेना जैसी जाति आधारित हिंसक सेनाओं को स्थानीय या लघुस्तरीय श्रेणी में रखा जा सकता है। एक मोटे अनुमान के अनुसार विश्व के विभिन्न भागों में 50 से अधिक आतंकवादी संगठन विभिन्न स्तरों पर सक्रिय हैं। चर्चित संगठनों में आई.एस.आई.एस. (इराक), हरकत-उल-अंसार (कश्मीर), हिजबुल मुजाहिद्दीन (पाकिस्तान एवं कश्मीर), अल-जिहाद (मिस्र), न्यू पीपुल्स आर्मी (फिलीपीन) आदि प्रमुख हैं।

आतंकवादी संगठनों की हिंसात्मक कार्यवाहियों के कारण प्रति वर्ष हजारों निर्दोष व्यक्तियों की जानें जाती हैं, हजारों लोग गम्भीर रूप से घायल होकर विकलांग बन जाते हैं। सन् 1998 में ओसमा बिन-लादेन एक खूँखार मजहबी सियासी आतंकवादी के रूप में उभरा, जिसने केन्या और तंजानिया में हिंसात्मक वारदातें करवाईं। अमेरिका के दो प्रमुख शहरों–व्यापारिक राजधानी न्यूयॉर्क तथा राजनीतिक राजधानी वाशिंगटन के दो महत्वपूर्ण ठिकानों पर 11 सितम्बर, 2001 को आतंकवादी हमले किये गये। इन हमलों में बिल्कुल नया आत्मघाती तरीका अपनाया गया। अमेरिकी गुप्तचर ऐजेन्सियों ने इस हमले के लिए सऊदी आतंकवादी ओसामा-बिन-लादेन की ही पहचान की, जिसने अफगानिस्तान में रहकर तालिबान संगठन खड़ा किया था। खुद लादेन 'अल-कायदा' नामक जो संगठन चलाता था, उसमें 60 देशों में सक्रिय लगभग 200 आतंकवादी गुट शामिल थे। इस हमले से क्षुब्ध होकर अमेरिका ने अफगानिस्तान पर आक्रमण कर दिया जहाँ लादेन समर्थक तालिबान सरकार थी। अब अफगानिस्तान में अमेरिकी नियन्त्रण में कठपुतली सरकार काम कर रही है और ओसमा बिन-लादेन के ठिकाने का पता लगाकर अमेरिकी फौज ने बम वर्षा कर उसकी हत्या कर दी।

बुनियादी तौर पर किसी भी देश की स्थापित वैध व्यवस्था के विरुद्ध हिंसात्मक कार्रवाई को आतंकवादी गतिविधियों में शामिल किया जा सकता है क्योंकि वैध व्यवस्था, अवैध हिंसात्मक हस्तक्षेप को कभी भी मान्यता नहीं दे सकती। यदि वह ऐसा करती है तो स्वयं उसके अस्तित्व का संकट उत्पन्न हो जायेगा। आतंकवाद एक ऐसी कार्रवाई है जो प्रत्यक्ष, नियमित, संगठित और केन्द्रीकृत नहीं होती है, किन्तु यह सघन और विस्तृत होती है। गुरिल्ला लड़ाई और नियमित घोषित युद्ध के बीच की यह व्यवस्था है। इसकी परिभाषा, अवधारणा, स्वरूप, कार्यशैली और रणनीति समय और परिस्थिति के अनुसार बदलती रहती है। समकालीन स्थापित राज सत्ता अपने मापदण्डों के आधार पर आतंकवाद की परिभाषा और उसके लक्ष्यों को वैध या अवैध घोषित करती है। राजसत्ता के लिए आतंकवादी समाज विरोधी और शान्ति का शत्रु हो सकता है लेकिन बहुतों के लिए वह महानायक भी हो सकता है। उदाहरण के लिए सत्रहवीं शताब्दी में भारत की केन्द्रीय मुगल सत्ता के लिए शिवाजी 'छापामार' या आतंकवादी थे, लेकिन मराठों के वे 'हीरो' थे। हिन्दुओं के एक विशाल वर्ग के वे नायक थे। बीसवीं सदी के प्रारम्भ में रूसी जार सत्ता लेनिन, स्टालिन जैसे मार्क्सवादी क्रान्तिकारियों को आतंकवादियों की श्रेणी में रखती थी। किन्तु 1917 की अक्टूबर क्रान्ति के बाद लेनिन जन-नायक कहलाये। चीन में माओत्से तुंग की स्थिति भी इससे भिन्न नहीं थी। स्पष्ट है आतंकवाद शून्य में नहीं पनपता। इसे ठोस भौतिक आधार चाहिए। सामाजिक, सांस्कृतिक, धार्मिक, आर्थिक, जातीय और राजनीतिक शक्तियों और समीकरणों के खेल आतंकवाद की आरम्भिक उड़ान पट्टी बनते हैं।

विचारधारा से सम्बद्ध आतंकवादी स्वयं को उग्रवादी या चरमपंथी कहलाना पसन्द करते हैं। नौवें दशक में खालिस्तानी आतंकवादियों ने बार-बार इस बात पर जोर दिया कि उन्हें उग्रवादी की संज्ञा में सम्बोधित नहीं किया जाना चाहिए। कश्मीरी आतंकवादी चाहते हैं कि उन्हें 'जेहादी' या 'मुजाहिदीन' कहा जाए। दूसरे शब्दों में, वे अपने मजहब के लिए विधर्मियों से लड़ रहे हैं। वे आतंकवादी नहीं हैं। वे एक पवित्र कार्य को समर्पित हैं।

उदारवादी मुस्लिम देशों (मिस्त्र, अल्जीरिया, इण्डोनेशिया आदि) में सक्रिय कट्टरपंथी मुस्लिम आतंकवादी चाहते हैं कि उनके देशों में कट्टर मजहबी राज्यव्यवस्था अस्तित्व में आये। अफगानिस्तान का तालिबानीकरण इस बात का प्रमाण है कि मजहबी आतंकवादियों को आधुनिक लोकतान्त्रिक एवं उदारवादी व्यवस्था बिल्कुल नापसन्द है। वे विधर्मियों की व्यवस्था को बिल्कुल खारिज करते हैं। कट्टरपंथी, इण्डोनेशिया का कट्टर इस्लामीकरण करना चाहते हैं। मलेशिया भी मजहबी आतंकवादियों की 'हिट लिस्ट' पर है। आतंकवाद को समर्थन दे रहे पाकिस्तान में भी मजहबी कट्टरवाद वहाँ की जनता के लिए चिन्ता का विषय बन गया है।

आतंकवाद ने हमारे समाज को, उसके प्रत्येक पक्ष, सामाजिक, आर्थिक, राजनीतिक, सांस्कृतिक को समग्र रूप में प्रभावित कर दिया है। इसके कारण समाज में हिंसा, अनैतिकता, अविश्वास एवं अंधविश्वास का बोलबाला हो गया है। जन-सामान्य का मनोबल क्षीण हो गया और असामाजिक तत्वों को बल मिला है। इतना ही क्यों, असामाजिक तत्वों को मनमानी करने की छूट-सी प्राप्त हो गई है। आतंकवादी गतिविधियों ने समाज के आर्थिक पहलू को बुरी तरह प्रभावित किया है। लूट-पाट के फलस्वरूप समाज की आर्थिक हानि होती है और व्यापार करते हुए लोग डरते हैं। पूँजी-निवेश दिनों-दिन संकुचित एवं विरत होता जा रहा है। आतंकवाद के कारण हमारा राजनीतिक जीवन भी विषाक्त बन गया है। अपने स्वार्थ की सिद्धि के लिए, विपक्षियों को नीचा दिखाने के लिए, राजनीतिक नेता गुण्डों का और असामाजिक तत्वों का सहारा लेते हुए देखे जा सकते हैं। विपक्षियों की हत्या कराना, उनकी सभाओं में हो-हल्ला कराना, पथराव कराना, बम विस्फोट जैसी भयंकर कार्यवाहियाँ हमारे राजनीतिक जीवन का सहज अंग बनती जा रही हैं।

मानव ने स्वार्थान्धता के वशीभूत होकर आतंकवाद की चादर ओढ़ ली है और वह 'जिस डाल पर बैठा है, उसी को काट रहा है तब तो आतंकवाद के मार्ग को अपनाना सर्वथा उपयुक्त है। परन्तु यदि हम हँसते, किलकिलाते, चेहरे देखना चाहते हैं, अपने चारों ओर प्रसन्नता एवं हर्ष का वातावरण चाहते हैं और शस्य श्यामला वसुधंरा को स्वर्णमयी देखना चाहते हैं तो आतंकवाद हमारे लिए काल एवं कालकूट से भी अधिक भयंकर एवं भयावह है। हमें चाहिए कि एकजुट होकर डटकर उसका मुकाबला करें। हमें एक बात भली-भांति समझ लेनी चाहिए कि आतंकवाद मात्र साम्प्रदायिक समस्या नहीं है, इसकी जड़ें राजनीति में हैं और उसका पोषण आर्थिक समस्याएँ करती हैं। इन सभी मोर्चों पर आतंकवाद के विरुद्ध यथेष्ट कदम उठाना आवश्यक है। इसकी धार को कुंद करने के लिए जनता को जागरूक होना चाहिए।

वस्तुतः आतंकवाद, राज्य और समाज के विषैले चरित्र की उपज है। समाज में व्याप्त बहु-आयामी विषमता एवं असंतुलन, क्षेत्रीय असमानताएँ एवं आकांक्षाएँ, सामन्ती और

औपनिवेशिक मूल्य-दृष्टियाँ, जातीय व वर्णगत वर्चस्ववादिता, धार्मिक असहिष्णुता, अंधविश्वास, अवैज्ञानिकता, धर्मगत राज्य व राष्ट्रवाद, युद्धोन्माद, प्रौद्योगिकी का नकारात्मक प्रयोग, राजसत्ता का अकुलीनीकरण जैसी घातक प्रवृत्तियाँ, फॉसीवाद, उग्रवाद और आतंकवाद को बीज-खाद-जल-जमीन प्रदान करती हैं। यही कारण है कि नयी सदी का आतंकवाद पहले से कहीं अधिक व्यापक, गहरा और शक्तिशाली बन चुका है। आज यह अत्याधुनिक अस्त्र-शस्त्रों से लैस है। आतंकवादियों के पास रॉकेट, रॉकेट लांचर, तोपें, मशीन गनें, शक्तिशाली बम, आर.डी.एक्स. जैसी विस्फोटक सामग्री, हेलीकाप्टर, अकूत असली-जाली मुद्राएँ शक्तिशाली संचार प्रणाली आदि उपलब्ध हैं।

आतंकवाद के विशाल जाल से प्रभावित एवं पीड़ित राज्य व्यवस्थाओं के समक्ष सबसे बड़ी चुनौती यह है कि इनसे निपटा कैसे जाये। मूल समस्या यह है कि आतंकवादी युद्ध तकनीक नित्य नया रूप ग्रहण कर रही है और जब तक किसी एक तकनीक पर विचार किया जाता है, एक नयी युक्ति प्रकट हो जाती है। सबसे बड़ी समस्या यह है कि किसी को पता नहीं रहता कि आतंकवादियों का अगला निशाना कब, कहाँ और कौन होगा। दूसरी समस्या यह है कि उग्रवादी एवं आतंकवादी स्वयं को मुक्तिदाता के रूप में स्थापित करने में आंशिक सफलता प्राप्त कर लेते हैं। इससे उन्हें स्थानीय लोगों का समर्थन मिल जाता है। उनके समर्थन के आधार पर वे सरकारी भेदियों का पता लगा लेते हैं और उन्हें मौत के घाट उतार देते हैं। स्थानीय समर्थन के बिना औसत आतंकवादी अपनी गतिविधियों को लम्बे समय तक नहीं चला सकता। जब तक खालिस्तानी आतंकवादियों को स्थानीय जनता का समर्थन मिलता रहा, उनकी हिंसात्मक गतिविधियाँ उग्र से उग्रतर होती चली गयीं। यही बात लिट्टे एवं कश्मीरी आतंकवादियों पर लागू होती है।

अब समय की माँग है कि राज्य स्वयं को आतंकवाद से दूर रखें। उसे प्रायोजित न करें। राज्य द्वारा प्रायोजित आतंकवाद बहुत खतरनाक होता है। रूसी सेनाओं के विरुद्ध लड़ने के लिए तालिबान की सहायता पहले अमेरिकी रणनीति का हिस्सा थी, किन्तु बाद में तालिबान सरकार 'अल-कायदा' की प्रशंसक बन गयी। इस 'अल-कायदा' संगठन ने अमेरिका में भारी तबाही पैदा की। अब आतंकवाद को प्रायोजित करने वाले देश का अन्तर्राष्ट्रीय स्तर पर बहिष्कार होना चाहिए। संयुक्त राष्ट्र से उसकी सदस्यता समाप्त होनी चाहिए। नयी रणनीति और व्यूह रचना से सामान्य आतंकवाद से निपटा जा सकता है, किन्तु आतंकवादी गतिविधियाँ एक बार कुचल दिये जाने पर भी किसी राज्य द्वारा प्रायोजित होने पर, फिर प्रशिक्षण पाकर, संगठित रूप ग्रहण कर लेती है। यदि कश्मीर का आतंकवाद पाकिस्तान द्वारा प्रायोजित न होता तो अब तक उस पर काबू पा लिया गया होता। न सिर्फ कश्मीर, बल्कि ये बात दुनिया के अन्य देशों में फैले आतंकवाद पर भी लागू होती है। इसलिए आतंकवाद को खत्म करने के लिए देशों और राष्ट्रों को अपने भीतर ये सोच पैदा करना भी जरूरी है कि किसी अन्य राष्ट्र के विनाश के बल पर विकास अर्जित करना न सिर्फ खतरनाक है बल्कि विनाशकारी भी है। ये सोच उतनी ही आवश्यक है, जितनी की आतंकवाद को खत्म करने के लिए बनाई गई विभिन्न राष्ट्रों की सामूहिक रणनीति।

अध्याय

13

भारतीय समाज और बुद्धिजीवी

रूपरेखा

- बुद्धिजीवी की परिभाषा और उसकी वर्तमान स्थिति।
- क्या बुद्धिजीवी वर्ग वास्तव में कठिन परिस्थितियों का साक्षात्कार कर रहा है? यदि हाँ, तो उन कारणों का उल्लेख करें जिनकी वजह से उसकी दुर्दशा हो रही है। साथ ही वह अपनी दुनिया के लिए स्वयं कितना जिम्मेदार है इसका विशद विवेचन अपेक्षित है।
- बुद्धिजीवी वर्ग से देश और समाज की क्या अपेक्षा होती है और आज की परिस्थितियों में वह इन अपेक्षाओं पर कितना खरा उतर रहा है, इसका आलोचनात्मक विश्लेषण।
- पूर्व में नए भारत के निर्माण में इस वर्ग के योगदान को सोदाहरण निरूपित करते हुए वर्तमान परिस्थितियों में भी बुद्धिजीवी वर्ग के इसी तरह के प्रयासों की आवश्यकता के साथ उपसंहार दें। यहां यह भी बताएं कि ऐसे ही कार्यों से न सिर्फ इस वर्ग का हित होगा बल्कि देश और समाज के प्रति अपनी जिम्मेदारियों का भी निर्वहन वह बेहतर ढंग से कर सकेगा।

सामान्यतया विवेकपूर्ण कार्यों से आजीविका चलाने वाले लोगों को बुद्धिजीवी कहा जाता है। यह समाज का वह वर्ग है जो शारीरिक श्रम के बजाय मानसिक श्रम से जीवन निर्वाह करते हैं और अपने समाज तथा युग को, अपनी मेधा की बदौलत अक्सर बहुत कुछ दे जाते हैं। जहां तक सामाजिक जीवन में उनके दायित्व का सवाल है, तो इसकी परम्परा भारतीय परिप्रेक्ष्य में हमें पुनर्जागरण काल से दिखाई पड़ती है। इस युग के तमाम समाज एवं धर्म सुधारकों ने

अपने सामाजिक दायित्व का सम्यक निर्वाह करते हुए सती प्रथा, बाल विवाह, विधवा विवाह, अस्पृश्यता जैसी सामाजिक कुरीतियों के विरोध में न केवल आवाज बुलंद की, बल्कि इसके लिए आंदोलन भी किए। यह परम्परा अभी तक चली आ रही है और देश एवं समाज के लिए अपना योगदान देने में बुद्धिजीवी कभी पीछे नहीं रहे। बुद्धिजीवी वर्ग ने सदा ही समाज का नेतृत्व किया, इसलिए उससे हमेशा यह अपेक्षा रहती है कि वह समाज को सही दिशा दिखाए।

स्वतन्त्रता-प्राप्ति के बाद देश में सामाजिक, आर्थिक, राजनीतिक, समस्त क्षेत्रों में परिवर्तन की हवा आई और अपने सामाजिक दायित्वों के प्रति बुद्धिजीवियों को अधिक गहन-गम्भीर बोध हो गया और वे देश के लोगों के प्रति, देश के ही लोगों द्वारा किए जाने वाले अन्याय, भ्रष्टाचार आदि के विरुद्ध आवाज उठाने लगे थे। परन्तु वोट की राजनीति ने धीरे-धीरे समस्त वातावरण को दूषित कर दिया। फलतः आज का बौद्धिक वर्ग सर्वथा उपेक्षित होकर अनेक सीमाओं में सिमटता जा रहा है। राजनीति के सर्वव्यापी प्रभाव एवं राजनीतिक सत्ता के केन्द्रीकरण ने बुद्धिजीवी वर्ग को लगभग बौना बनाकर रख दिया है। पूँजीवादी शक्ति ने उसे दास जैसी स्थिति में पहुँचा कर उनकी पहचान को प्रायः समाप्त कर दिया है, बुद्धिजीवी की सामाजिक चेतना उपेक्षित हो गई है। सत्ता, शक्ति, मान-सम्मान, पुरस्कार, अलंकार आदि के प्रलोभनों एवं प्रभावों ने बुद्धिजीवी वर्ग को सरकार का मुखापेक्षी बना दिया है। देश में बड़ी-बड़ी चुनौतियाँ उभरती रहती हैं, परन्तु कतिपय कारणों से बुद्धिजीवी अपने दायित्व-बोध के प्रति उदासीन दिखाई देता है। स्वार्थवश अथवा विवशता के कारण वह सत्ता, सम्मान, आर्थिक लाभ के मकड़जाल में फँसकर निर्जीव-सा हो गया है। वह अपने उत्तरदायित्व के प्रति न्याय करने में असमर्थ हो गया है।

ऐसे भी अनेक बुद्धिजीवी देखे जा सकते हैं जो अपने आपको अप्रतिबद्ध एवं तटस्थ कहते हैं, परन्तु अपनी सुविधाओं एवं अपने स्वार्थों के लिए सत्ताधारी दल की विचारधारा और नीतियों के प्रति प्रतिबद्धता प्रदर्शित करते हुए तनिक भी नहीं झिझकते हैं। सही बात तो यह है कि प्रतिबद्धता व्यक्ति को चारित्रिक दृढ़ता प्रदान करती है और हाँ-में-हाँ मिलाने के प्रति निषेध करती है। बुद्धिजीवी स्वय विचार करें कि बौद्धिक तटस्थता के प्रति वह ईमानदार हैं या नहीं। बुद्धिजीवी की रीढ़ की हड्डी में दम होगा, तभी उसकी वाणी में बल आएगा और तभी लोग उसकी बात सुनना पसन्द करेंगे। अवसरवादिता ने बुद्धिजीवियों के जीवन को सुविधापूर्ण अवश्य बनाया है, परन्तु सामाजिक दृष्टि से उनका अवमूल्यन भी कर दिया है।

इस बात में आश्चर्य नहीं कि अधिकांश बुद्धिजीवी दो मुखौटे रखते हैं–एक अपने ड्राइंग रूम तथा होटल-मोटल की मेज के लिए और दूसरा सार्वजनिक स्थानों के लिए। यह प्रयोग अनुचित है। वे कम-से-कम इतना तो कर ही सकते हैं कि अपने विचारों की अभिव्यक्ति करते समय एकरूपता और ईमानदारी बरतने के अभ्यस्त हों। बुद्धिजीवी अत्यधिक सुविधावादी होने के मोह को त्यागकर अभिव्यक्ति की ईमानदारी के महत्व को समझ सकें तो हमारे देश का भविष्य बहुत कुछ निरापद बन जाये और समाज के अर्द्ध सभ्य वर्ग को सही दिशा-निर्देश सम्भव हो जाए। सच्चा बुद्धिजीवी वही हो सकता है, जो विवेकसम्मत बात कहे और काम करे तथा सत्य का उद्घाटन एवं उद्घोष पूरी निर्भीकता के साथ करें तथा सत्यान्वेषण के नाम पर पद को महत्वहीन समझे। कथनी और करनी के मध्य सामंजस्य बुद्धिजीवी का आवश्यक लक्षण है। गाँधी, विवेकानद आदि के नाम लेने वाले तथा उन्हें उद्धृत करने वाले

बहुत व्यक्ति मिल जाते हैं, परन्तु उनके अनुसार आचरण करने वाले कितने लोग सामने आते हैं? दूसरी ओर हमारे साहित्यकार अखाड़े और कैम्पों की राजनीति में उलझ गए हैं। वे वादों के चरागाह में मग्न होकर जुगाली कर रहे हैं।

इसमें भी कोई सन्देह नहीं है कि आज बुद्धिजीवी वर्ग की स्थिति विवशतापूर्ण, संघर्षपूर्ण और कहीं-कहीं निन्दनीय मोड़ों से गुजरने वाली बन गई है। उसके चारों ओर एक कुहासा-सा छा गया है। वह कुहासा शीघ्र ही हट जाएगा, ऐसा विश्वास हमें रखना चाहिए। बुद्धिजीवी-वर्ग समाज की रीढ़ होता है। समस्त कलाकृतियों की रचना तथा वैज्ञानिक अनुसन्धान उसी के हाथों सम्भव हुए हैं और आगे भी होते रहेंगे। बुद्धिजीवी-वर्ग सदा से विभिन्न क्षेत्रों में देश और समाज का नेतृत्व करते आये हैं। यहाँ तक कि क्रान्तियों के बिगुल भी उन्होंने ही बजाये हैं। हम स्वयं देख सकते हैं कि फ्राँस की क्रान्ति, रूस की क्रान्ति, इंग्लैण्ड की औद्योगिक क्रान्ति से लेकर चीन की हरित क्रान्ति और भारत की स्वतन्त्रता प्राप्ति तक के संग्राम, सबका नेतृत्व बुद्धिजीवियों ने ही किया है। बुद्धिजीवी वस्तुत: समाज-शरीर के मस्तिष्क तथा विश्व विकास योजना के हृदय हैं। बुद्धिजीवी वर्ग का महत्व निर्विवाद है। उन्हें अपने महत्वपूर्ण स्थान एवं दायित्व के प्रति जागरूक एवं सावधान होना चाहिए। उनके द्वारा अपने दायित्वपूर्ण कर्तव्य-पालन पर ही हमारे प्रजातन्त्र का भविष्य अवलम्बित है। बुद्धिजीवी यदि अपने कर्तव्यों के प्रति उदासीनता दिखायेंगे तो हमारे राष्ट्र का अस्तित्व संकटग्रस्त हो जायेगा जिसके लिए भावी सन्तान उन्हें कभी क्षमा नहीं कर सकेगी। हमें पूर्ण विश्वास है कि वे अपनी दायित्वपूर्ण भूमिका के प्रति सजग हो गये हैं।

बुद्धिजीवियों को महज राजनीतिक आईने में देखना कुचक्र को रेखांकित करना है। यद्यपि यह सत्य है कि बुद्धिजीवियों को देशकाल की परिस्थितियों के अनुरूप ही स्वयं को ढालना चाहिए। तथापि, इस संकीर्ण दृष्टिकोण में उलझ कर बुद्धिजीवी की स्वतन्त्रता का अपहरण नहीं होना चाहिए। बुद्धिजीवी को एक राजनीतिक बलि बनाकर छोड़ देना, उसकी भावना को छलना होगा। दार्शनिक रवीन्द्रनाथ टैगोर ने इस सम्बन्ध में अपने विचार बड़े ही विस्तृत रूप में प्रकट किये थे। उन्होंने बताया था कि साहित्यकार की भावना एक पुष्प की भाँति कोमल और सुगन्धपूर्ण होती है। जिस प्रकार एक पुष्प अपने पूर्ण रूप में पल्लवित हो जाने पर समस्त दिशाओं में अपनी सुगन्ध बिखेर देता है और उसकी सुरभि से दिग्-दिगन्त सुगंधित हो उठता है, उसी प्रकार एक साहित्यकार अपनी कल्पना से कितनी ही असाध्य वस्तुओं को साध्य बना देता है।

बुद्धिजीवी-वर्ग का यदि गहराई के साथ अध्ययन किया जाए तो विदित होगा कि अपनी बुद्धि के बल पर इन बुद्धिजीवियों ने संसार की प्रत्येक आवरण को प्रभावशाली ढँग से बेधने का प्रयास किया है तथा वे बेधने में सफल भी रहे हैं। '*सर्वतोमुखी जागृति*' का शंखनाद भी इन्हीं बुद्धिजीवियों ने किया था। इस अभियान का उद्देश्य पश्चिमी बौद्धिक प्रभाव को समाप्त करना था। अँग्रेजों के भारत पर अनेक प्रभावों का परिणाम घातक दृष्टिगोचर होने लगा था। बुद्धिजीवी-वर्ग ने जब उस परिणाम को समीप से देखने का प्रयास किया तब तक वह वर्ग काँप उठा था। इससे स्पष्ट हो जाता है कि वह परिणाम निश्चित रूप से किसी अत्यन्त भयंकर विनाश का एहसास था। बुद्धिजीवियों ने समाज के प्रति अपने दायित्वों

को महसूस किया था। क्रमिक रूप से समाज-सुधारकों ने भारत की गौरव-गाथा का रस उदासीन भारतीय जन-मानस के मस्तिष्क में संचारित कर विनाशकारी संकट से उबार लिया था। उस समय लोक-चेतना पूर्ण रूप से विकसित नहीं हो पायी थी। अनेक दूरदर्शियों और समाजसुधारकों के सद्प्रयत्नों के फलस्वरूप भारतीय संस्कृति की धरोहर चटख-चटख कर टूटने से बचा ली गयी थी।

भारतीय सामाजिक परिप्रेक्ष्य में राजा राममोहन राय की भूमिका निःसन्देह श्लाघनीय है। राममोहन राय और समकालीन समाज-सुधारकों ने नारी-अवस्था का सम्यक् चित्रण किया था। इन समाज-सुधारकों ने नारी की हीन अवस्था को नये-नये आयामों में ढाला, जिन्हें देश के लोकमत ने अंगीकार किया है। विधवाओं के पुनर्विवाह का चलन और बाल-विवाह का विरोध लगभग सर्व-सम्मति से हो रहा था। इसका अर्थ यह नहीं कि वे सब सुधार व्यावहारिक थे किन्तु निर्विवाद रूप से यह कहा जा सकता है कि भारतीय लोक मानस ने इन सुधारों को दस कदम आगे निकल कर गले से लगा लिया था।

अस्पृश्यता, वर्ग भेद, बाल-विवाह, बेमेल-विवाह आदि कुरीतियों की जड़ों को सुधारकों ने अपने प्रयत्नों से हिला दिया था। उन्नीसवीं शताब्दी को यदि सुधारकों का स्वर्ण-युग कहा जाए तो इसे किसी को अतिश्योक्ति के रूप में नहीं लेना चाहिए। वस्तुतः उन्नीसवीं शताब्दी में ही भारतीय संस्कृति में पूर्णतः स्वस्थ चेतना उत्पन्न होकर देश-व्यापिनी बनी थी। यही कारण है कि उन्नीसवीं शताब्दी का उत्तरार्द्ध और बीसवीं शताब्दी का प्रथम चरण, भारत के साहित्यिक उत्थान के लिए सदैव स्मरणीय रहेंगे।

राजा राममोहन राय ने भारतीय समाज को एक नयी दृष्टि दी थी। बांग्ला साहित्य में 'नवयुग' लाने का श्रेय राजा राममोहन राय को ही जाता है। उनके धर्म सम्बन्धी ग्रन्थों ने बांग्ला में सदाबहार साहित्य (अर्वाचीन साहित्य) का सूत्रपात किया था। उनके समय में ही बाँगला में पत्रिकाओं का प्रकाशन-कार्य प्रारम्भ हो गया था परन्तु उसे देशव्यापी गौरवपूर्ण स्थान तब प्राप्त हुआ था जब बंकिमचन्द्र चटर्जी ने उपन्यासों की रचना प्रारम्भ की थी। उनके उपन्यासों से न केवल बांग्ला-भाषा का साहित्य समृद्ध हुआ था प्रत्युत सामाजिक जागृति को भी बहुत बड़ा सम्बल मिला था। उनमें अँग्रेजों ने भारत को जीतने के समय जो अत्याचार किये थे, उनका हृदयद्रावक और जीवन्त चित्रण था। राष्ट्रीयता की मूल भावना से ओत-प्रोत था उनका साहित्य। साहित्य-संसार की उपन्यास-विधा में बंकिमचन्द्र चटर्जी के उपन्यासों ने एक अभिनव युग का सूत्रपात किया था। बाँगला के ख्याति-लब्ध साहित्यकार और दार्शनिक ईश्वरचन्द्र विद्यासागर दर्जनों शिक्षा सम्बन्धी और साहित्यिक रचनाओं के प्रणेता थे।

कुछ समय पीछे योगेश चन्द्र गुप्त, दीनबन्धु मित्र, द्विजेन्द्र लाल राय आदि अनेक नाटककारों ने बांग्ला-साहित्य को अपनी प्रभूत प्रशंसनीय कृतियों से समृद्ध किया था। इस प्रकार बांग्ला के साहित्य-संसार में मनीषाओं का उदय हुआ था, जिनमें कविवर रविन्द्रनाथ टैगोर और शरत् चन्द्र बोस की 'साहित्यिक वर्त्तिका' सर्वाधिक प्रदीप्त है। उसी युग में मराठी, तमिल, तेलुगू आदि भाषाओं में जीवन-सञ्चार करने वाले साहित्य की रचना हुई थी। महाकवि सुब्रह्मण्यम भारती तमिल में, कवि सम्राट विश्वनाथ सत्यनारायण तेलुगू में, पण्डित विष्णु शास्त्री चिपलूणकर तथा लोकमान्य तिलक मराठी में अपनी-अपनी साहित्य-ध्वजा फहरा

कर समाज को चैतन्य बनाते रहे। अन्य प्रान्तीय भाषाओं के साहित्य की भूमिका किञ्चित भी गौण नहीं है।

जहाँ हमारे प्रबुद्ध-वर्ग की समाज की दिशा-धारणा में एक ऐतिहासिक भूमिका रही है, वहीं स्वतन्त्रता के बाद पंजाब के संकट-काल में बुद्धिजीवियों का एक स्वार्थपरक, राजनीतिक और साम्प्रदायिक रूप देखने में भी आया था। हिंसक वारदातों, धर्म को राजनीति में रंगे जाने तथा साम्प्रदायिक तनावों के बढ़ते हुए आयामों के सामने उन्होंने घुटने ही नहीं टेके थे बल्कि कुछ ने तो उसका सामाजिक और राजनीतिक लाभ उठाने का भरपूर प्रयास भी किया था।

पिछले कुछ वर्षों से यह बात साफ देखने में आयी है कि राष्ट्रीय जीवन की मूलधारा से जुड़कर एक-जुट करने के प्रयास की उनकी मानसिक धारा कुण्ठित-सी होने लगी है। अत: आज प्रमुख समस्या स्वयं बुद्धिजीवियों के प्रबुद्धीकरण की हो गयी है। अब आवश्यकता इस बात की हो गयी है कि राष्ट्रीय जीवन को विभिन्न प्रश्नों से जोड़ने और संघटित करने का अभियान प्रबुद्ध-वर्ग द्वारा चलाया जाए। इस अभियान का नेतृत्व भी इसी वर्ग के भीतर से आना चाहिए। कोई हर्ज नहीं, यदि एक से अधिक धाराएँ चलें, लेकिन इन प्रयासों में क्षुद्र तात्कालिक स्वार्थ नहीं, राष्ट्रीय लक्ष्य के प्रति समर्पण-भाव होना चाहिए। आज राष्ट्रीय लक्ष्य के सर्व-स्वीकृत आधार भी हिलने लगे हैं। लोकतन्त्र समाजवाद, सर्वधर्म समभाव और सबसे बड़ी बात देश की एकता, सांस्कृतिक और राजनीतिक, दोनों खतरे में हैं। 'सिद्धान्तों की राजनीति' लगभग खत्म हो चुकी है। कविता, कहानी, उपन्यास, व्यंग्य, नाटक, फिल्म आदि के माध्यमों से जिस तरह 'नेता' नामक जीव को प्रस्तुत किया जा रहा है, वह सिर्फ मनोरंजन की चीज नहीं है। आज आम व्यक्ति के मस्तिष्क में घर करने वालों की जो तस्वीर उभरती है, वह भयावह है।

यह जरूरी नहीं कि बुद्धिजीवी विद्रोही हों, जैसा कि लोग नारे के रूप में बोलते हैं, लेकिन यह स्वाभाविक है कि इसमें व्यवस्था के प्रति विरोध के तेवर हों। यदि यह विरोध अर्थपूर्ण और संघटित हो जाए तो राष्ट्रीय संकट की स्थिति और सामान्य स्थिति में हर समय देश को नया रास्ता मिलता रहेगा। बुद्धिजीवी सोचे, समझे, बोले, करे और देश नहीं तो समाज का नेता बने, व्यवस्था का तन्त्र उसके प्रति ग्रहणशील हो। यदि तन्त्र न सुने तो प्रबुद्ध वर्ग ऐसा सामाजिक दबाव डाले कि तन्त्र सुनने के लिए मजबूर हो जाए, लेकिन शर्त यह है कि प्रबुद्ध वर्ग के संघटन, स्वयं किसी निहित स्वार्थ के केन्द्र न बनें। जब तक राष्ट्रीय लक्ष्यों के प्रति सामाजिक दबाव का सृजन नहीं होता, तब तक देश के राजनीतिक, साम्प्रदायिक और धार्मिक क्षेत्र डाँवाडोल ही बने रहेंगे। समस्याओं का निदान ड्राइंगरूम में बैठकर बहस करने से नहीं होता, बल्कि एक मंच पर सभी बुद्धिजीवी सही समस्या के बारे में विचार करें और एक रास्ता निकाल कर सामने रखें, ताकि उस पर अमल हो सके, तभी समस्याओं का निदान सम्भव है।

अध्याय 14

आंतरिक सुरक्षा के समक्ष चुनौतियाँ

रूपरेखा

- आंतरिक सुरक्षा के महत्व को इंगित करते हुए शुरूआत।
- विस्तार के क्रम में देश की आंतरिक सुरक्षा के लिए खतरा बने तमाम मुद्दों पर विस्तारपूर्वक चर्चा करें।
- इस क्रम में आतंकवाद व नक्सलवाद के अलावा क्षेत्रवाद, जातिवाद, सांप्रदायिकता इन सबका उल्लेख करना है।
- इन चुनौतियों से निबटने की रणनीति क्या हो, बुनियादी स्तर पर क्या सुधार किए गए? जिससे देश को आंतरिक सुरक्षा पर मंडरा रहे खतरों से निजात पाया जा सके।

किसी भी राष्ट्र के जन्म के साथ ही राष्ट्रीय सुरक्षा की प्रक्रिया का जन्म होता है जो कि राष्ट्र के जीवन में प्रत्येक पहलू से संबंधित होती है। राष्ट्रीय सुरक्षा से तात्पर्य राष्ट्र की एकता, अखंडता, संप्रभुता एवं नागरिकों के जीवन एवं उनकी संपत्ति की रक्षा करने से है जिसको सशस्त्र सेनाओं के द्वारा पूरा किया जाता है। किन्तु किसी भी राष्ट्र को तभी सुरक्षित कहा जा सकता है जब वह आंतरिक खतरों से भी पूर्णतः अवमुक्त हो। यह उस स्तर के राष्ट्र निर्माण की प्रक्रिया है जहाँ राष्ट्र, राष्ट्रीय आकांक्षा के मार्ग में आने वाली समस्त बाधाओं से निपटने में सक्षम हो जाता है। किसी भी राष्ट्र की सुरक्षा को खतरा बाह्य और आंतरिक, दोनों प्रकार से हो सकता है। लेकिन जब राष्ट्र की सुरक्षा को खतरा बाहर से होता है तो यह पूर्ण रूप से राष्ट्रीय रक्षा के क्षेत्र में आता है, जबकि आंतरिक खतरा, राष्ट्रीय रक्षा एवं सुरक्षा, दोनों क्षेत्रों से संबंधित होता है।

भारत एक विशाल संघीय राष्ट्र है जो अनेक संस्कृतियों को अपने में संजोए हुए है। यहाँ भिन्न-भिन्न जातियों, धर्मों, भाषाओं को बोलने वाले लोग निवास करते हैं। आजादी के बाद

भारत एक संप्रभु, सशक्त, लोकप्रिय केंद्रीय सरकार द्वारा शासित राष्ट्र है जहाँ केंद्र एवं राज्यों के मधुर संबंध से राष्ट्र की एकता को बल मिलता है। परन्तु राष्ट्र की विशालता एवं प्रांतों के विकास का स्तर अलग-अलग होने से मूल्यों में विभिन्नता स्वाभाविक है। ऐसे में जब राज्य एवं केंद्र की विचारधारायें विरोधी होती हैं तो जिस क्षेत्र के लोगों को भेद-भाव का एहसास होता है, वहाँ के लोगों में असंतोष की भावना का जन्म होना अनिवार्य है। इस असंतोष को बढ़ावा देने में हमारी राजनैतिक व्यवस्था एवं चुनाव प्रक्रिया मुख्य रूप से उत्तरदायी हैं। असंतोष का प्रमुख कारण सिद्धांतविहीन राजनीति भी है क्योंकि राजनीतिज्ञ चुनाव जीतने के लिये एवं सत्ता प्राप्त करने के लिए अदूरदर्शिता पूर्ण नीति अपनाते हैं। देश की एकता एवं अखंडता पर ध्यान न देकर जन-मानस की संवेदनशील भावनाओं को उद्वेलित करते हैं। साथ ही सांप्रदायिकता एवं क्षेत्रीयता जैसी भावनाओं को भड़का कर चुनाव जीतने का प्रयास करते हैं। जनमानस की यही असंतोष की भावना राष्ट्र के लिए गंभीर खतरा पैदा कर देती है। देश की आंतरिक सुरक्षा को आज जिस एक आंदोलन से सबसे बड़ी चुनौती मिल रही है, वह है- नक्सलवाद।

नक्सलवाद का जन्म साठ के दशक में पश्चिम बंगाल के नक्सलवाड़ी आंदोलन से हुआ। नक्सलवाड़ी गाँव में सामंतों के शोषण के खिलाफ कुछ किसानों ने सशस्त्र विद्रोह कर सामंतों को सजा दी, जिसके बाद से इसे नक्सलवाद के नाम से जाना गया। धीरे-धीरे चारू मजूमदार और कानू सान्याल जैसे नेताओं के नेतृत्व में नक्सलवाद का विस्तार पूरे पश्चिम बंगाल में हुआ लेकिन सत्तर के दशक के दमन और राज्य में वामपंथी पार्टियों के सत्तारूढ़ होने के बाद भूमि सुधार कार्यक्रम के लागू होने के साथ ही आंदोलन पड़ोसी राज्यों में भी अपने पैर पसारता चला गया और आज देश के दर्जन भर से अधिक राज्यों में नक्सलवादी गतिविधियाँ संचालित हो रही हैं जो राष्ट्र के लिए सिरदर्द बनी हुई हैं। प्रभावित राज्यों में कई तरह की समितियां व टास्क फोर्स गठित की जा चुकी हैं और प्रभावित राज्यों के लिए कई विकास योजनाएं प्रारम्भ की गई हैं लेकिन स्थिति ज्यों-की-त्यों बनी हुई है।

आंतरिक सुरक्षा को एक और बड़ी चुनौती देश में लगातार बढ़ रही क्षेत्रवादी प्रवृत्ति से मिल रही है। क्षेत्रीयता का तात्पर्य उन प्रवृत्तियों से है, जिसके अंतर्गत विभिन्न भाषायी, जातीय व क्षेत्रीय समुदाय राजनैतिक, प्रशासनिक और आर्थिक दृष्टिकोण से स्वायत्तता की माँग करते हैं। भारत में मुख्य रूप से असम, नागालैंड, मिजोरम, पंजाब तथा जम्मू-कश्मीर राज्य मुख्य रूप से क्षेत्रीय आंदोलनों से प्रभावित रहे हैं। स्वाधीनता के पश्चात सन् 1950 के प्रारम्भिक दशक में कुछ सीमित क्षेत्रों में ही क्षेत्रीय अलगाववाद की प्रवृत्ति देखी गयी। लेकिन 1960 के बाद व्यापक रूप से क्षेत्रीयता की भावनायें बलवती होने लगीं। सर्वप्रथम पूर्वोत्तर भारत में नगा विद्रोहियों ने अलग राज्य की स्थापना हेतु विद्रोह किया, उसके पश्चात् मद्रास में विशाल आन्ध्रा आंदोलन तथा द्रविड़ मुनेत्र कषगम का पृथक्वादी द्रविड़ आंदोलन हुआ तथा अकाली दल ने इस तरह का विद्रोह किया कि स्वहित के स्थान पर राष्ट्रहित को ताक पर रख दिया गया और हमारी राष्ट्रीय अखंडता खतरे में पड़ गयी। धीरे-धीरे इन आंदोलनों की सीख अन्य राज्यों में फैलती गयी और ये आंदोलन हिंसक रूप लेने लगे। हरियाणा और पंजाब के बँटवारे के साथ ही पूरा असम छोटे-छोटे अनेक राज्यों में विभक्त हो उठा, तत्पश्चात् उत्तर प्रदेश से उत्तराखंड, बिहार से झारखंड और मध्य प्रदेश से छत्तीसगढ़ को अलग राज्य दिये जाने की मांग

भी जोर पकड़ती रही, जिसके लिये व्यापक जनांदोलन चलाया गया। जगह-जगह तोड़-फोड़ एवं बंद का रास्ता अपनाया गया। यही नहीं सरकारी संपत्ति को भी नुकसान पहुँचाया गया तथा आंदोलनकारियों को अपने प्राणों की आहूति देनी पड़ी।

ज्ञातव्य है कि आंदोलन को क्षेत्रीय दल बराबर समर्थन देते रहे। लंबे संघर्ष के बाद उत्तरांचल, झारखंड और छत्तीसगढ़ जैसे राज्य अस्तित्व में आये। उग्र क्षेत्रवाद के कारण विभिन्न क्षेत्रों के मध्य तनाव व टकराव पैदा होता है। यह भावना राष्ट्रीय एकता के विकास में एक प्रबल विरोधी तत्व ही नहीं, अपितु देश में व्यापक अराजकता के लिए उत्तरदायी है। बंगाल बंगालवासियों के लिए, महाराष्ट्र महाराष्ट्रवासियों के लिए, गुजरात गुजरातवासियों के लिए, उत्तराखंड उत्तराखंडवासियों के लिए झारखंड झारखंडवासियों के लिए जैसे नारे, देश के अमन चैन के लिए खुली चुनौती हैं। दूसरी तरफ असम में बंग्ला शरणार्थियों की हो रही घुसपैठ ने यहाँ के जन-मानस को चिंतित कर रखा है कि कहीं वे अपने प्रदेश में अल्पसंख्यक बन के न रह जाएं। असमवासियों द्वारा इन विदेशियों की पहचान कर इन्हें असम से बाहर निकालने की मांग जोर पकड़ती जा रही है। दूसरी ओर जम्मू-कश्मीर समस्या सदाबहार बनी हुई है, क्योंकि पाक समर्थित पृथकतावादी तत्वों ने आतंकवाद का सहारा लेकर इस राज्य को भारत से पृथक करने के लिए सुनियोजित अप्रत्यक्ष युद्ध छेड़ रखा है जो भारतीय सुरक्षा के लिए कड़ी चुनौती है।

भाषावाद भी राष्ट्रीय सुरक्षा के सम्मुख एक चुनौती के रूप में देखा जा रहा है, क्योंकि भारत एक बहुभाषी राष्ट्र है। भाषा व मातृभूमि, दो ऐसी चीजें हैं जिससे मनुष्य का जन्मजात प्रेम होता है और इसको भूलना व छोड़ना आसान नहीं है। भारत में हिन्दी, मराठी, गुजराती, उड़िया, असमी, राजस्थानी, बंगाली, पंजाबी, नेपाली, मणिपुरी, तेलुगू, कोंकणी, कन्नड़, मलयालम आदि 22 भाषायें भारतीय संविधान की आठवीं अनुसूची में शामिल की गई हैं, जिसमें हिन्दी भाषा सर्वत्र बोली और समझी जाती है। लेकिन केंद्र सरकार द्वारा जब सरकारी काम-काज में हिन्दी भाषा का प्रयोग करने का आदेश जारी किया गया तो दक्षिण भारत में इसका कड़ा विरोध हुआ। ज्ञातव्य है कि तमिलनाडु में तो भाषायी प्रश्न को लेकर भारत से अलग होने की माँग भी की गई थी। तोड़-फोड़ व आगजनी के साथ ही कुछ हिन्दी प्रेमियों को अग्नि की भेंट चढ़ा दिया गया। इस समस्या को लेकर भारत दो भागों में विभाजित हो गया—उत्तरी भारत, दक्षिणी भारत।

यद्यपि भारत की राष्ट्रभाषा समिति ने तीन सूत्री फॉर्मूले को अपनाने का सुझाव दिया, जिससे क्षेत्रीय भाषाओं की सुरक्षा हो सके। इसके अलावा एक विदेशी भाषा मुख्यतया अँग्रेजी तथा उस राज्य में बोली जाने वाली भाषा और हिन्दी शामिल है। यह देखा गया है कि समय-समय पर भाषा सम्बन्धी उलझाव राष्ट्रीय एकता एवं समृद्धि के लिए अपशकुन बन जाता है।

एक अन्य समस्या जो आंतरिक सुरक्षा को समय-समय पर चुनौती देती रहती है, वह है जातिवाद। भारत में विभिन्न जाति व धर्म के लोग निवास करते हैं। प्राचीन भारत में वृहत्तर भारत की अवधारणा एवं अनेकता में एकता की प्रवृत्ति ने धीरे-धीरे जातिवाद व क्षेत्रवाद की भावना को प्रोत्साहित किया है। सामाजिक न्याय व दलित उत्थान हेतु मंडल कमीशन की सिफारिशें लागू करने तथा जातिगत आरक्षण हेतु देश की कई राज्य सरकारों के मध्य प्रारम्भिक

प्रतिस्पर्धा ने संपूर्ण भारतीय सामाजिक-व्यवस्था को झकझोर कर रख दिया है। आज देश के अंदर विभिन्न राजनीतिक पार्टियाँ जातिवाद के नाम पर अपनी पहचान बनाने में लगी हैं। यही नहीं संवैधानिक चुनाव भी जातिवाद के नाम पर लड़े जा रहे हैं। फलतः ऐसी स्थिति में देश के अंदर अराजकता जैसी घटनायें घटित होना स्वाभाविक है जिससे देश की सुरक्षा को खतरा महसूस किया जा सकता है। हाल ही में राजस्थान में हुआ गुर्जर-मीणा संघर्ष इस तथ्य को भली-भांति उजागर करता है।

भारत में हजारों जनजातियाँ निवास करती हैं। जनजाति का तात्पर्य ऐसे स्थानीय आदिम समूहों से है जो एक सामान्य क्षेत्र में रहते हों तथा एक सामान्य भाषा बोलते हों और एक सामान्य संस्कृति का अनुसरण करते हों। इन जनजातीय समुदायों का पारस्परिक टकराव तथा इनकी दयनीय, आर्थिक, सामाजिक, सांस्कृतिक, राजनैतिक, स्वास्थ्य तथा शिक्षा जैसी मूलभूत समस्यायें राष्ट्र के आंतरिक-आयामों को किसी-न-किसी रूप में प्रभावित करती हैं।

भौगोलिक दृष्टि से भारत की जनजातियों को मुख्यतः तीन हिस्सों में बाँटा जा सकता है—पूर्वोत्तर क्षेत्र, केंद्रीय और दक्षिणी क्षेत्र। भारत के पूर्वोत्तर क्षेत्रों में ऐसी जातियों का उदय हुआ, जिन्होंने समस्त क्षेत्र में एक बड़ा उपद्रव खड़ा किया, जिससे हमारी राष्ट्रीय सुरक्षा खतरे में पड़ गई। सन् 1980 में त्रिपुरा में आदिवासियों के द्वारा बंगाली हिन्दुओं को जिस तरह से मारा-पीटा गया, वह सबसे ज्यादा खौफनाक घटना थी, जिसमें करीब दस हजार घरों को आग के हवाले कर दिया गया था। आज भी जनजातियों के मध्य आये दिन छिट-पुट घटनायें होती रहती हैं जिनके समाधान के लिए सरकार को ठोस कदम उठाने चाहिए। इनके जीवन स्तर को उठाने के लिए स्वास्थ्य, शिक्षा और रोजगार को बढ़ावा देना होगा। साथ ही पुनर्वास के लिए सरकार को एक योजना बनानी चाहिए अन्यथा हमारा पड़ोसी देश अरुणाचल प्रदेश, मेघालय, त्रिपुरा, मणिपुर, आदि क्षेत्रों की जनजातियों को भड़का सकता है, जिससे हमारी राष्ट्रीय सुरक्षा और अखंडता खंडित हो सकती है।

देश की आंतरिक सुरक्षा को सांप्रदायिकता का घुन भी अक्सर खोखला करता रहता है। सांप्रदायिकता की परिणति भारत और पाकिस्तान के निर्माण के समय से ही हुई और दोनों राष्ट्र आज तक एक-दूसरे के विरोधी बने हुए हैं। सांप्रदायिकता का अर्थ ऐसी विचारधारा से है, जिसके अंतर्गत किसी संप्रदाय विशेष के लोग न्यूनाधिक रूप से धार्मिक, सामाजिक, राजनीतिक और आर्थिक समान ढाँचे में विश्वास रखते हों। भारत में विभिन्न धर्मावलंबी रहते हैं और अपने-अपने हितों के लिए विभिन्न संप्रदायों से संबद्ध हो गये हैं और इनकी सामाजिक, आर्थिक, राजनीतिक तथा सांस्कृतिक दशा भी भिन्न है। आज संप्रदायवाद की भावना दो विभिन्न समुदायों के मध्य कटुता एवं पारस्परिक विरोध उत्पन्न करने के साथ-साथ दूसरे धर्मों का शोषण करती है, जिसका उद्देश्य धार्मिक न होकर राजनैतिक होता है। सांप्रदायिकता महामारी की भांति फैल रही है। शायद ही कोई ऐसा राज्य है जहाँ सांप्रदायिकता का तांडव लोगों का संहार न कर रहा हो।

भारत में निर्धनता एक बहुत बड़ी समस्या है, जिसका का मुख्य कारण बेरोजगारी, जनसंख्या और देश की आर्थिक स्थिति का ठीक न होना है। भारत जैसे लोकतांत्रिक देश में मनुष्य की तीन मूलभूत आवश्यकताएँ हैं—रोटी, कपड़ा और मकान। लेकिन बहुत से ऐसे परिवार हैं जिनकी ये तीनों आवश्यकताएँ पूरी नहीं हैं। वैसे सरकार बेरोजगारी, अशिक्षा और

गरीबी हटाने के लिए डंका पीटती रहती है, लेकिन धरातल पर इसकी तस्वीर नगण्य है। आज भारत का युवा अपनी मूलभूत आवश्यकताओं की पूर्ति के लिए और अपनी रोजी-रोटी के लिए दर-दर भटक रहा है। जिसके चलते ये नवयुवक पंजाब और कश्मीर तथा पूर्वोत्तर भारत में आतंकवादियों और अलगाववादियों के बहकावे में आ रहे हैं और भारत की मुख्य धारा से धीरे-धीरे कट रहे हैं। इन बेरोजगार और निर्धन लोगों को जब अपने देश में काम नहीं मिलता, तब इन्हें पाकिस्तान, बाँग्लादेश, चीन, बर्मा, आदि देशों में हथियारों का प्रशिक्षण देकर भारत के विरोध में खड़ा किया जा रहा है। वहीं उग्रवादी संगठनों द्वारा इन निर्धन लोगों के परिवार के पालन-पोषण के लिए मोटी रकम दी जाती है जिसके बदले में इनसे आतंकवादी घटनाओं को अंजाम देने तथा आत्मघाती हमला करने में भी इनका इस्तेमाल किया जा रहा है। आज भारत को आजाद हुए 59-60 वर्षों का लंबा समय व्यतीत हो चुका है, लेकिन निर्धनता को दूर करने के लिए कोई ठोस प्रयास नहीं किये गये हैं जिससे दिन-प्रतिदिन बढ़ती निर्धनता, भारतीय सुरक्षा के लिए खतरा साबित हो रही है।

निर्धनता के साथ ही बेरोजगारी भी एक बड़ी समस्या है जो व्यक्तिगत समस्या से उठकर कई प्रत्यक्ष अथवा परोक्ष रूप से आंतरिक सुरक्षा के लिए खतरा उत्पन्न करती है। आज शिक्षित बेरोजगार युवा कुंठाग्रस्त होता जा रहा है और अधिक शिक्षित बेरोजगार युवा भी आतंकवाद की दुनिया में कदम रख रहे हैं। कश्मीर इसका जीता-जागता उदाहरण है जहाँ शिक्षित बेरोजगार युवा अपराधों में लिप्त होते जा रहे हैं। उपलब्ध आंकड़ों से भारत में बढ़ती बेरोजगारी का अनुमान लगाया जा सकता है, लेकिन सरकार सदैव बेरोजगारी को कम करने के लिए डंका पीटती रही है, जबकि जमीनी सच्चाई कुछ और ही है। आज भारत शिक्षा, जनसंख्या नियंत्रण तथा सामाजिक-आर्थिक विकास में तेजी से पिछड़ता जा रहा है। भले ही अब सरकार द्वारा रोजगार गारंटी योजना कार्यक्रम के तहत काम देने की बात की गई है। इसके साथ ही शिक्षा के स्तर में भी और सुधार कर रोजगार परक शिक्षा को बढ़ावा दिया जाना चाहिये।

अत: उपरोक्त विवेचन से स्पष्ट हो जाता है कि जब तक देश के अंदर पनप रही कुरीतियों को पनाह मिलती रहेगी, चाहे वह किसी भी क्षेत्र में हो, तब तक देश की आंतरिक सुरक्षा किसी न किसी प्रकार से असुरक्षित रहेगी; क्योंकि राष्ट्र के अन्दर आपसी मनमुटाव, वैमनस्य, तनाव देश की आंतरिक सुरक्षा को बाधित करने की प्रधान कड़ी होती है। देश के भीतर अमन-चैन बनाए रखने के लिए यह जरूरी है कि लोगों को काम मिले अन्यथा उनका शोषण कर उनके खाली दिमाग का लाभ न जाने कितने शैतान उठाएँगे और देश के नागरिकों को ही देश का दुश्मन बना देंगे।

अध्याय

15

आधुनिक समाज में नारी की स्थिति

रूपरेखा

- आज समाज में नारी की क्या स्थिति है?
- आधुनिक युग में भी उसकी बदहाल स्थिति के लिए जिम्मेदार कारक।
- पूर्व की स्थितियों की तुलना में आज के समाज में नारी कहाँ है? उसकी स्थिति में क्या परिवर्तन आए हैं। इन बदलावों के सकारात्मक पहलुओं के साथ-साथ नकारात्मक बिंदुओं पर भी विस्तृत चर्चा।
- स्त्रियों पर हो रहे विविध प्रकार के अत्याचार और उनके लिए अन्य लोगों के अलावा स्वयं नारी भी कितनी जिम्मेदार है इसका समीक्षात्मक विवरण।
- महिला सशक्तिकरण और नारीवादी आंदोलनों की दिशा और उनके प्रयासों का विवरण।
- वास्तव में सुधार के लिए और समान भागीदारी के लिए क्या प्रयास होने चाहिए उनका उल्लेख।
- अंत में यह बताना जरूरी है कि स्त्री की स्थिति में सुधार के लिए पश्चिमी देशों की तर्ज पर होने वाले प्रयासों की बजाय मौलिक स्तर पर क्या कदम उठाए गये, ये कितने जरूरी हैं और साथ में ये कितने कारगर हो सकते हैं।

भारतीय समाज में नारी की स्थिति समय, काल और परिस्थिति के अनुसार बदलती रही है। वैदिक काल में नारी की स्थिति काफी मजबूत और प्रतिष्ठापूर्ण थी लेकिन धीरे-धीरे उसकी स्थितियों में बदलाव होने लगा। वैदिक समाज में महिलाओं को पर्याप्त स्वतन्त्रता थी, वे अपना जीवनसाथी तक स्वयं चुनती थीं, अपने फैसले खुद लेती थीं, लेकिन बाद के दौर में नारी की सामाजिक स्थिति में

लगातार गिरावट आती गई। मध्यकाल में उनकी स्थिति दयनीय हो गई, सती प्रथा, पर्दा प्रथा जैसी तमाम कुरीतियों और रिवाजों ने उन्हें सामाजिक बंधन के कुचक्र में जकड़ लिया जबकि आधुनिक काल में महिलाएँ अपने अस्तित्व को बनाए रखने के लिए जूझ रही हैं। कहा जाता है कि नारी की प्रसव-वेदना के साथ उसके मातृत्व का जो नया रूप निखर कर आता है, उसी के मोहपाश में वह समाज व परिवार के तमाम अत्याचारों को सहन करती रहती है। लेकिन समय के साथ जागरूकता में वृद्धि हुई, नारी ने न सिर्फ अपने स्वतंत्र अस्तित्व को पहचाना बल्कि आज एक ओर वह आर्थिक रूप से जहाँ आत्मनिर्भर बनने में लगी हुई है वहीं अपने खिलाफ हो रहे अत्याचारों से लड़ने के लिए खुद को भी सक्षम पा रही है। बावजूद इसके, नारी स्वातंत्र्य और उसकी आत्मनिर्भरता का दायरा आज भी इतना संकुचित है कि समाज के बेहद छोटे हिस्से भर को अपने में समेट पाया है।

भारतीय समाज में लंबे समय से नारी जिस घृणित प्रथा की शिकार होती आ रही है, वह है दहेज प्रथा। माता-पिता की दृष्टि में कन्या गंभीर आर्थिक उत्तरदायित्व स्वरूप होती थी। विवाह का विधिपूर्ण अनुष्ठान किया जाता था जिसका व्यय कन्या के कुटुम्ब को वहन करना पड़ता था तथा दहेज का आयोजन भी करना पड़ता था। दहेज प्रथा 'कन्यादान' नामक रस्म से उपजी है जिसमें वधू का पिता कन्या का दान करता था, वर का पिता वधू के लिए आभूषण तथा वस्त्र उपहार स्वरूप लाता था, सभ्रांत व्यक्ति तब एकतरफा उपहार ग्रहण नहीं करते थे। अत: वर-दक्षिणा के रूप में वधू का पिता वस्तु एवं मुद्रा उपहारस्वरूप प्रदान करता था। दोनों पक्ष यह बिना किसी दबाव, राजीखुशी व क्षमता के अनुसार करते थे। पर जब से वर-पक्ष उपहारों की माँग करने लगा, तब 'दहेज' जैसी घृणित प्रथा का जन्म हुआ। वर्तमान में जो मौजूदा दहेज कानून हैं, वह तो कठोर हैं, लेकिन अभी इनमें और सुधार की गुंजाइश है।

आधुनिकता ने जहाँ महिलाओं को स्वतंत्रता दी है, वहीं दूसरी तरफ उन्हें उच्छृंखल भी बनाया है। इसलिए महिलाएँ भी अब हिंसा व तनाव से ग्रस्त हैं। लोगों में आम धारणा है कि पुरुष प्रधान समाज में ज्यादातर मामलों में महिलाएँ छली जाती हैं, लेकिन इस मिथक को तिहाड़ जेल के आँकड़ों ने तोड़ दिया है। जहाँ पुरुषों की अपेक्षा तीन गुना महिलाएँ धोखाधड़ी के मामले में सलाखों के पीछे हैं। दहेज हत्या के मामलों में भी महिलाएँ पुरुषों को पछाड़ रही हैं। आँकड़ों के अनुसार 2.35 फीसदी पुरुषों के खिलाफ दहेज हत्या का मामला चल रहा है, जबकि इसी मामले में पुरुषों की अपेक्षा लगभग आठ गुना ज्यादा महिलाएँ जेल में बंद हैं। इस प्रकार आँकड़ों से ज्ञात होता है कि महिलाएँ पुरुषों से आपराधिक मामले में कहीं भी कम नहीं हैं। फिर भी महिलाओं द्वारा अपने अधिकारों व स्वतंत्रता के लिए पुरुषों को कोसना न्यायसंगत नहीं है।

भारत में औरतों की दुनिया तेजी से बदल रही है और इस मामले में पश्चिम के अनुभव हमारी कोई वास्तविक मदद नहीं कर पा रहे हैं। आधुनिक संगीत उपकरणों से लैस डिस्को में इंद्रधनुषी रंगों की रोशनी में तेज संगीत और अंधेरे का फायदा उठाते हुए युवक-युवतियाँ ऐसी हरकतें कर जाते हैं जो आपत्तिजनक होती हैं, लेकिन स्वतंत्रता इसी का नाम है जो स्वच्छंदता में बदल गयी है। उच्च महिलाओं में शिक्षा का स्तर बढ़ा है, लेकिन यह शिक्षा उन्हें वैज्ञानिकता, कलात्मकता या सृजन की तरफ नहीं बल्कि उच्छृंखलता की ओर ले जा रही है। मदिरापान क्लब एवं पब-संस्कृति और अर्द्धनग्नता को ही सशक्तिकरण का मापदंड माना जा रहा है जबकि पुरुषों के लिए मापदंड हमेशा अलग ही रहे हैं। अपने अस्तित्व की तलाश में स्त्री आज 'अर्द्धनारीश्वर' की स्थिति में आ गयी है जहाँ न वह माँ बनना चाहती है, न ही संरक्षिका बल्कि आजीवन प्रेमिका बनकर रहना

चाहती है। इसमें दो राय नहीं है कि उच्च वर्ग की महिलाओं की तेजी से बदलती जीवन-शैली भी स्त्रियों की उच्छृंखलता के लिए कम उत्तरदायी नहीं है।

महिला साक्षरता एवं लिंगानुपात के आँकड़े भी वर्तमान युग में महिलाओं की दुर्दशा की कहानी की सपाट बयानी करते दिखते हैं। ये आँकड़े उन नारों और सरकारों के गैर सरकारी प्रयासों को ठेंगा दिखा रहे हैं जो समाज में स्त्री-पुरुष समानता का दंभ करते हैं। वर्ष 2001 की जनगणना के आँकड़ों के अनुसार देश में वर्ष 1991 के मुकाबले स्त्री-पुरुष अनुपात में थोड़ी वृद्धि अवश्य दर्ज की गयी है, जो 927 से बढ़कर वर्ष 2001 में 933 हो गयी है। लेकिन विडम्बना यह रही है कि वर्तमान में देश में 0-6 वर्ष की आयु वर्ग के बच्चों में लड़कियों की संख्या जहाँ 945 थी, वहीं नयी जनगणना में यह संख्या 927 पायी गयी है। बच्चों में यौन अनुपात में यह गिरावट मुख्य रूप से पंजाब, हरियाणा, गुजरात, महाराष्ट्र, हिमाचल प्रदेश, उत्तरांचल और केन्द्र शासित प्रदेश चंडीगढ़ में दर्ज की गयी है।

वर्तमान परिप्रेक्ष्य में नारीवाद या नारी-अधिकारवाद को एक स्वाधीन सिद्धांत के रूप में मान्यता देना कठिन है। यह एक विचारधारात्मक आंदोलन है जिसके साथ जुड़े हुए विचारों की स्वतंत्रता, समानता और न्याय के सामान्य सिद्धांतों के संदर्भ में यह, पुरुष के मुकाबले नारी की स्थिति, भूमिका और अधिकारों से सरोकार रखता है। नारी की पराधीनता और नारी के प्रति होने वाले अन्याय के प्रति ध्यान केन्द्रित करता है और इनके प्रतिकार के उपायों पर विचार करता है। नारीवाद का दावा है कि अतीत तथा वर्तमान समाजों में स्त्रियों को अपने स्त्रीत्व के कारण अन्याय सहना पड़ा है और आज भी उनके साथ अन्याय हो रहा है।

प्राचीन भारतीय गौरव-ग्रंथ *मनुस्मृति* के अंतर्गत एक ओर यह कहा गया–'यत्र नार्यस्तु पूज्यन्ते, रमन्ते तत्र देवता:' (जहाँ नारियों की पूजा होती है, वहीं देवता निवास करते हैं), तो दूसरी ओर यह घोषित किया गया कि, 'न नारी स्वातंत्र्यमहर्ति' (नारी स्वतंत्र रहने योग्य नहीं है)। नारीवाद के आरम्भिक संकेत अठारहवीं और उन्नीसवीं शताब्दी के यूरोपीय चिंतन में ढूंढ़े जा सकते हैं। उदारवादी परंपरा के अंतर्गत मेरी वॉल्स्टनक्राफ्ट की कृति *'विडीकेशन ऑफ दि राइट ऑफ वूमेन'* (नारी अधिकारों की प्रमाणिकता) (1793) में स्त्रियों को कानूनी, राजनीतिक और शैक्षिक क्षेत्रों में समानता प्रदान करने के लिए शानदार पैरवी की गयी थी। 'वॉल्स्टनक्राफ्ट' ने विशेष रूप से स्त्री-पुरुष के लिए पृथक-पृथक सदगुणों की प्रचलित धारणाओं को चुनौती देते हुए सामाजिक जीवन में स्त्री-पुरुष की एक जैसी स्थिति और भूमिका की मांग की।

19वीं शताब्दी में मार्क्सवाद (Marxism) के प्रवर्तकों ने स्त्री-पुरुष के परस्पर संबंधों में गहरी दिलचस्पी दिखायी। उनके अनुसार परिवार संस्था, श्रम-विभाजन (Division of Labour) का सामान्य स्रोत है जिसमें स्त्री-पुरुष का संबंध, प्रभुत्व एवं निजी संपत्ति की धारणाओं को मूर्त रूप प्रदान करता है। मार्क्सवादियों ने तर्क दिया कि जब पूँजीवादी प्रणाली का अंत हो जाएगा, तब निजी गृह-कार्य सार्वजनिक उद्योग को सौंप दिया जाएगा और तभी स्त्रियाँ सार्वजनिक जीवन में पुरुषों के साथ कंधे से कंधा मिलाकर काम कर सकेंगी।

वर्तमान समय में भी समकालीन लेखिकाएं एवं विभिन्न महिला संगठन, नारीवादी आंदोलनों को महिला अधिकारों एवं स्वतंत्रताओं के साथ-साथ पुरुष-महिला समानता के मुद्दों को लेकर आवाज बुलंद किए हुए हैं। इस क्रम में ये आंदोलन परम्परा, रीति-रिवाज व मर्यादाओं को ही

स्त्री पराधीनता का मूल आधार बता रहे हैं। परंतु दुर्भाग्य से अपनी कलम पर नारी चेतना की अधिकारिता रखने वाली ये लेखिकाएँ सिर्फ पुरुषों के विरोध में ही महिला अधिकारों की खोज कर रही हैं। कभी ये हिसार (हरियाणा) की सोनिया को अपने पिता की संपत्ति में हिस्सा पाने के लिए अपने पति, पिता-माता, भाई-बहन, भाभी व बच्चों की हत्या करने को उचित बताती है, तो कभी भाई-बहन के पवित्र पर्व 'रक्षाबंधन' एवं 'करवा चौथ' जैसे पर्व के माध्यम से महिलाओं को पुरुषों से कमजोर बताकर सिर्फ समाज में बिखराव करने का प्रयास करती हैं। महिला अधिकारों के वास्ते पूरे ताम-झाम के साथ महिला सम्मेलन कभी लखनऊ, कभी दिल्ली तो कभी हैदराबाद में होते रहते हैं, लेकिन सब चाय और फैशन परेडों तक सिमट कर रह जाते हैं। कभी भी इन संगठनों ने भूखे पेट, चिलचिलाती धूप में घास बीनती उस ग्रामीण नारी की वेदना का मूल प्रश्न दृश्य-पटल पर नहीं रखा। इस तरह ये आंदोलनकारी महिलाएँ अपने विवेक और समय का योगदान जरूर दे रही हैं, लेकिन लगता है, इनकी दिशा सही नहीं है। पुरुष प्रधान समाज के प्रति इन महिलाओं का प्रतिक्रियावादी दृष्टिकोण ही अधिक परिलक्षित होता है, किसी सकारात्मक परिणाम के प्रति उत्कट अभिलाषा कम।

नारी में आज भी जीवंत शक्ति विद्यमान है, बस उसका क्षेत्र बदल रहा है। कारण यह कि वर्तमान समय, संक्रमण की स्थिति से गुजर रहा है। संक्रमण काल में कुछ अच्छा, तो कुछ बुरा अवश्य होता है। प्रायः ऐसा लिखा जाता है कि पुरुष प्रधान समाज में नारी को पत्नी, पुत्री, माँ, बहन आदि रूपों में बाँधकर रखा गया है। इसी के प्रत्युत्तर में यह भी कहा जा सकता है कि नारी स्वयं इन बँधनों को स्वीकारती हैं, न कि इनसे छुटकारा पाने के लिए तत्पर रहती हैं। हो सकता है कि ऐसी मनोदशा यूरोपीय नारियों या तथाकथित पश्चिमी प्रगतिशील समाज की नारी में इन सब बंधनों से छुटकारा पाकर स्वतंत्रता पूर्वक भोग-विलास करने की हो, किन्तु आम भारतीय नारी हंसी-खुशी पारिवारिक सामाजिक रिश्तों का निर्वाह करते हुए अपना जीवन व्यतीत करना चाहती है। इसलिए महिला सशक्तिकरण और महिला कल्याण के संदर्भ में जो भी प्रयास हों वे भारतीय समाज और संस्कृति के ही कैनवास पर हों तो सफलता दर में वृद्धि हो सकती है। अन्यथा पश्चिमी देशों के नारी-स्वातंत्र्य के आदर्श में हमारे पास खोने के लिए ही ज्यादा होगा, पाने के लिए कम।

अध्याय

16

सोशल मीडिया और आज का युवा

रूपरेखा

- भूमिकाः सोशल मीडिया के विस्तार और उसकी लोकप्रियता के साथ शुरुआत करें। साथ ही बताएँ कि किस तरह इसने समाज के पूरे वर्ग पर अपनी पकड़ बना रखी है, लोगों की जरूरत बन गया है और किस तरह से यह युवा वर्ग के जीवन का हिस्सा बन गया है। निबंध की शुरुआत किसी घटनाक्रम से भी कर सकते हैं, लेकिन ध्यान रहे, घटनाक्रम बहुत लंबा न हो और न ही वह संदर्भ से भटका हुआ लगे।
- सोशल मीडिया की भारत में स्थितिः कुछेक आँकड़ों के जरिए सोशल मीडिया के फैलाव की चर्चा करें। खासकर युवा वर्ग को कितना इसने अपनी गिरफ्त में ले लिया है, इसकी चर्चा भी करें।
- उपयोगिताः कुछ सोशल मीडिया के विविध मंचों जैसे फेसबुक, ट्विटर, लिंक्ड इन इत्यादि की उपयोगिता के साथ-साथ समाज, व्यवसाय और जीवन के दूसरे पहलुओं के साथ उसके संबंधों और जरूरत की भी चर्चा करें। यहाँ पिछले दिनों होने वाले चुनावों में सोशल मीडिया किस तरह से जनमत के निर्माण में सहायक बना, इसका भी एक उदाहरण के रूप उल्लेख कर सकते हैं। यही नहीं, ग्लोबल विश्व के निर्माण में सोशल मीडिया किस तरह से सहायक बना है, उल्लेख करें।

  सोशल मीडिया की वजह से सरकार की कई बार नाकामियों को जनता तक पहुँचाने में मदद मिलती है और फिर सरकार इसका संज्ञान लेकर और बेहतर काम करती है, इस बात की भी चर्चा करें।

- नुकसानः सूचना का एक बड़ा माध्यम होने के बावजूद कई बार किस तरह से सोशल मीडिया अफवाहों को फैलाने में भी बड़ा कारक बनता है, उसकी चर्चा भी करें। इन अफवाहों के कारण किस तरह से सामाजिक ताने बाने को क्षति पहुँचती है, आर्थिक नुकसान होता है और वैमनस्य बढ़ता है, ऐसी चर्चाएँ भी अपेक्षित हैं। हाल की कुछ घटनाओं को उदाहरण के तौर पर देख सकते हैं।
- सोशल मीडिया के प्रयोग को ज्यादा लाभकारी कैसे बनाया जाए, इसकी विस्तृत चर्चा करें।
- निष्कर्षः अंत में ये बताएँ कि तमाम बुराइयों के बावजूद आज सोशल मीडिया न सिर्फ लोगों के जीवन का एक अपरिहार्य अंग बन चुका है, बल्कि हर क्षेत्र मे इसका इस्तेमाल हो रहा है। इसके सकारात्मक पहलू पर यदि ध्यान ज्यादा केंद्रित किया जाए तो इससे और लाभ लिए जा सकते हैं, लेकिन यह बात समझने की हर समय जरूरत रहती है कि कोई भी अच्छी चीज या खोज यदि सही तरीके से इस्तेमाल न की गई तो वो वरदान की बजाय अभिशाप बन जाती है।

आज का दौर युवाशक्ति का दौर है। भारत में इस समय 65 प्रतिशत के करीब युवा हैं जो किसी और देश में नहीं हैं और इन युवाओं को जोड़ने का काम सोशल मीडिया कर रहा है, इसमें संदेह नहीं। युवा वर्ग में सोशल नेटवर्किंग साइट्स का क्रेज दिन पर दिन बढ़ता जा रहा है जिसके कारण आज सोशल नेटवर्किंग दुनिया भर में इंटरनेट पर होने वाली नंबर एक गतिविधि बन गया है। दरअसल, सोशल मीडिया को परस्पर संवाद का वेब आधारित एक ऐसा गतिशील मंच कहा जा सकता है जिसके माध्यम से लोग संवाद करते हैं, आपसी ज्ञानकारियों का आदान-प्रदान करते हैं और उपयोगकर्ता जनित सामग्री को सामग्री सृजन की सहयोगात्मक प्रक्रिया के एक अंश के रूप में संशोधित करते हैं। सोशल नेटवर्किंग साइट्स युवाओं की जिंदगी का एक अहम अंग बन गया है। इसके माध्यम से लोग अपनी बात बिना किसी रोक-टोक के देश और दुनिया के हर कोने तक पहुँचा सकते हैं।

सोशल मीडिया का जन्म 1995 में माना जाता है। उस वक्त क्लासमेट्स डॉट कॉम नाम से एक साइट शुरू की गयी थी जिसके जरिये स्कूलों, कॉलेजों, कार्यक्षेत्रों और मिलिट्री के लोग एक दूसरे से जुड़ सकते थे। यह साइट अब भी सक्रिय है। सोशल मीडिया के क्षेत्र में सबसे बड़ा बदलाव आया फेसबुक और ट्विटर के आने से। मार्क जकरबर्ग ने 2004 में हार्वर्ड विश्वविद्यालय के छात्रों के लिए फेसबुक को डेवलप किया था। धीरे-धीरे इसका विस्तार दूसरे कॉलेजों और विश्वविद्यालयों तक हुआ और वर्ष 2005 में अमरीका की सरहद लाँघ कर यह विश्व के दूसरे देशों में पहुँच गया। ऐसी ही कहानियाँ दूसरे सोशल नेटवर्किंग साइट्स की भी

हैं। विश्वभर में लगभग 200 सोशल नेटवर्किंग साइट्स हैं जिनमें फेसबुक, ट्विटर, आर्कुट, माई स्पेस, लिंक्डइन, फ्लिकर, इंस्टाग्राम (फोटो, वीडियो शेयरिंग साइट्स) सबसे अधिक लोकप्रिय हैं। एक सर्वे के मुताबिक विश्वभर में संप्रति 1 अरब 28 करोड़ फेसबुक यूजर्स (फेसबुक इस्तेमाल करने वाले) हैं। वहीं, विश्वभर में इंस्टाग्राम यूजरों की संख्या 15 करोड़, लिंक्डइन यूजरों की संख्या 20 करोड़, माई स्पेस यूजरों की संख्या 3 करोड़ और ट्विटर यूजरों की संख्या 9 करोड़ है।

इसमें कोई संदेह नहीं कि युवाओं के जीवन में सोशल नेटवर्किंग साइट्स ने क्रांतिकारी परिवर्तन लाया है। अगर आँकड़ों की माने तो भारत के शहरी इलाकों में प्रत्येक चार में से तीन व्यक्ति सोशल मीडिया का किसी-न-किसी रूप में प्रयोग करता है। वहीं 35 प्रमुख शहरों के आँकड़ों के आधार पर यह भी तथ्य सामने आया है कि 77 प्रतिशत उपयोगकर्ता सोशल मीडिया का इस्तेमाल मोबाइल से करते हैं। सोशल मीडिया तक पहुँच कायम करने में मोबाइल का बहुत बड़ा योगदान है और इसमें भी युवाओं की भूमिका प्रमुख है। भारत में 25 साल से अधिक आयु की आबादी 50 प्रतिशत और 35 साल से कम आयु की 65 प्रतिशत है। इसे देखते हुए आँकड़े बताते हैं कि भारत में सोशल मीडिया पर प्रतिदिन करीब 30 मिनट समय लोगों द्वारा व्यतीत किया जा रहा है। इनमें अधिकतर कॉलेज जाने वाले विद्यार्थी और युवा पीढ़ी के लोग शामिल हैं। सोशल साइट्स ने जहाँ लोगों को स्कूली दिनों के साथियों से मिलवाया तो आज देश-दुनिया के कोने-कोने में रहने वाले मित्र भी एक-दूसरे को फेसबुक पर ढूँढ़ रहे हैं। सोशल मीडिया के द्वारा जिनसे वास्तविक जीवन में मुलाकातें भले ही न हो पाये पर सोशल साइट्स पर हमेशा जुड़े रहते हैं। सोशल मीडिया की सफलता इससे भी देखी जा सकती है कि परंपरागत मीडिया भी अब फेसबुक व ट्विटर जैसे माध्यमों पर न सिर्फ अपने पेज बनाकर उपस्थिति दर्ज करा रही है, बल्कि विभिन्न मुददों पर लोगों द्वारा व्यक्त की गयी राय को इस्तेमाल भी कर रही है।

मौजूदा समय में इंटरनेट की दुनिया में पैठ बना चुका हर व्यक्ति आज किसी-न-किसी सोशल नेटवर्किंग साइट से जुड़ा है। इसमें कोई संशय नहीं है सोशल मीडिया का मंच आज अभिव्यक्ति का नया और कारगर माध्यम बन चुका है। इससे जुड़े लोग बेबाकी से अपनी राय इस मंच के माध्यम से जाहिर करते हैं। हालांकि, सोशल मीडिया के प्रति बढ़ती दीवानगी जहाँ कई मायनों में सार्थक नजर आती है, वहीं इसके दुरुपयोग के मामले भी सामने आते रहते हैं।

बीते समय में सांप्रदायिक हिंसा, दंगों, अफवाह फैलाने के मामले में सोशल मीडिया के माध्यम का दुरुपयोग सामने आया। इससे चेतने और सतर्क रहने की जरूरत है क्योंकि पिछले कुछ समय में इसके भयावह दुष्परिणाम सामने आ चुके हैं। हाल के कुछ दंगों को लेकर सोशल मीडिया पर कुत्सित विचार रखने वाले कुछ लोगों ने जमकर अफवाह उड़ायी, जिसका परिणाम भी इस सभ्य समाज के लिए किसी मायने में अच्छा नहीं कहा जा सकता है। उत्तर प्रदेश, बिहार, राजस्थान, तमिलनाडु, कर्नाटक और मध्य प्रदेश जैसे राज्यों में सांप्रदायिक तनाव भड़काने की कई घटनाएँ सामने आईं और सोशल साइट्स पर जमकर कमेंट्स आए। इस तरह के गंभीर खतरे को लेकर पैनी नजर रखने की जरूरत है और सरकार को इस दिशा में जल्दी एक कारगर कानून बनाना चाहिए। संवेदनशील इलाकों में नेटवर्किंग से कुछ तत्वों की ओर से साइबर हमले की आशंका हमेशा बनी रहती है। शरारती तत्व इस माध्यम का इस्तेमाल

समस्या पैदा करने के लिए करते हैं, जिसे रोकने की आवश्यकता है। लोगों के अभिव्यक्ति के अधिकार का पूरा समर्थन किया जाना चाहिए मगर सुरक्षा की कीमत पर नहीं। साइबर दुनिया के गलत इस्तेमाल पर अंकुश लगाना जरूरी है और शासन प्रशासन को इस पर गंभीरता से सोचना चाहिए। बीते दिनों हरियाणा में एक सोशल नेटवर्किंग वेबसाइट पर सुसाइड नोट डालने के बाद एक युवक ने अपने घर में कथित रूप से आत्महत्या कर ली। उसने सोशल नेटवर्किंग वेबसाइट पर अपना सुसाइड नोट अपलोड किया था। इससे यह पता चलता है कि सोशल साइटों का कुछ लोग किस तरह की मानसिकता से उपयोग करते हैं।

इन दिनों हो रहे चुनावों में राजनीतिक पार्टियाँ वोटरों, खास कर युवाओं को लुभाने के लिए सोशल मीडिया और मोबाइल फोन का व्यापक इस्तेमाल कर रही हैं। राजनैतिक दल और नेता मतदाताओं को लुभाने के लिए फेसबुक व ट्विटर जैसी वेबसाइटों का भरपूर इस्तेमाल कर रहे हैं। राजनैतिक दलों और उनके समर्थकों की ओर से ऐसे कई पेज बनाए गए हैं और इन पेजों के हजारों अनुयायी हैं। इन वेब पेजों पर उनके कार्यक्रमों आदि को लेकर जानकारियाँ उपलब्ध रहती हैं और लोग इसे खूब साझा भी कर रहे हैं।

भारत सहित दुनिया के विभिन्न देशों में सोशल मीडिया ने सिर्फ व्यक्तिगत स्तर पर ही नहीं बल्कि कई सामाजिक व गैर-सरकारी संगठन के अभियानों को मजबूती दी है। जिन देशों में लोकतंत्र का गला घोंटा जा रहा है वहाँ अपनी बात कहने के लिए लोगों ने सोशल मीडिया का लोकतंत्रीकरण भी किया है। हाल के वर्षों में अरब जगत में हुई क्रांतियों में सोशल मीडिया ने महत्वपूर्ण भूमिका अदा की है। जहाँ तक युवाओं की बात है तो उन पर सोशल मीडिया का प्रभाव बहुत ही गहन है। ये वो वर्ग है जो सबसे ज्यादा सपने देखता है और उन सपनों को पूरा करने के लिए जी-जान लगाता है। जहाँ एक तरफ सोशल मीडिया युवाओं के सपनों को एक नयी दिशा दे रही है वहीं दूसरी ओर युवा वर्ग अपने सपनों को साकार करने के लिए इस माध्यम का उपयोग कर रहे हैं। इंटरनेट से लेकर फोर-जी मोबाइल तक युवा सोशल मीडिया के माध्यम से देश-दुनिया की सरहदों को पार कर अपने सपनों को उड़ान दे रहे हैं। ब्लॉगिंग के जरिए जहाँ ये युवा अपनी समझ, ज्ञान और भड़ास निकालने का काम कर रहे हैं, वहीं सोशल मीडिया साइट्स के जरिए दुनिया भर में अपनी समान मानसिकता वाले लोगों को जोड़कर सामाजिक सरोकार-दायित्व को पूरी तन्मयता से पूरा कर रहे हैं।

लेकिन इसका एक नकारात्मक पहलू भी है। युवाओं को सोशल नेटवर्किंग वेबसाइट्स का नशा-सा हो गया है। सोशल वेबसाइट पर दिन में कई बार स्टेट्स अपडेट करना, घंटों तक मित्रों के साथ चैटिंग करना जैसी आदतों ने युवा पीढ़ी को काफी हद तक प्रभावित किया है। घंटों तक फेसबुक व ट्विटर जैसी वेबसाइट्स पर समय बिताने से न केवल उनकी पढ़ाई प्रभावित हो रही है बल्कि धीरे-धीरे कुछ नया करने की रचनात्मकता भी खत्म हो रही है। सोशल नेटवर्किंग साइट्स के माध्यम से तमाम अश्लील सामग्री और भड़काऊ बातें भी लोगों तक प्रसारित की जा रही हैं, जो कि लोगों के मनोमस्तिष्क पर बुरा प्रभाव डालती हैं और जिनकी वजह से देश में दंगा फसाद में वृद्धि हुई है। सोशल नेटवर्किंग साइट्स ने लोगों को वास्तविक जीवन को भुलाकर आभासी जीवन में रहने को मजबूर कर दिया है। इन आदतों के कारण युवाओं में व्यक्तिगत संवाद की दिक्कत होती है, जिससे वे सामाजिक रूप से

प्रभावी संवाद नहीं कर पाते हैं। इसके परिणामस्वरुप आज के युवा पीढ़ी में धैर्य की भारी कमी देखी जा सकती है।

युवावस्था एक ऐसी स्थिति होती है जिसमें व्यक्ति को अपने उद्देश्य के बारे में नहीं पता होता और उसके कारण उससे गलत संगति में पड़ने में जरा-सा भी समय नहीं लगता। सोशल मीडिया के द्वारा युवाओं को पश्चिमी सभ्यता का अंधा-धुंध अनुसरण करना आधुनिकता का मापदान लगने लगा है। इससे हमारे देश के युवाओं की पूरी जीवन-शैली प्रभावित दिखलाई पड़ रही है जिसमें रहन-सहन, खान-पान, वेशभूषा और बोलचाल सभी समग्र रूप से शामिल हैं। मद्यपान और धूम्रपान उन्हें एक फैशन का ढंग लगने लगा है। नैतिक मूल्यों के हनन में ये कारण मुख्य रूप से है। आपसी रिश्ते-नातों में बढ़ती दूरियाँ और परिवारों में बिखराव की स्थिति इसके दुखदायी परिणाम हैं।

आज देश के सामने सबसे बड़ा यक्ष प्रश्न यह है कि युवा शक्ति का सदुपयोग कैसे करें। इस प्रश्न का जवाब सोशल मीडिया में ही छिपा है। अगर हमारे देश का युवा चाहे तो सोशल मीडिया के द्वारा अपने आपको एक अच्छा व्यक्ति बना सकता है। यहाँ वे अपनी अच्छाइयों व रचनात्मकता से रूबरू हो सकते हैं। सूचना के आदान-प्रदान, जनमत तैयार करने, विभिन्न क्षेत्रों और संस्कृतियों के लोगों को आपस में जोड़ने, भागीदार बनाने और सबसे महत्वपूर्ण यह है कि नये ढँग से संपर्क करने में युवा अपना हाथ बँटा सकता है और सोशल मीडिया को एक सशक्त और बेजोड़ उपकरण के रूप में तैयार कर सकता है। इसमें कोई दो राय नहीं है कि सोशल मीडिया आज लोगों के लिए बहुत ही आवश्यक हो गया है लेकिन इसका जो दूसरा पहलू है उससे बचने की जरूरत है क्योंकि जब किसी भी चीज का दुरुपयोग होने लगता है तो वो वरदान नहीं अभिशाप बन जाता है।

भाग 4

साहित्यिक क्षेत्र

1.	भक्ति काव्य में लोक धर्म	4.3
2.	भक्ति काव्य का सामाजिक एवं सांस्कृतिक प्रदेय/योगदान/भूमिका	4.9
3.	कबीर का समाज दर्शन	4.13
4.	हिन्दी साहित्य में प्रगतिवाद	4.19
5.	उदारीकरण, कृषि संकट और प्रेमचंद	4.26

अध्याय

1

भक्ति काव्य में लोक धर्म

विद्वानों ने भक्ति काव्य की पहचान एक सशक्त क्रांतिकारी आन्दोलन के रूप में की है। सामान्यतया 14वीं सदी के मध्य से 17वीं सदी के मध्य तक के कालखण्ड को भक्ति काल के नाम से जाना जाता है। यह संक्रांति काल था, जिसमें एक तरफ तो हिन्दू धर्म अपने तमाम मत-मतान्तरों के बीच सहस्त्रों उद्वेलनों के बीच विक्षुब्ध था, दूसरी तरफ आक्रान्ता इस्लाम भारतवर्ष में अपनी जड़ें जमा रहा था। परम्परागत सनातन धर्म के समक्ष एक चुनौती उपस्थित कर दी गई थी। जैसा कि हजारी प्रसाद द्विवेदी कहते हैं कि, प्रथम बार अनेक मत-मतान्तरों का विशाल समुदाय–सनातन धर्म अपने को गैर-इस्लामी संगठन ''हिन्दू'' के नाम से घोषित करता है। सदियों से सनातन धर्म के बीच शास्त्र और लोक का द्वन्द चल रहा था, जिसके फलस्वरूप सामाजिक शक्तियाँ ''इस विशाल धर्म'' के अन्तर्गत तमाम प्रकार के अन्तर्विरोधों के बीच जद्दोजहद चला रही थीं। इन्हीं परिस्थितियों के बीच उत्तर भारत में निर्गुण भक्ति धारा का अभ्युदय होता है और कालान्तर में बदलते हुए सामाजिक परिवेश और लोक संस्कारों के बीच कार्यशील, दूसरे प्रकार की सामाजिक-आर्थिक शक्तियों द्वारा इस भक्तिधारा के तेज को फीका करके सगुण भक्ति धारा का प्रवर्तन किया गया।

निर्गुण भक्ति धारा के अंतर्गत संत काव्य धारा तथा सूफी काव्य धारा और सगुण धारा के अंतर्गत रामभक्ति धारा तथा कृष्ण भक्ति धारा का वह युग सामने आता है, जो सदियों से आकुल जनता को, उनकी दिग्भ्रमित मानसिक स्थिति को केवल दिशा ही नहीं प्रदान करता है बल्कि हजारों वर्षों से रूढ़ सामाजिक व्यवस्था के सामने 'सवालिया निशान' भी लगाता है। दार्शनिक सांस्कृतिक पृष्ठभूमि से लेकर सामाजिक सरोकारों तक फैले हुए भक्ति काव्य के इस प्रभाव को विद्वानों ने एक ऐतिहासिक घटना के रूप में स्वीकार किया है, जिसमें हमें लोक का ''समूचा आत्म-संघर्ष'' लक्षित होता है। इन तीन सौ वर्षों के दौरान प्रभूत परिमाण में काव्य रचना हुई जिसकी साहित्यिक उपलब्धि ऐतिहासिक महत्व की है और इस काल खण्ड के साहित्य का अध्ययन करते हुए सर्वाधिक उल्लेखनीय बात यह लगती है कि इस दौरान संतों सूफियों तथा भक्तों ने अपने-अपने तरीके से लोक मंगल की परिकल्पना की।

यह आश्चर्यजनक विषय नहीं होना चाहिए कि इन कवियों की मूल चिंता आध्यात्मिक होते हुए भी इनकी आधार भूमि 'अत्यंत सामाजिक' है, जिसमें पूरा-का-पूरा 'सावयव' सामाजिक ढाँचा अपनी अग्रगामिता के साथ संचरणशील हो उठता है। इन कवियों ने लोकहित को प्राथमिक बनाकर जो कुछ कहा और किया, वह सब लोक धर्म के अंतर्गत आता है।

लोकवादी समीक्षक आचार्य शुक्ल का कहना है कि, संसार जैसा है, उसको वैसा ही मानकर उसके प्रत्येक कोने को स्पर्श करते हुए जो कविता निकलेगी, वह लोक जीवन की कविता होगी, उसमें लोक धर्म होगा। इस विषय में आगे वे कहते हैं कि जनता की प्रवृत्तियों का औसत निकालने पर धर्म का जो मान निर्धारित होगा, वह लोक धर्म होगा। हालांकि आचार्य शुक्ल अपनी इस परिभाषा के चलते अनेक स्थलों पर अन्तर्विरोधों के शिकार हो गए हैं और 'भ्रामक' निर्णय दे बैठे हैं। जैसा कि वे तुलसी के काव्य में लोक धर्म की सर्वोच्च स्थिति निर्दिष्ट करते हैं। जायसी और सूर के काव्य में भी लोक धर्म को इंगित करते हैं किन्तु 'सन्तों के काव्य में' वे लोक धर्म का दर्शन नहीं कर पाते हैं। इस मायने में वे कहीं-कहीं दुराग्रह की हद तक जाकर कबीर को 'लोक भंजक' की संज्ञा दे डालते हैं।

कालान्तर के समीक्षकों ने आचार्य शुक्ल के इस 'चिन्तन' को दुराग्रहग्रस्त बताया। जिस कबीर में आचार्य शुक्ल लोक भंजक की छवि देखते हैं, उसी में हजारी प्रसाद द्विवेदी 'अस्वीकार' का साहस देखते हैं। इधर हाल के वर्षों में प्रगतिशील आलोचकों ने भी समूचे भक्ति काल की उपलब्धियों को लोक के संबंध में रेखांकित किया। इनमें डॉ. राम विलास शर्मा, डॉ. शिव कुमार मिश्र, रमेश कुन्तल 'मेघ' प्रमुख हैं।

इन समीक्षकों के मतानुसार भक्ति काव्य के लोक धर्म को 'बँधे बँधाए सांचे' में ढाला नहीं जा सकता है। निर्गुण भक्ति के सर्वसशक्त पुरोधा, कबीर के यहाँ लोक धर्म के दो स्वरूप लक्षित होते हैं- *प्रथम* के अंतर्गत लोक और शास्त्र का द्वन्द लक्षित होता है, जिसमें वे वेद-शास्त्र समर्थित सामाजिक व्यवस्था में आमूल परिवर्तन चाहते हैं। जैसा कि इस परिवर्तन की माँग पहले भी बुद्ध, महावीर, सिद्ध और नाथ कर चुके हैं। ऐसी माँग करते समय कबीर का स्वर आक्रामक हो उठा है। पंडितों की नगरी में रहकर वह पंडितों को चुनौती देते हैं:

तू पंडित मैं काशी का जुलाहा
बूझे मोर गियाना

और ब्राह्मण धर्म समर्थित समूची रूढ़ सामाजिक व्यवस्था पर प्रश्न चिन्ह लगाते हुए यह घोषणा करते हैं:

पंडित वाद बदन्ते झूठा

वे अभिजात्यता, साम्प्रदायिकता, कर्मकाण्ड आदि पर भी तीक्ष्ण प्रहार करते हैं:

जौ बाभन तू बभनी जाया, आन राह तू काहे न आया
मुसलमान के पीर औलिया मुर्गा मुर्गी खाई।

कबीर की इस खण्डनात्मक पद्धति में भी लोक धर्म की परिकल्पना है। यह परिकल्पना हमारे आज के समय से सीधे जुड़ती है।

कबीर के यहाँ गोया कि समूचे संत मत में लोक और शास्त्र का ही द्वन्द नहीं है, बल्कि लोक और लोक के बीच का भी द्वन्द है। वह संसार को ऐसे ही नहीं ग्रहण करना चाहते थे जैसा कि वह है। लोक को सावधान करते हुए ही कबीर अपनी आध्यात्मिक चिन्ता के साथ जनता की ओर मुखातिब होते हैं, जिसमें मानवीय शक्ति, मानवीय न्याय और इन सबके ऊपर परम प्रेम की परिकल्पना लक्षित होती है।

लोक और लोक के बीच का द्वन्द संतों के यहाँ अपने समूचे अंतर्विरोधों के साथ प्रकट हुआ है। लोक में प्रचलित तमाम कुरीतियों तथा प्रथाओं की निंदा करते हुए उसे 'विवेकशील' बनाना चाहते हैं। इसे भी संत मत द्वारा निर्दिष्ट 'लोक धर्म' के अंदर ही जाना पहचाना जाना चाहिए।

सूफी काव्य धारा में सर्वश्रेष्ठ कवि कहे जाने वाले जायसी के यहाँ भी लोक धर्म का एक अलग स्वरूप देखने को मिलता है। जैसा कि संतों के यहाँ हमें आध्यात्मिक चिंता के समानान्तर सामाजिक चिन्ता का दर्शन होता है. वैसा कुछ सामाजिक विषय सूफियों के यहाँ नहीं दिखाई पड़ता है। वह सूफी साहित्य में प्रायः अनुपस्थित है। किन्तु जिस समय हिन्दुओं और मुस्लिमों के बीच साम्प्रदायिक विद्वेष चरम पर था, उस समय इन सूफियों ने प्रेम की जो अंतःसलिला बहाई, वह विक्षुब्ध सामाजिक व्यवस्था को संयत करने में बहुत कुछ मदद करती है। इन कवियों की 'प्रेम की पीर' के चलते इनकी लोक चिन्ता को देखा जा सकता है। जैसा कि विजयदेव नारायण साही का कहना है कि जायसी सूफी कवि हों न हों प्रेम के कवि अवश्य हैं। आचार्य शुक्ल ने भी जायसी के धर्मनिरपेक्ष सोच की सराहना की है। जायसी जब यह उद्घोष करते हैं 'मानुस प्रेम भयो बैकुण्ठी' तो इस बात का सहज ही संज्ञान हो जाता है कि उनकी दृष्टि में सबसे बड़ा मानुष सत्य है 'प्रेम'। इसी तत्व को परिविस्तार प्रदान करते हुए वह *पद्मावत* में हिन्दू नीतियों, रीतियों, वेशभूषा, खानपान आदि विविध लोकाचारों का सूक्ष्म एवं सटीक वर्णन प्रस्तुत करते हैं। किन्तु जैसा कि डॉ. शिव कुमार मिश्र का कहना है कि, जायसी के काव्य में इन सभी चीजों को लोक धर्म के अंतर्गत न परिगणित करके लोक तत्व के अंतर्गत रखा जाना चाहिए। लोक धर्म की भूमि पर इन कवियों का साम्य, समूची भक्ति धारा में सर्वनिष्ठ 'प्रेम' से मिलता है। जायसी के अलावा अन्य कवियों ने भी लोक जीवन को समेटते हुए प्रेमतत्व को सर्वोपरि माना। यद्यपि इनके यहाँ संत साहित्य की भक्ति 'लोक धर्म' की 'व्यूहात्मक स्थिति' नहीं है, किन्तु जिस प्रेम की व्यंजना इन्होंने की, वह समय के उस नाजुक दौर में सूफी साहित्य का सामाजिक सांस्कृतिक और साहित्यिक प्रदेय ही माना जाएगा।

कालान्तर में अनेक कारणों से निर्गुण भक्ति धारा, सगुण भक्ति धारा के नीचे दब गयी। सगुण भक्ति काव्य धारा में कृष्णाश्रयी शाखा में लोक धर्म का 'एक नवीन' रूप देखने को गिलता है, जो सन्त साहित्य के लोक धर्म से अलग जमीन पर प्रतिष्ठित है। कृष्ण भक्ति धारा में युग प्रवर्तक महापुरुष बल्लभाचार्य जी के शिष्य और पुष्टि मार्ग के अग्रदूत महाकवि

सूरदास ने *सूरसागर* में लोक जीवन का जितना विशद् चित्र प्रस्तुत किया है, उतना समूचे भक्ति काव्य में अन्यत्र लक्षित नहीं होता। सन्त काव्य के लोक धर्म और सगुण भक्ति काव्य के लोक धर्म के बीच तुलनात्मक अध्ययन करते हुए कुछ महत्वपूर्ण प्रश्न उठते हैं। आचार्य शुक्ल जिन कबीर को अनधिकारी कह कर लोक धर्म का विरोधी बताते हैं, वही शुक्ल जी अनधिकारी गोपियों की अनधिकार चेष्टा की निंदा न करते हुए भूरि-भूरि प्रशंसा करते हैं। जब गोपियाँ उद्धव को अपने कृष्ण-प्रेम-भावातिरेक में मूर्ख और गँवार तक कह डालती हैं, एक प्रकार से वे 'शास्त्र समर्पित व्यवस्था' की निंदा ही करती हैं। इतना ही नहीं गोपियाँ, बंसी की धुन सुनते ही अपने पतियों का संग त्याग कर कृष्ण के साथ रात्रि-रात्रि भर रास रचाती हैं और नर-नारी के इस सात्विक प्रेम को काम्य बताते हुए आचार्य शुक्ल इसे 'जीवन का महोत्सव' कहते हैं। इस स्थल पर लोक धर्म के संबंध में शुक्ल जी के अंतर्विरोध स्पष्ट हो जाते हैं। साथ ही सबसे महत्वपूर्ण बात उठती है कि भली-भाँति पढ़े हुए और संस्कार प्राप्त सूरदास अपने समय में शास्त्रानुमोदित व्यवस्था को कृष्ण के प्रेम में पगी गोपियों द्वारा धता बता देते हैं। प्रश्न उठता है क्या हम सूरदास के काव्य में लोक धर्म की स्थिति नहीं मानेंगे। नि:संदेह रूप से सूर की पैठ 'लोक जीवन के मर्म तक' है। वह लोक जीवन की सही नाड़ी पकड़ते हैं और 'सामन्ती व्यवस्था' की शोषणकारी माँगों को ठुकराते हुए 'प्रेम की व्यवस्था' को सर्वोपरि महत्व देते हैं। जब नारियाँ मुगल राजाओं के हरमों की वस्तु हो गयी थीं, तब सर्वप्रथम सूरदास ने नारी-मुक्ति का बिगुल बजाया था और मजे की बात यह है कि यह मुक्ति किसी महानायक द्वारा नहीं की जाती है, बल्कि नारी अपनी लड़ाई स्वयं लड़कर अपने आत्मविश्वास का परिचय देती है।

सूर के यहाँ का लोक धर्म, मीरा के यहाँ और आगे बढ़ जाता है। मीरा सूर के गोपियों की 'व्यावहारिक व्याख्या' बनकर आती है। सवाल यह उठता है कि यदि शास्त्रानुमोदित व्यवस्था को ही हम धर्म मानें तो इस मानदण्ड पर महज संत ही नहीं बल्कि सूर और मीरा भी खारिज हो जाएँगे। किन्तु जैसा कि पूर्वोक्त विवेचना में यह रेखाँकित किया जा चुका है कि समूचे भक्ति काव्य में लोक धर्म का एक स्थिर साँचा नहीं है। तुलसीदास जिस शास्त्रानुमोदित व्यवस्था का समर्थन लोक धर्म की स्थिति के लिए अनिवार्य मानते हैं, वह मीरा के यहाँ देखने को नहीं मिलती है। जिस प्रकार से सूर के यहाँ लोक चिन्ता के चलते कोई सामाजिक मिशन नहीं दिखाई पड़ता है, बल्कि सामाजिक मिशन उनके लीला गायन का सहभागी बनकर प्रकट होता है, ठीक उसी प्रकार मीरा के यहाँ भी लोक धर्म उनके प्रेम की दीवानगी के माध्यम से ही व्यक्त होता है। वह कहती है–

मीरा हरि के हाथ बिकानी, लोक कहे बिगरी।

इस उक्ति में उनकी वेदना जग जाहिर है। मध्यकाल में सामंती चौखटों को लाँघकर कृष्ण प्रेम का गीत गाने वाली मीरा राजघराने की अभिजात्यता को चिढ़ाती हैं। साधुओं के संग नाचने वाली मीरा में मानो समूचे काल खण्ड की भक्ति धर्मी क्रान्ति चेतना साकार हो जाती है:

सन्तन ठिग बैठि लोक लाज खोई।

मीरा के यहाँ वह लोक धर्म नहीं है, जिसमें प्रेम के रास्ते में लोक-लाज दीवार बनती है। बल्कि उनका लोक धर्म तो लोक-लाज खोने के पश्चात् ही उपलब्ध होता है।

राम काव्य धारा में लोकधर्म का भिन्न स्वरूप देखने को मिलता है, जिसका आधार प्रायः महाकवि तुलसी के *रामचरित मानस* को माना जाता है। आचार्य शुक्ल ने तुलसी के काव्य की खूबियों का बारीकी से अध्ययन किया है, किन्तु इस संबंध में उनकी चूक यह है कि वह मानस के आधार पर ही अपने निष्कर्ष निकालते हैं। डॉ. राम विलास शर्मा, डॉ. रमेश कुन्तल मेघ जैसे समीक्षकों ने तुलसी के पुनर्मूल्याँकन में यह पाया कि मानस के अध्यात्मवादी स्वप्न दृष्टा तुलसी, कवितावली और हनुमानबाहुक में यथार्थवादी दृष्टा के रूप में नजर आते हैं, जो कि मानस में प्रतिष्ठित लोक धर्म और *कवितावली* तथा *दोहावली* से ध्वनित होने वाले लोक धर्म में बुनियादी भेद है। मानस में तुलसीदास राम को श्रुतिसेतुपालक के रूप में चित्रित करते हैं:

श्रुतिसेतुपालक राम तुम्ह जगदीश माया जानकी।

नाना पुराण-निगम-आगम-सम्मत मानस से यह अपेक्षा भी नहीं होनी चाहिए कि वह ऐसे लोक धर्म की वकालत करेगा, जिसमें वेद निहित व्यवस्था का विरोध हो। लेकिन अंतर्विरोध यहाँ भी है। जहाँ वह भक्ति और प्रेम के धरातल पर होते हैं, वहाँ परम्परागत रूढ़ व्यवस्था में किंचित हेर-फेर करते हैं। उनका दृष्टिकोण एक सुधारवादी का दृष्टिकोण है। यह सच है कि मानस में जो लोक जीवन का वैविध्य नजर आता है, वह भक्ति काव्य के अन्य किसी ग्रन्थ में नहीं है। डॉ. राम विलास शर्मा तुलसी के काव्य में उभरे हुए अंतर्विरोधों को रेखांकित करते हुए यह बताते हैं कि मानस के लोक धर्म से भिन्न धरातल पर तुलसीदास *कवितावली* में लोक धर्म को रेखांकित करते हैं। वह भक्तिकाल में ऐसे प्रथम कवि हैं, जिन्होंने अकाल का मार्मिक वर्णन किया है, वह ऐसे प्रथम कवि हैं, जिन्होंने 'पेट के सच' को आत्मा के सच से ऊपर बताया है और अपनी इस संवेदना में वह कबीर से भी आगे बढ़कर लोक जीवन की थाह लेते हैं। चूँकि गरीबी के अभिशाप को उन्होंने तिल-तिल कर भोगा था। इसलिए उनके काव्य में जो यथार्थवादी 'दृष्टि' देखने को मिलती है, वह लोक जीवन से सीधे जुड़ी है। किंचित इसके पहले भी वह रामराज्य की परिकल्पना में लोक धर्म का एक मानक तैयार कर चुके थे। किन्तु अपनी कालान्तर की कृतियों में वे मोह भंग के शिकार हुए हैं।

अस्तु उक्त विवेचना के तहत हम यह देखते हैं कि समूचे भक्ति काव्य में भक्ति की विविध धाराओं में अपनी-अपनी प्रकृति के अनुरूप लोक जीवन से आँखें मिलाने का उपक्रम है और इस उपक्रम में वे अपने-अपने ढंग से समस्या का निदान प्रस्तुत करते हैं। लोक जीवन के वैविध्यपूर्ण विशद पाठ पर लोक धर्म के अनेक स्वरूप देखने को मिलते हैं, जो किसी न किसी रूप में लोक जीवन के अंतर्संघर्षों के परिणाम हैं, जो संतों सूफियों, भक्तों द्वारा अभिव्यक्ति पाते हैं। केवल एक ही धरातल पर इन सभी का मत समान है, वह है-मानवीय सत्य, मानवीय न्याय और मानवीय प्रेम का धरातल। कुछ लोग आमूल परिवर्तन द्वारा इस लक्ष्य को प्राप्त

करना चाहते हैं और कुछ सामाजिक विधि निषेधों से ऊपर उठकर प्रेम द्वारा तथा कुछ लोग महज़ सुधार के द्वारा। किन्तु चूँकि समूचे भक्ति काव्य की आध्यात्मिक चिन्ता आकाशीय नहीं है, वह समाज से पोषण ग्रहण करती है और लोक जीवन के बीच से ही होकर गुजरती है, इसलिए उनमें लोक चेतना के उभरते हुए अन्तरालों में सारे प्रश्नों के उत्तर मिल जाते हैं।

अध्याय 2

भक्ति काव्य का सामाजिक एवं सांस्कृतिक प्रदेय/योगदान/भूमिका

14वीं सदी के मध्य से 17वीं सदी के मध्य तक अनवरत प्रवाहित भक्ति धारा भारतवर्ष में समय के जिस बिन्दु पर आंदोलनात्मक तेवर प्राप्त करती है, वह भारतीय समाज के लिए जड़ता, ठहराव किन्तु विस्फोट का काल रहा है। जैसा कि ग्रियर्सन की मान्यता है कि, भक्ति आंदोलन बिजली की कौंध के समान अस्तित्व में आता है, वस्तुत: ऐसा नहीं है। उसकी जड़ें सदियों पूर्व भारतीय संस्कारों, रीतियों, नीतियों एवं मूल्यों में व्याप्त हैं। वैदिक काल से लेकर 14वीं सदी तक भारतीय मनीषा ने सामाजिक-सांस्कृतिक क्षेत्र में न जाने कितने उतार-चढ़ाव का सामना किया एवं समय-समय पर समाज की नियामक शक्तियाँ परिवर्तित होती रहीं, जिनका सुनिश्चित परिणाम धर्म का आध्यात्मिक आंदोलन के रूप में प्रतिष्ठित होना था।

आचार्यों ने भक्ति काव्य को एक विराट आंदोलन में विवेचित-विश्लेषित करते हुए यह पाया है कि प्रथम बार भारतीय समाज की आधार भूमि इतनी विशुद्ध हो सकी है कि जाति सम्प्रदाय, धर्म एवं अन्य सामाजिक भेद बहुत पीछे छूट गए हैं। जैसा कि मुक्तिबोध का मानना है कि प्रथम बार शूद्रों ने अपने सन्त पैदा किए, प्रथम बार युगों-युगों से दलित शोषित जनता, अभिजात्य वर्ग के सामने सिर उठाकर खड़ी हो सकी। यह भक्ति आंदोलन की ही देन है। वस्तुत: भक्ति जिस संदर्भ में आन्दोलनात्मक तेवर प्राप्त करती है, वह स्वभावत: सामाजिक ही हो सकता है। आचार्य शुक्ल प्रथम समीक्षक थे, जिन्होंने भक्ति काव्य का मूल्याँकन लोक धर्म और लोक जागरण की दृष्टि से किया, यद्यपि उनकी अपनी कुछ सीमाएँ हैं जिसके तहत वे सन्त काव्य धारा में अन्तर्निहित प्रगतिशील वस्तुतत्व का सटीक विश्लेषण नहीं कर सके। किन्तु उन्होंने साहित्यिक मूल्याँकन को जनवाद की जो कसौटी प्रदान की, उससे भक्ति काव्य के परवर्ती मूल्याँकन को बल मिला। डॉ. रामविलास शर्मा भक्ति साहित्य के सामाजिक पक्ष को ही इंगित करते हुए कहते हैं–

"एक समय रहस्यवादी कवियों ने लोक जागरण में बहुत बड़ी भूमिका निभाई, रहस्यवादी कवियों ने मनुष्य में ब्रह्म सत्ता का साक्षात्कार करके मानव धर्म का मार्ग ही प्रशस्त किया।"

अस्तु जिस काव्य को आचार्यों ने राष्ट्र की शिराओं में रक्त का संचार करने वाला कहा है, निम्न वर्ग के अन्दर आत्मविश्वास जाग्रत करने वाला कहा है, लोक जागरणकारी कहा है,

उसकी सामाजिक भूमिका का सांगोपांग मूल्याँकन करना आवश्यक है। विवेच्य विषय-वस्तु के संबंध में प्रथम प्रश्न तो यह उठता है कि आचार्य शुक्ल से लेकर द्विवेदी जी, रामविलास शर्मा, रामस्वरूप चतुर्वेदी, नामवर सिंह, शिव कुमार मिश्र आदि आचार्यों ने जिस भक्ति काव्य का सामाजिक मूल्याँकन करने पर बल दिया है, क्या उसकी मूल चिंता सामाजिक ही है?

वस्तुत: समूचे भक्ति काव्य की मूल चिन्ता आध्यात्मिक है, इसके बावजूद आज अगर वह हमें किसी भी कारण सर्वाधिक प्रभावित, प्रेरित, उद्वेलित करता है तो अपने उदात्त सामाजिक दृष्टि के कारण। चूँकि इस काल खण्ड के संतों और भक्तों की आध्यात्मिक चिंता आकाशीय नहीं है, बल्कि भारतीय जीवन से ही उपजी है और इसी पर प्रतिष्ठित है इसलिए उनकी आध्यात्मिक चिंता का समीकरण सामाजिक सोच को कहीं भी काटता नहीं है, जहाँ कि सामाजिक चिंता, आध्यात्मिक चिंता से संग्रथित है।

बुद्ध, महावीर आदि महापुरुषों ने जिस विचार-क्रान्ति का आरम्भ किया था, उसकी भावात्मक निष्पत्ति संत काव्य धारा में ही होती है। सन्त काव्य धारा के पूर्व समाज की नियामक शक्तियाँ इसी विस्फोटक स्थिति की तरफ ले जा रही थीं, जहाँ रूढ़ अभिजात्य और सामंती समाज को खुली चुनौती मिल सकी। कबीर, नानक और रैदास का ब्रह्म तमाम पारम्परिक, दार्शनिक मान्यताओं से ऊपर है और चूँकि वह घट-घट में व्याप्त है, इसलिए ब्रह्म के साधकों के लिए ईश्वर के न्याय, सत्य और ऐश्वर्य की सत्ता के अनुरूप मानवीय सत्ता की परिकल्पना, सहज साध्य हो जाती है और यही कारण है कि एकला चलने का व्रत लेने वाले कबीर, हिन्दू और मुस्लिम-दोनों धर्मों से तटस्थ रहने वाले कबीर, सामंती समाज की विच्छित दशा को देखकर रो पड़ते हैं:

चलती चाकी देख के दिया कबीरा रोय,
दो पाटन के बीच में साबुत बचा न कोय।

सन्त काव्य धारा ऐसे समाज की कल्पना करती है, जिसमें धार्मिक रूढ़ि, परम्परागत, अंधविश्वास, जातिगत, वर्णगत, सम्प्रदायगत भेद एवं नाना प्रकार के कर्मकाँडों के लिए कोई जगह नहीं है। जो समाज अपने अनुभव में, अपनी संवेदनाओं में ईमानदार है, श्रमशील है, और प्रवृत्ति में निवृत्ति का साधक है वह समाज इन संतों के लिए काम्य है:

सन्तों वह घर सबसे न्यारा।

× × × ×

अरे इन दोउन राह न पाई।

× × × ×

पांडे बूझि पियहू तुम पानी

संत काव्य धारा में कबीर के साहित्य में समाज के प्रति जो उदग्र (प्रगतिशील) क्रान्तिधर्मी, वैज्ञानिक विवेकवाद से समर्थित स्वच्छ, सरल एवं ईमानदार दृष्टिकोण का परिपाक पाया जाता

है, वह सन्त मत के अन्य कवि दादू, रैदास मलूक, पीपा, सेन, नानक, पल्टू, भीखा, दरिया, रज्जब साहब आदि के यहाँ प्राप्त नहीं होता। यद्यपि इन सारे संतों की दार्शनिक एवं सामाजिक मान्यताएँ लगभग एक जैसी हैं, लेकिन प्रतीत होता है कि इतिहास को सामाजिक स्थिति पर जितना आक्रोश व्यक्त करना था, जितना झाड़-फटकार करना था, वह सब कबीर में मूर्त हो गया है। लेकिन किंचित इस तथ्य की ऐतिहासिकता से इंकार नहीं किया जा सकता है कि प्रायः निम्न वर्ग से आए हुए ये सभी सन्त दलित वर्ग के अंदर अनोखे आत्मविश्वास का संचार करते हैं और इसी दृष्टि से इनके काव्य के आध्यात्मिक आस्वाद में समाज के लिए प्रगतिशील दृष्टि का उन्मेष मिलता है, जिसकी प्रासंगिकता भक्ति काव्य की अन्य धाराओं से अपेक्षाकृत कहीं अधिक है।

निर्गुण भक्ति धारा की दूसरी शाखा, सूफी काव्य धारा का भी महत्व, उसकी सामाजिकता के कारण बढ़ जाता है। किंचित आचार्यों ने यहाँ तक कह डाला है कि सूफी काव्य सांस्कृतिक मेल-जोल की उपज है, इस तथ्य में आंशिक सच्चाई हो सकती है। वस्तुतः सूफी काव्य की जो लोकधर्मी जमीन है, उसका सामाजिक मूल्याँकन अनिवार्यतः उसके काव्य को प्रमाणिक रूप से खोलता है। जैसा कि विजयदेव नारायण साही का कहना है कि जायसी सूफी हों न हों वे कवि अवश्य हैं। वे प्रेम के कवि हैं और धर्मनिरपेक्ष मानसिकता के कवि हैं। आचार्य शिव कुमार मिश्र, राम स्वरूप चतुर्वेदी ने जायसी की धर्मनिरपेक्ष दृष्टि को सराहा है। वस्तुतः सच्ची रचनाशीलता का साक्ष्य कथ्य की लोकधर्मी जमीन से मिल जाता है। जिस सामन्ती संस्कृति में नारी विजय की वस्तु थी और उसे पाने के लिए बड़े-बड़े युद्ध हुआ करते थे, उसे जायसी खुदा का दर्जा देते हैं और उसे पाने के लिए रत्नसेन राजसी वैभव त्यागकर जोगिया बाना धारण कर लेता है। जायसी अपनी कथा के इर्द गिर्द समूचे भारतीय समाज की रीति, नीति, परम्परा, नैतिक मूल्य, उत्सव आदि को इस तरह ढूँढ़ते हैं कि कथ्य के माध्यम से ही सम्प्रेषित होने वाला लोक-समारोह बड़ी सहजता के साथ यह ज्ञापित करने लगता है कि यहाँ की प्रकृति, जमीन, नदी नाले, पशु-पक्षी, वन-उपवन से कवि का कितना गहरा नाता है। इसे जायसी का लोक प्रेम और राष्ट्रप्रेम दोनों कहा जा सकता है। सन्त काव्य में मानव प्रेम, मानव-धर्म की सत्ता को सर्वोपरि माना गया है। ठीक यही बात सूफी काव्य में देखने को मिलती है। इसका सबसे बड़ा रचनात्मक सामाजिक उपक्रम यह है कि सामंती संस्कृति का अतिक्रमण करके कवि सहज नैसर्गिक जीवनोत्सव की प्रतिष्ठा करता है, जिसकी जमीन प्रेम की जमीन होती है और जिसकी दृष्टि सत्य, न्याय और स्वाभिमान की ओर होती है।

यद्यपि कुछ प्रगतिशील समीक्षकों का मानना है कि संत काव्य धारा जिस प्रगतिशील अन्तर्वस्तु को लेकर चल रही थी, उसे अभिजात्य वर्ग बीच में ही कुंठित कर देता है। इस तथाकथित वर्ग ने ही सगुण काव्य के द्वारा निर्गुण के किए-कराए पर पानी फेर दिया। लेकिन अन्य आचार्य यथा डॉ. प्रेम शंकर, डॉ. मैनेजर पाण्डेय आदि का मानना है कि इस तथ्य में आंशिक सत्य ही है। डॉ. प्रेम शंकर सूर काव्य में चारागाही संस्कृति के आलोक में उसकी सामाजिकता की गहरी जाँच पड़ताल करते हैं और डॉ. मैनेजर पाण्डेय भी स्वच्छन्दता के शिखर कृष्ण के क्रान्तिधर्मी चरित्र की व्याख्या करते हैं। वह चरित्र जो कि अपने समय के सामंती और अभिजात्यवाद को घोषित चुनौती देता है। जिस काल खण्ड में मातृत्व गर्हित हो चला था, नारियाँ हरमों की वस्तु बन चुकी थीं और विलासिता के कारण राजाओं का ध्यान प्रजा की

तरफ एकदम नहीं जाता था, उस काल खण्ड में सूरदास अपनी ईमानदार एवं चरम संवेदनशील रचनाशीलता का साक्ष्य देते हुए यशोदा जैसी माँ की प्रतिष्ठा करते हैं और बल्लभाचार्य-निर्दिष्ट म्लेच्छाक्रांत धरती पर मातृत्वरूपी दूध की गंगा ही बहा देते हैं। शिशु को ब्रह्म के रूप में चित्रित करके वह मानवीय संवेदना के कोमलतम तंतु पर उँगली रखते हैं। राजसी विलासिता के समक्ष यह गृहस्थ पावन की प्रतिष्ठा है।

सूर का काव्य, नारी को शक्ति के रूप में प्रतिष्ठित करके उस समय के समाज को सबसे बड़ा उपहार देता है। भ्रमर गीत प्रसंग पर आचार्य शुक्ल जैसे मर्यादावादी समीक्षक भी रीझ जाते हैं। प्रथम बार प्रेम सामंती चौखटों से बाहर निकलकर प्रकृति के खुले प्राँगण में आता है और नारियाँ सामंती चौहद्दियों से बाहर अपने व्यक्ति स्वातंत्र्य की घोषणा करती हैं। आचार्य रामस्वरूप चतुर्वेदी, कृष्ण काव्य धारा की सामाजिकता को लक्षित करते हुए उसे गृहस्थ धर्म का काव्य कहते हैं। उनके अनुसार सूर सागर में गृहस्थों का उत्सव है। उस समय के टूटते हुए समाज के लिए यह बहुत बड़ा सम्बल था।

कालान्तर में मीरा तो सूर की गोपियों की व्यावहारिक व्याख्या ही बनकर आती हैं। कृष्ण काव्य धारा में निहित सामाजिक दृष्टि का प्रगतिशील रूप किसी भी दृष्टि से कम महत्व का नहीं है, जबकि यहाँ आकर वैदिक विधि निषेध खण्ड-खण्ड टूट गए हैं, लेकिन यह आश्चर्यजनक तथ्य है और आकस्मिक नहीं है कि समाज यहाँ ज्यादा सशक्त, ज्यादा उज्ज्वल और उसी अनुपात में ज्यादा संगठित दिखाई पड़ता है।

आचार्य शुक्ल भक्ति काव्य की संपरीक्षा करते हुए उसके लोक धर्म का चरम रूप तुलसीदास के *रामचरित मानस* में पाते हैं। रामभक्ति धारा में तुलसी की रचनाशीलता उस शिखर को छू लेती है, जिसके बाद राम का आख्यान प्रायः निःशेष हो गया है। तुलसी अपने समय की सामाजिक व्यवस्था से असंतुष्ट होते हुए रामराज्य की परिकल्पना करते हैं, टूटते हुए समाज को बाँधने के लिए वह राम जैसा अनुशासनबद्ध, मर्यादित और शक्तिशील तथा सौंदर्य का शिखर चरित्र चिन्हित करते हैं। समूचे भक्ति साहित्य में जिस प्रकार तुलसी की दृष्टि सर्वाधिक समन्वयात्मक है, उसी प्रकार उनकी सामाजिक दृष्टि भी सर्वाधिक नीतिबद्ध एवं संगठित है, जिसका परिणाम 'मानस' जैसे अद्वितीय प्रबन्ध की सृर्जना है। प्रगतिशील समीक्षकों का मानना है कि चूँकि तुलसीदास सनातन धर्मी मानसिकता में संशोधन के ही पक्ष में हैं, निर्गुणियों की तरह वे पूर्ण सामाजिक परिवर्तन के पक्षधर नहीं हैं, इसलिए आज के संदर्भ में आनुपातिक तौर पर उनका काव्य कम प्रगतिशील है। किन्तु रामकाव्य धारा के सामाजिक प्रदेय का मूल्याँकन किसी एक कसौटी पर नहीं किया जा सकता है।

जो भक्ति काव्य ग्रन्थ उत्तर भारत के लोगों का कण्ठहार बन जाता है, निश्चित ही उसमें लोक मनोविज्ञान का गहरा रचाव रहता है। लोक मनोविज्ञान का प्रामाणिक साक्ष्य प्रस्तुत करने वाला मानस, सामाजिक जमीन पर जन से सीधे जुड़ा हुआ है। परिवार से लेकर समाज और राष्ट्र तक की सुसंगठित संरचना की परिकल्पना केवल तुलसी के समय में या आज के समय में ही नहीं, बल्कि हर युग के लिए महत्वपूर्ण है।

अध्याय

3

कबीर का समाज दर्शन

कबीर का अवतरण जिस काल खण्ड में हुआ, उस समय समाज नाना प्रकार की विच्छृंखलताओं से गुजर रहा था। एक तो इस्लाम के आगमन के पूर्व ही भारतीय सामंतवादी ढाँचा सामाजिक रूढ़ियों के चलते वेगहीन हो चला था, उसकी शोषणवादी प्रवृत्ति दिन-प्रतिदिन बढ़ती ही जा रही थी, दूसरी ओर इस्लाम के आगमन ने इस सामाजिक जटिलता को और भी अधिक जटिल बना दिया। यद्यपि प्रतिक्रियात्मक तौर पर समाज की जड़ता में तूफानी विक्षोभ उमड़ा, जिसने समूचे समाज को आत्म-निरीक्षण का अवसर प्रदान किया। लेकिन समाज की जड़ता एवं विच्छृंखलता में किंचित कमी होने की बजाए उत्तरोत्तर वृद्धि होती गयी। समूचे भारतीय परिवेश के धार्मिक होने के कारण शोषण का स्वरूप भी बहुत कुछ धार्मिक लबादा ही ओढ़े था। परन्तु इस समूची विच्छृंखलता का एक धनात्मक परिणाम यह हुआ कि भारतीय समाज का आत्म-निरीक्षण दिन प्रतिदिन प्रबल हुआ और किंचित कबीर जैसे महापुरुष संक्रमण काल की इन्हीं स्थितियों के परिणाम थे।

इस्लामी शासन में भारतीय सामंतवादी शासन की जड़ें और भी मजबूत हो गई थीं। सामंतवादी ढाँचे के शोषण का मुख्य आधार देहवाद और अर्थवाद था। देहवाद के अन्तर्गत समूचा समाज विलासी प्रवृत्ति का हो चला था। स्त्री उपभोग्य वस्तु हो गयी थी और नारी की स्वतंत्रता अपदस्थ हो जाने के कारण सामाजिक जड़ता बढ़ती चली जा रही थी। वैसे भी यह मनोवैज्ञानिक सन्दर्भ है कि जिस समाज में देहवाद को प्राथमिकता दी जाती है, उस समाज को अपने उत्कर्ष के विषय में चिन्ता करने का अवसर नहीं मिल पाता है। इस्लामी शासकों की विलासी प्रवृत्ति के कारण ऐन्द्रियवाद के प्रभुत्व ने समाज को पतनोन्मुख बना दिया। ऐसे समाज को देखकर कबीर जैसे पुरुष का हृदय रो पड़ा। वस्तुतः कबीर की सामाजिक चिन्ता उस सच्चे आध्यात्मिक व्यक्तितत्र की चिंता थी जो मानवतावाद, सर्वात्मवाद, अद्वैतवाद की दृष्टि से समाज को जानता-पहचानता है। यह सुस्पष्ट तथ्य है कि कबीर की मूल चिन्ता आध्यात्मिक है, लेकिन अध्यात्म के क्षेत्र में उनका सजग व सचेत व्यक्तित्व प्रकाश में आता है। यह इस बात का प्रमाण है कि, उनकी सामाजिक चिन्ता आध्यात्मिक चिंता से कम नहीं है। चूँकि कबीर का अध्यात्म आकाशीय नहीं था, जमीन के सच से जुड़ा था, उनके जैसे अनंत के सत्य के

राही के लिए समाज भला अलग कैसे रह सकता था। इन्हीं सन्दर्भों में कबीर जैसे आध्यात्मिक व्यक्तित्व के समाजवाद में जनवाद की तलाश करना अयुक्तिगत व अप्रासंगिक नहीं होगा। यद्यपि कबीर की सामाजिक चिन्ता कहीं भी राजनीतिक परिदृश्य से सीधे नहीं टकराती है, जबकि उस समय की सामाजिक विच्छृंखलता पूरी सामाजिक व्यवस्था पर हावी थी। यह प्रश्न विचारणीय अवश्य है कि उनकी अध्यात्म दृष्टि में राजनीति का महत्व, समाज से बढ़कर नहीं हो सकता। उनकी बानियों में ऐसे स्थल देखने में आते हैं जहाँ परोक्ष रूपेण तत्कालीन राजनीतिक व्यवस्था पर प्रहार है। जब वे समूची सामाजिक व्यवस्था पर प्रहार करते हैं, जड़ व्यवस्था पर प्रहार करते हैं, तब यह बात सिद्ध हो जाती है कि वे सामाजिक, सांस्कृतिक व्यवस्थाओं के अतिरिक्त राजनीतिक व्यवस्थाओं पर भी प्रहार कर रहे हैं, यथा-निम्नलिखित साखी में उनकी पीड़ा की वे गहरी रेखाएँ उभरती हैं, जो तत्कालीन व्यवस्था का मुखौटा खोलती हैं:

चलती चाकी देख के दिया कबीरा रोय।
दो पाटन के बीच में, साबुत बचा न कोय।।

इस साखी का केवल आध्यात्मिक अर्थ ही यथेष्ट नहीं है बल्कि सामाजिक सरोकारों से इसका संबंध है। अपनी आध्यात्मिक सोच के आलोक में कबीर समाज के लिए जो दर्शन देते हैं, उनमें भी उनका विद्रोही तेवर उभरकर सामने आता है। इसका कारण है यथार्थवादी सोच के धरातल पर कबीर इस बात से आश्वस्त थे कि जड़ समाज ऐसी ही वाणी से चेत सकता है जो उसे अपने गति के प्रतिकूल लगे, और ऐसी स्थिति में व्यंग्य और उपहास अनिवार्य तरीका हो जाता है। कबीर देहवादी सामाजिक व्यवस्था को ललकारते हुए, नरक की घोषणा करते हैं। वे कहते हैं, ''नारी माया है, ठगिनी है।'' ऐसे समय में वे सती नारी का आदर्श समाज के सामने रखते हैं, जब समाज नारी को भोग्या ही मानता था। अर्थवाद के खिलाफ भी कबीर विद्रोही तेवर में समाज को प्रबोध देते हैं:

मन बनिया बनिज न छोड़े, जनम-जनम का मारा बनिया
अजहूँ पूर न तोले।''

कबीर जानते थे कि समाज के पतन की जड़ अहंकार और अहंकार की जड़ पूँजी का संचय है। ऐसी स्थिति में वह सामाजिक नश्वरता के प्रति समाज को सचेत करते हैं:

चलत का फूले फूले हो, चलत का टेढ़े-टेढ़े हो

सामंतवादी व्यवस्था में कबीर बेहतर ढंग से जानते थे कि उनकी बातों से समाज का शोषक वर्ग चिढ़ रहा है। अपनी इस वेदना से परिचित कराते हुए वह कहते हैं:

साँच कहौं तो मारन धावै,
झूठे जग पतियाना।

कबीर समूची सामंतवादी व्यवस्था के खिलाफ थे, वे पूँजीवाद व अर्थव्यवस्था की परिणति नरक बताते हैं और अपने आध्यात्मिक ढँग से समाज को सचेत करते हैं:

यह ऐसा संसार है
जैसा सेमर फूल,

यह उल्लेखनीय तथ्य है कि, कबीर जैसा आध्यात्मिक व्यक्तित्व जो कि रहस्यवादी पदों को गाते नहीं थकता है, वह भाग्यवादी आधार पर कोई बात नहीं कहता, बिना उसे अनुभव की कसौटी पर कसे। जनवादी व्यवस्था के अन्तर्गत विवेकवाद को महत्व दिया जाता है। यह अपेक्षा की जाती है कि समाज सारे अंधविश्वास के खिलाफ विवेक का अवलम्ब ग्रहण करे। कबीर की सामाजिक सोच में विवेकवाद स्पष्टतः परिलक्षित होता है। वह समूची व्यवस्था से अपना अलगाव करते हुए समाज के रूढ़िवादी वर्ग को ललकारते हुए कहते हैं:

तू कहता कागद की लेखी,
मैं कहता आँखन की देखी।

अनुभूति की कसौटी पर ही सत्य को परखने के कारण कबीर की दृष्टि सामाजिक व्यवस्था के मूल में बहुत गहरी हो जाती है। वह व्यक्तिवादी व्यवस्था के खिलाफ है, जिसमें स्वार्थ का ही बोलबाला है। इसी स्थिति को लक्षित करते हुए कहते हैं कि चारों तरफ आग लगी हुई है, मनुष्य को चाहिए कि वह मानवतावादी चरम सत्य के मूल्यों के जल से इस आग को बुझा ले:

कबीर चित्त चमंकिया चहुँदिसि लागी आगि।
हरि सुमिरन हाथूँ घड़ा बेगे लेहु बुझाइ।

कबीर के राम, गोविन्द, अलख निरंजन सामाजिक सन्दर्भ में चरम उदात्त मानवीय मूल्यों के समवाय है। वे सत्य को ही ईश्वर बताते हैं:

साँच बराबर तप नहीं

कबीर का यह कथन है कि जब तक व्यक्तिवाद का समष्टिवाद में विलय नहीं हो जायेगा तब तक अपेक्षित समाज व्यवस्था को हम प्राप्त नहीं कर सकते। इसलिए वे कहते हैं:

मैमंता मन मारि रे

कबीर इस सत्य से बेहतर ढँग से परिचित थे कि समाज के पतन की जड़-वर्ग भेद एवं जाति भेद में निहित है। इस्लाम के आने के पूर्व तक सनातनी हिन्दू व्यवस्था में वर्णाश्रम

व्यवस्था के अन्तर्गत पहले जातिभेद पनपा और फिर जातिभेद ने वर्ण भेद का रूप धारण किया, फिर इस्लाम के आने के बाद सम्प्रदाय-भेद और जुड़ गया।

अब इन तीनों भेदों के बीच समाज में सामंजस्य व संतुलन स्थापित हो तो किस तरह। एंगेल्स शोषणवाद, पूँजीवाद के मूल में, परिवार, पूँजी सम्पत्ति, को जिम्मेदार मानता था। कबीर इन्हीं तीनों को माया कहते हैं। वे माया को वैश्या, डहडही, विष की बेल, बताते हैं। शोषणवादी व्यवस्था का प्रमुख विकार बताते हैं। ये शोषक व शोषित, दोनों का रक्त चूसती हैं। कबीर सभी प्रकार के भेद की जड़ ही मिटा देना चाहते हैं। जातिभेद के खिलाफ वे सनातनी हिन्दुओं को फटकारते हुए थकते नहीं:

'एक बूँद एकै मलमूतर, एक चाम एक गूदा।
एक ज्योति थैं सब उपजना को वामन को सूदा॥'

सम्प्रदायवाद के खिलाफ उनकी भाषा और उग्र हो जाती है:

'अरे इन दोउन राह न पाई।
हिन्दू अपनी करैं बड़ाई गागर छुअन न देई॥
वेश्या के पावन तर सोवै यह देखों हिन्दुआई।
मुसलमान के पीर औलिया मुर्गा-मुर्गी खाई॥'

कबीर प्रत्येक सामाजिक रूढ़ि के खिलाफ अपनी आवाज बुलंद करते हैं। इन्हें उन बाह्य आडम्बरों, तीर्थ, रोजा, नमाज से चिढ़ है जिनके चलते समाज आपस में लड़ रहा है। वे प्रत्येक प्रकार के बाह्य आडम्बर को नि:सार बताते हैं:

'काजी तैं कौन कतेब बखानी

× × × ×

पोथी पढ़ पढ़ जग.....

× × × ×

चली हैं कुल बोरनी गंगा नहाय'

× × × ×

इस प्रकार कबीर समाज की संवेदनात्मक रूढ़ियों पर बहुत तीखा प्रहार करते हैं, जिससे सम्बन्धित वर्ग तिलमिला-सा जाता है। हिन्दुओं और मुसलमानों के साम्प्रदायिक विद्वेष से समाज चरमराकर टूट रहा था, कबीर दोनों की पोल खोल देते हैं:

'सन्तो राह दुनौ हम दीठा।
हिन्दु तुर्क हठी नहिं मानै स्वाद सबनि को मीठा॥'

ऐसा नहीं है कि कबीर सामाजिक व्यवस्था के समक्ष केवल प्रश्नचिन्ह ही लगाते हैं। प्रश्न के अलावा वे समाधान भी देते हैं। उन्होंने उस समूची भेदवादी व्यवस्था के लिए आज से 600

वर्ष पहले ही वह मानवतावादी समाधान पद्धति प्रदान की थी जिसे आज अत्यन्त प्रगतिवादी जन-व्यवस्था के रूप में लक्षित किया जाता है। कबीर इस टूटते हुए समाज के लिए रास्ता देते हैं। यह दूसरी बात है कि, कबीर की कसौटियाँ अत्यन्त जटिल हैं, लेकिन यदि विचार किया जाए तो सर्वाश्लाध्य लाख प्रश्नों का एक समाधान वे राम के प्रति प्रेम से देते हैं। सामाजिक सन्दर्भ में इनके राम उदात्त मानवीय मूल्यों के समवाय हैं। इस प्रेम की कसौटी अत्यन्त खरी है। वे कहते हैं, 'कबीर यह घर प्रेम की खाला का घर नाहि'। प्रेम तो सूली ऊपर नट विद्या है। जो आत्म-बलिदान के लिए प्रस्तुत हो, वही इस उदात्त तत्व का आनंद भी पा सकता है, किन्तु यह जनवादी व्यवस्था का प्राण तत्व है।

कबीर इसी प्रेम के सहारे समूची जनवादी व्यवस्था के खिलाफ गतिशीलता की परिकल्पना करते हैं। वह ऐसे नेता (गुरु) और ऐसे समाज अनुपालनकर्ता, दोनों को फटकारते हैं जो अधकचरे एवं अधोगामी होते हैं:

'दोनों डूबे धार में, चढ़ि पाथर की नाव'

सामाजिक गतिशीलता के लिए कबीर बार-बार बताते हैं कि आत्मसंघर्ष आवश्यक है, जिसके लिए पुरुषार्थ करना आवश्यक है:

'मन रे जागत रहियो भाई,
गफिल होइ खस्तु मत खोई,
चोर मुसै धर जाई॥'

कबीर ने स्वयं आत्मसंघर्ष किया था जिसका ज्ञान उन्हें भली-भाँति था। वह इसको चरम परिणति और उसका चरम प्रतिफल अद्वैतपरक समाज की प्रतिष्ठा में मानते हैं। अद्वैतपरक व्यवस्था में भेद नाम की चीज नहीं है, जो भेद सभी प्रकार के शोषण का जन्मदाता है। अपने अपेक्षित संसार के बारे में वे कहते हैं:

'सखि वह घर सबसे न्यारा, जहाँ पूरन पुरुष हमारा।

उक्त विवेचना के सन्दर्भ से हम देख चुके हैं कि जब वे समाज के धार्मिक संगठनात्मक ढाँचे, मानवीय रूढ़ि व मूर्तियों के खिलाफ अपना असंतोष जाहिर कर रहे होते हैं तो उनकी सोच अधिक मुखरित होती है, जन्म से लेकर जीवनपर्यन्त और यहाँ तक कि मृत्यु तक कबीर के अपने जीवन का क्रान्तिकारी तेवर समाज के सन्दर्भ में यथावत लागू होता है। समाज को लेकर उनकी गहरी वेदना ही उनके विशुद्ध आध्यात्मिक दर्शन की भी प्रखर जनवादी दर्शन की प्रतिष्ठा करती है। यह उल्लेखनीय तथ्य है कि, कबीर के समाज दर्शन की सम्प्रेषणीयता का धरातल पूर्ण यथार्थवादी है, कवि आद्योपान्त जनभाषा का प्रयोग करता है। उनकी यह भाषिक दृष्टि उनके समाज दर्शन के सन्दर्भ में एक उपलब्धि है। उनकी भाषा में सामाजिक सरोकारों

से गहरा जुड़ाव लक्षित होता है और कहीं भी वह भावधारा में इतने नहीं बह जाते हैं कि ठोस, संवेदन धरातल से विचलित हों। उनकी संवेदना का धरातल ठोस है और सशक्त तर्क पद्धति पर आधारित है। इसी तर्क पद्धति के आधार पर वे अवधूत, पंडित, मुल्ला सभी को चुनौती देते हैं–

बूझहु मोर गियाना
तू पंडित मैं काशी का जुलाहा।

कबीर धर्म को रोटी का माध्यम नहीं बनाते हैं। 'झीनी-झीनी रे बीनी चदरियाँ' में जो आध्यात्मिक स्वरलहरी परिलक्षित होती है, वह प्रकारान्तरेण श्रम के प्रति उनकी निष्ठा को उजागर करती है और सार्वजनिक मंत्री-मठाधीशी को चुनौती देती है। जो अध्यात्म ईश्वर को रोटी का माध्यम बनाकर लोगों को ठगता है, वह कबीर को स्वीकार नहीं है। लोक रूपों और प्रतीकों में संवेगात्मक रूप से जो बात सम्प्रेषित करते हैं, उसकी अर्थवत्ता और प्रमाणिकता ऐसा आदर्श इतिहास निर्मित करती है कि कहा जा सकता है कि सदियों बाद कबीर का समाज दर्शन आज भी प्रासंगिक है।

अध्याय 4

हिन्दी साहित्य में प्रगतिवाद

रूपरेखा

- अभ्युदय एवं नामकरण।
- प्रगतिवाद का दर्शन।
- प्रगतिशील साहित्य बनाम प्रगतिवादी साहित्य।
- प्रगतिवादी धारा के कवि एवं उनका कृतित्व।
- निष्कर्ष।

हिन्दी में प्रगतिवादी साहित्य का मूल, प्रगतिशील साहित्य में विद्यमान है। यदि प्रेमचन्द्र 1936 में प्रगतिशील लेखक संघ के अधिवेशन में यह कहते हैं कि साहित्यकार तो स्वभावतया प्रगतिशील होता है तो ठीक ही कहते हैं। इसीलिए राम विलास शर्मा जैसे आलोचक भारत में प्रगतिशील साहित्य जैसी रचना का सूत्र आधुनिक काल के प्रथम चरण भारतेन्दु युग से ही जोड़ते हैं। चूंकि यह प्रगतिवाद का मुहावरा बना कि प्रगतिवादी साहित्य में सामान्य जनजीवन की चेतना का विकास और उसका गतिशील रचाव वांछित है, तो यह बात सबसे पहले आन्दोलनात्मक तेवर में भारतेन्दु युग में ही दिखाई पड़ती है। तब डॉ. राम विलास शर्मा अकारण ही नहीं भारतेन्दु युग, द्विवेदी युग और छायावाद युग, तीनों को भारतीय नवजागरण से जोड़ते। उन्हें इन तीनों काल खण्डों की सृर्जना में नव-जागरण की रचनात्मक निष्पत्ति मिलती है। किसानों की चिन्ता, आम जन-जीवन की गतिशीलता की चिन्ता, भारतेन्दु युग के हर रचनाकार को है। द्विवेदी युग में गुप्त जी *किसान* नामक कविता लिखते हैं और *साकेत* जैसे क्लासिक काव्य में सीता के चरित्र में प्रगतिशीलता संक्रमित करते हैं। नारी की स्वावलम्बिता और दलितों के उत्थान के लिए सीता की रचनात्मक दृष्टि, यथा-आदिवासियों को शिक्षित करना, वस्त्र बुनने की कला सिखाना आदि प्रकारान्तर से भारतीय साहित्य की प्रगतिशील चेतना का आख्यान है।

तब इस शीर्षक से डॉ. शर्मा का लेखन–*'महावीर प्रसाद द्विवेदी और हिन्दी नव-जागरण'* सार्थक ही साबित होता है और यह मानो प्रतिक्रियावादियों के इस आरोप का आक्रामक जवाब हो कि द्विवेदी जी सनातनपंथी हैं और सनातनी रचनात्मकता का विकास कर रहे हैं।

छायावाद में आकर साहित्य की प्रगतिशील चेतना एक नये अध्याय का प्रवर्तन करती है। सूर्यकांत त्रिपाठी 'निराला' तो आरम्भ से ही प्रगतिशील रहे हैं–छायावाद का अतिक्रमण छायावाद के अन्दर से करते रहे हैं। जहाँ एक तरफ वह *'जूही की कली'* जैसी रूमानी रचना लिखते हैं, गीतिका के रूमानी गीत लिखते हैं वहीं दूसरी तरफ उसी दौर में *बादल राग, महाराज शिवाजी का पत्र, दीन, भिक्षुक, विधवा, झींगुर डटकर बोला,* जैसी कविता रच रहे थे:

आओ-आओ-आओ कदम बढ़ाओ
अब अमीरों की हवेली होगी गरीबों की पाठशाला

या वे जब बादल राग में कहते हैं:

ओ विप्लव के वीर तुझे बुलाते कृषक अधीर

तो उनकी प्रगतिशील चेतना स्पष्ट पढ़ी जा सकती है। वह अपने समकालीनों में ही सर्वाधिक प्रगतिशील नहीं हैं, बल्कि अपने पूर्ववर्ती रचनाकारों से भी बढ़-चढ़कर प्रगतिशील हैं। इस बिन्दु पर उन्हें और प्रेमचन्द को चुनौती देने वाला कोई दूसरा कवि या लेखक नहीं है। प्रश्न उठता है कि वे कौन-सी शक्तियाँ हैं, जो निराला की रूमानियत को प्रगतिशीलता की ओर मोड़ रही है। क्या यह मार्क्स, लेनिन की विचारधारा से आन्दोलित विश्व का नया परिदृश्य है? क्या यह 1917 की जारशाही के खिलाफ रूस के किसानों की सशस्त्र क्रान्ति के विजय का शंखनाद समूचे विश्व की शोषित जनता के सिर चढ़कर बोल रहा है? इन तथ्यों से इन्कार करने की कोई ठोस वजह नहीं दिखती है क्योंकि साहित्यकार यदि चेतन धरातल से न सही तो अवचेतन धरातल से अवश्य अपने इर्द-गिर्द की हलचलों से प्रभावित होता है। लेकिन यह ऐतिहासिक तथ्य जान लेना जरूरी है कि निराला की किसानी संवेदना, दलितों-शोषितों के प्रति उनकी गहरी पीड़ा न तो अध्यात्मिक-नैतिक महाकरुणा भाव के अन्तर्गत आती है और न ही इसे मानवीय धरातल पर महज सहानुभूति के स्तर पर जाँचा-परखा जा सकता है, जैसा कि कुछ आलोचकों ने ऐसी नासमझ कोशिश की है।

निराला अपनी सम्पूर्ण रचना-यात्रा में जितने ही आस्थावान हैं, उतने ही मानवीय भी। इसका चरम प्रमाण 'पूजा' जैसी रचना में मिल जाता है। वह मार्क्स के द्वन्दात्मक भौतिक विकासवाद से कतिपय सहमत नहीं थे। एक कविता में वह लिखते भी हैं कि हम कब प्रगतिशील नहीं थे। राम ने सबरी के जूठे बेर खाये, कृष्ण ने गोवर्द्धन की पूजा करवायी, बलराम ने हल धारण किया। कहने का आशय यह है कि निराला भारतीय साहित्य की प्रगतिशील चेतना को मार्क्स के दर्शन के आलोक में नहीं जाँचना-परखना चाहते। वे उसे मनुष्य की सहज जिज्ञासा में निहित मानते हैं और तब डॉ. राम विलास शर्मा भक्ति कालीन साहित्य को लोक जागरण का साहित्य अकारण ही नहीं कहते।

निराला के ही दौर में छोटे से लेकर बड़े कवियों तक का आलम यह था कि वे अपनी क्रान्तिकारी धुनों से, ख्याली पुलावों से मीनारों की ईंट-से-ईंट तक बजा दे रहे थे। वस्तुतः छुरछुरियों की भांति अल्पजीवी रचनात्मक शक्ति लिए यह प्रगतिवादी कविता मार्क्सवाद को विधाता मानकर भारतीय परिदृश्य में कब एक लहर के रूप में आयी और कब चली गयी, इसका अंकन इतिहास के पन्नों में नहीं हो सका।

1936 में ही निराला *'पूजा'* लिखते हैं और 1936 के आसपास ही उनकी *'तोड़ती पत्थर'* नामक कविता प्रकाशित होती है। यह आकस्मिक नहीं है कि एक ही वर्ष में एक तरफ तो छायावाद की शिखर व्यंजना वाली कविता रची जाती है और दूसरी तरफ श्रमिक की शोषित स्थिति का हृदय विदारक चित्र खींचा जाता है। *पूजा* जैसी क्लासिक रचना में भी निराला का रूमानीपन कहीं भी यथार्थ के ताप को ढकता नहीं। जब वे यहाँ प्रश्न उठा सकते हैं:

'अन्याय जिधर, है उधर शक्ति'

तो जाहिर है कि सामान्य जन-जीवन को ही केन्द्र में रखकर लिखी जाने वाली कविता में वे अमानवीय व्यवस्था पर, क्रूर नियति पर हथौड़ी से प्रहार करेंगे ही:

'करती बार-बार प्रहार, सामने तरूमालिका'

40-50 के दशक में निराला की प्रगतिशील रचनाओं में और निखार आने लगा जिससे कि कटु यथार्थ का संज्ञान क्रमशः बढ़ता चला गया। *'कुकुरमुत्ता'*, *'खजोहरा'*, *'कानी और रानी'* जैसी कविताओं में वे महज संवेदना की ही दृष्टि से नहीं, बल्कि भाषा की दृष्टि से भी छायावाद का अतिक्रमण कर जाते हैं। मानो निराला कालान्तर में अनगढ़ प्रगतिशील भाषा को एक मॉडल दे रहे हों:

'अबे सुन बे गुलाब'

निराला की प्रगतिशील चेतना की पहचान प्रमाणिक ढंग से तभी हो सकती है जब उनके संश्लिष्ट रचनाकार व्यक्तित्व को पढ़ा जाए, जिसमें गद्य की भूमिका कम नहीं है। उनके *'अलका'*, *'अप्सरा'* उपन्यासों में स्वच्छन्दतावादी रूमानियत का सामना तथा यथार्थ की ज्वलंत समस्याओं का वर्णन मिलता है। जमींदारी, सामंती व्यवस्था को इन उपन्यासों में प्रश्नचिन्हित किया गया है और फिर उनकी कविता की इस पंक्ति का अर्थ अपने आप खुल जाता है:

ब्राह्मण समाज में ज्यों अछूत

'कुल्ली भाट' और *'चतुरी चमार'* में वे संवेदना और भाषा दोनों दृष्टियों से प्रगतिवादी आदर्शों के पुरोधा प्रतीत होते हैं। लेकिन इसके बावजूद वे अपने को प्रगतिवादी कहने से संकोच ही नहीं करते हैं बल्कि इस पर उन्हें कड़ी आपत्ति भी है। बावजूद प्रगतिशील चेतना

के, वे मार्क्स के द्वन्दात्मक भौतिक विकासवाद, वर्ग-संघर्ष आदि से असहमत हैं। निराला अपनी समूची प्रगतिशील ऊर्जा के साथ भारतीय प्रगतिवादी साहित्य और प्रगतिशील साहित्य के बीच की विभाजक रेखा बनते हैं। 1937 में डॉ. राम विलास शर्मा को पत्र में लिखते हैं, "यहाँ (इलाहाबाद) कुछ ऐसे लोग हैं जो आजकल प्रगतिवादी लेखन का मुहावरा चला रहे हैं। वे लोग कुछ पढ़ते-लिखते भी हैं, इसमें मुझे संशय है।" उनकी *मॉस्को डॉयलॉग* नामक कविता में भी नेहरू के साथ-साथ मार्क्सवाद पर व्यंग्य है।

निराला के अपेक्षाकृत यदि प्रेमचन्द 1930 के बाद सिद्धान्ततः बोल्शेविक उसूलों के कायल हो जाते हैं तो यह बात आश्चर्यजनक नहीं। यद्यपि दोनों रचनाकार बहुत दूर तक मिलते हैं इसके बावजूद दोनों की रचनात्मक प्रकृति के बीच अन्तर है।

1935 में पन्त युगान्त लिखते हैं और वैचारिक रूप से मार्क्सवाद का पल्ला पकड़ते हैं। 1937 में *'रूपा'* में तो वे घोषित रूप से मार्क्सवाद के अनन्य भक्त बन जाते हैं। *'युगान्त'*, *'युगवाणी'*, *'ग्राम्या'*, *'लोकायतन'*, *'कला और बूढ़ा चाँद'* में मार्क्सवाद के प्रति उनका झुकाव क्रमशः अधिक रचनात्मक होता गया है। छायावाद का रूमानीपन छूटता चला गया है। लेकिन तथ्य यह है कि इन कृतियों में दर्शन रह जाता है और कविता चोर दरवाजे से बाहर निकल जाती है। काव्यत्व का निरस्त होना ही यह बतलाता है कि पन्त छायावाद और प्रगतिवाद के बीच अनदेखी उलझन में फँस गये हैं। जिस प्रकार से किसानों, दलितों, शोषितों की मार्मिक स्थिति का चित्रण प्रगतिवाद का दर्शन बना उसी प्रकार प्रगतिवाद में भोगे हुए सच को भी महत्व दिया गया। न तो किसानी जीवन पन्त का भोगा हुआ सच था और न ही दलितों की दशा वे इतने संवेदनात्मक नैकट्य से देख सके थे जितनी निराला देखे हुए थे। क्या यही कारण नहीं है कि आगे की रचना यात्रा में उन्हें मार्क्सवाद का सम्बल छोड़ना पड़ा और वे क्रमशः गांधीवाद, विवेकानन्दवाद और अरविन्दवाद की तरफ झुकते चले गये। जबकि उनका प्रगतिवादी साहित्य वैचारिक दृष्टि से प्रगतिवादी गुटों, वर्ग अवधारणा, सशक्त क्रान्ति, किसानों और श्रमिकों की समस्या का चित्रण साम्यवाद पर भले बैठ जाता है, पर यह सब उनके रचनात्मक अनुभव से गुजरता हुआ नहीं आया है। 1936 के बाद ऐसा बहुत सारा लेखन हुआ, जिनमें प्रगतिवादी नारे तो बहत जोर-शोर से उछाले गये, लेकिन रचना क्रमशः निरस्त होती चली गयी, इसीलिए प्रगतिवादी साहित्य को किसी हद तक प्रचारात्मक साहित्य माना जाने लगा।

1942 के पहले आलोचना में प्रगतिवादी कविता को 'प्रगतिवाद' नाम नहीं मिला। 1942 में मुक्तिबोध का एक आलेख प्रकाशित हुआ- *'प्रगतिवाद : एक दृष्टि'* जिसमें उन्होंने प्रगतिवाद के उस स्वरूप को निन्दनीय ठहराया जो कुछ सधे मुहावरों को केन्द्र में रखते हुए रचनायें दे रहा था। इस आलेख में उन्होंने प्रगतिवादी साहित्य को सैनिक की तरह अनुशासनबद्ध और चढ़े हुए तेवर वाला बताया जो उसकी सीमा थी।

भले ही 1942 के पहले काव्य रचना के लिए प्रगतिवाद नाम अस्तित्व में नहीं आया, लेकिन 1936-43 के बीच जो प्रगतिशील लेखन होता रहा, उसी को 1942 से आलोचकीय दृष्टि से भी प्रगतिवादी साहित्य माना गया, जिसमें छायावादियों को शामिल नहीं किया गया। इस धारा में नरेश मेहता, भारत-भूषण, शिव मंगल सिंह 'सुमन', प्रभाकर माचवे, शमशेर, केदारनाथ अग्रवाल, नागार्जुन और त्रिलोचन शास्त्री का उल्लेख किया जाता रहा, जिनमें से नरेश मेहता, शमशेर, प्रभाकर माचवे तो कालान्तर में नयी कविता के सशक्त हस्ताक्षर बने। जैसा कि शमशेर के विषय में डॉ. नामवर सिंह का कहना है कि उनके यहाँ रूमानीपन और मार्क्सवादी विजन

के बीच द्वन्द की एक खास भूमि है। उनकी वही रचनायें अच्छी हैं जिनमें वे रूमानी हैं, क्योंकि वे रचनायें उनके अनुभव से निकली हैं, जिनमें वे प्रगतिशील दिखते हैं, वे वैचारिक स्तर की हैं। उनमें संवेदनात्मक सृजनात्मक नहीं है। नेमिचन्द जैन तो बाद में घोषित रूप से मार्क्सवाद से अलग हो गये, केवल एक मुक्तिबोध रहे जो अपने पूरी रचना यात्रा के दौरान मार्क्सवाद को नये ढंग से जाँचते-परखते रहे।

मुक्तिबोध तथाकथित प्रगतिवादियों से इस बिन्दु पर अलग हो जाते हैं कि शिवमंगल सिंह 'सुमन' जैसे प्रगतिवादी कवि और किसी हद तक राजनीतिक क्षेत्र में केदारनाथ अग्रवाल और नागार्जुन की कवितायें प्रगतिवाद की महज खानापूर्ति करती हैं। केदारनाथ अग्रवाल के शब्दों में कहा जाए तो यह लेखन बन्दूकमार लेखन है जिसमें कविता ही नहीं है, बाकी सब कुछ है। वैचारिक दृष्टि से मुक्तिबोध के लिए मार्क्सवाद उतना सपाट नहीं दिखाई पड़ा जितना अन्य कवियों को। उनके परिवेश में मार्क्सवाद को अपने अनुभव में रचाने-खपाने की समस्या पैदा होती है। इसी बिन्दु पर वे अन्य प्रगतिवादियों के सपाट शिल्प से अलग हो जाते हैं। वे विचार में तो आद्योपान्त प्रगतिवादी ही रहते हैं, लेकिन संरचना की दृष्टि से वे नयी कविता के रचाव का प्रतिनिधित्व करते हैं। प्रगतिवादी रचना अध्ययन की समस्याओं में वे प्रगतिवादी लेखन की सीमाओं की तरफ संकेत करते हैं।

प्रगतिवादी काव्यधारा में जिन तीन कवियों को सर्वाधिक महत्व दिया जाता है, वे हैं—नागार्जुन केदारनाथ अग्रवाल और त्रिलोचन। विस्मय की बात यह है कि ये तीनों कवि न तो अपनी कविता में मुक्तिबोध की तरह मार्क्स का द्वन्दात्मक रचाव प्रस्तुत करते हैं और न ही सशक्त क्रान्ति की कोई व्यूहगत योजना प्रस्तुत करते हैं। इन कवियों के यहाँ वर्गीय अवधारणा और साम्यवाद आदि का भी उतना महत्व नहीं है कि इनके रचाव को प्रगतिवादी साहित्य की मुक्त धारा में शामिल किया जाए। लेकिन प्रश्न यह है कि यदि भारतीय साहित्य में हम मार्क्स, गोर्की की कोटि का प्रगतिवादी सृजन ढूँढ़ेंगे तो इसमें तो राय नहीं कि हमें दो टूक कहना होगा कि हिन्दी में प्रगतिवादी साहित्य रचा ही नहीं गया, केवल प्रगतिशील साहित्य रचा गया। वस्तुत: प्रगतिशील और प्रगतिवाद के बीच जो एक सूक्ष्म विभाजक रेखा है, वही इन कवियों की गिनती प्रगतिवाद में निर्दिष्ट करती है। बाद का अर्थ है किसी फलसफे (दर्शन) के प्रति प्रतिबद्ध होना, समर्पित होना। चूँकि ये कवि मार्क्सवाद से प्रतिबद्ध हैं, इनके रचाव में निराला और पन्त की तरह सनातनी आस्था हस्तक्षेप नहीं करती है, ये द्वन्दात्मक भौतिक विकासवाद के पक्के पक्षधर हैं, वर्गीय अवधारणा, सशस्त्र क्रान्ति और साम्यवाद में गहन आस्था है, इसलिए मार्क्सवादी हैं। भारतीय परिप्रेक्ष्य में ये प्रगतिवादियों के सिरमौर कवि इसलिए कहलाये क्योंकि लोक जीवन की संवेदना का जैसा गतिशील चित्रण इन्होंने किया है, वैसा अन्य कवियों ने नहीं किया है। डॉ. राम विलास शर्मा और डॉ. नामवर सिंह, दोनों मूर्धन्य आलोचकों ने इन तीनों कवियों की इसी विशेषता को केन्द्र में रखकर इनके प्रगतिवादी साहित्य की समीक्षा की है।

लोक संवेदना को उकेरने में नागार्जुन सबसे समर्थ रचनाकार हैं। जैसे मध्य वर्ग और लोक की सामान्य संवेदना के विविध छोर औघड़दानी निराला के अव्यवस्थित व्यक्तित्व से सहज ही मिल जाते थे, वैसे ग्रामीण परिदृश्य का रूप, रंग, गंध, बोल-चाल, पहनावा, वेश-भूषा, अपने ठेठ देशीपन के साथ औघड़ मिजाजी बाबा नाम से प्रसिद्ध नागार्जुन की रचनात्मकता में घुल-मिल जाती है। नागार्जुन कविता की लय को नहीं छोड़ते हैं। कविता ने छन्द बदले,

रूप बदले, नये-नये ध्वन्यात्मक प्रभाव पैदा किये लेकिन नागार्जुन की देशी लय वाली कविता वहीं-की-वहीं रही और मजे की बात यह कि कोई भी आलोचक, रूप की दृष्टि से उनकी कविता में पिछड़ेपन की शिकायत नहीं कर सकता। भाव संवेदना की दृष्टि से समृद्धतम ग्राम क्षेत्र से नागार्जुन जो लय उठाते हैं, जो बिम्ब-प्रतीक उठाते हैं, वे समग्रता में नये होते हैं। यही उनकी रचना सामर्थ्य का सबसे बड़ा रहस्य है:

'याद आता मुझे अपना वह तरौनी ग्राम
याद आती लीचियाँ वे आम
याद आते मुझे मिथिला के रुचिर भू-भाग'

लोक जीवन की एक-एक लय को सजीव पेटिंग की तरह उभारने वाला रचनाकार हिन्दी में अकेला है—नागार्जुन। लोक जीवन की समस्याओं को पंत से लेकर शिवमंगल सिंह 'सुमन' तक ने अपने-अपने ढंग से अभिव्यक्त किया है। लेकिन इन कवियों के यहाँ रचना की मूल पूँजी– अनुभव का ताप ही खो गया है और नागार्जुन में वह स्वभाव से ही मौजूद है:

'घुन खाये शहतीरों पर बारह खड़ी विधाता बाँचे
फटी भीत है छत चूती है आले पर विस्तुइया नाँचे
बरसाकर बेबस बच्चों पर मिनट-मिनट में पाँच तमाँचे
इसी तरह दुखहरन मास्टर गढ़ता है आदम के साँचे'

× × × ×

'कई दिनों तक चूल्हा रोया चक्की रही उदास
कई दिनों तक कानी कुतिया सोयी उसके पास
कई दिनों तक लगी भीत पर छिपकलियों की गस्त
कई दिनों तक चूहों की थी हालत रही शिकस्त'

केदारनाथ अग्रवाल को प्रगतिवाद का पंत कहा जाता है। जिस प्रकार से पन्त ने छायावादी दौर में सर्जनात्मकता को प्रकृति से गहरे जोड़कर शिखर रचनात्मक निष्पत्ति की, उसी प्रकार केदार उतने ही सहज भाव से आधुनिक संवेदना के प्ररिपेक्ष्य में प्रकृति को ग्रहण कर नूतन रंगों का समाहार करते हैं।

केदार के प्रकृति वर्णन में जो रूमानीपन दिखाई पड़ता है, उसमें लोक जीवन की सहज ऊष्मा है जैसा कि निराला को रूप-रंग-गंध का कवि कहा जाता है, केदार भी रूप-रंग-गंध के कवि हैं, लेकिन केदार के यहाँ रूप-रंग-गंध, छायावाद की रूमानी शैली से हटकर प्रगतिवाद की यथार्थ की महक वाली पुख्ता जमीन पा सके।

केदार, नागार्जुन की तरह लय के तो कवि नहीं हैं लेकिन देशी जीवन की जो महक प्रकृति के समूचे अनगढ़ उभार के साथ केदार के यहाँ दृष्टिगत होती है, वह अन्य किसी कवि के यहाँ नहीं।

नागार्जुन की राजनीतिक सजगता के ही अनुपात पर केदार की भी राजनैतिक कवितायें मुखर दिखाई पड़ती हैं। लेकिन नागार्जुन जिस प्रकार अपने समय का चित्र खींचते चलते हैं, किंचित केदार वैसा नहीं कर सके हैं। केदार की राजनीतिक कवितायें एक सीमा के बाद पोस्टर कविताओं में परिणत हो गयी हैं। बन्दूकमार लेखन का उदाहरण प्रस्तुत करने वाले केदार, राजनीतिक प्रतिबद्धता की दृष्टि से मुक्तिबोध की भाँति अपनी जगह नहीं बना पाते हैं।

डॉ. नामवर सिंह ने अपने आलोचकीय वक्तव्यों में जिस सहज भाव से मुक्तिबोध को महत्व दिया है, उसी सहज भाव से साठोत्तर परिदृश्य में वे त्रिलोचन शास्त्री को महत्व देते हैं। त्रिलोचन, प्रगतिवादी दौर से लेकर समकालीन लेखन परिदृश्य तक अपनी संवेदना में प्रगतिवादी ही हैं, लेकिन नागार्जुन और केदार जैसी मार्क्सवादी प्रतिबद्धता उनके यहाँ नहीं दिखाई पड़ती है।

वे प्रगतिवादी इन अर्थों में हैं कि लोक जीवन की एक-एक बारीक लय को अपनी कविताओं में बिम्ब और प्रतीक के आडम्बर के बिना ही बड़े सहज स्वीकारी भाव से चित्रित करते हैं। त्रिलोचन को अँग्रेजी की लय पर हिन्दी छन्द निर्माण का श्रेय दिया जाता है। निराला की सरोज-स्मृति की भाँति ही छन्दोभंग, त्रिलोचन की प्रत्येक कविता में दिखाई पड़ता है।

त्रिलोचन को न तो मुक्तिबोध की भाँति यह प्रत्याशा है कि भारत में किसी सशस्त्र जन क्रान्ति की सम्भावना बन सकेगी और न ही वे केदारनाथ अग्रवाल की तरह आग उगलते हैं लेकिन उनकी कविता में मनुष्य की अदम्य जिजीविषा, उसकी घुटन और उसके विरोध की ताकत सदा उजागर हुई है।

त्रिलोचन के यहाँ प्रगतिशील वस्तु संवेदना के इर्द-गिर्द जीवन और प्रकृति के बीच जो सहज सामान्य रिश्ता दिखाई पड़ता है, वह अपने-आप में अनोखा है।

निष्कर्षतः प्रगतिवादी काव्यधारा अपने आन्दोलनात्मक तेवर के बावजूद रूसी प्रगतिवादी साहित्य के तर्ज पर उल्लेखनीय क्रान्तिकारी साहित्य का उल्लेखनीय इतिहास नहीं रच सका। लेकिन यह तय बात है कि हिन्दी का प्रगतिवाद भले ही 10-12 वर्षों की अवधि में सिमट आता हो, लेकिन संवेदना की दृष्टि से वह आज तक के लेखन में अपना प्रभाव अंकित किये हुए है। यह जरूर है कि जहाँ प्रगतिवादी दौर में मार्क्सवाद से ही प्रतिबद्धता जाहिर होती है वहाँ, नयी कविता से लेकर समकालीन लेखन तक प्रतिबद्धता के रूप में नहीं, बल्कि जनता और लोक की पक्षधरता के रूप में प्रगतिशीलता की आँच बराबर बनी रही। यह हिन्दी की संवेदनागत और भाषागत प्रकृति को समझने में मददगार सिद्ध होगा कि तमाम बार कविता के क्षेत्र में मार्क्सवाद की अवधारणा भले ही एक मुकाम पर पहुँच गयी, लेकिन गद्य के क्षेत्र में वह दिन-प्रतिदिन बलवती हुई और खासकर आलोचना के क्षेत्र में।

अध्याय 5

उदारीकरण, कृषि संकट और प्रेमचंद

रूपरेखा

- कृषि और 20वीं शती का दौर।
- कृषि संकट का इतिहास।
- प्रेमचंद का दौर और कृषकों की भूमिका।
- प्राथमिक क्षेत्र की अवधारणा।
- हरित क्रांति और उत्तरकाल।
- 21वीं शती का पहला दशक।
- प्रेमचंद : कल, आज और कल।
- उदारीकरण-भूमंडलीकरण बनाम कृषि एवं कृषक।

"खेती न किसान को, भिखारी को न भीख भली" का समय भारतीय इतिहास के स्वर्णयुग का काल भी माना जाता है, जब भारतीय अर्थतंत्र, सामाजिक व्यवस्था और राजनैतिक प्रणाली अपनी सबसे सशक्त स्थिति में थी, तब भी भारत के एक जीवंत नगर, वाराणसी का कवि (तुलसीदास) यदि ऐसे उद्‌गार व्यक्त करता है तो यह सपष्ट है, कि भारत में खेती और खेतिहर कमोबेश हर समय एक-सी अवस्था में रहा है। कृषि लोगों की प्राथमिक जरूरत भले ही बनी रही, पर खेतिहर और खेती की स्थिति हमेशा दोयम दर्जे का काम तथा उपेक्षा वाला स्थान ही पाती रही है।

भारतीय संदर्भ में कृषि को तब भी उत्तम काम घोषित किया जाता था और यह कृषक विपन्नवस्था में किस प्रकार परिवर्तित हो गई। इसका एक लम्बा इतिहास है, भारत में उत्तर मुगलों के काल में जागीरदारी संकट में व्याख्यायित करने की कोशिश की जाती है। यद्यपि यह भी सच है कि कृषि की तकनीक में परिवर्तन और विकासवादी व्यवस्था वाला दृष्टिकोण

का अभाव एक महत्वपूर्ण तथ्य रहा है, जो पूर्णत: राजनैतिक सामाजिक परिस्थितियों की उपज था। राजनैतिक अवस्था में परिवर्तन और विदेशी शासन का 'अनुपस्थित प्रभुसत्ता' वाला स्वरूप भारत में नौकरशाही एवं सैन्य तंत्र के ऐसे स्वरूप का विकास करने वाला था, जिसने भारतीय आर्थिक जीवन शक्ति को निचोड़ने बस भर में ही अपने कर्तव्यों की इतिश्री मान ली।

भारतीय कृषि एवं 20वीं शताब्दी का दौर सीधे तौर पर कृषि को ही आर्थिक साधन के रूप में एकमात्र जरिया मानकर उसका पूरी तरह दोहन करने का इतिहास है। कुटीर उद्योगों के सुनियोजित विनाश के बाद भारत का वृहद् कृषि तंत्र धीरे-धीरे अपना पूरा स्वरूप ही बदलता चला गया। इस बदलाव की पूरी प्रक्रिया पूर्व नियोजित एवं कड़े रूप में नियंत्रित थी। जितनी दक्षता के साथ 20वीं शती में भारतीय कृषि का वाणिज्यीकरण किया गया; कृषि में एक सशक्त शासन समर्थक मध्यस्थ वर्ग का गठन किया गया, कृषि को पूरी तरह से वाणिज्योन्मुख बनाने के लिए कृषि-बिचौलिए वर्ग का सृजन किया गया, वह अंतत: परिणामकारी रूप में कहें, तो भारत में शृंखलाबद्ध दुर्भिक्षों का कारण था। निगमनात्मक पद्धति से विश्लेषण करें तो 20वीं शताब्दी ने भारतीय कृषि के चेहरे को ही बदल डाला। दुर्भिक्षों के कारण व्यापक जनहानि के बाद जनसंख्या वृद्धि का विस्फोटक स्वरूप लगभग प्रतिक्रियात्मक माना जा सकता है, जिससे कृषि विषयक माँग एवं पूर्ति की प्रक्रिया ही असंतुलित हो गई।

भारत में कृषि संकट का इतिहास कई मायनों में इतना पुराना नहीं जितनी मार्क्सवादी व्याख्याओं में बताया जाता है। यह कृषि संकट द्वितीय साम्राज्यवादी चरण की देन थी जब औद्योगिक क्रांति की एक चरणबद्ध प्रक्रिया से यूरोप लगातार औद्योगिक होता जा रहा था। तीसरी दुनिया के देशों पर अधिकार, चीनी तरबूजे का विभाजन और भारतीय उप-महाद्वीप में रेलवे तथा नहरों पर निवेश एक भविष्यदर्शी प्रक्रिया थी, जिसका दूरगामी परिणाम होना था। भारत में प्रयुक्त विभिन्न बन्दोबस्तियों में मध्यस्थ कृषि बिचौलिया वर्ग का सृजन और कृषि में केन्द्रीकृत नौकरशाही के प्रवेश की जो प्रक्रिया ब्रिटिश काल में अपनाई गई, वह जड़ों तक घुसकर बैठ गई। इसी ने कृषि और अन्नदाता को एक स्थायी दुष्चक्र में धकेल दिया। यहीं कृषि-संकट 20वीं शती के भारतीय साहित्य में किसी-न-किसी रूप में उग आता है।

फकीर मोहन सेनापति के *'छमाड़ आठ गुंठ'* और कतिपय बांग्ला उपन्यासकारों का कृषक जिस रूप में विपन्न है, वह पूरी तरह से व्यवस्था के दुष्चक्र से दबा-कुचला है। प्रेमचंद की कहानियों और उपन्यासों के तमाम कथानायक अवध के कृषक होते हुए भी पूरे भारतीय कृषि एवं कृषकों की अवस्था के प्रतिनिधि जान पड़ते हैं। *'पूस की रात'* कहानी का सन्दर्भ और *'गोदान'* का *'होरी'* जितने प्रतिनिधि हैं, उतने ही व्याख्याता भी। साहित्य किसी-न-किसी रूप में अपने समाज की वास्तविकता का प्रतिनिधि होता है, और वह साहित्य जो समाज को ही केंद्र में रखता हो, जिसकी भूमिका और निष्कर्ष ही परिस्थितियों की पीड़ा के उद्वेग को लक्ष्य बनाते हो, वह केवल वर्तमान की पृष्ठभूमि और भविष्य के लिए संजीवनी होती है। प्रेमचन्द के *'गोदान'* का कथानायक एक बार अपने पूरे अतीत का सिंहावलोकन करता है, तो पाता है कि जीवन की छोटी-से-छोटी इच्छा भी पूरी नहीं हुई। एक कृषक के लिए अपने द्वार पर गाय बाँधने की लालसा कितनी स्वाभाविक-सी बात है, कथानायक वह लालसा भी पूरी नहीं कर पाता और त्रासद विडम्बना यह है कि, उसकी सन्निपातिक मृत्यु वाली अवस्था के

समय कुछ पैसे से ही उसका गोदान पूरा होता है। अपने समग्र अर्थों में *'गोदान'* और उसके कथानायक की जीवनी भारतीय कृषक जीवन की महागाथा बन जाती है। प्रेमचंद के दौर में औसत भारतीय जीवन में कृषि एवं कृषकों की भूमिका से अधिक प्रासंगिक रूप में और कोई कहानी भारतीय नागरिक के जीवन को अभिव्यक्त नहीं कर सकती।

स्वातंत्र्योत्तर भारत के आर्थिक आयोजन के साथ सबसे बड़ी विडम्बना इसके प्राथमिक क्षेत्र के रूप में कृषि के निर्धारण की रही है, जिसे वास्तविक रूप में तृतीयक स्थान ही प्राप्त होता रहा है। विभिन्न पंचवर्षीय योजनाओं में अर्थवेत्ताओं के द्वारा औद्योगिक एवं सेवा क्षेत्र को जो महत्व दिया जाता रहा, वह यदि कृषि क्षेत्र को मिलता तो आरंभ से भारतीय निर्यात के कई दशकों तक एकमात्र क्षेत्र–कृषि क्षेत्र से विकास एवं नियोजन में कहीं बेहतर परिणाम की आशा की जा सकती थी। तीसरी पंचवर्षीय योजना में जिस रूप में कृषि से आशा की गई, वह अंतत: हरित क्रांति की आवश्यकता और अवश्यंभाविता की पुष्टि करने वाला था।

60 के दशक की हरित क्रांति भारतीय कृषि के पहले नीतिगत विकास के प्रयत्न के रूप में देखी जानी चाहिए। यही वह समय था, जब भारतीय कृषि के संकट ने आर्थिक संकट से आगे बढ़कर सामरिक संकट और राष्ट्रीय अस्मिता के समक्ष बड़े यक्षप्रश्न खड़े कर दिये थे। भारतीय नीति-निर्माताओं के द्वारा प्रायोगिक कृषि तथा नीतिगत फैसलों पर विद्रूप और हास्यास्पद अदूरदर्शिता की छाया यहाँ भी जारी रही थी। कृषि में उन्नत बीजों के प्रयोग, बड़े बाँधों और सिंचाई परियोजनाओं में भारी व्यय, रासायनिक उर्वरकों के प्रयोग की प्रणाली कितनी सफल रही, यह आज भी विश्लेषण एवं तर्क का विषय है। तब, जबकि एक बार की खाद्य-समस्या के हल के बावजूद भारी व्यय, उर्वरकों के प्रयोग की निरंतरता और बाँधों के निर्माण में पर्यावरणीय क्षय एक नयी समस्या के रूप में विकराल रूप धारण करने जा रही है। दलहनों-तिलहनों के आयात का पूर्ववत् जारी रहना, धान की खेती में कोई विकास का न होना तथा जनसंख्या वृद्धि के अनुपात में कृषि विकास का इकहरा स्वरूप, इस विकास के एकांगी रहने के अन्यतम उदाहरण हैं। औद्योगिक विकास और कृषक की त्रासदी का संबंध कहीं-न-कहीं प्रेमचंद की दृष्टि में *'सेवासदन'* से ही सम्भव हो चुका था। 20वीं शती के अन्तिम सालों में भूमंडलीकरण के नारे के बीच कृषि जिस रूप में चौराहे पर खड़ी दिखी, आज उसका बेगानापन कहीं अधिक बढ़ गया लगता है। प्रेमचंद कल जब वे दुर्भिक्षों की पीड़ित जनता के संतान के रूप में खड़े थे, जब वो *'गोदान'* के होरी का चरित्र रच रहे थे, तभी उनकी दृष्टि गोबर की तरफ भी थी, जो दूसरे होरी के रूप में बदल रहा होता है, अपनी शाश्वत् त्रासदी में गोबर नए कृषक के रूप में पुन: व्यवस्था के झंझावातों से जूझने के लिए तैयार हो रहा होता है। *सेवासदन* के सूरदास की झोंपड़ी मिल लगाने के लिए बार-बार तोड़ी जाती है, लेकिन सूरदास बार-बार अपनी झोंपड़ी वहीं बनाने को प्रतिबद्ध है। क्या आश्चर्य है, कि एक ओर कृषक औद्योगिक व्यवस्था के समक्ष पुन: दो-दो हाथ करने के लिए और मरजाद की रक्षा के लिए अन्न पैदा करने को कृतसंकल्प है, तो दूसरी ओर औद्योगिक विस्तार का भूमंडलीकरण वाला संस्करण उसकी झोंपड़ी तक हटा देने को तत्पर है; ताकि वहाँ बहुमंजिला प्रतिष्ठान खड़ा किया जा सके।

आज उदारीकरण के दौर में जब कृषि को संस्कृति से काटकर प्रौद्योगिकी के समानान्तर खड़ा करने का एक सुनियोजित दौर चल रहा है - कृषक की भूमिका सामान्य जनजीवन में क्या है? और ऐतिहासिक नजरिए से उसे तथा समग्र भारतीय जीवन को किस रूप में

बचाए रखा जा सकता है? ये प्रश्न तब और भी महत्वपूर्ण हैं जब आधुनिकता की प्रतिक्रिया के ही रूप में मान लें, उत्तर-आधुनिकता संस्कृति सापेक्षता को महत्व देने लगी है। *सेवासदन* का सूरदास प्रौद्योगिकी के समक्ष भले ही अकेला खड़ा दिखाई देता हो, सच यही है कि अपने-अपने दायरे में 21वीं सदी के इस पहले दशक में करोड़ों सूरदास उदारीकरण के समक्ष कहीं-न-कहीं अपने अस्तित्व की रक्षा के जरिए पूरे जीवन मनोवृत्ति की रक्षा की जद्दोजहद में हैं। ठेके पर खेती, परंपरागत कृषि उत्पादों के पेटेंटीकरण से जुड़ी एकाधिकारी प्रवृत्ति और अब सेज की सेज पर बैठे कृषक अन्तहीन दुष्चक्र के फंदे में हैं। राजनीति और भावुकता का कोई संबंध नहीं होता। पूँजीवाद-साम्यवाद-समाजवाद, सभी वादों के बीच कृषक की अन्तहीन समस्याएँ शोषक-बनाम शोषित की समस्या है। यदि 21वीं सदी के इन वर्षों में कृषक प्रौद्योगिकी के समक्ष अपनी कृषि भूमि को बचाने के लिए लाठी और गोली खाने को अभिशप्त हैं, तो निःसंदेह संकट कहीं से भी कम नहीं हुआ है, बस उसने अपना रूप भर परिवर्तित कर लिया है। विडम्बना तो यह है, कि उस इतिहास के साहित्यिक आलेख की प्रेमचंदीय परंपरा का सूत्र आज टूट-बिखर सा गया है। संकट और संघर्ष तो शाश्वत हैं, पर उसके मार्मिक आलेख की परंपरा का टूटना कोई कम बड़ी त्रासदी नहीं है। संकट के संघर्ष के साथ इस परंपरा के सूत्र को भी जोड़ना एक अनिवार्य आवश्यकता है।

भाग 5

विविध एवं समसामयिक क्षेत्र

1.	आपदा और तकनीक	5.3
2.	नदी जोड़ो योजना: कितनी उपयोगी, कितनी खतरनाक	5.9
3.	धर्म और विज्ञान: पूरक *अथवा* विरोधी	5.14
4.	विकास का नया आयाम: भूमिगत जल प्रबंधन	5.18
5.	गाँधीवादी मूल्य और आज का भारत	5.22
6.	मूल्यहीनता : 'युग धर्म' या नए मूल्यों की खोज की चुनौती	5.27
7.	पर्यावरण असंतुलन: उभरती चुनौती *अथवा* पर्यावरण असंतुलन: मानव अस्तित्व को खतरा	5.32
8.	जलवायु परिवर्तन को रोकने में भारत की भूमिका	5.37
9.	आवश्यकता लोभ की जननी है और लोभ का आधिक्य नस्लें बर्बाद कर देता है	5.41
10.	शब्द दोधारी तलवार से अधिक तीक्ष्ण होते हैं	5.44
11.	नदी जल विवादों के स्थाई समाधान संभव हैं?	5.47

अध्याय 1

आपदा और तकनीक

रूपरेखा

- आपदा की भयावहता और कुछेक ताजे उदाहरणों के साथ निबंध की शुरूआत।
- प्राकृतिक आपदा और मानव निर्मित आपदा का विस्तार से उल्लेख, उनके कारणों के साथ।
- आपदा के अनुमान और उसके प्रभाव को कम करने में तकनीक के योगदान की चर्चा। कितनी कारगर है और क्या इसकी सीमाएँ हैं, इस पर विस्तारपूर्वक विवेचन।
- आपदा प्रबंधन के विभिन्न पहलुओं, सरकारी, गैर-सरकारी प्रयासों की चर्चा।
- इनसे होने वाले नुकसान का भी विस्तृत वर्णन, साथ में पुनर्वास जैसे कई अन्य पहलुओं की चर्चा।
- निष्कर्ष।

कहा जाता है कि विज्ञान चाहे जितना विकास कर ले, तकनीक चाहे जितनी प्रभावी और सटीक हो जाए, फिर भी वह प्रकृति का मुकाबला नहीं कर सकती। आज इक्कीसवीं सदी में विज्ञान के इतने विकसित स्तर पर भी उत्तराखंड में हाल में आई आपदा या फिर नेपाल में आया भूकंप और ऐसे ही कई और उदाहरण इस कहावत को काफी हद तक पुष्ट करते हैं। आपदा दरअसल प्रकृति का वह प्रकोप है जो मनुष्य को समय-समय पर अपनी शक्ति का तो एहसास कराती ही है, उसे चेतावनी भी देती है कि उसके साथ बहुत ज्यादा खिलवाड़ न करे अन्यथा परिणाम विनाशकारी हो सकते हैं। आपदा की प्रवृत्ति अनेक रूपों में मिलती है और इसकी गहनता भी अलग-अलग रूपों में होती है। यद्यपि आपदा प्राचीन काल से ही मानव को प्रभावित करती रही है लेकिन बदलते परिवेश में इसकी प्रवृत्ति भी बदल रही है।

मोटे तौर पर हम आपदा को दो भागों में बाँट सकते है। प्रथम प्रकार की आपदा वह होती है जो प्राकृतिक कारणों से घटित होती है। जबकि दूसरी प्रकार की आपदा वह होती है जो मानवीय कारणों से घटित होती है। ये दोनों प्रकार की आपदाएँ मानव को विशेष रूप से और अन्य को गौढ़ रूप से प्रभावित करती हैं।

मानव द्वारा विभिन्न प्रकार की तकनीक का विकास करके आपदा के प्रभाव को न्यूनतम करने का प्रयास किया जा रहा है। संरचनात्मक तथा गैर-संरचनात्मक दोनों प्रकार से तकनीकी प्रयोग करके विभिन्न प्रकार के कार्यों द्वारा इस प्रक्रिया को अंजाम देने की कोशिश की जा रही है। लेकिन वर्तमान तक उपलब्ध तकनीकों की अपनी सीमाएँ भी हैं। जिसके कारण से तकनीकें उतनी अधिक प्रभावी नहीं हो पा रही हैं जितनी इनकी आवश्यकता है। जिसके कारण हमें आपदा का प्रभाव झेलना पड़ जाता है। अतः आज आवश्यकता है कि ऐसी नवीन तकनीकों का विकास किया जाय जो आपदा के न्यूनीकरण में सफलतम भूमिका निभाये। उम्मीद की जाती है ऐसी तकनीक का विकास हो भी जायेगा जिससे मानव समुदाय ही नहीं वरन् सम्पूर्ण पर्यावरण सुरक्षित हो सकेगा।

आपदा प्रकोप का अगला चरण है। प्रकोप से तात्पर्य ऐसी आकस्मिक घटनाओं से है जिनसे पर्यावरण तो प्रभावित होता है लेकिन मानवीय जन-धन की हानि नहीं होती है। वहीं आपदा के तहत पर्यावरण के साथ-साथ मानवीय जन-धन भी प्रभावित होता है। अर्थात् इस प्रकार हम कह सकते हैं कि आपदाएँ केवल वहीं आती हैं जहाँ मानवीय क्रिया-कलाप होते हैं।

वर्तमान समय में मानव ने अपने कार्य क्षेत्र में विस्तार किया है जिसकी वजह से आज वह उन क्षेत्रों में भी पहुँचने लगा है जो कभी उसके लिए अनुपयुक्त हुआ करते थे या उसकी पहुँच से दूर थी। जाहिर है कि इसके कारण वह होने वाली आकस्मिक घटनाओं से अधिक प्रभावित हो रहा है। इस प्रकार स्पष्ट है कि आज आपदाओं का कार्य क्षेत्र विस्तृत हो गया है जिसके लिए मानव स्वयं जिम्मेदार है।

मोटे तौर पर आपदाओं को हम दो भागों में बाँट सकते हैं जिनमें प्राकृतिक आपदा एवं मानवीय आपदा प्रमुख है। वे आपदाएँ जो प्राकृतिक करणों से घटित होती अर्थात जिनके घटित होने में मानवीय भूमिका नगण्य होती है वे प्राकृतिक आपदाएँ कहलाती हैं। प्राकृतिक आपदाएँ भी धरातलीय एवं ब्रह्माण्डीय, दो प्रकार की होती हैं। धरातलीय प्राकृतिक आपदाओं में ज्वालामुखी, भूकंप, सुनामी, भूस्खलन, बाढ़ महामारी आदि हैं।

जबकि ब्रह्मण्डीय प्राकृतिक आपदाओं में उल्कापिण्डों का गिरना, ब्रह्मण्डीय विकिरण आदि की भूमिका महत्वपूर्ण है। प्राकृतिक आपदाओं में अधिकांश की तीव्रता अधिक होती है और ये विस्तृत पैमाने पर क्षति पहुँचाती है। उदाहरण के लिए विगत दिनों उत्तराखंड मे आयी बाढ़ और रूस के चिल्याविंय मे गिरा उल्का पिंड इसके प्रत्यक्ष उदाहरण हैं। सामान्य तौर पर प्राकृतिक आपदाओं का एक दूसरे से सम्बंध भी होता है जैसे- भूकंप के बाद पहाड़ी क्षेत्रों में हुए भूस्खलन से संरचनात्मक विनाश होता है साथ ही नदी मार्ग भी अवरुद्ध हो जाता है जिससे बाढ़ की समस्या उत्पन्न होती है। वहीं बाढ़ द्वारा जमे पानी से संक्रमित बीमारियाँ फैलती है, जिसके कारण तटीय क्षेत्रों में भी विनाश के बाद उत्पन्न बाढ़ में संक्रमित बीमारियों से महामारी भी फैलती है।

मानवीय आपदाएँ वे होती हैं जिन्हें फैलाने में मानव की भूमिका मुख्य होती है। इनमें आतंकवाद, युद्ध, प्रदूषण के द्वारा उत्पन्न विभिन्न समस्याएँ, साइबर अपराध, खदानों में भूस्खलन आदि है। इन आपदाओं में कुछ का विस्तार क्षेत्रीय तो कुछ वैश्विक विस्तार की है। आंतकवाद साइवर आपराध, प्रदूषण जैसी आपदाएँ वैश्विक स्तर पर अपना प्रभाव रखती हैं। आज इनसे समस्त मानव समुदाय प्रभावित है। वहीं खदानों में भूस्खलन, युद्ध जैसी आपदाएँ मुख्यत: क्षेत्रीय स्तर पर ही हैं। यह स्पष्ट तौर से कहा जा सकता है कि आज मानवीय आपदाओं की बारम्बारता, तीव्रता एवं क्षेत्र में वृद्धि हुयी है। साइबर अपराध एवं आतंकवाद जैसी आपदाओं का इतिहास एकदम नया है लेकिन इनका क्षेत्र अत्यधिक विस्तृत है। आज ये राजनीतिक तौर पर एक हथियार बन गये हैं। कई देशों की सरकारें इसका पोषण कर रही है। तथा एक प्रकार से कूटनीति के रूप में इसका उपयोग कर रही हैं।

फिलहाल आज आपदा को रोकने के लिए तीव्र गति से प्रयास किये जा रहे हैं। इसके लिए विभिन्न स्तरां पर उपाय किये जा रहे हैं जिनमें तकनीकी उपायों की भूमिका सर्वप्रमुख हैं आज क्षेत्रीय एवं वैश्विक स्तर पर विभिन्न तकनीकों का विकास आपदा के प्रभाव में कमी करने में किया जा रहा है। ये तकनीकें काफी हद तक आपदा के प्रभाव में कमी करने में सफल भी हुयी है। आपदा को कम करने में तकनीक का प्रयोग मुख्यत: संरचनात्मक तथा गैर-संरचनात्मक रूपों में पाया जाता है। सरंचनात्मक तकनीकी में विभिन्न प्रकार के आधारभूत संरचनाओं का निर्माण प्रमुख है। आज इस प्रकार के घरों का निर्माण सम्भव हो गया है। जिन पर भूकम्प द्वारा होने वाली क्षति का प्रभाव न्यूनतम होता है। बाढ़ जैसी प्राकृतिक आपदा के प्रभाव को कम करने में बाँध प्राकृतिक भूमिका निभा रहे हैं। आज ऐसे विभिन्न उत्पादों का निर्माण हो रहा है जो आपात कालीन अवस्था में देर तक सुरक्षित रह सकते हैं। विभिन्न प्रकार के परिवहन मार्ग आपदा के प्रभाव को कम करने में सफल हो रहे हैं। ऐसे भी तकनीकी उपकरणों का निर्माण हो गया है जो आग जैसी आपदा पर शीघ्र काबू पाने में सफल हो रहे हैं। विभिन्न प्रकार की दवाएँ महामारियों के प्रभाव को कम करने में काफी हद तक सफल हुयी हैं।

इतना ही नहीं पर्यावरण प्रभाव आँकलन द्वारा तैयार रिपोर्ट के अनुसार विकासात्मक कार्य करने पर एक साथ कई आपदाओं को कम किया जा सकता है। पर्यावरण प्रभाव आंकलन एक ऐसी प्रक्रिया है जिसके द्वारा मानवीय विकास का प्राकृति पर पड़ने वाले प्रभाव का आंकलन किया जाता है। इसका मुख्य उद्देश्य मानवीय आपदाओं को न्यूनतम करना है। कई देशों में इसका बड़े पैमाने पर प्रयोग किया जा रहा है।

गैर-संरचनात्मक स्तर पर विकसित तकनीकें भी आपदा के प्रभाव को कम करने में महत्वपूर्ण भूमिका निभा रही हैं। इसके अन्तर्गत आधुनिक संचार का योगदान प्रमुख है। इसके अतिरिक्त तकनीकी स्तर पर प्रशिक्षित जनसमुदाय, भी इसके महत्वपूर्ण अंग हैं। संचार तकनीक के अन्तर्गत आज विभिन्न प्रकार से आपदा न्यूनीकरण में सहायता मिल रही है। उपग्रह तकनीक का इसमें महत्वपूर्ण योगदान है। आज उपग्रह की मदद द्वारा आपदा से सम्बधित सूचनाएँ एकत्रित की जा रही हैं, जिनमें आपदा के क्षेत्र की पहचान तथा आपदा प्रकारों की पहचान प्रमुख है। तकनीक की सहायता से आपदा सम्भावित क्षेत्र का मानचित्र कर उसे मानवीय हरकतों से अलग करने की कोशिश की जा रही है नवीन सुरक्षित स्थलों का पता लगाने में भी इन तकनीकों

का प्रयोग किया जा रहा है। समुद्री सतह पर होने वाली गतिविधियों का आँकलन किया जा रहा है जिससे सुनामी जैसी आपदा के प्रभाव को न्यूनतम किया जा सके।

मानसून की विभिन्न गतिविधियों पर नियन्त्रण जैसे मानसून, के आने का समय, इसकी दिशा, गहनता आदि के बारे में पूर्वनुमान लगाने में ये तकनीके बेहद उपयोगी हो रही हैं जो बाढ़ एवं सूखा जैसी प्राकृतिक आपदा के प्रभाव को कम करने में सहयोग कर रही हैं।

मानवीय आपदाओं से जुड़ी विभिन्न खुफिया जानकारियों को जुटाने में भी ये तकनीके बेहद उपयोगी हुयी हैं। साइबर अपराध जैसी आपदा इसी प्रकार की तकनीकी कमजोरी का कारण है। विभिन्न सामरिक क्षेत्रों की निगरानी एवं हथियारों के संचालन में इस प्रकार की तकनीकें बेहद लाभदायक सिद्ध हुयी हैं। आज अनेकों हथियार एवं सैन्य वीमान उपग्रहों द्वारा नियंत्रित किये जा रहे हैं। अतः इस प्रकार मानवीय आपदा को भी कम करने में गैर-संरचनात्मक तकनीक बेहद कारगर हुयी है। आपदा के विरूद्ध सामना करने में तकनीकी स्तर पर प्रशिक्षित जनसमुदाय सबसे कारगर विकल्पों में से एक है आज यह कार्य सैन्य बलों द्वारा प्रमुख रूप से किया जा रहा है। जिसके सुखद परिणाम देखने को मिल रहे हैं।

मानव जब से धरा पर आया है तभी से वह आपदाओं से प्रभावित होने लगा है। साथ ही तभी से वह इन आपदाओं से अपने को सुरक्षित करने का प्रयास भी कर रहा हैं। लेकिन आज तक वह इनसे प्रभावित होता ही रहा है। अब सवाल यह उठता है कि आज इतना तकनीकी विकास होने पर भी हम आपदाओं के प्रभाव को समाप्त नहीं कर सके हैं। इसके क्या कारण हो सकते है? इसके उत्तर के लिए हमें कई बातों पर ध्यान देना होगा-

विभिन्न तकनीकों की अपनी सीमा होती है। अर्थात उनका प्रयोग निश्चित क्षेत्रों में ही किया जा सकता हैं एक तरफ जहाँ संरचनात्मक तकनीकें अत्यन्त अल्प क्षेत्र में अधिक उपयोगी नहीं हो पाती हैं वहीं गैर-सरंचनात्मक तकनीकों मुख्यतः उपग्रह प्रणाली से मिलने वाली सूचनाएँ इतने विस्तृत क्षेत्र का विवरण देती हैं कि कार्य क्षेत्र की पहचान कठिन हो जाती है। इसके साथ ही विभिन्न प्रकार की प्राकृतिक बाधाएँ भी कार्य संचालन में बाधा पहुँचाती है। विगत दिनों उत्तराखंड में आयी बाढ़ के दौरान प्राकृतिक बाधाओं ने आपदा के प्रभाव को और बढ़ा दिया।

अर्थव्यवस्था के मजबूत न होने के कारण भी हम उस स्तर पर तकनीकी विकास नहीं कर पा रहे हैं जिस स्तर पर हमें आवश्यकता है। चूँकि वर्तमान में प्राकृतिक एवं मानवीय दोनों प्रकार की आपदाओं की प्रकृति में बदलाव आ रहा है। अतः आवश्यकता है कि तकनीकी अनुसंधान को तीव्र किया जाय और नवीन तकनीकें खोजी जाएँ। जिससे नयी प्रकार की आपदाओं से निपटा जा सके।

वस्तुतः आपदा की पूर्व जानकारी जुटा पाना बेहद कठिन साबित हो रहा है। इतना ही नहीं कई बार कई आपदाएँ एक साथ आ जाती है तो इसकी प्रकृति भी बदल जाती है और साथ ही इनका क्षेत्र भी बढ़ जाता है जिसके कारण यहाँ पर हमारा तकनीकी ज्ञान कम पड़ जाता है और आपदा का प्रभाव अधिक विगत दिनों अमेरिका में आया सुपर सैण्डी तूफान ऐसा ही था जिसमें ऊष्ण-कटिबंधीय एवं शीतोष्ण चक्रवात दोनों एक साथ मिल गये और साथ में इनके कारण होने वाली भारी चक्रवातीय वर्षा से तटीय क्षेत्रों बाढ़ भी आयी जिसके कारण भारी मात्रा में जन-धन की हानि हुई।

उपलब्ध तकनीक का सही रूप से संचालन न हो पाना भी आपदा की तीव्रता का एक कारण है अर्थात तकनीकी स्रोत, प्रशासन और साधारण जन समुदाय में बेहतर तालमेल न होने पर भी आपदा के प्रभाव में वृद्धि हो जाती है। साधारण या विकासशील देशों में इस प्रकार की समस्या देखी जा रही। ऐसी स्थिति में आपदा का प्रभाव देर तक रहने से जन-धन की हानि भी अधिक होती है।

तकनीक द्वारा हम केवल मात्रात्मक प्रभाव का ही आँकलन कर सकते हैं, गुणात्मक का नही। अर्थात यह भी एक प्रकार से तकनीकी उपयोग को सीमित कर देता है। मानवीय आपदाओं को कुछ देश प्रोत्साहित भी कर रहे हैं। इतना ही नहीं मानवीय आपदा को रोकने या उसका प्रतिरोध करने के लिए कुछ देश अपने आप को इस कदर मजबूत कर रहे हैं कि यह कहना मुस्किल हो जा रहा है कि इनका यह तकनीकी विकास आपदा को रोकने के लिए हो रहा है या दूसरों को आपदा में डालने के लिए। आज सामरिक तकनीक द्वारा अनेक ऐसे हथियार बन गये हैं जिनसे होने वाली क्षति अपूर्णनीय एवं प्राकृतिक आपदाओं से कहीं अधिक है। यदि सिर्फ परमाणु बम की ही बात करें तो आज यह इतनी अधिक मात्रा में बन गये हैं कि धरती पर कई बार विनाश हो जाय। यहाँ ऐसे समय में तकनीकी विकास पर प्रश्न चिन्ह खड़ा हो जाता है

अब अगर इन सीमाओं से आगे निकलना एवं आपदा के प्रभाव को न्यूनतम करना है तो हमें कुछ मुख्य पहलुओं पर विचार करना होगा। जिससे मानवीय एवं प्राकृतिक दोनों प्रकार की आपदाओं को अत्यल्प किया जा सके। इसके लिए विश्व के देशों का आपसी सहयोग सबसे महत्वपूर्ण है। विश्व में घटित होने वाली अधिकांश आपदाएँ लगभग एक ही प्रकार की हैं। अत: अधिकांश देशों की समस्याएँ एक जैसी हैं। इसलिए यहाँ यह बात आवश्यक हो जाती है कि न केवल तकनीकी वरन् अन्य सभी स्तरों पर एक दूसरे का सहयोग करें। आपदा से सम्बंधित किसी नवीन तकनीक की खोज होने पर उसका आदान प्रदान किया जाए। इसमें विकासशील एवं पिछड़े देशों पर विशेष ध्यान दिये जाने की आवश्यकता होती है। क्योंकि इनके पास न तो उपयुक्त तकनीक होती है और न ही आपदा से लड़ने की ताकत।

क्षेत्रीय स्तर पर जन जागरूकता अभियान चलाये जाने की आवश्यकता है। लोगों को मानवीय एवं प्राकृतिक दोनों आपदाओं से होने वाली क्षति को न्यूनतम करने के विशेष रूप से प्रशिक्षित किया जाय। इससे न केवल प्रशासनिक स्तर पर सरकार का भार कम होगा वरन् आपदा से तीव्र गति से निपटने में भी सहायता मिलेगी। पर्यावरण प्रभाव आँकलन द्वारा निर्धारित मानकों का कड़ाई से पालन हो। इससे न केवल आपदा को रोकने में सहायता मिलेगी वरन् संपोषणीय विकास भी होगा।

निष्कर्षत: यह कहा जा सकता है कि आपदा एक ऐसी अवांछनीय घटना है जिससे न केवल क्षेत्रीय वरन् वैश्विक स्तर पर हानि हो रही है और इससे निपटने में सबसे प्रभावी कदम है तकनीकी विकास है। और इसका क्षेत्रीय एवं वैश्विक स्तर पर सहयोगात्क प्रयोग। विगत कुछ वर्षों से जिस प्रकार तकनीकी प्रगति हो रही है उससे सुखद परिणाम मिल रहे हैं। आज मानवीय एवं प्राकृतिक दोनों आपदाओं के प्रभाव को न्यूनतम करने के लिए तकनीकी स्तर पर तीव्र विकास हो रहा है, वैश्विक सहयोग की भावना में विस्तार हो रहा है, आपदा रोधी

क्रियाओं को अपनाया जा रहा है और सरकारी और गैर-सरकारी दोनों स्तर पर सराहनीय प्रयास किये जा रहे हैं। तकनीकी सीमाओं को न्यूनतम करने के प्रयास हो रहे हैं। अतः यह बात स्पष्ट तौर पर कही जा सकती है कि भविष्य में मानव तकनीक का इतना विकास कर लेने में सक्षम हो जाएगा कि आपदा को आने से पहले ही वह उनका सटीक अनुमान लगा सकेगा और फिर उनसे बचने और उसके प्रभाव को न्यूनतम करने में सक्षम हो सकेगा।

अध्याय 2

नदी जोड़ो योजना: कितनी उपयोगी, कितनी खतरनाक

संस्कृति और सभ्यता के निर्माण एवं विकास में नदियों का अप्रतिम स्थान रहा है। प्राचीन काल से ही अन्य प्राकृतिक संसाधनों के साथ नदियों का भी विशेष महत्व रहा है। प्राचीन काल में जल को अमृत की संज्ञा दी जाती थी जो आज भी बहुत प्रासंगिक है। विश्व में उपलब्ध जल भण्डार में मात्र कुछ प्रतिशत ही पीने योग्य है, अत: उस पीने योग्य जल का उचित प्रकार से प्रयोग हो, यही आज की चुनौती है। भारत में नदियों के धार्मिक, आर्थिक सभी प्रकार के महत्व को देखते हुये उन्हें विशेष स्थान प्रदान किया गया है। परन्तु यहाँ की जलवायु में भी विविधता है। यहाँ की नदियों में, अर्थात् बड़ी नदियों में वर्ष भर जल रहता है। महत्वपूर्ण नगरों की स्थिति भी नदियों के किनारे है। नदियों के कारण जहाँ एक ओर हमें बहुत प्रकार की सुविधाएँ प्राप्त हैं, उसी प्रकार ये नदियाँ हीं अपनी बाढ़ आदि की विभीषिका के कारण मानवीय क्षति का कारण बनती हैं। इसी को दृष्टिगत रखते हुए भारत सरकार ने एक महत्वाकाँक्षी परियोजना का शुभारम्भ 13 अक्टूबर, 2002 को किया। जैसा कि भारत में परम्परा रही है कि योजनाओं के प्रारम्भ में अध्यात्मिक और पौराणिक मिथकों का सहारा लिया जाता है, अत: इस महत्वाकाँक्षी नदी सम्पर्क योजना को 'अमृत क्रांति' का नाम दिया गया।

नदी सम्पर्क योजना अर्थात् 'अमृत क्रांति' का प्रथम चरण प्रारम्भ हो चुका है। प्रारम्भ में दो नदियों, केन और बेतवा को जोड़ने का कार्य शुरू करने के समझौते में मध्य प्रदेश, उत्तर प्रदेश तथा केन्द्र सरकार के प्राधिकारी के हस्ताक्षर हो चुके हैं। इस परियोजना पर ₹4000 करोड़ का अनुमानित खर्च आयेगा। वैसे इस सम्पूर्ण परियोजना का खर्च पाँच लाख साठ करोड़ रुपये है। यद्यपि इसमें लाभ भी अधिक है, परन्तु इससे उत्पन्न हानियों को भी हम लोग नजरअंदाज नहीं कर सकते हैं। परियोजना के आरम्भिक चरण में केन और बेतवा, दोनों नदियों को जोड़ने के लिए केन नदी पर दौधन बाँध बनाया जायेगा और 231 किमी लंबी सम्पर्क नहर के जरिए केन नदी बेसिन का अतिरिक्त जल, कम जल वाले बेतवा बेसिन में पहुँचाया जायेगा। इस नदी सम्पर्क योजना के लागू हो जाने पर मध्य प्रदेश में छतरपुर, टीकमगढ़, पन्ना, रायसेन व विदिशा

और उत्तर प्रदेश में हमीरपुर, झाँसी और बाँदा में सिंचित भूमि का बड़े पैमाने पर विस्तार होने के साथ पेयजल की उपलब्धता भी बढ़ेगी।

भारत एक विशाल राष्ट्र है और यहाँ पर नदियों का जाल-सा बिछा है। भारत में दो प्रकार की नदियाँ हैं। प्रथम प्रकार की नदियाँ हिमालय आदि ग्लेशियर से निकलती हैं जिनमें वर्ष भर जल की आपूर्ति सुगमतापूर्वक होती है। ये नदियाँ अपने आसपास के क्षेत्रों को हरा-भरा करती हैं और पेयजल, जल विद्युत आदि बहुत प्रकार की सुविधायें उपलब्ध कराती हैं। यद्यपि इन नदियों में गर्मी के मौसम में पानी की कुछ कमी हो जाती है, परन्तु इतनी अधिक कमी नहीं होती कि इनका पानी सूख जाय। वर्षा के मौसम में इन नदियों के किनारे के शहर आदि बहुत बड़ी विभीषिका झेलते हैं और यह विभीषिका बाढ़ की होती है। बाढ़ के कारण अपार धन-जन की हानि होती है। यद्यपि सरकार राहत कार्य द्वारा इस विभीषिका को कम करने का प्रयास करती है, परन्तु नुकसान अनुमान से अधिक होता है। हिमालय से निकली नदियों में एक ही मौसम में बाढ़ आना इन विभीषिकाओं को और बढ़ा देता है और धन-जन की अपार हानि होती है। इन नदियों में गंगा, यमुना, आदि प्रमुख हैं।

द्वितीय प्रकार की नदियों में प्रायद्वीपीय नदियाँ आदि हैं जिनका उदगम किसी पहाड़ी प्रदेश से होता है तथा ये मुख्यतः दक्षिण भारत में बहती हैं। इन नदियों में गर्मियों के समय पानी की बहुत कमी हो जाती है और यही नदियाँ बरसात के समय विशाल स्वरूप को ग्रहण करके अपने आसपास के क्षेत्रों को जलमग्न कर देती हैं तथा फसलों को बरबाद कर देती हैं। मृदा क्षरण बहुत बड़े पैमाने पर होने के कारण भी क्षति अधिक होती है। प्रायद्वीपीय नदियों में कुछ में नौ परिवहन होता है, लेकिन सीमित मात्रा में। इस प्रकार, इन नदियों में पानी बहुत रहता है लेकिन उसका उपयोग ठीक ढंग से नहीं हो पाता है। बरसात के समय ये पानी फालतू बहकर समुद्र में चला जाता है और मनुष्य को दो तरफ से क्षति होती है, प्रथम तो धन, जन की हानि और दूसरे प्रकार से जल की हानि।

भारत की सभी प्रमुख नदियों के जल को विशेषकर बाढ़ के समय, प्रयोग करने के लिये महत्वाकाँक्षी नदी सम्पर्क योजना को प्रारम्भ किया गया है। इस परियोजना की यदि हम पृष्ठभूमि में जायें तो इसका प्रारूप बहुत पहले ही रख दिया गया था। 1960 में देश की प्रमुख नदियों को आपस में जोड़ने का एक प्रारूप प्रस्तुत कर दिया गया था, लेकिन तत्कालीन लोगों ने इस पर अधिक ध्यान नहीं दिया। इसके बाद 1972 में के. एल. राव ने औपचारिक रूप से यह परियोजना पेश की जिसमें कावेरी नदी को गंगा से जोड़ने का प्रस्ताव था। इसके पश्चात् 1977 में एक प्रस्ताव आया जिसमें बड़ी नदियों को नहरों से जोड़ने की पहल हुई। 1980 में इस परियोजना का एक खाका भी बनाया गया, लेकिन उसके बाद इस दिशा में गंभीर प्रयास नहीं किये गये। इस प्रकार इस दिशा में प्रयास बहुत पहले ही किया गया, लेकिन गंभीरतापूर्वक कार्य करने में इतने वर्ष लग गये और अक्टूबर 2002 में इसकी घोषणा हुई। अमृत क्रांति के रूप में भारत सरकार ने नदी सम्पर्क योजना का प्रस्ताव पारित किया जिसमें लगभग 37 नदियों को जोड़ने की बात कही गयी है। अनुमानतः इस योजना पर 11 बिलियन डॉलर की लागत आंकी गयी है। इसके अंतर्गत जो 30 अंतर बेसिन जोड़ बनाए जाएँगे, उनमें पानी को अधिक पानी वाले बेसिन से कम पानी वाले बेसिन में पहुँचाया जायेगा और समुद्र

में बहने वाली नदियों का फालतू पानी रोका जायेगा। भारत सरकार इस परियोजना द्वारा जहाँ एक ओर सूखा और बाढ़ की समस्या को हल करेगी वहीं दूसरी ओर बिजली, पेयजल आदि की समस्या का भी निदान हो सकेगा। इस परियोजना से भारत सरकार, राज्यों के बीच नदियों के पानी के विवाद को भी सुलझाने का प्रयास करेगी तथा जब एक दूसरे के हित समान रूप से किसी योजना में सम्मिलित रहेंगे तो टकराव के कम-से-कम अवसर रहेंगे। वित्त व्यवस्था का जहाँ तक प्रश्न है, तो भारत सरकार 1953 से 1998 के बीच 53 हजार करोड़ रुपये बाढ़ राहत कार्यों में खर्च कर चुकी है। अतः इस परियोजना के माध्यम से इस प्रकार के धन की हानि नहीं होगी। यह पूरी तरह से तकनीकी आर्थिक मामला है, जिसमें आगे बढ़ने का व्यापक अध्ययन किया जा रहा है और इससे होने वाले लाभ के साथ-साथ संभावित हानि व समस्याओं को भी ध्यान में रखकर ही यह योजना सम्पादित की जा रही है।

इस परियोजना के संभावित लाभों का जो अनुमान लगाया गया है, उसमें महत्वपूर्ण यह है कि यह केवल नदियों को जोड़ने या उन्हें आपस में मिला देने की परियोजना नहीं है। नदियों को नहरों के माध्यम से जोड़ा जायेगा और जगह-जगह पर बाँध व जल संरक्षण के लिये जल भण्डार वॉटर स्टोरेज बनाए जायेंगे। मानसून के दिनों में जरूरत से ज्यादा पानी को इसमें सुरक्षित कर लिया जायेगा और बाद में जिस राज्य को आवश्यकता होगी, उसे नहरों के जरिये उसी सुरक्षित पानी से आपूर्ति की जायेगी। यह देखा गया है कि मानसून के समय बाढ़ आ जाती है, लेकिन मानसून के बाद गंगा जैसी बड़ी नदी में भी पानी का स्तर काफी गिर जाता है। परियोजना के तहत बनाये जाने वाले बाँध और स्टोरेज न सिर्फ बाढ़ के प्रकोप को कम करेंगे, बल्कि मानसून के बाद सूखे के दिनों में भी लोगों की जरूरत के मुताबिक पानी उपलब्ध करायेंगे। परियोजना के जरिए 34 हजार मेगावाट बिजली का उत्पादन होगा और साढ़े तीन करोड़ हेक्टेयर जमीन पर बेहतर सिंचाई सुविधा उपलब्ध हो जायेगी। साथ ही, परियोजना द्वारा नहरों आदि के विस्तार से कृषि की समस्या को भी सुलझाया जायेगा। नौपरिवहन के साथ-साथ पर्यटन की दृष्टि से भी इस योजना का भविष्य में लाभ उठाया जा सकता है।

यद्यपि इस योजना को प्रारम्भिक तौर पर देखने से यह बहुत ही विकासोन्मुख दिखती है परन्तु इससे उत्पन्न हानियों को भी रेखांकित करना आवश्यक है, लेकिन विकास के लिये कीमत तो चुकानी ही पड़ती है। हमें सदैव यह प्रयास करना चाहिये कि विकास के अनुपात में कीमत को न्यूनतम किया जा सके। इस परियोजना में कई समस्यायें और जटिलतायें भी हैं। बहुत बड़े स्तर पर और बड़े क्षेत्र में नहरों का निर्माण होने से विस्थापन की समस्या विकराल रूप में उपस्थित होगी। भारत सरकार पूर्व की अनेक योजनाओं में विस्थापितों की समस्या को आज तक पूर्ण रूप से हल नहीं कर सकी, चाहे वह सरदार सरोवर बाँध के निर्माण में हो या टिहरी के संदर्भ में। उचित मुआवजे के अभाव में विरोध के स्वर अभी भी मुखर होते हैं। अतः परियोजना में प्रारम्भ से ही विस्थापितों के पुनर्वास के लिये एक पारदर्शक नीति बनायी जाये जिसका कठोरता से पालन हो। नहीं तो यदि सर्वोच्च न्यायालय इस परियोजना को प्रारम्भ करने का निर्णय दे सकता है तो सही नीति के अभाव में रोक भी लगा सकता है।

कई पर्यावरणविदों ने योजना पर सवालिया निशान लगाते हुए कहा है कि इंजीनियरिंग इस समस्या के समाधान के लिए अपने आप में पर्याप्त नहीं है। राजनीतिक तथा मीडिया क्षेत्रों में

भी इस विशालकाय योजना पर परोक्ष या प्रत्यक्ष रूप से बहस चल पड़ी है। इनका कहना है कि यदि इस संपर्क योजना का संबंध गंगा के पानी से है तो बाँग्लादेश, जिसने ब्रह्मपुत्र-गंगा नहर योजना को अस्वीकार कर दिया था, से भी सलाह लिया जानी चाहिए। ये लोग इस योजना पर खर्च होने वाले 56 सौ बिलियन रुपयों की समस्या की ओर भी इशारा करते हैं कि यह भारतीय उच्चतम न्यायालय के एक मामले में दी गयी राशि है। इनके अनुसार इस योजना को पूरी करने के लिए 11 सौ बिलियन रुपये की आवश्यकता होगी।

बिहार के कुछ राजनीतिज्ञों ने भी नदी संपर्क योजना का विरोध करते हुए केंद्र सरकार पर बिहार के विरुद्ध एक षड्यंत्र रचने का आरोप लगाया है। उनके अनुसार प्रधानमंत्री की नदी संपर्क योजना के अंतर्गत बिहार से पानी बाहर नहीं जाने देंगे चाहे, उन्हें अदालत की अवमानना का मामला झेलना पड़े। उन्होंने यह भी धमकी दी कि बिहार के हितों के विरुद्ध कोई समझौता केंद्र सरकार ने किया तो खून-खराबा करेंगे। कई लोगों ने चेतावनी दी है कि ब्रह्मपुत्र तथा दूसरी नदियों को आपस में जोड़ने का सरकार की विशालकाय योजना से भविष्य में पर्यावरणीय महा विपदा से इंकार नहीं किया जा सकता।

नहरों के मार्ग में बहुत से वन क्षेत्र और संरक्षित क्षेत्र आने की भी पूर्ण संभावना है। जैसे केन बेतवा को जोड़ने में नहर का मार्ग पन्ना नेशनल पार्क से होकर जायेगा जिसमें पर्यावरण क्षति भी होगी। संरक्षित क्षेत्र से नहर गुजरे तो संरक्षित क्षेत्र का पूरा नियोजन ही बिगड़ सकता है। किसी भी स्थान पर नहरों द्वारा पानी लाने के बारे में पर्यावरणाविद् मानते हैं कि पर्यावरण पर उनके असर के बारे में पहले से अध्ययन जरूरी है। कुछ तरह की भूमि व मिट्टी को नहरों से लाभ हो सकता है तो कुछ अन्य तरह की भूमि व मिट्टी को बहुत नुकसान हो सकता है। कहीं भू-जल उपलब्धि बढ़ सकती है तो कहीं दलदलीकरण की समस्या भी विकट हो सकती है। पानी व दलदल में पलने वाले मच्छर और जीव नये इलाके में प्रवेश कर कई ऐसी बीमारियाँ फैला सकते हैं जिनसे वहाँ के लोग अनभिज्ञ हैं और जिनके लिए उनमें कोई प्रतिरोधक शक्ति भी नहीं है। अतः इस प्रकार से अग्रिम अध्ययन द्वारा उत्पन्न समस्याओं को दूर करने के लिए प्रयास करना चाहिए और हर क्षेत्र के विशेषज्ञों की राय इसमें बहुत महत्वपूर्ण होती है। नदियों को आपस में जोड़ने के लिए कई नहरों की आवश्यकता होगी जो देश के विभिन्न भागों से गुजरेगी। अब समस्या यह आयेगी कि अलग-अलग भागों का पर्यावरणीय प्रभाव अलग-अलग होगा। इस समस्या से निपटने के लिए विशेषज्ञों के साथ-साथ स्थानीय लोगों की राय भी लेनी पड़ेगी जिसमें बहुत अधिक समय लग जायेगा। अतः यदि महत्वपूर्ण प्रामाणिक जानकारी के अभाव में अनेक क्षेत्रों से इतनी नहरों को बनाया जाय तो पर्यावरणीय असंतुलन पैदा होने की बहुत अधिक सम्भावना उत्पन्न हो जायेगी। अतः इस क्षेत्र में अग्रिम विचार आवश्यक है। विभिन्न राज्यों के बीच नदी जल विवाद भी एक मुख्य समस्या है जिनका निस्तारण भी आवश्यक है। कुछ नदियों में एक समय बाढ़ आती है, जैसे केन और बेतवा दोनों में। अतः ऐसी स्थिति के बारे में भी विचार करना पड़ेगा। पर्यावरण प्रदूषण के कारण हिमालय से नदियों में पानी कम करने का एक दुष्परिणाम यह भी होगा कि ये समुद्र में जिस स्थान पर मिलती हैं वहाँ का पर्यावरणीय संतुलन बुरी तरह बिगड़ जायेगा।

एक जो सबसे बड़ी समस्या है वह है वित्त की। अतः व्यापक अध्ययन के पश्चात् ही भारत जैसा विकासशील देश इस दिशा में वित्त उपलब्ध करा सकेगा क्योंकि हमारी अर्थव्यवस्था इतना बड़ा झटका सहन करने लायक नहीं है। इस परियोजना से एक खतरा कृषि की जैव विविधता के लिए भी है। यह परियोजना जैव विविधता को खत्म करेगी और गैर-टिकाऊ जल उपयोगिता को बढ़ावा देगी। पानी के गैर-टिकाऊ इस्तेमाल में ऐसी खेती सबसे बड़ा तत्व है, जो पानी की बर्बादी करती है। असली अमृत क्रांति तो तब होगी, जब जैव विविधता का समर्थन किया जायेगा, पानी बचाने के तरीके लागू किये जायेंगे, जैव कृषि को अपनाया जायेगा और जल स्रोतों में नयी जान फूँकी जायेगी। नदी जोड़ के छदम विज्ञान की जगह अपनी जल प्रणालियों के साथ सामंजस्य के साथ जीने का विज्ञान लागू होना चाहिए। दूर-दूर की नदियों को जोड़ देने भर से पानी का गलत इस्तेमाल, टिकाऊ इस्तेमाल में नहीं बदल जायेगा, बल्कि इससे पानी के दुरुपयोग की गुंजाइश और भी बढ़ जायेगी।

फिलहाल सरकार नयी ऊर्जा एवं दृढ़ निश्चय के साथ इस महत्वाकाँक्षी योजना को शुरू करने पर आमादा है। सरकार को यह चाहिए कि अपनी कार्य योजना के केन्द्र में मानवीय पक्ष को रखे तथा लाभ व हानि वाले सभी पक्षों पर गहन पड़ताल कर मानवीय अस्तित्व की अक्षुण्णता को बनाये रखे, क्योंकि इसके बिना कोई भी विकास का काम अधूरा है।

अध्याय

3

धर्म और विज्ञान: पूरक अथवा विरोधी

रूपरेखा

- धर्म और विज्ञान की व्याख्या करते हुए उनके महत्व को अलग-अलग रेखांकित करें।
- क्या वास्तव में दोनों में टकराव है और यदि हां तो टकराव के बिंदुओं को रेखांकित करें।
- टकराव कहां तक उचित है, इस बिंदु का आलोचनात्मक विश्लेषण करते हुए दोनों के अंतर्सम्बंधों पर प्रकाश डालें।
- आज के वैज्ञानिक युग में भी धर्म या अध्यात्म की भूमिका कितनी महत्वपूर्ण है तर्क सहित व्याख्या करें।

अँग्रेजी में एक कहावत है कि जहाँ से विज्ञान समाप्त होता है, वहीं से अध्यात्म की शुरूआत होती है। वहीं विज्ञान धर्म अथवा अध्यात्म जैसी चीज को मान्यता नहीं देता। तो प्रथम द्रष्ट्या धर्म और विज्ञान परस्पर विरोधी प्रतीत होते हैं और एक के द्वारा प्रतिपादित सिद्धांत दूसरे के द्वारा निरूपित सिद्धांतों से मेल नहीं खाते हैं। वैज्ञानिक आविष्कारों का तब तक विरोध नहीं हुआ जब तक कि इनका क्षेत्र धर्म की परिधि में आने वाले विषयों से बाहर रहा। लेकिन जैसे ही वैज्ञानिकों ने सृष्टि की रचना संबंधी धार्मिक मान्यताओं से भिन्न सिद्धांतों का प्रतिपादन किया, वैसे ही उन्हें विभिन्न धर्माचार्यों और उनसे प्रभावित शासकों का कोपभाजन बनना पड़ा। लेकिन यह स्थिति अधिक दिनों तक नहीं चल सकी, क्योंकि विज्ञान के सिद्धांत प्रमाण एवं तर्क पर आधारित होने के कारण जन-मानस की जिज्ञासाओं को शांत करने में अधिक सफल रहे।

ऊपरी तौर पर धर्म और विज्ञान भले ही परस्पर विरोधी प्रतीत होते हों, लेकिन व्यापक तौर पर अवलोकन करने पर यह प्रतीत होता है कि प्रकृति के कण-कण में धर्म और विज्ञान

का संयुक्त निवास है। विरोध उनकी ओर से होता है जो किसी एक के प्रति आग्रही हो जाते हैं। धर्मांध व्यक्ति द्वारा विज्ञान की उपेक्षा की जाती है और विज्ञान को ही सब कुछ समझने वाला धर्म की उपेक्षा करता है। लेकिन यह समझने की आवश्यकता है कि नैतिकता और भौतिकता दो परस्पर विरोधी प्रवृत्ति वाली मान्यताएँ हैं, किन्तु विकास के लिए दोनों का सम्यक समावेश बेहद जरूरी है। धर्म और विज्ञान, दोनों ने ही मनुष्य जाति के विकास में समान रूप से सहयोग किया है और इन दोनों में से किसी भी एक के बिना संपूर्ण विकास की कल्पना नहीं की जा सकती। जहाँ धर्म ने मानसिक एवं आत्मिक दृष्टि से दृढ़ता प्रदान की है, वहीं विज्ञान ने भौतिक दृष्टि से। स्पष्ट है कि यदि मनुष्य अपने जीवन को यथार्थ रूप में सफल बनाना चाहता है तो उसे दोनों ही प्रकार की सुख-शांति की आवश्यकता होगी और यह तभी संभव है जब धर्म और विज्ञान साथ-साथ चलेंगे।

मध्यकालीन विश्व को क्राँतिकालीन विश्व की संज्ञा दी जाती है। क्योंकि इस काल में ही पुनर्जागरण, वाणिज्यिक क्राँति, नवीन राष्ट्रों का उदय, धर्म सुधार आंदोलन तथा औद्योगिक क्राँति संपन्न हुए थे। इन क्राँतियों ने विश्व में एक ऐसे युग का शुभारम्भ किया जिसमें प्राचीन मान्यताओं एवं आस्थाओं में पूर्ण परिवर्तन लाया गया। मध्यकाल की अंतिम शताब्दियों में समस्याओं के समाधान की प्राचीन रीतियों की जगह तर्क, परीक्षण आदि ने ले ली। अब प्रकृति में विद्यमान अप्रत्यक्ष सत्य को उद्‌घाटित करने का प्रयास वैज्ञानिक आधार पर किया जाने लगा। इससे नवीन प्रवृत्तियों का विकास हुआ। इसी समय पारंपरिक साधनों की जगह आधुनिकतावादी साधनों ने ले ली। इस काल के पूर्व अप्रत्यक्ष सत्य को उद्‌घाटित करने का प्रयास धार्मिक आधार पर किया जाता था। मध्यकाल के अंतिम दशकों में विज्ञान पर आधारित दृष्टिकोण के कारण धर्मनिरपेक्षता, अनुभूतिमूलक ज्ञान, वसुधैव कुटुम्बकम आदि मान्यताएँ प्रचलित हुईं। अब लोगों ने धर्म के आधार पर परस्पर लड़ाई की भावना का त्याग कर व्यक्तिगत विकास पर बल देना शुरू कर दिया।

वर्तमान युग में विज्ञान के सहारे हमने अनेक ऐसी चीजें प्राप्त कर ली हैं। जिनसे अल्प समय में तीव्र विकास संभव है। किन्तु इसी विज्ञान के सहारे हमने विस्फोटक सामग्री, प्रदूषण, भौतिकवादी प्रवृत्ति आदि भी हासिल की है जो अल्प समय में संपूर्ण ब्रह्माण्ड को विनष्ट करने में सक्षम है। विज्ञान के नाम पर मनुष्य ने प्राचीनकाल से आ रही नैतिकता का पूर्णतया त्याग करना शुरू कर दिया है और क्षणिक भौतिकतावादी आधुनिकता को अपनाने की प्रक्रिया शुरू की है। इस प्रक्रिया में मानव मूल्य समाप्त होता जा रहा है। भौतिकतावाद की कुत्सित प्रवृत्ति ने सम्पूर्ण मानव समुदाय के लिए खतरा उत्पन्न कर दिया है। इसका एकमात्र कारण लोगों की अशिक्षा है। शिक्षित मनुष्य कभी भी धर्म और विज्ञान को दो अलग-अलग ध्रुवों के रूप में नहीं देख सकता है।

यह ठीक है कि विज्ञान ने आज मानव जीवन में उपयोग आने वाली न जाने कितनी चीजों को बनाकर व्यक्ति को सुविधाभोगी बना दिया है। लेकिन मानव जीवन का अस्तित्व, उसका उद्देश्य, उचित-अनुचित जैसे तमाम प्रश्नों के संदर्भ में विज्ञान आज भी मौन दिखाई देता है। वैज्ञानिक आज बड़े बड़े आविष्कार करके प्रकृति तक को अपने वश में करने में सफल हो गया है, लेकिन अपनी अंतः प्रकृति पर विजय प्राप्त करने में वह पूर्णतः असफल रहा है। वास्तव में उसकी दशा एक ऐसे चालक की हो गई है, जिसके वाहन के ब्रेक फेल हो

गए हैं और वह किसी भी वक्त दुर्घटनाग्रस्त हो सकता है। यही नहीं, वैज्ञानिक उपलब्धियों ने मानव को दंभी और स्वार्थी बना दिया है तथा वह खुद मानव संस्कृति और सभ्यता के लिए खतरा बनता जा रहा है। अपनी असीम सामर्थ्य द्वारा विज्ञान ने मानव को विपुल शक्तियाँ प्रदान कर दी हैं, लेकिन दूसरी ओर उसके भीतर अवस्थित शैतान को भी जगा दिया है। वैज्ञानिक मनुष्य की स्थिति आज उस अविवेक व्यक्ति की तरह हो गई है, जो उसी डाल को काटने के लिए उद्यत है, जिस पर वह बैठा हुआ है। वर्तमान युग विज्ञान का युग है। वह हमारे जीवन के हर पक्ष में व्याप्त है और समग्र कार्यविधि का संचालक बन गया है। मानव समाज की प्रगति वैज्ञानिक उन्नति के साथ पूर्णतः संबद्ध हो गई है। हालांकि विज्ञान ने हमारे जीवन के संदर्भ में पग-पग पर अपनी उपयोगिता सिद्ध कर दी है, फिर भी उसका विनाशकारी प्रभाव भी कम नहीं है। मानव कल्याण की अपार संभावनाओं के साथ विज्ञान ने भयावह आशंकाएँ भी पैदा कर दी है।

भौतिक सुखों की अत्यधिक समृद्धि से अभिशप्त मानव के पास अपने भविष्य को सुरक्षित रखने के उपाय के संदर्भ में एक ही उपाय दिखाई देता है–आध्यात्मिकता से पोषित धर्म का प्रचार। तभी मनुष्य सांसारिक सुखों से विरत होकर सन्तोष और संयम को अपने जीवन का दीपस्तम्भ बना सकेगा। विश्व के धर्म-प्रचारकों, संतों और महात्माओं ने इसी भौतिकवादी स्वरूप की परिकल्पना के परिप्रेक्ष्य में विश्व के प्राणों में धर्म और अध्यात्म की प्रतिष्ठा की थी। उनका मत था कि मनुष्य चिर सुख और शाश्वत अध्यात्मवादी मूल तत्वों के अनुसरण द्वारा ही सुख का जीवन व्यतीत कर सकता है। उन्होंने जीव मात्र के कल्याण के लिए आत्म-सुख की साधना का समर्थन किया था।

विज्ञान की अतिशयता समाज में इजारेदारी को रावणों और कंसों के रूप में जन्म देती है। विज्ञान जन्य विकृतियों का निवारण ही समाज का कल्याण अथवा विकृतिग्रसित मानव का उद्धार है। भारत के आर्ष ग्रन्थों में इस प्रक्रिया को अधर्म का नाश करके धर्म की स्थापना कहा गया है। जब-जब मानव अज्ञानान्धकार में भटका है, तब-तब उसने प्रकाश की परिकल्पना की है और धर्म-भावना ने उसका मार्ग-दर्शन किया है। जब-जब धर्म ने समाज की गतिशीलता को बाधित किया है, तब-तब विज्ञान ने जीवन और जगत के नवीन आयामों का उद्‌घाटन करके मानव के मन में नवीन जिज्ञासाओं की उद्‌भावना की है। गतिहीन और रूढ़िग्रस्त होकर धर्म निष्क्रियता और ह्रास का कारण बन जाता है। विज्ञान की अतिशयता मनुष्य को अहंकारी और उच्छृंखल बना देती है। दोनों की उत्पत्ति समाज से होती है, दोनों समाज के कल्याण का दंभ भरते हैं और दोनों संसार की प्रगति एवं उसके कल्याण का लक्ष्य लेकर चलते हैं।

धर्म मानव का अन्तर्मुखी, आत्मिक विकास करके जन-कल्याण की भावना को जाग्रत करता है। विज्ञान मानव के बहिर्मुखी अथवा भौतिक विकास के नए-नए उपक्रम एवं साधनों का विधान करता है। धर्म और विज्ञान, दोनों की सार्थकता है, परन्तु दोनों में विकृतियों का समावेश भी हो जाता है। विज्ञान की संघात्मक शक्तियाँ मानव जीवन को सीमित और एकांगी बना देती है, परन्तु यह निर्विवाद है कि सामाजिक उपयोग की दृष्टि से विज्ञान और धर्म, दोनों प्रासंगिक हैं। विज्ञान और धर्म, दोनों मानव-समाज के विकास में महत्वपूर्ण योगदान करते आए हैं। विज्ञान एवं धर्म के मध्य बाह्य रूप से चाहे जितना अन्तर दिखाई देता हो, परन्तु

आन्तरिक गहराइयों में दोनों में समानता पाई जाती है। एक भौतिक सुख-सुविधाएँ उपलब्ध करके मानव को सुख प्रदान करना चाहता है, दूसरा आन्तरिक सुख-शांति का मार्ग प्रशस्त करता है। वस्तुस्थिति यह है कि धर्म रूढ़िग्रस्त हो गया है और विज्ञान विनाशकारी हाथों में कैद हो गया है। फलस्वरूप मानव का सांस्कृतिक विकास बाधित हो गया है।

विज्ञान और धर्म, दोनों समाज के केंद्र में जन्मते हैं और पल्लवित होते हैं। विज्ञान नवीन उपलब्धियों द्वारा समाज का ज्ञानवर्धन करता है और धर्म समाज का अन्तर्मुखी विकास करके उसके कल्याण का मार्ग प्रशस्त करता है। विज्ञान और धर्म का समन्वित रूप ही मानव को संश्लिष्ट व्यक्तित्व प्रदान करता है और उसके सम्पूर्ण विकास का मार्ग प्रशस्त करता है। जब कभी विज्ञान और धर्म के मध्य समन्वय रुक जाता है और उनके मध्य सन्तुलन बिगड़ जाता है, तभी समाज में विच्छृंखलता एवं मानव-जीवन में बिखराव की स्थिति उत्पन्न हो जाती है। अत: मानव समाज की प्रगति के लिए आवश्यक है कि विज्ञान और धर्म के मध्य पूर्ण सामंजस्य स्थापित हो। धर्म और विज्ञान की गंगा-यमुना के संगम पर ही विश्व भावना रूपी सरस्वती के दर्शन लभ्य होते हैं।

विज्ञान ने मानव की इच्छा को सन्तुष्ट किया है और यथार्थ से उसका परिचय कराया है। धर्म ने मानव को औचित्यानौचित्य का विवेक प्रदान किया है। इनके मध्य खिंचाव की छाया में सामाजिक स्वास्थ्य का क्षरण होने लगता है। वहीं, धर्म ने मानव को यह बताया है कि वह क्या है, इस जगत में वह क्यों आया है, उसके जीवन का उद्देश्य क्या है तथा उसका भविष्य एक ऐसी वस्तु के समान है जिसके विकास की कोई सीमा नहीं है।

आवश्यकता इस बात की है कि विज्ञान का अधिकतम उपयोग सामाजिक कल्याण के लिए किया जाये। गाँधीजी, पं. नेहरू आदि पूरे बल के साथ यही कहते थे कि विज्ञान के समस्त आविष्कार एवं शोध कार्य समाज के कल्याणार्थ प्रयुक्त होने चाहिए। जेनेवा में आयोजित शांति के लिए परमाणु संगोष्ठी में भारत के प्रसिद्ध वैज्ञानिक डॉ. एच. जे. भाभा ने भी यही कहा था कि 'परमाणु का रास्ता मानव सेवा की दिशा में मोड़ दिया जाना चाहिए।' अत: निश्चित तौर पर भारत में सामाजिक कल्याण का समस्त कार्यक्रम इसी संदेश के परिप्रेक्ष्य में निर्धारित एवं कार्यान्वित किया जाना चाहिए। इस मार्ग पर चलकर भारत की गरीबी मिटाने की दिशा में सही कदम उठाया जाना चाहिए। परमाणु आयुधों द्वारा उत्पन्न त्रासदी में मानव समाज अपने अस्तित्व के प्रति सशंक बना हुआ है। ऐसे में भारत के निर्माण के प्रति रुचि रखने वाले मनीषियों को उस ओर गंभीरतापूर्वक विचार करना चाहिए।

अध्याय

4

विकास का नया आयाम: भूमिगत जल प्रबंधन

रूपरेखा

- जल का संबंध जीवन के अस्तित्व से सीधे जुड़ा है, इसलिए इसके प्रबंधन की कितनी जरूरत है, इससे शुरू करें।
- विभिन्न स्त्रोतों से प्राप्त होने वाले जल और उसके अपव्यय का विस्तारपूर्वक उल्लेख। इसलिए इनका प्रबंधन बेहद आवश्यक है।
- भूमिगत जल के दोहन और अपव्यय की स्थिति। किस तरह से प्रबंधन के परंपरागत तरीकों से अधिकाधिक सदुपयोग हो सकता है। इसके अतिरिक्त भूमिगत जल प्रबंधन की अन्य नहीं तकनीकों पर विचार। इस दिशा में किए जा रहे सरकारी और गैर-सरकारी प्रयासों का विशेष तौर पर विवरण दें।

विशेषज्ञों का मानना है कि अगले कुछ दशकों बाद धरती पर पानी की जबर्दस्त किल्लत महसूस की जाएगी। जल बहुल क्षेत्र, जल-विरल हो गए हैं और जल-विरल क्षेत्रों के सामने सूखे की स्थिति है। लेकिन जल संकट के कारण स्पष्टीकरण के रूप में दो विरोधाभासी आयाम हैं। एक बाजार का आयाम है तो दूसरा पारिस्थितिकीय आयाम है। बाजार का आयाम जलविरलता को जल व्यापार की अनुपस्थिति से उत्पन्न संकट मानता है। जल चक्र की पारिस्थितिकीय सीमाओं और गरीबी द्वारा तय की गयी आर्थिक सीमाओं को बाजारनिष्ठ अवधारणाएँ नहीं मानतीं। जल के अत्यधिक दोहन और जलचक्र के विदोहन से अत्यधिक जलविरलता पैदा होती है। इसकी कोई भरपाई नहीं है। अविकसित देशों में रहने वाली तीसरी दुनिया की औरतों के लिए जल विरलता का मतलब जल की खोज में ज्यादा दूर तक जाना है। किसानों के लिए इसका मतलब भुखमरी और असहाय होना है, क्योंकि सूखा उनकी फसल नष्ट कर देता है।

बच्चों के लिए इसका अर्थ निर्जलीकरण और मौत है। दरअसल निरंतर बढ़ती जनसंख्या की वजह से पानी की कमी महसूस की जा रही है। कुछ विशेषज्ञों का तो यहाँ तक कहना है कि अगर समय रहते पानी के संग्रह, उचित उपयोग, पुनः प्रयोग और बेहतर इस्तेमाल के कारगर उपाय नहीं किए गए तो अगला महायुद्ध पानी के लिए हो सकता है। भूमिगत जल पर हुए कुछ अंतर्राष्ट्रीय सम्मेलनों में इस बात पर बल दिया गया कि उचित जल प्रबंधन से सबको साफ पेयजल मुहैया कराया जा सकता है। यही टिकाऊ विकास का आधार हो सकता है।

भारत में सभी प्राकृतिक स्रोतों से हर वर्ष लगभग 4,000 अरब घन मीटर पानी प्राप्त होता है। इसमें से 700 अरब घन मीटर पानी वाष्प के रूप में उड़ जाता है और 700 अरब घन मीटर जल जमीन सोख लेती है तथा इसका काफी बड़ा भाग, 1500 अरब घन मीटर समुद्र में बह जाता है। इस प्रकार सिर्फ 1,100 अरब घन मीटर पानी ही बचता है। इसमें से प्रतिवर्ष 430 अरब घन मीटर भू-जल की भरपाई में चला जाता है और 370 अरब घन मीटर भू-जल का ही इस्तेमाल हो पाता है। शेष रहता है 300 अरब घन मीटर जल जिसका संचयन संभव है। हमारे देश में सौ दिनों से भी कम समय के अंतराल में 80 प्रतिशत से अधिक बरसात धरती पर उतरती है। वर्षा का अधिकांश जल, सतह पर से बह जाता है। साल भर में औसतन चार हजार अरब घन मीटर बरसाती पानी भारत की जमीन पर उतरता है जिसमें सिर्फ 690 अरब घन मीटर पानी को उपयोग में लाया जाता है। इसके अतिरिक्त 450 अरब घन मीटर भू-गर्भ जल संग्रह योग्य होता है। इस प्रकार भारत में कुल 1,140 अरब घन मीटर पानी उपलब्ध है। हमारे देश में औसतन 2,170 मि.मी. वार्षिक बरसात होती है। वर्षा ऋतु में पवन की जटिलता तथा पर्वत श्रृंखलाओं आदि के कारण बहुत से क्षेत्रों में बहुत कम वर्षा होती है। ऐसे प्रदेशों में जल की समस्या हमेशा ही बनी रहती है।

वर्तमान समय में देश की जल की आवश्यकता 552 अरब घन मीटर है जो सन् 1015 में बढ़कर कृषि के लिए 250 अरब घन मीटर तथा गृह उपयोग, पीने के लिए और विविध उपयोगों के लिए पानी की आवश्यकता 280 अरब घन मीटर हो जाएगी। अर्थात् 1140 अरब घनमीटर पानी की प्राप्यता के सामने सन् 2025 तक 1530 अरब घनमीटर पानी ही उपयोग हेतु उपलब्ध होगा अर्थात् प्रत्येक वर्ष 390 अरब घन मीटर पानी की कमी होगी। इतना जल संग्रहित करने के लिए 7200 बड़े बाँध बनाने पड़ेंगे। आगामी वर्षों में इतने बाँध बनाने तो असंभव ही लगते हैं, इसलिए जरूरी है कि भू-गर्भ संसाधनों को ही विकसित किया जाए। भू-गर्भ जल संग्रह के लिए पत्थर युक्त पथरीली जमीन में जल संग्रह अच्छी तरह से हो सकता है। वर्तमान समय में विश्व के 200 से अधिक राष्ट्र पानी की आवश्यकताओं के लिए भू-गर्भ जल स्रोत पर ही अवलंबित हैं। विश्व भर के डैम, तालाब आदि मिलाकर उनमें 6000 घन किलोमीटर जल संग्रह शक्ति है। सन् 2007 तक विश्व के पीने, गृह उपयोग, औद्योगिक उपयोग आदि को मिलाकर पानी की आवश्यकता 6050 घन किलोमीटर से भी ज्यादा हो जाने की पूरी संभावना है। इन्हीं कारणों से विश्व भर में भू-गर्भ जल संग्रह का मार्ग समृद्ध करना अति आवश्यक है।

वर्तमान समय में बड़े-बड़े शहरों में भी जल आवश्यकता के अनुसार उपलब्ध नहीं है। राजधानी दिल्ली की दैनिक 650 मिलियन गैलन की जरूरत के सामने उसे मात्र 400 मिलियन

गैलन पानी ही मिलता है, जबकि आर्थिक राजधानी मुम्बई की 750 मिलियन गैलन जरूरत के सामने कुल 530 मिलियन गैलन पानी ही मिलता है। चेन्नई में दैनिक 100 मिलियन गैलन की जरूरत के सामने मात्र 55 मिलियन गैलन पानी मिल पाता है। हैदराबाद की दैनिक 160 मिलियन गैलन की आवश्यकता के सामने सिर्फ 60 मिलियन गैलन जल ही उपलब्ध है। अहमदाबाद की दैनिक 150 मिलियन गैलन की जरूरत के सामने 110 मिलियन गैलन जल ही मिलता है। कोलकाता की आवश्यकता है 300 मिलियन गैलन की लेकिन इस बड़े शहर को 230 मिलियन गैलन ही उपलब्ध है। गर्मी के दिनों में देश के मुख्य शहरों में प्राय: उपरोक्त स्थिति बनी रहती है। इन्हीं कारणों से देश के विभिन्न हिस्सों में जल-संघर्ष आम बात होती जा रही है।

पृथ्वी पर अधिकांश जल की आपूर्ति भूमिगत जल द्वारा होती है। वर्तमान में संसार के विभिन्न देशों में सिंचाई के लिए भूमिगत जल का प्रयोग किया जा रहा है। शुष्क तथा अर्द्धशुष्क क्षेत्रों में, जहाँ सतही जल संसाधनों की कमी है, वहाँ भूमिगत जल का महत्व और भी अधिक है। भारत में 60 प्रतिशत कृषि क्षेत्र भूमिगत जल द्वारा सिंचित होता है। भूमिगत जल के अत्यधिक शोषण से प्रतिकूल पारिस्थितिक परिणाम अनेक देशों में परिलक्षित हो रहे हैं। संयुक्त राज्य अमेरिका, ऑस्ट्रेलिया, मैक्सिको, लीबिया, इजराइल आदि देशों में जल-स्तर बहुत गिर गया है, लवण युक्त जल का अन्तर्वेधन, भू-तल का अवनमन आदि अन्य दुष्परिणाम प्रकट हो रहे हैं।

भू-गर्भ जल भंडार गतिशील है तथा उसे पुन: प्राप्त किया जा सकता है। भारत में 1934 से अधिकांश बड़े स्तर पर कुओं का उपयोग होने लगा था। 1960 के दशक से भू-गर्भ जल को सिंचाई के एक महत्वपूर्ण साधन के रूप में गिना जाने लगा। देश की 50 प्रतिशत से ज्यादा सिंचाई भू-गर्भ जल से होती है। इसके अलावा हमारे गृह उपयोग और औद्योगिक उपयोगों के लिए जल की आपूर्ति भू-गर्भ के भंडार से ही होती है। देश में सर्वप्रथम सौराष्ट्र के लोगों ने बरसाती पानी को रोककर, उसका संग्रह कर भूतल में उतारकर, भू-गर्भ जल-स्तर ऊँचा उठाने के व्यापक प्रयोग किए। इन प्रयोगों से जो सफलता प्राप्त हुई, उससे पूरे देश का ध्यान केन्द्रित हुआ है। अलग विस्तारों से प्राप्त बरसाती पानी का पूरे देश में औसतन 50 प्रतिशत जल भंडार है। केरल तथा कर्नाटक की नदियों में यह भंडार 80 से 85 प्रतिशत है। किन्तु तमिलनाडु में इस तरह बह जाने वाले पानी का भंडार मात्र 12 प्रतिशत ही है। इसका कारण यह है कि तमिलनाडु में प्राचीन समय से परम्परागत रूप से बरसाती पानी का संग्रह किया जाता है। सिर्फ मदुरै जिले में जमीन में ऊपर जल संग्रह करने हेतु 30,000 जलाशय हैं। भारत जैसे 100 करोड़ की जनसंख्या वाले देशों में आज तक कुल 162.2 अरब घन मीटर जल संग्रह वाले जलाशयों का निर्माण किया जा चुका है, जबकि अमेरिका में जमीन पर 700 अरब घन मीटर जल संग्रह क्षमता युक्त संग्रह स्थानों का निर्माण किया गया है।

जल ग्रहण क्षेत्र का तात्पर्य उस समूचे क्षेत्र से है जिसमें वर्षा का पानी एक ही निकास से बाहर निकले। जल ग्रहण क्षेत्र की धारणा बड़े पैमाने पर नदी तंत्र पर लागू होती है, क्योंकि प्रत्येक नदी का जल एक निश्चित क्षेत्र से ही आता है और उस नदी द्वारा उस क्षेत्र से बाहर निकल जाता है। जल ग्रहण क्षेत्र, प्रबंधन की उपलब्धता और आवश्यकता को पूरे वर्ष के

अंतराल में पारम्परिक संबंध को दर्शाता है। साथ ही उस क्षेत्र में निरंतर कृषि प्रक्रियाओं के कारण प्राकृतिक संसाधनों के सामयिक क्षरण को भी प्रदर्शित करता है। पर्यावरण में संतुलन रखने और भूमि एवं जल संसाधनों के समुचित उपयोग के लिए जल ग्रहण क्षेत्र प्रबंधन एक अद्वितीय पद्धति के रूप में विकसित हो रहे हैं। इस वर्षा जल की व्यवस्था ठीक उसी प्रकार की जाती है जिस प्रकार प्रकृति स्वयं ही वनस्पतियों से आच्छादित वनों की करती है।

जल ग्रहण क्षेत्र प्रबंधन वैज्ञानिक दृष्टिकोण से एक अति उपयोगी प्रक्रिया है जिसमें वर्षा जल के संभरण द्वारा भूजल स्तर ऊपर उठता है तथा स्थानीय तालाबों, पोखरों और झीलों में भंडारण तथा गाद विहीन जल का निकास संरक्षात्मक तरीके से होता है। इसके अतिरिक्त जल ग्रहण क्षेत्र प्रबंधन इन प्राकृतिक संसाधनों का भरपूर दोहन करके उसमें होने वाली गुणवत्ता की कमी को रोकता है। इन क्रियाओं में कृत्रिम जलाशयों द्वारा वर्षा जल का संभारण एक महत्वपूर्ण भूमिका निभाता है। इस प्रक्रिया में जलवायु और वर्षा की विभिन्नता को ध्यान में रखते हुए वर्षा का अतिरिक्त जल तालाबों तथा पोखरों में एकत्रित कर लिया जाता है और वर्षा के अभाव में या जल माँग होने पर इसका उपयोग किया जाता है। भारत के जिन क्षेत्रों में वार्षिक औसत 800 मिलीमीटर से अधिक वर्षा होती है, वहाँ तालाब के आकार से 30 गुने बड़े जलग्रहण क्षेत्र में पड़ने वाला 50 प्रतिशत पानी भी यदि संभाल लिया जाए और वार्षिक 2 मीटर वाष्पीकरण के क्षरण का हिसाब रखें तब भी 10 मीटर गहराई वाला तालाब भरा रहेगा। जहाँ वर्ष में सिर्फ 200 मिलीमीटर वर्षा होती है और वाष्पीकरण की गति 4 मीटर प्रतिवर्ष होती है, वहाँ अगर जलग्रहण क्षेत्र तालाब के आकार से 50 गुना बड़ा हो और उसमें पड़ने वाला 60 प्रतिशत पानी जमा हो सके तो इस तालाब में 8 मीटर तक पानी भरा जा सकता है। इस व्यवस्था से कुल 9 करोड़ हैक्टेयर मीटर प्रति वर्ष जल एकत्रित किया जाता है जो हमारे देश में पड़ने वाली वर्षा का लगभग 25 प्रतिशत है और जो वर्तमान में उपलब्ध उपयोगी कुल जलराशि से कहीं अधिक है।

बजट में काफी धन आवंटित किया जाता है। इसके साथ-हो-साथ जल सरक्षण में ग्रामीण लोगों को भी शामिल करने का प्रयास किया जा रहा है। स्वच्छ पेयजल की शुद्धता की जांच के लिए जिला स्तर पर प्रयोगशालाएँ खोली जाएँगी। इसके लिए बजट 2006 07 में ₹213 करोड़ का प्रावधान किया गया था। राजीव गाँधी राष्ट्रीय पेय जल मिशन का उद्देश्य 100 और उससे अधिक की जनसंख्या वाली सभी ग्रामीण आबादियों को, विशेष रूप से वे जिन तक पहुँच नहीं हो पाती, कवरेज दिया जाना है ताकि प्रणालियों और स्रोतों की चिर बहाली सुनिश्चित हो सके और जल की गुणवत्ता की समस्या से निपटा जा सके और जलग्रहण क्षेत्र दृष्टिकोण के माध्यम से जल की गुणवत्ता की मॉनीटरिंग और निगरानी को संस्था का रूप दिया जा सके।

अध्याय

5

गाँधीवादी मूल्य और आज का भारत

रूपरेखा

- चूँकि गाँधीवाद की प्रासंगिकता ही इस विषय का मूल बिंदु है अतः इसी को आधार बनाकर शुरूआत करें। (संयुक्त राष्ट्र द्वारा 2 अक्टूबर को अंतर्राष्ट्रीय दिवस घोषित करने का भी उल्लेख)
- विस्तार स्वरूप गाँधीवादी दर्शन और प्रमुख सिद्धांतों का उल्लेख करें। साथ ही यह भी चर्चा उसी के समानांतर करें कि ये सिद्धांत, विशेषकर सत्य और अहिंसा के सिद्धांत आज के युग में भी कितने प्रासंगिक हैं।
- पंचायती राज, कुटीर उद्योग, ट्रस्टीशिप जैसी व्यवस्थाओं के गाँधी जी क्यों पक्षधर थे और ये नीतियाँ आज कितनी अनुकरणीय, इस बिंदु की पड़ताल करें।
- अध्यामक और धर्म के क्षेत्र में गाँधीवाद की उपयोगिता और प्रासंगिकता का विशेष रूप से उल्लेख करते हुए यह बताएँ कि सांप्रदायिक सौहार्द बनाए रखने में ये विचार आज भी कितने उपयोगी हैं।
- देश के वर्तमान राजनीतिक-सामाजिक परिदृश्य का विवेचन करते हुए उसमें गाँधीवादी मूल्यों की सार्थकता को इंगित करें।

गाँधीजी आधुनिक भारत के लोकनायक एवं युग-निर्माता थे। आधुनिक भारत के निर्माताओं में उनका स्मरण एक ऐसे नेता के रूप में किया जाता है जिन्होंने न सिर्फ भारतीय राजनीति की धारा को मोड़कर देश को गुलामी के बंधन से मुक्ति दिलाई, बल्कि पूरी दुनिया को सत्य, अहिंसा, शांति और सद्भाव के उन नैतिक मूल्यों का पाठ पढ़ाया जो आज इक्कीसवीं सदी में भी उतने ही प्रासंगिक हैं, जितने तब थे। गाँधी जी एक ऐसे अद्भुत क्रांतिकारी थे जिन्होंने अत्याचार और सामाजिक अन्याय के समक्ष कभी सिर नहीं झुकाया और न ही किसी के प्रति

द्वेषपूर्ण भावना रखी। जीवन का कोई ऐसा क्षेत्र नहीं था, जहाँ उन्होंने लोगों का मार्गदर्शन न किया हो। वास्तव में महात्मा गाँधी का जीवन स्वयं एक दर्शन था।

गाँधी जी भारत की सर्वतोन्मुखी उन्नति चाहते थे। राजनीतिक स्वतन्त्रता तो उनके निकट एक सोपान अथवा साधन मात्र थी। भारत में श्रेष्ठ एवं सुखी समाज की स्थापना के लिए उन्होंने सर्वोदय आन्दोलन का प्रवर्तन किया। सादगी, अहिंसा, श्रम की पवित्रता, मानवीय मूल्य तथा ट्रस्टीशिप का सिद्धान्त उनके जीवन-दर्शन एवं उनकी कल्पना की आर्थिक व्यवस्था के प्रमुख अंग हैं। गाँधीजी ने भौतिक शक्ति के ऊपर आत्मबल की प्रधानता में आस्था प्रकट की। उन्होंने सत्य और अहिंसा सम्बन्धी प्रयोग करके मनुष्य का आचरण बदलने का प्रयास किया।

गाँधीवाद एक गतिशील एवं विकासवादी जीवन-दर्शन है। उसको किसी निश्चित सिद्धान्त की सीमाओं में नहीं बाँधा जा सकता है। लुई फिशर के शब्दों में, "गाँधीजी एक स्वच्छन्द एवं निर्बाध चिन्तनधारा वाले व्यक्ति हैं।" यद्यपि 'गाँधीवाद' किसी 'वाद' विशेष के प्रति प्रतिबद्ध नहीं है, तथापि उसमें वे समस्त विशेषताएँ हैं जो एक 'वाद' के लिए आवश्यक हैं। यह एक सुनिश्चित जीवन-दर्शन है। सत्य और अहिंसा, इस जीवन-दर्शन के सार अथवा मूल तत्व हैं। जीवमात्र में एक ही आत्मा व्याप्त है, यह 'सत्य' है। इसका व्यावहारिक रूप 'प्रेम' या 'विश्व बन्धुत्व' है जो अहिंसामूलक है। सिद्धान्त रूप में जो सत्य है, व्यवहार रूप में वह अहिंसा है। सत्य निर्गुण रूप है और अहिंसा सगुण रूप है। दोनों एक ही परम तत्व के दो पक्ष हैं। अहिंसा का मार्ग प्रेम का मार्ग है जो प्रेम पात्र से किसी प्रकार का प्रतिदान नहीं चाहता है। अहिंसा का पुजारी केवल बलिदान एवं त्याग करना जानता है। अनेक बाधाओं के बावजूद वह अपने मार्ग पर अविचल भाव से अग्रसर रहता है। इसी कारण वह सत्याग्रही है। सत्याग्रही की कभी हार नहीं होती है, क्योंकि उसमें स्वार्थ-सिद्धि का दुराग्रह लेशमात्र भी नहीं होता है। वह तो केवल सत्यानुभूति के आग्रह द्वारा अनुप्राणित रहता है और प्रेम के मार्ग पर अग्रसर होता रहता है। गाँधीवाद में अहिंसा, साधन और साध्य, दोनों ही हैं। अहिंसा के मार्ग में पवित्र साध्य के लिए पवित्र साधन अपेक्षित हैं। साध्य की प्राप्ति, साधनों की उपयुक्तता को सिद्ध नहीं करती है। एक बार गाँधीजी ने कह दिया था कि "हिंसा द्वारा प्राप्त स्वराज्य मुझे ग्राह्य नहीं होगा।"

सत्य और अहिंसा पर आधारित उन्होंने आदर्श राज्य 'रामराज्य' की परिकल्पना की थी। वह राज्य वस्तुतः मानवतावादी शासन-व्यवस्था होगी, जहाँ प्रत्येक व्यक्ति इतना संयमशील एवं आत्मानुशासित होगा कि राज्य को कानून की आवश्यकता ही न रह जायेगी। उनकी मान्यता थी कि वह राज्य सर्वश्रेष्ठ है जो कम-से-कम राज (शासन) करे।" गाँधीजी ने आदर्श समाज के निर्माण के लिए विकेन्द्रीकरण की नीति का प्रतिपादन किया। शासन के क्षेत्र में ग्राम-पंचायत-व्यवस्था तथा अर्थ के क्षेत्र में कुटीर-उद्योग उन्हें मान्य थे। चरखा उनकी विकेन्द्रीकृत आर्थिक व्यवस्था का प्रतीक है। इतना ही नहीं, गाँधीजी हिन्दू समाज की वर्ग-व्यवस्था के अनुरूप वंशानुगत उद्यम के पक्ष में थे। उनका मत था कि इस सिद्धान्त का पालन करने से आर्थिक जीवन में प्रतिस्पर्द्धा का भाव नष्ट होता है तथा समाज में स्थिरता आती है। इस व्यवस्था का एक अतिरिक्त लाभ यह होता है कि बच्चों को अपने उद्यम का स्वाभाविक प्रशिक्षण प्राप्त होता है और तकनीकी प्रगति होती है। समाज में शोषण समाप्त करने के लिए गाँधीजी अस्तेय एवं ट्रस्टीशिप के सिद्धान्तों की आवश्यकता पर बल देते हैं। उनकी मान्यता थी कि सच्ची सभ्यता, जान-बूझकर आवश्यकताओं को घटाने में है, उन्हें बढ़ाने में नहीं। उनकी

यह भी धारणा थी कि हृदय परिवर्तन की नीति अपनाकर हम पूँजीपतियों को इस बात के लिए राजी कर सकते हैं कि वे अपनी सम्पत्ति को समाजोपयोगी कार्यों में लगायें। सच्चा समाजवाद, समाजधर्मी हो सकता है। समान-वितरण की प्रक्रिया ट्रस्टीशिप के सिद्धान्त द्वारा ही सम्भव है।

गाँधीजी टॉलस्टॉय के 'रोटी के लिए श्रम' वाले सिद्धान्त के प्रबल समर्थक थे। इस सिद्धान्त का अर्थ यह है कि प्रत्येक स्वस्थ मनुष्य को अपनी आवश्यकताओं की पूर्ति के लिए शारीरिक श्रम करना चाहिए। यह नियम बुद्धिजीवियों पर भी लागू होता है। 'रोटी के लिए श्रम' का सिद्धान्त जनता को आत्मनिर्भर और निर्भीक बनायेगा तथा उसमें सत्ता के दुरुपयोग का विरोध करने की शक्ति उत्पन्न करेगा। सारांश रूप में हम कह सकते हैं कि गाँधीवाद के प्रमुख तत्व हैं–विकेन्द्रीकरण, आर्थिक वर्ण-व्यवस्था, अस्तेय, ट्रस्टीशिप, रोटी के लिए श्रम सिद्धान्त तथा राज्यहीन समाज। इन सिद्धान्तों का पालन गाँधीजी के अहिंसात्मक राज्य को एक आध्यात्मिक लोकतन्त्र का स्वरूप प्रदान करेंगे जिसमें व्यक्ति को सर्वोच्च स्थान प्राप्त होगा।

गाँधीजी साधनों की पवित्रता में विश्वास करते थे। वे साधन और साध्य को अविभाज्य मानते थे। गाँधीवाद मैकियावली के इस नैतिक सिद्धान्त–'साध्य से ही साधन का औचित्य निश्चित हो जाता है', के कायल थे। उनका मानना था कि उचित साध्य के लिए उचित साधन को ही अपनाना चाहिए। गाँधीजी ने साधनों की तुलना बीज से की और साध्य की तुलना एक वृक्ष से की। साधन और साध्य में सह-सम्बन्ध है जो बीज और वृक्ष में है। वे व्यक्तिगत जीवन और सार्वजनिक जीवन के लिए नैतिकता की एक ही पद्धति में विश्वास करते थे। राजनीतिक एवं सामाजिक जीवन में नैतिकता को समाहित कर देना गाँधी के दर्शन की सुदृढ़ विशेषता थी। सत्य, अहिंसा और साधनों की पवित्रता को वे जहाँ व्यक्तिगत जीवन के लिए अनिवार्य समझते थे, वहाँ सामाजिक जीवन के लिए भी वे इन्हें अपरिहार्य मानते थे। राजनीति को वे नैतिकता से अलग करके नहीं देखते थे। उनकी कथनी और करनी में अन्तर नहीं था। वे जो कुछ कहते थे उसे करते भी थे। उनके जीवन में कई ऐसे अवसर आये जब कि अपने सिद्धान्तों के परिपालन में वे अकेले पड़ गये, लेकिन वे अपने मत पर दृढ़ रहे। 1920 में लोकमान्य तिलक के महाप्रयाण के बाद जब उन्होंने देश का नेतृत्व सँभाला तो अहिंसा को ही स्वतन्त्रता आन्दोलन का हथियार बनाया। उनके नेतृत्व में चल रहे जन-आन्दोलन का स्वरूप जब भी हिंसात्मक हुआ उन्होंने उस आन्दोलन को ही स्थगित कर दिया। गाँधीजी लोगों से कहा करते थे, ''आप यह कह सकते हैं कि अहिंसक क्रान्ति हो ही नहीं सकती', ज्ञात इतिहास में ऐसा हुआ भी नहीं है। मेरी अभिलाषा है कि मैं एक दृष्टान्त प्रस्तुत करूँ और मेरा देश अहिंसा के माध्यम से स्वतन्त्रता प्राप्त कर मेरे स्वप्न को साकार करे। मैं अहिंसा की बलि देकर अपने देश की स्वतन्त्रता का क्रय नहीं करूँगा।'' दुनिया ने देखा कि गाँधी का स्वप्न पूरा हुआ और इतिहास में एक मिसाल कायम हुई।

राजनीति में नैतिक साधनों द्वारा दुराचार एवं उत्पीड़न का विरोध करने के लिए गाँधीजी ने सत्याग्रह का मार्ग अपनाया। उनका विचार था कि अन्याय तभी फलता-फूलता है जब कि हम उसके साथ सहयोग करते हैं। यदि हम इसके साथ असहयोग करें तो यह अधिक दिनों तक जिन्दा नहीं रह सकता। सत्याग्रही का उद्देश्य अपने विरोधी का नाश करना न होकर उसमें मानसिक परिवर्तन लाना होना चाहिए जिससे वह अन्याय का मार्ग छोड़ दे। उनके अनुसार, मनुष्य के अन्तस्तल में स्थित सत्य-विषयक गुप्त निश्चय ही सत्याग्रह की बुनियाद है। सत्य को पहचानने के लिए अन्तःकरण की शुद्धता आवश्यक होती है। सत्याग्रह अन्तःकरण की आवाज

को बुलन्द करता है। जब सत्याग्रही का विरोधी कोई व्यक्ति-विशेष नहीं अपितु एक राष्ट्र, जाति या व्यवस्था होती है, तब ऐसा अन्तर्नाद उनके किसी विशेष चरित्रवान व्यक्ति को पहले सुनाई पड़ता है और उसका हृदय परिवर्तन पहले होता है। वह व्यक्ति फिर अपने भाइयों को वह आवाज सुनाता है और सत्य का पक्ष लेकर उनका विरोध भी करता है। सत्याग्रही स्वयं कष्ट उठाकर अपने विरोधी के कुकृत्य या अनुचित कदम को क्षमा कर देता है। वस्तुतः किसी को दण्डित करने की अपेक्षा क्षमा करने में अधिक साहस एवं धैर्य की आवश्यकता होती है।

आज गाँधीजी के सिद्धान्तों को अन्तर्राष्ट्रीय स्तर पर मान्यता प्राप्त है, परन्तु इसके साथ ही उनका कहना था है कि कुछ लोग उनके सिद्धान्तों के प्रति शंकालु और संदेहशील होकर यहाँ तक कह बैठते हैं कि गाँधीवादी विचारधारा अब सन्दर्भ के बाहर की वस्तु हो गई है। उसके द्वारा हमारे समाज के हित साधन की कोई सम्भावना नहीं है, उसे तो कहीं किसी गहरे गड्ढे में दफना दिया जाना चाहिए। इसी मनोवृत्ति को लक्ष्य करते हुए यह लोकोक्ति चल पड़ी है कि ''मजबूरी का नाम महात्मा गाँधी''। परंतु गाँधीवाद को ठीक तरह एवं गम्भीरतापूर्वक समझने का प्रयत्न बहुत कम लोगों ने किया है। हम विदेशों की बात न करके भारत के सन्दर्भ में यह कह सकते हैं कि स्वतन्त्रता प्राप्ति के उपरान्त गाँधीवादी विचारधारा के प्रति बहुत कुछ उपेक्षा का वातावरण बन गया था और उसको व्यवहार में लाने का बहुत कम प्रयत्न किया गया है। गाँधीवाद हमें जीवन के कुछ मूल्य ही नहीं देता है, बल्कि व्यावहारिक जीवन का तर्कपूर्ण एवं न्यायसंगत मार्ग भी बताता है।

गाँधीजी द्वारा प्रतिपादित सत्य व अहिंसा के मार्ग पर चलकर मार्टिन लूथर किंग, नीग्रो समाज को अपने मौलिक अधिकार दिलाने में सफल हुए। नेल्सन मण्डेला 26 वर्षों तक जेल में रहने के उपरान्त दक्षिण अफ्रीका में लोकतन्त्रीय सरकार बनाने में सफल हुए हैं। स्पष्ट है कि गाँधीवाद द्वारा लोकतन्त्र सुरक्षित रखा जा सकता है। व्यक्ति को महत्व प्रदान करके ही हम लोकतन्त्र का नाम लेने के अधिकारी बन सकते हैं। सत्य और अहिंसा से रहित लोकतन्त्र का भविष्य सर्वथा आरक्षित ही समझना चाहिए।

आज की भौतिक एवं ऐहिक आवश्यकतापूर्ति के जीवन को देखकर हम समझ बैठे हैं कि भौतिक उन्नति ही हमारे जीवन का सर्वस्व है, परन्तु हमें यह भी स्मरण कर लेना चाहिए कि भौतिक दृष्टि से सर्वाधिक उन्नत एवं समृद्ध देशों के निवासी जीवन में घुटन और बेचैनी अनुभव करने लगे हैं। साम्यवाद और पूँजीवाद सदृश भौतिकवादी जीवन-पद्धतियों से ऊबकर वहाँ बौद्धिक व्यक्तियों ने 'विश्व संस्कृति सम्मेलन' की स्थापना की।

गाँधीजी ने अँग्रेजी शासन के विरुद्ध नीति-नैतिकता समन्वित अहिंसा की नीति को आधार बनाकर आन्दोलन चलाया, उन्होंने अँग्रेजी शासन का विरोध किया और अँग्रेजों के प्रति मैत्रीपूर्ण व्यवहार किया। विशेषता यह रही कि सद्भाव की नीति पर चलते हुए उन्होंने सफलता प्राप्त की तथा भारत को स्वतन्त्रता दिला दी। यह एक ऐसा प्रयोग था जिसे देखकर विश्व चकित रह गया है। विश्व-कल्याण के प्रति जागरूक विचारक यह अनुभव करते हैं कि गाँधीवादी सिद्धान्तों को अपनाकर ही हम समस्त अन्तर्राष्ट्रीय समस्याओं को सुलझा सकते हैं। भारत के प्रथम प्रधानमंत्री पं. जवाहर लाल नेहरू ने विश्व शान्ति के लिए जिस 'पंचशील' सिद्धान्त का प्रतिपादन किया था, वह गाँधीवादी चिन्तन का ही पूर्व रूप है, जो हमें बुद्ध और महावीर की

विचार परम्परा से प्राप्त हुआ है। इस सिद्धान्त को क्या हम राष्ट्रीय स्तर पर प्रयोग में नहीं ला सकते हैं?

गाँधीजी की परिकल्पना का 'रामराज्य' आधुनिक लोक-कल्याणकारी राज्य का आदर्श रूप प्रस्तुत करता है। उनका सर्वोदय आन्दोलन, सर्वतोन्मुखी उन्नति का सन्देश देता है। वह सप्तपर्णी उन्नति का अग्रदूत है—स्वास्थ्य, सम्पत्ति, साहित्य, सभ्यता, संस्कृति, सद्बुद्धि और सद्भावना। ऐसा कौन-सा देश अथवा काल होगा जहाँ सर्वोदयी सुख-समृद्धि को स्पर्द्धा की दृष्टि से नहीं देखा जायेगा। गाँधी जी का कहना था कि हमारे उद्योग, मानव प्रधान होने चाहिए, न कि मशीन प्रधान। वह मानव को व्यावसायिक इकाई न मानकर आध्यात्मिक प्राणी मानते थे। उनका स्पष्ट मत था कि मशीनों के कारण उत्पादन की मात्रा तो बढ़ती है, परन्तु मानव के श्रम का महत्व कम होता है। औद्योगिक विकेन्द्रीकरण को लक्ष्य करके गाँधीजी ने ग्रामोत्थान का आन्दोलन चलाया और कुटीर उद्योग-धन्धों वाली अर्थनीति पर बल दिया। यदि प्रत्येक व्यक्ति अपनी सामर्थ्य के अनुसार उत्पादन करे तो आर्थिक शोषण एवं बेकारी की समस्याओं का अन्त स्वयंमेव हो जाये। जापान का उदाहरण हमारे सामने है। वहाँ प्रत्येक व्यक्ति उत्पादन करता है। परिणामतः वह समस्त औद्योगिक जगत् पर छा गया है और एक समृद्ध देश बन गया है। यदि हमारा प्रत्येक गाँव आर्थिक दृष्टि से एक स्वतन्त्र इकाई हो तथा हमारी ग्राम पंचायतें शक्तिशाली हों, तो हमारा देश वर्ग-संघर्ष, तालाबन्दी, हड़ताल आदि अनेक अभिशापों से सहज ही छुटकारा पा जाए। श्रीमती इन्दिरा गाँधी द्वारा प्रवर्तित बीस सूत्रीय कार्यक्रम की जड़ें, गाँधीवादी चिन्तनधारा से ही रस ग्रहण करती हैं।

गाँधीवाद, जीवन के प्रत्येक क्षेत्र में हृदय परिवर्तन द्वारा स्थायी विकास का मार्ग दिखाता है और मानवीय मूल्य के आधार पर प्रत्येक समस्या का समाधान प्रस्तुत करता है। गाँधीवाद नवीन व्यक्ति और नवीन समाज के निर्माण का जीवन-दर्शन है। मार्क्सवादी खूनी क्रान्ति का विकल्प हमें गाँधीवादी विकासशील क्रान्ति के मार्ग में उपलब्ध होता है। मानव की एकता एवं समानता का सन्देश प्रदान करने वाली गाँधीवादी जीवन-पद्धति हमारा कल्याण कर सकती है। गाँधीवादी सिद्धान्तों एवं आदर्शों पर चलकर ही विश्व शांति का स्वप्न साकार किया जा सकता है।

अध्याय 6

मूल्यहीनता : 'युग धर्म' या नए मूल्यों की खोज की चुनौती

मूल्यहीनता आज का युग धर्म है या नए मूल्यों के सृजन का आग्रह? क्या मूल्यहीनता को हम विवश होकर संक्रमण काल की विघटन और विखंडन की अनिवार्य मानवीय स्थिति के रूप में स्वीकार करें और उस आंतरिक संकट के रूप में परिभाषित करें या सजग होकर एक सांस्कृतिक चुनौती के रूप में स्वीकार करें, जिसे नए दौर ने हमारे सामने प्रस्तुत किया है।

आज जब हमारा देश वैज्ञानिक और तकनीकि क्षेत्र में नई क्रांतियों से पैदा हुई नई चुनौतियों के युग में प्रवेश कर रहा है, तब कल के प्रश्नों के स्थान पर नए प्रश्न सामने आए हैं, जिनमें विज्ञान और संस्कृति के संबंध का प्रश्न सबसे महत्वपूर्ण है। आज अनिवार्य हो गया है कि इस नए दौर के विज्ञान के अभूतपूर्व विकास, विशेषकर संप्रेषण क्रांति के परिणामों पर हम विचार करें। दूसरे शब्दों में, हम यह प्रश्न उठाएँ कि आज के वैज्ञानिक युग में पारंपरिक संस्कृति के, और कल की आधुनिक संस्कृति के कौन से मूल्य अपनी सार्थकता और उपयोगिता खो चुके हैं और आगे बढ़ने के सामाजिक प्रयत्नों में बाधा डालते हैं? कौन-से सांस्कृतिक मूल्य ऐसे हैं, जो उत्तर-वैज्ञानिक युग में भी सार्थक और उपयोगी हैं और जिनको बनाए रखने के लिए प्रयत्नशील होना हमारे लिए उतना ही जरूरी है, जितना नए और अधिक प्रासंगिक और जीवंत मूल्यों की तलाश।

तेजी से वैज्ञानिक युग में प्रवेश कर रहे भारत की बदलती हुई पृष्ठभूमि में पुराने पारंपरिक और आधुनिक मूल्यों का नीर-क्षीर विश्लेषण और उनकी प्रासंगिकता का विवेचन–यह उतना ही जरूरी है जितना यह प्रश्न कि हमारे नए मूल्य किस अर्थ में पाश्चात्य सभ्यता-संस्कृति से अभिन्न मूल्य होंगे और किन मानों में भिन्न?

आधुनिक युग के प्रारंभ काल में पश्चात्य देशों में भी विज्ञान और संस्कृति के पारस्परिक संबंधों का प्रश्न बार-बार उठा है। इसी नतीजे पर पाश्चात्य वैज्ञानिक पहुँचे थे कि यदि हमें वैज्ञानिक क्षेत्र में सांस्कृतिक चेतना की आवश्यकता है तो सांस्कृतिक क्षेत्र में वैज्ञानिक दृष्टिकोण की।

बीसवीं सदी के पूर्वार्द्ध और मध्य में वैज्ञानिक ज्ञान को व्यावहारिक योजनाओं से जोड़ने में महत्वपूर्ण भूमिका अदा करने वाले विज्ञान के प्रसिद्ध योजनाकार, जे.डी. बर्नाल ने भी अपने प्रख्यात ग्रंथ 'सोशल फंक्शन ऑफ साइंस' में बल देकर यह तो कहा ही था कि विज्ञान की

धारा से जुड़े बिना आधुनिक युग के लिए संस्कृति प्रासंगिक नहीं हो सकती। साथ ही, यह भी कहा था कि आज की आवश्यकताओं को पूरा करने के लिए विज्ञान को भी संस्कृति से संबंध जोड़ना होगा। यह तभी संभव होगा जब विज्ञान के आंतरिक रूप में भी क्रांति हो। बर्नाल ने यह भी कहा था कि, ''यदि अठारहवीं और उन्नीसवीं सदी विज्ञान के सम्मोहन का युग कही जा सकती हैं, तो बीसवीं सदी विज्ञान से मोहभंग का युग है। प्रश्न उठता है, क्या बीसवीं सदी के अंतिम दशक में, इक्कीसवीं सदी में प्रवेश की तैयारी करते हुए हमें अपनी समस्याओं का हल विज्ञान के बाहर ढूँढ़ना है? मैं स्पष्ट रूप से कहना चाहता हूँ कि विज्ञान-युग की अपूर्णताओं का हल विज्ञान से विमुख होकर प्राक्-वैज्ञानिक युग की ओर पीछे मुड़ने की चेष्टा में कदापि नहीं है।'' उसके जैसे अनेक उत्तर-आधुनिक युग के विचारक भी मानते हैं कि इन अपूर्णताओं को अधिक गहराई से किए गए वैज्ञानिक अनुसंधानों द्वारा ही दूर किया जा सकता है। इक्कीसवीं सदी में प्रवेश के लिए अपेक्षा है एक मूल्यचेतन विज्ञान की जो उन्नीस और बीसवीं सदी के मूल्य-विमुख विज्ञान की अपूर्णताओं और दुरुपयोगों से मानव-जाति को बचा सके।

भारत जैसे देश के लिए तो जवाहरलाल नेहरू का यह कथन पूरी तरह से आज भी प्रासंगिक है कि हमें धर्म-ग्रंथों से विवेक और मूल्यों का बोध होता है, लेकिन आधुनिक ज्ञान-विज्ञान से ही हम अपने आर्थिक पिछड़ेपन और गतिरोध से तथा सामाजिक विषमता और अन्याय से मुक्ति के प्रश्नों का हल खोज सकते हैं। जवाहरलाल नेहरू ने अपने देश के आर्थिक और सांस्कृतिक पिछड़ेपन की वृहत समस्या के प्रति हमें सचेत और जागरुक किया, जो पहले हमारी गुलामी का कारण बनी और जो आज हमारे जनसाधारण की गरीबी, अशिक्षा और शोषण का कारण है। क्या यह एक विरोधाभास और विडंबना नहीं कि शरीर से हमारे देश के लोग इक्कीसवीं सदी में, समता और न्याय, मानव-अधिकार और शोषितों की चेतना और स्त्रियों की मुक्ति, राष्ट्रीय चेतना और विश्वबंधुत्व, गरीबी-उन्मूलन और सांस्कृतिक जागरण के आदर्शों के युग में रहते हैं, लेकिन मन और व्यवहार से वे मध्ययुगीन संस्कारों, छुआछूत और जात-पात, आर्थिक शोषण और सामाजिक अन्याय, दहेज-प्रथा और 'न स्त्री स्वातंत्र्य मर्हति' की मनुवादी अवधारणा से अभी मुक्त नहीं हुए हैं तथा धर्मांधता, सांप्रदायिकता और प्रादेशिकता के अभिशापों से अभी भी त्रस्त और पीड़ित हैं। क्या इस बात की कुंजी कि बुद्ध, कबीर, नानक, गाँधी आदि संतों और क्रांतिकारी समाज-सुधारकों को जन्म देने वाले देश में ही सामाजिक शोषण और अन्याय घटने के बजाए बढ़ ही रहे हैं, विज्ञान और संस्कृति के बीच अलगाव में नहीं है? क्या अणु और परमाणु और संप्रेषण-क्रांतियों के युग में यह अजूबा नहीं है कि हमारे अधिकांश जनसाधारण के मन की गाड़ी को अभी बैल ही खींच रहे हैं? आज के सभी प्रश्न संस्कृति को विज्ञान से और विज्ञान को संस्कृति से जोड़ने की दिशा में ही ले जाते हैं, जो आधुनिकता की अनिवार्य शर्त है।

प्रश्न उठता है कि क्या धर्म और धर्म से जुड़े हुए विश्वदर्शन का ह्रास और उसके स्थान पर एक धर्मनिरपेक्ष विश्वदर्शन के प्रसार का नाम ही 'सेक्यूलैराइजेशन' है? क्या यह भुलाया जा सकता है कि जिन देशों ने औद्योगिक और वैज्ञानिक युग में पूर्ण रूप से प्रवेश नहीं किया है, वहाँ संस्कृति और धर्म का चोली-दामन का संबंध है और दोनों एक-दूसरे पर आश्रित हैं? उदाहरणार्थ, जो भारत के धर्मग्रंथ माने जाते हैं, वही अधिकांश रूप से सांस्कृतिक महत्व की रचनाएँ भी हैं और महाकाव्य भी। इसी संदर्भ में जवाहरलाल नेहरू ने कहा था कि

''रामायण और महाभारत जैसी महान रचनाएँ सदियों से जन-जीवन से जुड़ी हैं और करोड़ों लोगों के विश्वासों और व्यवहार को प्रभावित करती रही हैं। न जाने हम भारतीयों के चरित्र का भविष्य में क्या स्वरूप होगा यदि हम बुद्ध को, उपनिषदों को और रामायण, महाभारत जैसे ग्रंथों को भुला दें? क्या यह सच नहीं है कि यदि ऐसा हुआ तो हम अपनी जड़ों से उखड़ जाएँगे और उन चारित्रिक विशेषताओं को खो बैठेंगे, जिनसे भारतीय पहचाने जाते हैं?

स्पष्ट है कि, उत्तर-आधुनिक युग में हमारे लिए उन्नीसवीं और बीसवीं सदी की यूरोपीय 'सेक्यूलराइजेशन' की परिभाषा को स्वीकार करना कदापि उचित नहीं। यदि 'सेक्यूलराइजेशन' का अर्थ केवल धर्म-विमुखता है तो यह प्रवृत्ति अवश्य ही हमें समस्त सांस्कृतिक विरासत से विमुखता या संबंध विच्छेद के मार्ग पर ले जाएगी। हमें 'सेक्यूलराइजेशन' को सांस्कृतिक परंपरा के प्रति समीक्षात्मक किंतु सकारात्मक दृष्टिकोण के रूप में पुनः परिभाषित करना होगा। परंपरा के अहितकारी तत्वों के त्याग और हितकारी तत्वों के पुनर्जीवन के साथ-साथ नए सांस्कृतिक मूल्यों और मान्यताओं और खोज—इन दोनों पहलुओं को राष्ट्र के चरित्र-निर्माण की प्रक्रियाओं का अभिन्न अंग मानना चाहिए। 'सेक्यूलैराइजेशन' की एक सकारात्मक और सार्थक परिभाषा के सवाल के साथ ही उत्तर-आधुनिक संदर्भ में वैज्ञानिक युग के मूल्यों और पारंपरिक संस्कृति के मूल्यों में सामंजस्य स्थापित करने का सवाल भी जुड़ा हुआ है।

यह भी ध्यान देने योग्य है कि यह नव-धनाढ्य वर्ग परंपरा के समता-विरोधी, न्याय-विरोधी आचारों-व्यवहारों से तो जुड़ा हुआ है, लेकिन वह परंपरा के उन जनवादी, मानववादी मूल्यों के प्रति प्रतिबद्ध नहीं है जो सही अर्थों में नवजागरण के लिए आधार प्रदान करते हैं। साथ ही, यह नवोदित वर्ग आधुनिकता के नाम पर पश्चिमी सभ्यता की बाहरी तड़क-भड़क का नकलची बनता जा रहा है, जिसे भूमंडलीकरण की तेज होती प्रक्रिया द्वारा अभूतपूर्व बल और प्रोत्साहन मिला है।

स्वतंत्रता प्राप्ति के पहले भारत के शिक्षित वर्ग की अँग्रेजी सभ्यता के अंधानुकरण की प्रवृत्ति की राष्ट्र के राजनीतिक और सांस्कृतिक क्षेत्रों में जाने-माने नेताओं ने कड़ी आलोचना की थी। इन आलोचकों में गाँधीजी तो प्रमुख थे ही, लेकिन आधुनिक सभ्यता के प्रशंसक रवींद्रनाथ ठाकुर और जवाहरलाल नेहरू ने भी पश्चिमी सभ्यता के अंधानुकरण की प्रवृत्ति को उतना ही हानिकारक माना, जितना भारतीय सभ्यता की पूर्णरूपेण अंध-भक्ति को।

आज के संदर्भ में संचार-साधनों के आधुनिकीकरण के फलस्वरूप अमेरिका जैसे धनी देशों से आने वाले उपभोगवादी संस्कृति के प्रभाव, आँधी-तूफान की गति से भारत जैसे गरीब देशों में प्रवेश करने लगे हैं। नई संचार-व्यवस्था का ही परिणाम है कि अंधानुकरण की प्रवृत्ति का प्रदूषण भी संक्रामक रोग की तरह फैलने लगा है। क्या हमारा देश राजनीतिक रूप से स्वतंत्र होते हुए भी अमेरिका और अन्य देशों की उपभोग-विलास की संस्कृति की नकल करने की होड़ में अपनी सांस्कृतिक स्वतंत्रता और सृजनात्मकता, अनेकता और व्यक्तित्व खो बैठेगा? यह प्रश्न आज अत्यंत महत्वपूर्ण प्रश्न बनकर सामने आया है। सच तो यह है कि आधुनिकीकरण के नाम पर पश्चिमी सभ्यता के महान नैतिक आदर्श, मूल्य और मान्यताएँ तो हमारे नए शिक्षित वर्ग और नव-धनाढ्य वर्ग की जीवन-प्रणाली का अंग नहीं बन रहे हैं। किंतु आधुनिकता के ऐसे अभद्र और नग्न स्वरूप उभरकर आ रहे हैं, जिन्हें देखकर देश के सांस्कृतिक भविष्य के बारे में गहरी चिंता होती है। आधुनिकता के जो नग्न रूप पूर्वी एशिया

के नगरों–बैंकाक, स्योल, सिंगापुर आदि में प्रथम दिखाई दिए, उनकी झलक अब दिल्ली, कोलकाता, मुंबई आदि शहरों में भी 'पंचसितारा' होटलों के साथ जुड़ी हुई नई सभ्यता के रूप में दिखाई देने लगी है।

सच तो यह है कि वेश–भूषा, उपभोग–उपकरणों, विलास–शैलियों और बाहरी तड़क–भड़क के आधुनिक स्वरूपों को तो अमेरिका जैसे उन्नत देशों से गरीब देशों में आसानी से स्थानांतरित किया जा सकता है, किंतु मूल्यों, मान्यताओं और आदर्शों और चारित्रिक गुणों को न तो खरीदा जा सकता है और न उधार लिया जा सकता है। राष्ट्र के चरित्र का निर्माण बिना साधना, तपस्या और सांस्कृतिक परिष्कार के संभव नहीं। इसी संदर्भ में गाँधीजी का निम्न वक्तव्य आज के संदर्भ में पहले की अपेक्षा अधिक महत्वपूर्ण और प्रासंगिक है:

"मैं चाहता हूँ कि सभी देशों की संस्कृति की हवाएँ खुले रूप से मेरे घर में प्रवेश कर सकें। लेकिन मैं यह नहीं चाहता कि मेरे पाँव किसी भी हवा के झोंके से अपनी स्थिरता या संतुलन खो बैठें। मैं दूसरों के घरों में एक भिखारी, दास या नकलची के रूप में कदापि नहीं रहना चाहता।"

यह स्पष्ट है कि एक नकलची शिक्षित वर्ग और नव–धनाढ्य वर्ग जनसाधारण पर आधारित सांस्कृतिक पुनर्जागरण को नेतृत्व प्रदान नहीं कर सकता। यही नहीं, इन वर्गों की ऐसी प्रवृत्ति सांस्कृतिक पुनर्जागरण के रास्ते में सबसे बड़ी बाधा बनकर आती है। इसलिए आज इन उभरते नए वर्गों में नए मूल्यों के आधार पर आंतरिक, आत्मिक परिवर्तन, नए सांस्कृतिक पुनर्जागरण की अनिवार्य शर्त बन गई है। इस परिवर्तन की विषम बाधाएँ हमारे समाज में हैं, तो इसकी विशाल संभावनाएँ भी।

एक ओर उत्पादन–व्यवस्था को पुनर्जीवित–पुनर्निमित कर देश को आर्थिक स्वराज और गरीबी–उन्मूलन के रास्ते पर ले जाने वाले देश–प्रेमी और जन–प्रेमी सामाजिक और आर्थिक तत्व हैं, तो दूसरी ओर अपार श्रम–शक्ति का भंडार ग्राम और शहर की जनता है जिसे नई जागृति की लहर उद्वेलित कर रही है और जो विषमता और शोषण पर आधारित समाज के स्थान पर नई व्यवस्था निर्माण करने के लिए कटिबद्ध हैं। इन दोनों सामाजिक धाराओं को परंपरा के जीवनदायी मूल्यों और आधुनिक दर्शन की मुक्तिदायी मान्यताओं से अपने को जोड़ना है।

यदि ऐतिहासिक परंपरा को लें तो भारत की महान सांस्कृतिक विरासत के स्थायी मूल्य भारत के बुद्धिजीवी वर्ग को प्रेरणा देते रहे हैं। चाहे उपनिषदों के मूल मंत्र 'चरैवेति–चरैवेति' को लें, या बुद्ध के 'बहुजन हिताय बहुजन सुखाय' सिद्धांत को लें या नानक, कबीर आदि संतों की करुणा और समतामूलक, जनवादी, मानववादी, क्रांतिकारी वाणी को लें, या 'वैष्णव जन तो तैणें कहिए जे पी पराई जाणै रे' के उद्‌बोधन को लें, या निकट इतिहास से गाँधी के इस विचार को लें कि "प्रत्येक दुखी प्राणी के आँसू पोंछना ही हमारे जीवन की सार्थकता है" तो सदियों पुरानी इस समस्त परंपरा से जन–साधारण के अधिक–से–अधिक निकट जाने की ही प्रेरणा मिलती है।

इतिहास बताता है कि जब–जब हमारी संस्कृति की 'पहली परंपरा' ने, जो प्रबुद्ध वर्ग की है और जिसने हमारी शास्त्रीय संस्कृति का रूप लिया है, 'दूसरी–परंपरा' यानी जन–साधारण की संस्कृति से अपने–आपको अलगाया है, तो वह पहली परंपरा रूढ़ियों में और कुंठाओं में जकड़कर संकीर्ण होती गई है और उसकी सृजनात्मकता और सजीवता समाप्त हो गई। आज

के जनयुग के संदर्भ में सांस्कृतिक पुनर्जागरण की नई दिशा, लोकजीवन के निकट आने और उसके हितों, आशाओं-आकांक्षाओं को नए विचारों, चेतना के रूप में वाणी देने में ही है।

इस पृष्ठभूमि में हमें बुद्धिजीवी, शिक्षित वर्ग की द्विमुखी प्रवृत्तियों को नजरअंदाज नहीं करना चाहिए। इसका एक अंग यदि आर्थिक और सामाजिक शक्ति से संपन्न वर्गों के साथ जुड़कर सांस्कृतिक विघटन का कारण बन रहा है तो दूसरी ओर इसके अन्य हिस्से की भूमिका को भी नहीं भूलना चाहिए जो भारत की विरासत और आधुनिक सभ्यता के जनवादी मूल्यों के समन्वय के रास्ते पर चल रहा है और इसी उद्देश्य से जन-साधारण के साथ अपना संबंध कायम कर रहा है। अभी अल्पसंख्यक होते हुए भी गुणात्मक दृष्टि से भारत के राष्ट्रीय हितों और सांस्कृतिक मूल्यों के परिरक्षक और प्रवर्द्धक यही देश-प्रेमी और जनसेवी तत्व हैं। इन तत्वों में अभी सौष्ठव न हो, लेकिन भविष्य में सांस्कृतिक नेतृत्व की क्षमता उभर रही है।

अध्याय 7

पर्यावरण असंतुलनः उभरती चुनौती अथवा पर्यावरण असंतुलनः मानव अस्तित्व को खतरा

रूपरेखा

प्रस्तावनाः

1. गंभीर होती स्थिति
2. विभिन्न प्रदूषणों में निरंतर तीव्र वृद्धि हो रही है।
   - क. अम्ल वर्षा
   - ख. निर्वनीकरण
   - ग. भूमि क्षरण, मरुस्थलीकरण

कारणः

1. औद्योगीकरण : विभिन्न अपशिष्टों का उत्सर्जन
2. परिवहन विकास : खनिज ईंधन
3. कृषि विकास : रासायनिक उर्वरक कीटनाशक
4. विकासात्मक परियोजनायें :
   - क. सड़क, बाँध, रेलवे → निर्वनीकरण
   - ख. खनन
5. अन्य परम्परागत कारण
   1. वनों का दोहन, अवैध कटाई
   2. आम लोगों की निर्भरता

6. नवीन पहलू

↓

वर्तमान–आर्थिक विकास की होड़

↓

विभिन्न राष्ट्र अपने औद्योगिक विकास को किसी भी कीमत पर जारी रखना चाहते हैं।

↓

CO_2, CFC आदि के उत्सर्जन को रोकने की दिशा में प्रभावी प्रयास नही हो पा रहा है।

उदाहरण– अमेरिका–क्योटो प्रोटोकॉल में शामिल नहीं है।

भयावह होती तस्वीर:

– पिछले कुछ दशकों से

↓

– प्रभाव

O_3 परत क्षरण

जैव-विविधता में तीव्र गति से ह्रास

–I.P.C.C. – भयावह संभावनायें व्यक्त की हैं।

अंतर्राष्ट्रीय प्रयास:

–मांट्रियल प्रोटोकॉल

–क्योटो प्रोटोकॉल

–वर्तमान में कई सम्मेलनों में चिन्ता

2007 [G–8 सम्मेलन, राष्ट्रमण्डल शिखर सम्मेलन, आसियान]

सीमा:

1. अमेरिका का रवैया
2. विकासित–विकासशील देशों के मध्य असहमति

उदाहरण [जापान, अमेरिका, ऑस्ट्रेलिया — भारत, चीन के लिए उत्सर्जन मानक निर्धारक पर बल]

3. विकसित देशों द्वारा विकासशील देशों को

↓

पर्यावरण अनुकूल तकनीकी हस्तानांतरण नहीं करना

↓

वित्तीय सहयोग प्रदान न किया जाना

निष्कर्ष:

–अभी भी समय है

–सुझाव

मनुष्य की प्रकृति पर निर्भरता आदि काल से ही चली आ रही है। इसीलिए विश्व की प्रत्येक सभ्यता में प्रकृति की पूजा का प्रावधान है। प्राचीन भारतीय समाज भी प्रकृति के प्रति बहुत ही जागरूक था। वैदिक काल में प्रकृति के विभिन्न अंगों भूमि, पर्वत, वृक्ष, नदी, जीव-जन्तु आदि की पूजा की जाती थी। प्रकृति के प्रति मनुष्य की इस असीम श्रद्धा के कारण पर्यावरण स्वत: सुरक्षित था।

विकास की अंधी दौड़ में मनुष्य ने प्रकृति को अत्यधिक नुकसान पहुँचाना शुरू कर दिया। एक सीमा तक प्रकृति उस नुकसान की भरपाई स्वयं कर सकती थी, लेकिन जब उसकी स्वत: पूर्ति की सीमा समाप्त हो गई तो पर्यावरण असंतुलित हो गया। आज का मनुष्य लालच के वशीभूत होकर प्रकृति का क्रूर दोहन कर रहा है। इसकी अति-उपभोगवादी प्रवृत्ति के कारण प्रकृति को इतना नुकसान पहुँच चुका है कि प्रकृति की मूल संरचना ही विकृत हो गई है।

अगर हम यह विचार करें कि जिस प्रकृति की मनुष्य पूजा करता था, वह उसके प्रति इतना क्रूर कैसे हो गया! इसके उत्तर में हम देखेंगे कि समय के साथ मनुष्य की सोच में परिवर्तन आ गया है। प्रकृति के साथ सहजीवन व सह-अस्तित्व की बात करने वाला मनुष्य कालान्तर में यह सोचने लगा कि यह पृथ्वी केवल उसके लिए ही है; वह इस पर जैसे चाहे वैसे रहे। अपनी इस नवीन सोच के कारण वह प्रकृति को पूजा व सम्मान की नहीं अपितु उपभोग की एक वस्तु के रूप में देखने लगा। उसके विचारों में आये इस परिवर्तन ने ही पर्यावरण असंतुलन का आधार तैयार किया।

पर्यावरण के असंतुलन के लिए अनेक कारण उत्तरदायी हैं। लेकिन वे सभी कहीं न कहीं हमारी अनियोजित व अदूरदर्शी अर्थनीति से जुड़े हुये हैं। आज का मनुष्य अपनी आर्थिक उन्नति के लिए 'कोई भी कीमत'' देने को तैयार है। उस ''कोई भी कीमत'' की सबसे बड़ी कीमत प्रकृति को ही देनी पड़ती है। भारी औद्योगीकरण आज विकास का पर्यायवाची बन गया है। इन बड़े उद्योगों की स्थापना से लेकर इनके संचालन तक प्रत्येक स्तर पर पर्यावरण को नुकसान पहुँचता है। इन औद्योगिक इकाइयों के निर्माण के लिए वनों की कटाई की जाती है। उत्पादन के प्रक्रम में इनसे विभिन्न हानिकारक अपशिष्टों का उत्सर्जन होता है। ये पर्यावरण को

नुकसान पहुँचाने वाले सबसे प्रमुख कारक हैं। परिवहन के विकास ने खनिज तेलों के उपभोग को बहुत बढ़ा दिया है। इनके ज्वलन से SO_2, CO_2, CO आदि जैसी हानिकारण गैसें निकलती हैं जो वायु प्रदूषण को फैला रही हैं। कृषि में भी रासायनिक उर्वरकों, कीटनाशकों का उपयोग बढ़ता जा रहा है। ये सब तात्कालिक रूप से लाभप्रद दिखते हैं। लेकिन दीर्घकाल में इनके दुष्परिणाम बहुत ही भयानक होते हैं। इसी प्रकार अन्य विकासात्मक कार्य, जैसे–सड़क निर्माण, बाँध, रेलवे, खनन आदि भी पर्यावरणीय नुकसान में अपना योगदान करते हैं। साथ ही कुछ परम्परागत कारण, जैसे–वनों का दोहन, अवैध कटाई आदि, भी पर्यावरण संतुलन को बिगाड़ते हैं।

वर्तमान में आर्थिक विकास की होड़ में विश्व के सभी राष्ट्र अपने औद्योगिक विकास को हर कीमत पर जारी रखना चाहते हैं। इसके लिए वे पर्यावरण के लिए अपनी जिम्मेदारियों की उपेक्षा करने लगे हैं। विकसित राष्ट्र अपने दायित्वों को स्वीकार न करते हुये सारा दोष विकासशील राष्ट्रों पर डाल देते हैं। वहीं विकासशील देश अपनी विकास की मजबूरियों का हवाला देते हैं। इन कारणों से पर्यावरण संरक्षण के लिए अन्तर्राष्ट्रीय चिन्ताएँ तो व्यक्त की जाती हैं लेकिन कोई ठोस पहल नहीं हो पाती है। इसके उदाहरण के रूप में देखा जा सकता है कि अमेरिका क्योटो संधि में शामिल नहीं हुआ है। यदि विश्व का सबसे सम्पन्न राष्ट्र ही किसी ऐसे प्रयास का हिस्सा नहीं है तो उसकी सफलता स्वत: संदिग्ध हो जाती है।

यहाँ यह समझने की आवश्यकता है कि मनुष्य को पर्यावरण की रक्षा के लिए अपनी विकासात्मक गतिविधियों को रोकना जरूरी नहीं है। लेकिन इतना जरूर है कि हमें पर्यावरण की कीमत पर विकास नहीं करना चाहिए क्योंकि विकास से अभिप्राय समग्र विकास होता है केवल आर्थिक उन्नति नहीं। यदि हम मात्र इतना ध्यान रखें कि ये पेड़-पौधे, नदियाँ-तालाब, वन्य-जीव हमसे पिछली पीढ़ी ने हम तक सुरक्षित पहुँचाया है, अत: हमारा दायित्व है कि हम इसे अपनी आने वाली पीढ़ी तक सुरक्षित पहुँचाएँ। केवल इतना करने से ही विकास के नाम पर पर्यावरण को होने वाली क्षति समाप्त हो जागेगी। यही सतत विकास की संकल्पना का आधार है।

पिछले कुछ दशकों से पर्यावरण असंतुलन की स्थिति बहुत ही भयावह हो गई है। प्रकृति के साथ सदियों से चली आ रही क्रूरता के दुष्परिणाम अब सामने आने लगे हैं। ग्लेशियरों का पिघलना, अरब के रेगिस्तानों में भारी वर्षा, ओजोन परत में छिद्र, बाढ़, भूकम्प, अम्ल वर्षा, सदानीरा नदियों का सूखना, फसल चक्र का प्रभावित होना, जैव-विविधता में तीव्र गति से ह्रास होना आदि असंतुलित पर्यावरण की ही अभिव्यक्ति है। इंटर गवर्नमेन्टल पैनल ऑन क्लाइमेट चेंज ने अपनी रिपोर्ट में बहुत ही गंभीर आशंकाएँ व्यक्त की हैं। उसके अनुसार पर्यावरण असंतुलन से वैश्विक तापन की स्थिति उत्पन्न हो रही हैं। इससे समुद्र का तल बढ़ेगा, जिससे बहुत से छोटे द्वीप डूब जायेंगे, तटवर्ती शहरों में पानी भर जायेगा, मूँगे आदि की चट्टानें विलुप्त हो जायेंगी।

अब विश्व के सभी देश पर्यावरण असंतुलन की गंभीर स्थिति को समझ चुके हैं। नवम्बर, 2007 में सम्पन्न आसियान के 13वें शिखर सम्मेलन का विचारणीय विषय *ऊर्जा, पर्यावरण, जलवायु परिवर्तन तथा सतत विकास* रखा गया था। इसी प्रकार जी-8 सम्मेलन में भी पर्यावरण की बिगड़ती स्थिति पर चिन्ता व्यक्त की गई है। इंडोनेशिया के बाली में सम्पन्न

संयुक्त राष्ट्र जलवायु परिवर्तन सम्मेलन 2007 में 180 देशों एवं अनेक संगठनों के प्रतिनिधियों ने भाग लिया। इस सम्मेलन में क्योटो सन्धि के आगे की रणनीति पर विचार किया गया। इसमें बाली रोड मैप पर सहमति-पत्र पर हस्ताक्षर हुये। इसमें ग्रीन हाऊस गैसों के उत्सर्जन में कमी लाने हेतु वार्ताओं का प्रावधान है। क्योटो संधि के विपरीत इसमें पर्यावरण असंतुलन एक ऐसा मुद्दा है, जिससे पूरी दुनिया पर प्रभाव पड़ेगा। इसीलिए विकसित-विकासशील छोटे-बड़े प्रत्येक देश को अपनी जिम्मेदारी समझनी चाहिए। विकसित देशों का यह दायित्व बनता है कि वे विकाशील देशों को पर्यावरण अनुकूल तकनीकी का हस्तानांतरण करें साथ ही विकासशील देशों को पर्याप्त वित्तीय सहयोग प्रदान करें, जिससे वे पर्यावरण को हानि पहुँचाये बिना अपने विकास की योजना बना सकें।

पर्यावरण असंतुलन से निपटने की जिम्मेदारी केवल देशों या सरकारों की ही नहीं है। इसके प्रभावी हल के लिए प्रत्येक व्यक्ति को प्रयास करना होगा। आखिर इसकी वर्तमान खराब स्थिति के लिए भी हम सभी ही जिम्मेदार हैं। हमें यह महसूस करना होगा कि मनुष्य, जीव-जन्तु, पर्वत, नदी, वन आदि सभी प्रकृति के अंग हैं। ये सब परस्पर निर्भर हैं। यदि प्रकृति हमारे उपभोग के लिए साधन प्रदान करती है तो हमें भी इसके संवर्धन के लिए कार्य करना होगा। इसी से हमारा पर्यावरण सुन्दर व संतुलित बना रहेगा।

जलवायु परिवर्तन को रोकने में भारत की भूमिका

अध्याय 4

रूपरेखा

- भूमिका: पेरिस समझौते से निबंध की शुरुआत करें और उसमें भारतीय पक्ष का विशेषतौर पर उल्लेख करें।
- टकराव: समझौते के कुछ खास बिंदुओं का उल्लेख करते हुए विकासशील देशों और विकसित देशों के बीच टकराव के मुद्दों की चर्चा करें।
- टकराव कम करने में भारत की भूमिका: भारत जैसे कुछ विकासशील देशों ने किस तरह से इस खाई को कम करने में भूमिका निभाई, उसे बताएँ। साथ ही इस बात को भी विश्लेषित करें कि विकसित देश भी अपनी ज़िद पर पीछे को हटने को कैसे तैयार हो रहे हैं। यहाँ पेरिस समझौते से पहले के भी कुछ सम्मेलनों का ज़िक्र करें।
- विकसित देश विकासशील देशों की बात मानने पर क्यों विवश हैं: क्या विकासशील देशों के संगठन और उनकी राजनीतिक हैसियत ने ही विकसित देशों पर दबाव बनाया है या फिर विकासशील देशों ने भी जलवायु परिवर्तन के कुछ खतरों को भाँपकर कदम उठाये, हैं। ऐसे कदमों का उल्लेख करते हुए भारत की भूमिका की पड़ताल करें।
- निष्कर्ष: अंत में यही लिखने का प्रयास करें कि ये विकसित देशों और विकासशील देशों की कुछ स्थानीय और उनकी अपनी समस्याएँ हो सकती हैं लेकिन आखिरकार पर्यावरण को बचाना भौगोलिक और राजनीतिक सीमा से परे का मामला है इसलिए इस पर सभी को एकराय बनानी ही पड़ेगी।

पिछले दिनों भारत समेत एक सौ पचहत्तर देशों ने संयुक्त राष्ट्र में पेरिस जलवायु समझौते पर हस्ताक्षर कर दिए। किसी अंतर्राष्ट्रीय समझौते पर एक ही दिन इतने अधिक देशों के हस्ताक्षर होना अपने आप में अभूतपूर्व है लेकिन इससे बड़ी ऐतिहासिक घटना यह है कि दुनिया के सिर पर मँडराते पर्यावरणीय संकट से जूझने के लिए एक वैश्विक करार पर इतनी व्यापक सहमति बनी है। अभी तक ग्लोबल वार्मिंग संबंधी चर्चाएँ विकसित और विकासशील खेमों की खींचतान में उलझ कर रह जाती थी। यह समझौता इस बात का संकेत है कि अब उस तरह की खेमेबंदी के दिन विदा हो गए हैं। अलबत्ता इस मौके पर भारत के प्रतिनिधि के तौर पर पर्यावरणमंत्री प्रकाश जावड़ेकर विकसित देशों को उनकी खास जिम्मेदारी की याद दिलाना नहीं भूले। उन्होंने कहा कि ग्रीनहाउस गैसों के उत्सर्जन में कमी लाने के वैश्विक प्रयासों में विकसित देशों को विशेष भूमिका अदा करनी होगी, क्योंकि ग्रीनहाउस गैसों के उत्सर्जन में उनकी ज्यादा हिस्सेदारी रही है।

इस समझौते से साफ हो गया कि ग्लोबल वार्मिंग के मसले पर अब खटास के दिन लद गए हैं। समझौते पर तमाम देशों की ओर से हस्ताक्षर होना इसके क्रियान्वयन की दिशा में पहला कदम है। इसके बाद विभिन्न देश घरेलू स्तर पर समझौते की पुष्टि की औपचारिकता पूरी करेंगे। समझौते के फलस्वरूप इन देशों को कार्बन उत्सर्जन में कमी लाने के अपने लक्ष्य और कार्यक्रम घोषित करने होंगे। जाहिर है यह समझौता दुनिया भर में परिवहन, ऊर्जा, कृषि, नगर नियोजन आदि से संबंधित नीतियों और तकनीकों पर नए सिरे से सोचने और नए तौर-तरीके तलाशने का दबाव पैदा करेगा। भारत ने सौर ऊर्जा का अपना उत्पादन 2022 तक चार गुना बढ़ाने का लक्ष्य तय किया है। पर और भी बहुत-से फैसले करने होंगे। पानी की समस्या दिनों-दिन और विकराल होती जा रही है। भू-जल के अंधाधुंध दोहन ने कई इलाकों को 'डार्क जोन' की श्रेणी में ला दिया है, यानी वहाँ अब जमीन के नीचे से पानी निकालना संभव नहीं रह गया है। मौसम में तीव्र उतार-चढ़ाव आने का सिलसिला बढ़ रहा है। इसके चलते ऋतुचक्र में अनिश्चितता आ रही है, आपदाएँ पहले से अधिक आने लगी हैं। समुद्र की सतह बढ़ने की आशंका समुद्रतटीय शहरों तथा महानगरों और द्वीपीय देशों के लिए जीवन-मरण का प्रश्न है।

वायु प्रदूषण और जल प्रदूषण जन-स्वास्थ्य की सबसे बड़ी समस्या बन गए हैं। इससे जाहिर है कि सब कुछ पहले की तरह नहीं चलता रह सकता। खेती की ऐसी प्रणाली विकसित करनी होगी जिसमें कम-से-कम पानी की खपत हो। औद्योगिक इकाइयों को भी इसी तरह से ढालना होगा। परिवहन के ऐसे साधन और तौर-तरीके अपनाने होंगे जो कम-से-कम प्रदूषण करते हों। ऊर्जा के लिए सौर तथा पवन जैसे अक्षय व प्रदूषण-रहित स्रोतों का अधिक से अधिक दोहन करना होगा। बड़े पैमाने पर वर्षाजल संचयन के कार्यक्रम चलाने होंगे। रिहाइशी कॉलोनियाँ बनाने तथा नगर नियोजन पर नए सिरे से सोचना होगा, इस दृष्टि से कि वे कैसे अधिक-से-अधिक हरित तकनीक पर निर्भर हों। यह कोई विचारधारात्मक या कूटनीतिक मसला नहीं है बल्कि यह पूरी मानवता के अस्तित्व से जुड़ा सवाल है। इसे सबको मिल कर हल करना है।

पेरिस शिखर वार्ता से पहले प्रधानमंत्री मोदी ने जलवायु परिवर्तन को दुनिया के लिए सबसे बड़ी चुनौती माना और उन्होंने साफ-सुथरी ऊर्जा के इस्तेमाल के लिए एक आक्रामक

रुख दिखाया। जलवायु परिवर्तन के मुद्दे पर शुरू से भारत का स्पष्ट रुख रहा है कि कार्बन उत्सर्जन के मामले में विकसित देश अपनी जिम्मेदारी ठीक से निभाएँ और सभी देश विकास को नुकसान पहुँचाए बिना जलवायु परिवर्तन के ख़िलाफ पक्के इरादे के साथ काम करें। इसी क्रम में जलवायु परिवर्तन के मुद्दे पर भारत ने कार्बन उत्सर्जन में 33 से 35 फीसदी तक कटौती का स्पष्ट एलान कर दिया जो कि एक बड़ा कदम है। यह कमी साल 2005 को आधार मान कर की जाएगी। सरकार ने यह भी फैसला किया है कि 2030 तक होने वाले कुल बिजली उत्पादन में 40 फीसदी हिस्सा कार्बन रहित ईंधन से होगा। यानी, भारत साफ सुथरी ऊर्जा के लिए बड़ा कदम उठाने जा रहा है। भारत पहले ही कह चुका है कि वह 2022 तक 1 लाख 75 हजार मेगावाट बिजली सौर और पवन ऊर्जा से बनाएगा। वातावरण में फैले ढाई से तीन खरब टन कार्बन को सोखने के लिए अतिरिक्त जंगल लगाए जाएँगे।

जलवायु परिवर्तन पर पेरिस शिखर सम्मेलन से पहले ही प्रधानमंत्री नरेंद्र मोदी ने विकसित देशों से साफ तौर पर कहा कि विकासशील देश पर्यावरण के दुश्मन नहीं हैं। उन्होंने इस मनोवृत्ति को बदलने पर जोर दिया कि विकास और प्रगति परिस्थिति के प्रतिकूल हैं। प्रधानमंत्री ने सलाह दी कि विश्वभर में विकसित और विकासशील, दोनों तरह के देशों में पर्यावरण विषयों पर समान स्कूली पाठ्यक्रम होना चाहिए ताकि युवा पीढ़ी जलवायु परिवर्तन के खिलाफ लड़ाई में समान लक्ष्यों के साथ आगे बढ़ सके।

जलवायु परिवर्तन और कार्बन उत्सर्जन को लेकर पेरू की राजधानी लीमा में 1 दिसम्बर से 14 दिसंबर, 2014 तक 194 देशों के प्रतिनिधि पर्यावरण के बदलाव पर चर्चा करने के लिए जमा हुए थे। ये सम्मेलन निर्धारित समय से दो दिन अधिक चला। भारत समेत 194 देशों ने वैश्विक कार्बन उत्सर्जन में कटौती के राष्ट्रीय संकल्पों के लिए आम सहमति वाला प्रारूप स्वीकार कर लिया, जिसमें भारत की चिंताओं का समाधान किया गया था। इसके साथ ही जलवायु परिवर्तन के मुकाबले के लिए पेरिस में होने वाले एक नए महत्वाकांक्षी और बाध्यकारी करार पर हस्ताक्षर का रास्ता साफ हो गया। फिलहाल नए समझौते की मूल बात यह है कि इसमें जलवायु परिवर्तन से निपटने की जिम्मेदारी सभी देशों पर डाल दी गई है। इसके पहले 1997 में हुई क्योटो संधि में उत्सर्जन में कटौती की जिम्मेदारी केवल अमीर देशों पर डाली गई थी। दरअसल लीमा में अमीर और गरीब दोनों तरह के देशों की जिम्मेदारी तय करने का नया तरीका खोजा गया जिसमें भारत ने अहम भूमिका निभाई।

जलवायु परिवर्तन के मुद्दे पर धनी देशों पर दबाव बढ़ाते हुए भारत ने कहा है कि दुनियाभर में गरीबों के विकास की खातिर विकसित राष्ट्र अपने कार्बन उत्सर्जन में ज्यादा कटौती करें। भारत ने जलवायु परिवर्तन के खतरे का सामना करने को विकासशील देशों की मदद के लिए विकसित राष्ट्रों से प्रौद्योगिकी हस्तांतरण व वित्तीय मदद देने की माँग भी की है। भारत का साफ कहना है कि विकसित देशों का कार्बन उत्सर्जन भारत के मुकाबले कई गुना ज्यादा है। ऐसे में इन देशों को अपने उत्सर्जन में ज्यादा कटौती करनी चाहिए। भारत जलवायु परिवर्तन के खिलाफ वैश्विक लड़ाई के लिए प्रतिबद्ध और पूरी तरह से तैयार है और हम जलवायु परिवर्तन संबंधी चिंताओं के सार्थक समाधान के साथ जनता के लिए विकास केंद्रित नीतियों को लागू कर रहे हैं।

1992 में रियो डि जेनेरियो में अर्थ समिट यानी पृथ्वी सम्मेलन से लेकर लीमा तक के शिखर सम्मेलनों के लक्ष्य अभी भी अधूरे हैं। आज आपसी विवादों के समाधान की जरूरत है। कटु सच्चाई यह है कि जब तक विश्व अपने गहरे मतभेदों को नहीं सुलझा लेता तब तक कोई भी वैश्विक कार्रवाई कमजोर और बेमानी सिद्ध होगी। आज जरूरत है ठोस समाधान की, इसके लिए एक निश्चित समय सीमा में लक्ष्य तय होने चाहिए साथ ही विकासशील देशों की जरूरतों और विवशताओं को भी ध्यान में रखा जाना चाहिए। निश्चित तौर पर भारत जैसे विकासशील देश दुनिया को ये समझाने में काफी हद तक सफल रहे हैं और आगे भी इस संदर्भ में इनकी भूमिका महत्वपूर्ण बनी रहेगी।

आवश्यकता लोभ की जननी है और लोभ का आधिक्य नस्लें बर्बाद कर देता है

अध्याय 9

बचपन में एक कहानी सुनी थी कि एक राजा के पास एक व्यक्ति कुछ माँगने आया। राजा उसकी किसी बात से बड़ा प्रभावित हुआ। राजा ने शर्त रखी कि दिन डूबने से पहले वह उसके राज्य की सीमा में जितनी दूर तक दौड़ लेगा, उतनी जमीन उसे दे दी जाएगी। उस व्यक्ति ने दौड़ना शुरू किया, दिन भर दौड़ता रहा, शाम ढलने को आ गई, पीछे मुड़कर देखा तो काफी जमीन वो हासिल कर चुका था। आगे उसकी हिम्मत पूरी तरह से जवाब दे रही थी, फिर भी उसने सोचा कि अभी दिन डूबने में समय है, जमीन के क्षेत्रफल को क्यों न कुछ और बढ़ा लिया जाए? उसने फिर दौड़ना शुरू किया और दुर्भाग्य से दिन डूबने से पहले ही वह गिर पड़ा और फिर कभी न उठा।

यह एक ही व्यक्ति की कहानी नहीं है बल्कि मानवजाति का इतिहास ऐसे तमाम उदाहरणों से भरा पड़ा है, जहाँ आवश्यकता से उपजे लोभ ने न सिर्फ व्यक्ति को बल्कि उसके परिवार और यहाँ तक कि नस्लों को भी बर्बाद किया है। भारत की ही बात करें तो कलिंग युद्ध से लेकर बड़े राज्य के लिए दुर्योधन की इच्छा से उत्पन्न महाभारत का रण और नवीन साम्राज्यों के बीच वर्चस्व और भू-भाग बढ़ाने के मकसद से होने वाले सैकड़ों युद्धों के उदाहरणों से इतिहास पटा हुआ है। यही नहीं, आधुनिक इतिहास में प्रथम विश्व युद्ध इसी का परिणाम था और फिर उसके बाद हिटलर की बृहद साम्राज्य की आवश्कयता ने भी मानवता को तहस-नहस किया।

वर्तमान में भी आतंकवाद और उससे पीड़ित विश्व के पीछे कारण भी कहीं न कहीं लोभ का आधिक्य ही हैं, चाहे वह व्यक्तिगत स्तर पर हो या फिर संस्थागत स्तर पर या राज्यों की नीति के स्तर पर पश्चिमी शक्तियों द्वारा तेल पर कब्जे और अपने प्रभुत्व को बढ़ाने के क्रम में पश्चिमी एशिया में हस्तक्षेप ने संघर्ष को बढ़ाया और फिर इसमें धार्मिक पहलू के आने और सभ्यताओं के बीच संघर्ष के सिद्धांत ने स्थिति को बद्तर किया। शीत युद्ध और उससे उपजे उन्माद, परमाणुओं की होड़ और मानव के विनाश का आग के गोले तक सीमित हो जाने के मूल में भी यही है।

यही नहीं, औद्योगिक क्रांति से दुनिया भर में एक तरह की समृद्धि अवश्य आई लेकिन उसने पूँजीवाद और साम्राज्यवाद जैसी अवधारणा और स्थिति को भी जन्म दिया, इससे इनकार नहीं किया जा सकता है। इन सबका परिणाम ये रहा कि औद्योगिक क्रांति से मज़बूत और धनी हुए देशों के अतिशय लोभ ने जहाँ उपनिवेशवादी भावना और प्रतिस्पर्धा को बढ़ाया वहीं अविकसित देशों में इसकी प्रतिक्रिया में अति राष्ट्रवाद का जन्म हुआ जिसने दो भिन्न विचारधाराओं के बीच संघर्ष को बढ़ाया। यह संघर्ष सिर्फ वैचारिक और आर्थिक बुनियाद पर ही नहीं टिका था बल्कि इसके भीतर छिपे लोभ ने उसे नस्लीय श्रेष्ठता और निम्नता की भावना में बदला जिससे संघर्ष की भावना घृणा तक में बदल गई। विकसित देशों द्वारा अपने उपनिवेशी देशों में किए गए इन्हीं आर्थिक, राजनैतिक और सांस्कृतिक शोषण ने विकासशील देशों के स्वच्छंद विकास और उनके प्राचीन गौरव का क्षरण किया जो कुछ हद तक अभी भी जारी है।

विकास की अंधी दौड़ में आज जिस प्रकार प्राकृतिक संसाधनों का दोहन किया जा रहा है वह भी हमारे लोभ के जाल में भविष्य को फँसा देने वाली स्थिति है जिससे बाद में निकल पाना मुश्किल ही नहीं, असंभव हो जाएगा। इस बात को हम सब जानते हैं लेकिन तात्कालिक लाभ के आगे भविष्य के नुकसान को न देख पाने के पीछे इन्सान की यही लोभी फितरत है जो उसे उसी डाल को काटने पर मजबूर कर रही है, जिस पर वह बैठा है। जिस तरह से आज की पूँजीवादी व्यवस्था में आवश्यकताएँ और लालसाएँ बढ़ती जा रही हैं, मनुष्य मशीनों में तब्दील होते जा रहे हैं, पर्यावरण से अलगाव बढ़ता जा रहा है, वह उनके भौतिक संसाधनों में तो बढ़ोत्तरी कर रहा है लेकिन मानसिक विकास और खुशी उससे बहुत दूर होती जा रही है। लोभजनित विकास का यह रूप न सिर्फ मनुष्य की वर्तमान मनोदशा को नुकसान पहुँचा रहा है बल्कि आने वाली पीढ़ियों के सामने वो एक बड़ी समस्या और मुश्किलें खड़ी कर रहा है। सच्चाई यह है कि मनुष्य को इस बात का पता ही नही चलता कि वह आवश्यकता की पूर्ति में लगने की बजाय लोभ के मकड़जाल में फँस चुका है जिसका कोई अंत नहीं है। आवश्यकता और लोभ की यह प्रवृत्ति सिर्फ आर्थिक स्तर तक ही सीमित नहीं रहती बल्कि धार्मिक, जातीय और सांप्रदायिक विचारों तक पहुँच जाती है जिसका परिणाम द्वेष, संघर्ष और आखिरकार बर्बादी तक ले जाता है।

लोभ के आधिक्य का असर सामाजिक स्तर पर भी साफतौर पर दिखाई देता है। लोभ की अधिकता मनुष्य को अधिकाधिक धन कमाने के लिए प्रेरित करती है और इस रास्ते में यदि जरा भी विचलन हुआ तो यह प्रवृत्ति कई आर्थिक अपराधों के अलावा सामाजिक अपराधों को भी जन्म देती है। यही प्रवृत्ति पहले परिवार में दूरियाँ बढ़ाती है, फिर रिश्तों में दूरियाँ बढ़ाती हैं, समाज से दूरियाँ बढ़ाती है और फिर अंत में वो कई तरह के अवसाद को जन्म देता है। यही अवसाद कई बार मनुष्य के खुद के और परोक्ष रूप से समाज के लिए हानिकारक साबित होता है। आचार्य रामचंद्र शुक्ल ने लिखा है, ''जिस प्रकार सुख या आनंद देने वाली वस्तु के संबंध में मन की ऐसी स्थिति को जिसमें उस वस्तु के अभाव की भावना होती ही प्राप्ति, सान्निध्य या रक्षा की प्रबल इच्छा जग पड़े, लोभ कहते हैं। दूसरे की वस्तु का लोभ करके लोग उसे लेना चाहते हैं, अपनी वस्तु का लोभ करके उसे लोग देना या नष्ट होने देना नहीं चाहते।''

हालांकि ऐसा भी नहीं है कि आवश्यकता हमेशा बर्बादी का कारण बनती है। वास्तव में जब तक आवश्यकता नहीं महसूस होगी, तब तक उसकी पूर्ति के रास्ते नहीं तलाशे जाएंगे और जब रास्ते नहीं तलाशे जाएँगे तो रचनात्मकता पैदा नहीं होगी। इसलिए आवश्यकता महसूस ही नहीं की जानी चाहिए बल्कि उसे पैदा भी करना चाहिए ताकि उसकी पूर्ति के लिए अधिकाधिक श्रम होता रहे और नई चीजों की खोज होती है। हम यह देखते हैं कि आवश्यकताओं के आभास ने ही दुनिया के तमाम अविष्कारों को जन्म दिया है और कहा भी जाता है कि 'आवश्यकता अविष्कार की जननी है।' हाँ, आवश्यकता को लोभ के स्तर पर जाने से जरूर रोकना चाहिए ताकि ये विकास के बजाय विनाश का कारण न बन जाए। यही कारण है कि दुनिया के धर्म दर्शनों में अल्प संग्रह और दान-पुण्य पर जोर दिया गया है, चाहे इस्लाम में जकात का सिद्धांत हो या फिर हिन्दू धर्म का दान का सिद्धांत, या फिर बौद्ध और जैन धर्म के अल्प संग्रह संबंधी सिद्धांत। न सिर्फ प्राचीन धर्म ग्रंथों में बल्कि आधुनिक विचारकों ने भी इस सिद्धांत की उपयोगिता और उसकी प्रासंगिकता को महसूस किया है। आजादी के बाद भारतीय संविधान में भी इन्हीं बातों से सीख लेते हुए नीति निर्देशक सिद्धांत बनाए गए हैं और राज्यों को भी धन और संसाधनों के केंद्रीकरण को रोकने और विकेंद्रीकरण बढ़ाने की नीति अपनाने की सलाह दी गई है।

गाँधीजी ने कहा था कि प्रकृति हमारी आवश्यकताओं को पूरा कर सकती है लेकिन लालच को नहीं। आदिम युग से ही आवश्यकता की शुरुआत हुई लेकिन धीरे-धीरे ये लोभ में परिवर्तित हुई। हालांकि हमेशा आवश्यकता और लोभ का संबंध समानुपातिक रहा हो, ऐसा भी नहीं है लेकिन ज्यादातर ऐसा देखा गया है, इसमें कोई संदेह नहीं। हम यह भी कह सकते हैं कि आवश्यकता का लोभ में परिवर्तित होना मानव स्वभाव है, लेकिन यह लोभ इस कदर विनाशकारी हो जाए कि वो वर्तमान ही नहीं, भविष्य के लिए भी खतरा बन जाए, इससे मानव को खबरदार रहना चाहिए। जैसा कि पहले भी कहा गया है कि यह बात सिर्फ व्यक्तिगत तौर पर नहीं बल्कि संस्थागत और राज्यों के स्तर पर भी देखी जाती है, तो राज्यों को भी नीतियाँ बनाने और विकास कार्यों को करने के पीछे इनका ध्यान रखा जाना चाहिए। स्पष्ट है कि आवश्यकता लोभ अर्थात् लालच को जन्म देता है और लालच बर्बादी का भी कारण बनता है लेकिन आवश्यकता पर यदि इतना नियंत्रण हो कि वो लोभ में तब्दील न हो सके तो यही आवश्यकता मनुष्य की रचनात्मक उपलब्धियों का भी कारण बनती है।

अध्याय

10

शब्द दोधारी तलवार से अधिक तीक्ष्ण होते हैं

एक पुरानी कहावत है– 'बातहि हाथी पाइए, बातहि हाथी पाँव।' स्पष्ट है कि बात अर्थात् मुँह से निकले शब्द कितने महत्वपूर्ण हैं कि एक शब्द किसी को बड़ा पुरस्कार दिला सकता है तो वही शब्द कोई बड़ी सजा भी। जबान की कीमत और जबान का महत्व इसी तरह से सदियों से चला आ रहा है। बातचीत या संवाद मनुष्य की चेतना के प्रतिबिम्ब होते हैं। इस संवाद की पूरी प्रक्रिया की आधारभूत कड़ी हमारे शब्द होते हैं जो हमारे विचारों और मनोभावों के सम्प्रेषण का माध्यम होते हैं।

दोधारी तलवार का अर्थ है कि यह दोनों पक्षों पर असर डालती है, अर्थात् जो प्रयोग कर रहा है उसे भी और जिस पर इसका प्रयोग किया जा रहा है उसे भी। शब्द भी कुछ ऐसे ही होते हैं। शब्द का प्रयोग करने वाला शब्द की गुणवत्ता, तीक्ष्णता का जिस मनोदशा और जिस भाव के साथ करता है, जिसके लिए करता है उसकी प्रतिक्रिया में वह तुरंत प्रतिबिंबित होता है। कई बार बातचीत करने का तरीका या लहजा भी इसमें अहम भूमिका अदा करता है। अकसर देखने में आता है कि कोई बात भले ही सुखद कर रहा है लेकिन यदि उसका तरीका ठीक नहीं है या फिर उसका अंदाज या 'टोन' ठीक नहीं है तो इन शब्दों का असर भी सामने खाले पर वैसा ही नकारात्मक होता है कि जैसे कि उस बात का या उन शब्दों का जो कि उसके विरुद्ध प्रयोग किए जा रहे हैं। रहीम दास जी कह गए हैं–

**''ऐसी बानी बोलिए, मन का आपा खोए।
औरन को सीतल करै, आपहु सीतल होए।।''**

अर्थात् व्यक्ति को ऐसी बातचीत या ऐसे शब्दों के प्रयोग की आदत डालनी चाहिए कि उसकी बात किसी को खराब न लगें, कोई दूसरा नाराज न हो और खुद वह व्यक्ति भी उस बातचीत के प्रभाव से संतुष्टि का अनुभव कर सके। अर्थात् वाणी में शीतलता होनी चाहिए और व्यक्ति को मितभाषी होना चाहिए। अधिक बात करने वालों में गलत बोलने की आशंका कहीं ज़्यादा होगी, बजाय उनके जो कि कम बोलते हैं या मितभाषी होते हैं। ऐसा कई महापुरुषों

ने अपनी जीवनी में लिखा है कि कम और प्रभावशाली तरीके से अपनी बात रखने का उन्हें लाभ मिला है और जो ऐसा नहीं कर पाए, उन्हें इसका नुकसान उठाना पड़ा। ऐसे लोगों को हो सकता है कि तात्कालिक रूप से वह लाभकारी सौदा न दिखे, लेकिन दीर्घकाल में इसका लाभ होना तय है, इसमें संदेह नहीं।

हमारे प्राचीन शास्त्र अनादि काल से ही वाणी के संयम की महत्ता पर जोर देते आए हैं। चाहे जैन धर्म वाचालता को भी हिंसा के स्तर पर रखने की बात हो या फिर बौद्ध साहित्य में कठोर वाणी से बचने की सलाह हो, हर जगह मीठी वाणी के प्रयोग की ही सीख मिलती है। यही नहीं, मध्यकालीन कवियों और नीति के दोहे लिखने वाले तमाम लोगों ने भी कर्णप्रिय संवाद की तरफदारी की है। इसका उपयोग नीति निर्धारण के स्तर पर सरकारें भी करती हैं, खासकर जब देश की आंतरिक सुरक्षा से जुड़े तमाम मुद्दों पर अशांति फैलाने वाले समूहों से निबटने की बात आती है। चाहे वो नक्सलवाद हो या फिर कुछ राज्यों में चल रहे अलगाववादी आंदोलन, सरकार बार-बार बातचीत का ही रास्ता तलाशने की कोशिश करती है। क्योंकि इसी रास्ते पर किसी भी समस्या का स्थायी समाधान निकल सकता है, शक्ति के प्रयोग से नहीं। यहाँ तक कि आतंकवाद जैसी समस्या से निपटने के लिए भी इसके लिए कथित तौर पर जिम्मेदार पड़ोसी देशी के साथ बातचीत के ही रास्ते तलाशे जाते हैं। अर्थात् बातचीत के माध्यम से और वह भी मीठी वाणी के जरिए दुनिया की किसी भी समस्या को हल कर लेने का आत्मविश्वास सदियों से चली आ रही इसी परंपरा और इसी विश्वास के खंभों पर टिकी हुई है। लेकिन इन सबके बीच यह सवाल भी लगातार आता है कि कटु या तीक्ष्ण वचन आखिर क्या नुकसान दिला सकते हैं, या फिर उनसे हानि क्या हो सकती है?

इसका सबसे बड़ा और सबसे पहला नुकसान तो ये है कि ये शुरुआत के साथ ही बातचीत के अंत की भूमिका बना देता है। यदि वार्तालाप की शुरुआत ही तीक्ष्णता और कड़वाहट के साथ हुई तो कटुता और तीक्ष्ण होगी और फिर बातचीत के रास्ते बंद होकर विवाद का समाधान दूसरे रास्तों की तलाश करने लगता है। कटु वचनों की शुरुआत चाहे जिस पक्ष से हो, दूसरा पक्ष या तो उत्तेजित हो जाएगा या फिर आगे की बातचीत वो वहीं खत्म कर देगा। कारगिल युद्ध के बाद जब पाकिस्तान के राष्ट्रपति परवेज मुशर्रफ और तत्कालीन प्रधानमंत्री अटल बिहारी वाजपेयी के साथ आगरा में शिखर वार्ता होने वाली थी, उस दौरान ऐसा कहा जाता है कि उससे पहले की बैठक में एक भारतीय नेता की किसी बात से परवेज मुशर्रफ भड़क गए और फिर शिखर वार्ता को ही निरस्त करना पड़ा। अर्थात् बातचीत में कोई छोटी सी भूल या गड़बड़ी ऐसा नुकसान कर सकती है जिसका असर पीढ़ियों तक रहता है. सही कहा गया है-

"कुछ ऐसे भी मंजर, देखे हैं इन आँखों ने।
लमहों ने खता की, सदियों ने सजा पाई।।"

वास्तव में हमारे क्रोध के तीक्ष्ण उद्‌गार अक्सर हमारी अवचेतना के उद्‌गार होते हैं और इसके कुछ शब्द ही, संबंधों को सदा के लिए खराब कर सकते हैं। दरअसल, शब्द निरपेक्ष नहीं होते हैं, इनमें मानवीय भावनाओं का पुट रहता ही है। कठोर शब्द इन सभी भावनाओं का

अतिव्यापन कर लेते हैं, इसलिए सार्वजनिक जीवन में इसका खास ध्यान रखा जाना चाहिए। ऐसे ढेरों उदाहरण हैं जब बातचीत के स्तर, उसकी गुणवत्ता और शब्दों के प्रयोग की वजह से देशों के द्विपक्षीय संबंध न सिर्फ खराब हुए बल्कि खत्म ही हो गए। संयुक्त राष्ट्र महासभा में भाषण के दौरान वेनेजुएला के राष्ट्रपति ह्यूगो शावेज का तत्कालीन अमरीकी राष्ट्रपति के लिए अपशब्दों का प्रयोग और फिर उसके बाद दोनों देशों के बीच बढ़ी तल्खी इसका उदाहरण है। वास्तव में तीक्ष्ण या कटु शब्द मनुष्य को सिर्फ पछताने का ही मौका दे सकते हैं, उसे वापस लेने का नहीं। 'शब्द वापस लेना' अपराधबोध और पश्चाताप के दंडस्वरूप भले ही प्रयोग में आता हो लेकिन ये वैसे ही होता है जैसे ये कहावत है– 'टूटे से फिर ना जुड़े, जुड़े गाँठ पड़ि जाइ।'

बातों की कटुता या तीक्ष्णता के अलावा मितभाषिता का भी अपना महत्व है। अधिक बोलना या बड़बोलापन भी कभी-कभी घातक सिद्ध होता है। रावण का बड़बोलापन ही था जो उसके विनाश का कारण बना। यह एक उदाहरण है, दुनिया का इतिहास ऐसे उदाहरणों से अटा पड़ा है। आधुनिक प्रतिस्पर्धी युग में तो ये बात और भी ज्यादा मायने रखती है क्योंकि कई बार बड़ी-बड़ी बातें बड़ा नुकसान भी पहुँचा सकती हैं। हालांकि आज के व्यावसायिक और प्रतिस्पर्धी जमाने में अपनी बात को बढ़ा-चढ़ाकर रखने का ही ट्रेंड बन चुका है लेकिन इसकी भी एक सीमा है, जिसे पार करना खतरे से खाली नहीं। हिन्दी के मशहूर कवि महाप्राण निराला ने अपनी प्रसिद्ध कविता कुकुरमुत्ता में कुकुरमुत्ता और गुलाब के बीच के संवाद में यही दिखाया है कि शब्द चयन के माध्यम से ही कुकुरमुत्ता की पृष्ठभूमि और उसकी कुँठा सामने आ जाती है जबकि गुलाब इन्हीं शब्दों की बदौलत ही अपनी अभिजात्यता का परिचय देता है। स्पष्ट है कि आज के इस संचार के दौर में यह और ज्यादा आवश्यक है की हम शब्दों के चयन में सावधानी बरतें क्योंकि सूचनाएँ इतनी तेजी से फैलती है कि कई बार जब तक लोग समझते हैं तब तक वो अपना काम कर चुकी होती हैं।

जिस प्रकार से आज संचार के माध्यमों का विकास हुआ है और सूचना क्रांति का दौर चल रहा है, उसमें बातों पर नियंत्रण रखना और भी महत्वपूर्ण हो गया है। छोटा सा मजाक भी किसी बड़ी घटना का कारण बन सकता है या फिर किसी सांप्रदायिक संघर्ष का, ये बात पिछले कुछ समय में हुई कई घटनाओं से साफ पता चलता है। ऐसे में शब्द की ताकत को पहचानते हुए उसकी उपयोगिता और उसके नुकसान का मूल्यांकन किए बिना, शब्द का प्रयोग करने से हरसंभव बचना चाहिए। ये न सिर्फ संस्कृति, अनुभव और परंपरा से मिली सीख है बल्कि आज की जरूरत भी है।

अध्याय 11

नदी जल विवादों के स्थाई समाधन संभव हैं?

रूपरेखा

- भूमिकाः कुछ प्रमुख विवादों या फिर उन पर हो रही समसामयिक चर्चा या फिर किसी ताजा न्यायिक फैसले के उल्लेख के साथ निबंध की शुरुआत करें। प्रकृति का अनमोल वरदान नदियाँ कैसे इतने बड़े विवाद का कारण बन जाती हैं, संक्षेप में बताएँ।
- मुख्य विवादों का उल्लेखः कुछ अंतर्राष्ट्रीय विवादों के साथ मुख्य रूप से भारत के राज्यों के बीच चल रहे विवादों का जिक्र। विवाद के कारण, उनका इतिहास इत्यादि।
- राज्यों के हित या राजनीतिः कुछ विवादों ने राजनीतिक रूप ले लिया है या यों कहें कि ज्यादातर जल विवाद ऐसे ही हैं. इस बिन्दु का सम्यक विश्लेषण करें।
- क्या हो सकते हैं समाधानः सुप्रीम कोर्ट और न्यायाधिकरणों का उल्लेख करते हुए स्थाई समाधान के संभावित रास्तों का उल्लेख करें।
- उपसंहार

कर्नाटक, तमिलनाडु, केरल और पुदुचेरी के बीच पानी के हिस्से को लेकर पिछले 115 साल से चल रहे कावेरी विवाद को हाल ही में सुप्रीम कोर्ट ने सुलझा दिया। सुप्रीम कोर्ट ने तमिलनाडु के पानी के हिस्से को कम कर दिया और लंबे समय से चल रहे इस विवाद का समाधान कर दिया। कावेरी नदी जल विवाद को लेकर जिस तरह मुख्य रूप से कर्नाटक और तमिलनाडु के बीच विवाद बढ़ते जा रहे थे उससे यही लग रहा था कि अब नदियों पर भी कब्जा जमाने की होड़ शुरू हो गई है। देश की ज्यादातर नदियाँ कई राज्यों से होकर बहती

हैं। जल की माँग बढ़ने के कारण जल बँटवारे को लेकर कई राज्यों के बीच विवाद काफी पहले से शुरू है। जल विवाद में न सिर्फ कई राज्य आमने सामने हैं बल्कि नदी विवाद को लेकर अंतर्राष्ट्रीय विवाद भी आए दिन देखने को मिलते हैं।

नदी जल विवाद चाहे वे अन्तर्राष्ट्रीय हों या अन्तर्राज्यीय, उनके समाधानों की तो खूब चर्चा होती है पर समाधानों के स्थायित्व और उनकी निरापदता की चर्चा नहीं होती। इस कमी या अनदेखी के कारण, सामान्य व्यक्ति के लिये नदी जल विवादों के समाधानों के टिकाऊपन और वास्तविक असर को समझ पाना बेहद कठिन होता है। यदि भारत की ही बात करें तो आज नदियों के जल को लेकर कई राज्यों के बीच न सिर्फ विवाद है बल्कि टकराव जैसी स्थिति बन गई है। कावेरी नदी विवाद के अलावा कृष्णा, सोन, नर्मदा, यमुना, सतलज, रावी नदियों के पानी को लेकर कई राज्य आपस में उलझे हुए हैं। नदी जल विवाद को सुलझाने के लिए संवैधानिक प्रावधान और न्यायाधिकरण होने के बावजूद ये विवाद हाई कोर्टों और सुप्रीम कोर्ट तक में भी सालों से उलझे हुए हैं जिन्हें लेकर राज्यों की राजनीति तक प्रभावित होती रहती है। लेकिन अब समय आ गया है कि पानी के उपयोग की टिकाऊ और निरापद रणनीति विकसित करने और उस पर अमल करने की आवश्यकता को समझना ही होगा।

इन दिनों सिंधु अन्तर्राष्ट्रीय नदी जल संधि की समग्र समीक्षा के लिये आवाज उठ रही है। यह वही संधि है जिसे अब तक सारी दुनिया, दो युद्धों के उपरान्त भी सफलतम समझौते के रूप में स्वीकारती रही है। मौजूदा स्थिति यह है कि भारत ने 1960 से लेकर अब तक अपने हिस्से के पूरे पानी का उपयोग नहीं किया है। जहाँ तक देश के अन्दर के अन्तर्राज्यीय नदी जल विवादों का प्रश्न है तो उनमें से कुछ सुलझ गए हैं तो कुछ में पानी के बँटवारे को लेकर अन्तहीन अर्न्तकलह है। इस कारण, कई बार विवाद सुलझाने का तरीका कानून व्यवस्था के लिए चुनौती बनता है, अपने पक्ष में न्याय के लिये न्यायालय में गुहार लगाता है, विधानसभाओं में प्रस्ताव पारित कराता है। अन्तर्राज्यीय नदी विवादों की कहानी में कावेरी विवाद और रावी-व्यास विवाद मुख्य रूप से उल्लेखनीय हैं। कावेरी विवाद पर तो फिलहाल सुप्रीम कोर्ट ने फैसला सुनाते हुए इसका लगभग समाधान कर दिया है लेकिन रावी-व्यास विवाद विधानसभा में पारित हुए प्रस्ताव के कारण असहमति का शायद एक दुर्लभ ही उदाहरण है। विवादों की अन्तहीन कहानी में महानदी भी अपनी उपस्थिति दर्ज करा रही है। उसके पानी के बँटवारे को लेकर छत्तीसगढ़ और ओडिशा के बीच विवाद पनप चुका है।

भारत की अधिकाँश नदी घाटियों में बारिश के मौसम में ही अधिकतम पानी उपलब्ध होता है और वही मुख्यतः आवंटन का आधार है। उसे ही बाँधों और बैराजों में जमा किया जाता है। बाढ़ के साथ बड़ी मात्रा में गाद आती है और उसकी अधिकाँश मात्रा जलाशय में जमा होती है। गाद जमाव के कारण एक ओर हर साल यदि बाँध और बैराज अपनी क्षमता खोते हैं तो दूसरी ओर इलाके में पानी की माँग सुरसा के मुँह की तरह बढ़ती है। आवंटन में गाद जमाव के कारण जल संचय में होने वाली हानि की अनदेखी होती है। आवंटन को टिकाऊ बनाने के लिये बाँधों और बैराजों की सेवा अवधि की निरापद निरन्तरता के बारे में विचार होना चाहिए। उसकी अनदेखी अन्ततः नदी जल विवादों के समाधानों के भविष्य को प्रभावित करेगी। नदी जल बँटवारे की मौजूदा व्यवस्था में ग्लोबल वार्मिंग के सकारात्मक या

नकारात्मक असर का समावेश नहीं है जबकि ग्लोबल वार्मिंग के कारण बारिश की मात्रा और उसके पैटर्न में अन्तर आएगा, वर्षा दिवस कम होंगे, बाढ़ें अधिक भयावह होंगी। इस कारण मौजूदा बाँधों और बैराजों के टूटने का खतरा बढ़ेगा।

आवश्यक है कि ग्लोबल वार्मिंग के नदी प्रवाह पर पड़ने वाले प्रभावों का तत्काल अध्ययन प्रारम्भ किया जाए। नदी घाटी में पानी की उपयोग योग्य मात्रा का निर्धारण हो और बाढ़ को ध्यान में रखकर पुराने बाँधों और बैराजों को सुरक्षित बनाने का प्रयत्न हो। स्पष्ट है कि इसके लिए नए सिरे से योजनाएँ बनाने की तो जरूरत है ही, नए सिरे से जल बँटवारे की समीक्षा भी जरूरी है। ग्लोबल वार्मिंग के असर से बारिश की मात्रा और उसके चरित्र में उल्लेखनीय अन्तर आएगा, उसकी तीव्रता बढ़ेगी और तीव्रता बढ़ने के कारण भूमि कटाव बढ़ेगा। गाद की बड़ी मात्रा जलाशयों में जमा होगी, उनकी उम्र घटाएगी और समाधानों के भविष्य को प्रभावित करेगी। इसलिये बारिश के चरित्र में हो रहे सम्भावित बदलाव को ध्यान में रख जल संचय की विधियों में नवाचार और टिकाऊ विकल्पों पर विचार होना चाहिए। वही नदी जल विवादों के समाधान के स्थायित्व, निरापद सेवा और भविष्य का पुख्ता आधार है।

यह सच है कि जल विवादों से जुड़े देश या राज्य अपने अधिकारों के प्रति बेहद सचेत होते हैं पर नदी के पानी का बँटवारा करते समय उसकी कुदरती भूमिका की अक्सर अनदेखी होती है। उसके पीछे अनेक दबाव होते हैं। कुछ दबावों के कारण नदी की जैवविविधता प्रभावित होती है और प्रदूषण पनपता है तथा अन्ततः निर्मलता प्रभावित होती है। नदी की निर्मलता पर बढ़ते खतरे के कारण नदी की प्राकृतिक भूमिका में असंतुलन पैदा होता है। निर्मलता खोता पानी अनेक प्रकार के खतरों को भी जन्म देता है। घटती जैवविविधता के कारण नदी के पानी को स्वतः निर्मल बनाने वाली खूबी घटती है और उसके घटने के कारण पानी का उपयोग सीमित होता है तथा प्रकारान्त से समझौते के भविष्य तथा स्थायित्व के लिये संकट का कारण बनता है।

नदी जल आवंटन के फलस्वरूप जब मनचाहा पानी उपलब्ध होता है तो किसान को उन्नत खेती अपनाने तथा उद्योगों को कल-कारखाने लगाने के लिये प्रेरित किया जाता है। अनुभव बताते हैं कि उन्नत खेती तथा उद्योगों के साइड इफेक्ट, पर्यावरणीय और प्राकृतिक संसाधनों की हानि के रूप में सामने आने लगे हैं। इसलिये नदी जल आवंटन को रासायनिक खेती और औद्योगिक के फायदों तथा नुकसानों से जोड़कर देखना चाहिए। इसमें हवा, पानी और मिट्टी की बिगड़ती गुणवत्ता और उसके कारण होने वाली बीमारियों का भी संज्ञान लेना चाहिए। इस संज्ञान में सूखती और प्रदूषित होती नदियों का मुद्दा जुड़ा होना चाहिए। जैवविविधता का संकट भी सम्मिलित होना चाहिए और उन्नत खेती की बढ़ती लागत और छोटे किसान का मोहभंग भी सम्मिलित होना चाहिए। यदि ये सम्बन्ध सहज नहीं रहे तो देश को करोड़ों अकुशल ग्रामीण मजदूरों तथा लघु और सीमान्त किसानों के लिये नौकरी या आजीविका के अवसर उपलब्ध कराना होगा। यह नदी जल आवंटन विवादों से बड़ी चुनौती होगी।

नदी जल विवादों से सम्बन्धित राज्य सामान्यतः अधिक से अधिक पानी के उपयोग का प्रयास करते हैं। जलनीति में इस उपयोग की प्राथमिकता तो तय है पर सीमा तय नहीं है। सीमा तय नहीं होने के कारण पानी के उपयोग पर बाजार हावी होने लगता है और मूलभूत

आवश्यकताएँ पीछे छूट जाती हैं। उल्लेखनीय है कि कावेरी के पानी की लगभग 95 प्रतिशत मात्रा उपयोग में लाई जा रही है। नदी विज्ञान की नजर में यह सीमा अनुचित है। नदी की सेहत और उसकी प्राकृतिक भूमिका को ध्यान में रख कुदरती प्रवाह की अनदेखी नहीं करना चाहिए।

इसलिए हर नदी घाटी के जल आवंटन को जलनीति की प्राथमिकता के अनुसार नए सिरे से तय कर लागू कराना चाहिए। अधिक पानी चाहने वाली फसलों और प्रदूषण पैदा करने वाले उद्योगों को हतोत्साहित करना चाहिए अन्यथा नदी जल विवाद नासूर बन जाएगा। यह समझना होगा कि नदी जल विवाद मात्र पानी का बँटवारा ही नहीं है वह बेहद गम्भीर और समाज के जीवन से जुड़ा मामला है। इसलिए पानी को आवंटित कराने से अधिक महत्वपूर्ण है आवंटित पानी के सुरक्षित उपयोग की टिकाऊ और निरापद नीति बनाना। वही उसकी अनिवार्य आवश्यकता है। वही उसका भविष्य है।